Tucholsky Wagner Zola Scott Sydow Schlegel
Turgenev Wallace Fonatne Freud
Twain Walther von der Vogelweide Fouqué Friedrich II. von Preußen
Weber Freiligrath Frey
Fechner Fichte Weiße Rose von Fallersleben Kant Ernst Frommel
Richthofen
Engels Fielding Hölderlin Tacitus Dumas
Fehrs Faber Flaubert Eichendorff
Eliasberg Ebner Eschenbach
Feuerbach Maximilian I. von Habsburg Fock Zweig
Ewald Eliot Vergil
Goethe London
Mendelssohn Balzac Shakespeare Elisabeth von Österreich
Lichtenberg Rathenau Dostojewski Ganghofer
Trackl Stevenson Doyle Gjellerup
Mommsen Thoma Tolstoi Lenz Hambruch Droste-Hülshoff
Hanrieder
Dach Verne von Arnim Hägele Hauff Humboldt
Reuter Rousseau Hagen Hauptmann Gautier
Karrillon Garschin
Damaschke Defoe Hebbel Baudelaire
Descartes Hegel Kussmaul Herder
Wolfram von Eschenbach Dickens Schopenhauer Rilke George
Bronner Darwin Melville Grimm Jerome
Campe Horváth Aristoteles Bebel Proust
Bismarck Vigny Barlach Voltaire Federer Herodot
Gengenbach Heine
Storm Casanova Tersteegen Grillparzer Georgy
Chamberlain Lessing Langbein Gilm Gryphius
Brentano Lafontaine
Strachwitz Claudius Schiller Kralik Iffland Sokrates
Schilling
Katharina II. von Rußland Bellamy Raabe Gibbon Tschechow
Gerstäcker
Löns Hesse Hoffmann Gogol Wilde Gleim Vulpius
Luther Heym Hofmannsthal Klee Hölty Morgenstern
Roth Heyse Klopstock Kleist Goedicke
Luxemburg Puschkin Homer Mörike
La Roche Horaz Musil
Machiavelli
Navarra Aurel Musset Kierkegaard Kraft Kraus
Nestroy Marie de France Lamprecht Kind Kirchhoff Hugo Moltke
Laotse Ipsen Liebknecht
Nietzsche Nansen
Marx Ringelnatz
von Ossietzky Lassalle Gorki Klett Leibniz
May vom Stein Lawrence
Petalozzi Platon Irving
Sachs Pückler Michelangelo
Poe
de Sade Praetorius Mistral

D1731849

Der Verlag tredition aus Hamburg veröffentlicht in der Reihe **TREDITION CLASSICS** Werke aus mehr als zwei Jahrtausenden. Diese waren zu einem Großteil vergriffen oder nur noch antiquarisch erhältlich.

Symbolfigur für **TREDITION CLASSICS** ist Johannes Gutenberg (1400 — 1468), der Erfinder des Buchdrucks mit Metalllettern und der Druckerpresse.

Mit der Buchreihe **TREDITION CLASSICS** verfolgt tredition das Ziel, tausende Klassiker der Weltliteratur verschiedener Sprachen wieder als gedruckte Bücher aufzulegen – und das weltweit!

Die Buchreihe dient zur Bewahrung der Literatur und Förderung der Kultur. Sie trägt so dazu bei, dass viele tausend Werke nicht in Vergessenheit geraten.

Geschichte des Abfalls der vereinigten Niederlande

Friedrich Schiller

Impressum

Autor: Friedrich Schiller
Umschlagkonzept: toepferschumann, Berlin

Verlag: tredition GmbH, Hamburg
ISBN: 978-3-8424-2016-8
Printed in Germany

Ziel der TREDITION CLASSICS ist es, tausende deutsch- und
.fremdsprachige Klassiker wieder in Buchform verfügbar zu
machen. Die Werke wurden eingescannt und digitalisiert. Dadurch
können etwaige Fehler nicht komplett ausgeschlossen werden.
Unsere Kooperationspartner und wir von tredition versuchen, die
Werke bestmöglich zu bearbeiten. Sollten Sie trotzdem einen Fehler
finden, bitten wir diesen zu entschuldigen. Die Rechtschreibung der
Originalausgabe wurde unverändert übernommen. Daher können
sich hinsichtlich der Schreibweise Widersprüche zu der heutigen
Rechtschreibung ergeben.

Vorrede der ersten Ausgabe.

Als ich vor einigen Jahren die Geschichte der niederländischen Revolution unter *Philipp II.* in *Watsons* vortrefflicher Beschreibung las, fühlte ich mich dadurch in eine Begeisterung gesetzt, zu welcher Staatsaktionen nur selten erheben. Bei genauerer Prüfung glaubte ich zu finden, daß das, was mich in diese Begeisterung gesetzt hatte, nicht sowohl aus dem Buche in mich übergegangen, als vielmehr eine schnelle Wirkung meiner eigenen Vorstellungskraft gewesen war, die dem empfangenen Stoffe gerade die Gestalt gegeben, worin er mich so vorzüglich reizte. Diese Wirkung wünschte ich bleibend zu machen, zu vervielfältigen, zu verstärken; diese erhebenden Empfindungen wünschte ich weiter zu verbreiten und auch Andere Antheil daran nehmen zu lassen. Dies gab den ersten Anlaß zu dieser Geschichte, und dies ist auch mein ganzer Beruf, sie zu schreiben.

Die Ausführung dieses Vorhabens führte mich weiter, als ich anfangs dachte. Eine vertrautere Bekanntschaft mit meinem Stoffe ließ mich bald Blößen darin gewahr werden, die ich nicht vorausgesehen hatte, weite leere Strecken, die ich ausfüllen, anscheinende Widersprüche, die ich heben, isolirte Facta, die ich an die übrigen anknüpfen mußte. Weniger, um meine Geschichte mit vielen neuen Begebenheiten anzufüllen, als um zu denen, die ich bereits hatte, einen Schlüssel aufzusuchen, machte ich mich an die Quellen selbst, und so erweiterte sich zu einer ausgeführten Geschichte, was anfangs nur bestimmt war, ein allgemeiner Umriß zu werden.

Gegenwärtiger erster Theil, der sich mit dem Abzug der Herzogin von *Parma* aus den Niederlanden endigt, ist nur als die *Einleitung* zu der eigentlichen Revolution anzusehen, die erst unter dem Regiment ihres Nachfolgers zum Ausbruch kam. Ich glaubte, dieser *vorbereitenden* Epoche um so mehr Sorgfalt und Genauigkeit widmen zu müssen, je mehr ich diese Eigenschaften bei den meisten Scribenten vermißte, welche diese Epoche vor mir behandelt haben, und je mehr ich mich überzeugte, daß alle nachfolgenden auf ihr beruhen. Findet man daher diesen ersten Theil zu arm an wichtigen Begebenheiten, zu ausführlich in geringen oder geringe scheinenden, zu verschwenderisch in Wiederholungen, und überhaupt zu langsam im Fortschritt der Handlung, so erinnere man sich, daß eben aus diesen geringen Anfängen die ganze Revolution allmählich hervorging, daß alle nachherigen großen Resultate aus der Summe unzählig vieler kleinen sich ergeben haben. Eine Nation, wie diejenige war, die wir hier vor uns haben, thut die ersten Schritte immer langsam, zurückgezogen und ungewiß, aber die folgenden alsdann desto rascher; denselben Gang habe ich mir auch bei Darstellung dieser Rebellion vorgezeichnet. Je länger der Leser bei der Einleitung verweilt worden, je mehr er sich mit den handelnden Personen familiarisiert und in dem Schauplatz, auf welchem sie wirken, eingewohnt hat, mit desto raschern und sicherern Schritten kann ich ihn dann durch die folgenden Perioden führen, wo mir die Anhäufung des Stoffes diesen langsamen Gang und diese Ausführlichkeit verbieten wird.

Ueber Armuth an Quellen läßt sich bei dieser Geschichte nicht klagen, vielleicht eher über ihren Ueberfluß – weil man sie *alle* gelesen haben müßte, um die Klarheit wieder zu gewinnen, die durch das Lesen *vieler* in manchen Stücken leidet. Bei so ungleichen, relativen, oft ganz widersprechenden Darstellungen derselben Sache hält es überhaupt schon schwer, sich der Wahrheit zu bemächtigen, die in allen theilweise versteckt, in keiner aber ganz und in ihrer reinen Gestalt vorhanden ist. Bei diesem ersten Bande sind, außer *de Thon, Strada, Reyd, Grotius, Meteren, Burgundius, Meursius, Bentivoglio* und einigen Neuern, die Memoires des Staatsraths *Hopperus*, das Leben und der Briefwechsel seines Freundes *Viglius*, die Proceßakten der Grafen *von Hoorn* und *von Egmont*, die Apologie des Prinzen *von Oranien*, und wenige Andere meine Führer gewesen. Eine ausführliche, mit Fleiß und Kritik zusammengetragene und mit seltener Billigkeit und Treue verfaßte Compilation, die wirklich noch einen bessern Namen verdient, hat mir sehr wichtige Dienste dabei gethan, weil sie, außer vielen Aktenstücken, die nie in meine Hände kommen konnten, die schätzbaren Werke von *Bor, Hooft, Brandt, le Clerc,* und andere, die ich theils nicht zur Hand hatte, theils, da ich des Holländischen nicht mächtig bin, nicht benutzen konnte, in sich aufgenommen hat. Es ist dies die allgemeine Geschichte der vereinigten Niederlande, welche in diesem Jahrhundert in Holland erschienen ist. Ein übrigens mittelmäßiger Scribent, *Richard Dinoth*, ist mir durch Auszüge aus einigen Broschüren jener

Zeit, die sich selbst längst verloren haben, nützlich geworden. Um den Briefwechsel des Cardinals *Granvella*, der unstreitig vieles Licht, auch über diese Epoche, würde verbreitet haben, habe ich mich vergeblich bemüht. Die erst kürzlich erschienene Schrift meines vortrefflichen Landsmanns, Herrn Professors *Spittler* in Göttingen, über die spanische Inquisition, kam mir zu spät zu Gesichte, als daß ich von ihrem scharfsinnigen und vollwichtigen Inhalt noch hätte Gebrauch machen können.

Daß es nicht in meiner Macht gestanden hat, diese reichhaltige Geschichte ganz, wie ich es wünschte, aus ihren *ersten* Quellen und gleichzeitigen Documenten zu studieren, sie unabhängig von der Form, in welcher sie mir von dem denkenden Theile meiner Vorgänger überliefert war, neu zu erschaffen und mich dadurch von der Gewalt frei zu machen, welche jeder geistvolle Schriftsteller mehr oder weniger gegen seine Leser ausübt, beklage ich immer mehr, je mehr ich mich von ihrem Gehalt überzeuge. So aber hätte aus einem Werke von etlichen Jahren das Werk eines Menschenalters werden müssen. Meine Absicht bei diesem Versuche ist mehr als erreicht, wenn er einen Theil des lesenden Publikums von der Möglichkeit überführt, daß eine Geschichte historisch treu geschrieben sein kann, ohne darum eine Geduldprobe für den Leser zu sein, und wenn er einem andern das Geständniß abgewinnt, daß die Geschichte von einer verwandten Kunst etwas borgen kann, ohne deßwegen nothwendig zum Roman zu werden.

Weimar, in der Michaelismesse 1788.

Einleitung.

Eine der merkwürdigsten Staatsbegebenheiten, die das sechzehnte Jahrhundert zum glänzendsten der Welt gemacht haben, dünkt mir die Gründung der niederländischen Freiheit. Wenn die schimmernden Thaten der Ruhmsucht und einer verderblichen Herrschbegierde auf unsere Bewunderung Anspruch machen, wie vielmehr eine Begebenheit, wo die bedrängte Menschheit um ihre edelsten Rechte ringt, wo mit der guten Sache ungewöhnliche Kräfte sich paaren und die Hilfsmittel entschlossener Verzweiflung über die furchtbaren Künste der Tyrannei in ungleichem Wettkampf siegen. Groß und beruhigend ist der Gedanke, daß gegen die trotzigen Anmaßungen der Fürstengewalt endlich noch eine Hilfe vorhanden ist, daß ihre berechnetsten Plane an der menschlichen Freiheit zu Schanden werden, daß ein herzhafter Widerstand auch den gestreckten Arm eines Despoten beugen, heldenmüthige Beharrung seine schrecklichen Hilfsquellen endlich erschöpfen kann. Nirgends durchdrang mich diese Wahrheit so lebhaft, als bei der Geschichte jenes denkwürdigen Aufruhrs, der die vereinigten Niederlande auf immer von der spanischen Krone trennte – und darum achtete ich es des Versuchs nicht unwerth, dieses schöne Denkmal bürgerlicher Stärke vor der Welt aufzustellen, in der Brust meines Lesers ein fröhliches Gefühl seiner selbst zu erwecken und ein neues unverwerfliches Beispiel zu geben, was Menschen wagen dürfen für die gute Sache und ausrichten mögen durch Vereinigung.

Es ist nicht das Außerordentliche oder Heroische dieser Begebenheit, was mich anreizt, sie zu beschreiben. Die Jahrbücher der Welt haben uns ähnliche Unternehmungen aufbewahrt, die in der Anlage noch kühner, in der Ausführung noch glänzender erscheinen. Manche Staaten stürzten mit einer prächtigern Erschütterung zusammen, mit erhabenerm Schwunge stiegen andere auf. Auch erwarte man hier keine hervorragenden, kolossalischen Menschen, keine der erstaunenswürdigen Thaten, die uns die Geschichte vergangener Zeiten in so reichlicher Fülle darbietet. Jene Zeiten sind vorbei, jene Menschen sind nicht mehr. Im weichlichen Schooß der Verfeinerung haben wir die Kräfte erschlaffen lassen, die jene Zeitalter übten und nothwendig machten. Mit niedergeschlagener Bewunderung staunen wir jetzt diese Riesenbilder an, wie ein entnervter

Greis die mannhaften Spiele der Jugend. Nicht so bei vorliegender Geschichte. Das Volk, welches wir hier auftreten sehen, war das friedfertigste dieses Welttheils und weniger, als alle seine Nachbarn, jenes Heldengeists fähig, der auch der geringfügigsten Handlung einen höhern Schwung gibt. Der Drang der Umstände überraschte es mit seiner eigenen Kraft und nöthigte ihm eine vorübergehende Größe auf, die es nie haben sollte und vielleicht nie wieder haben wird. Es ist also gerade der Mangel an heroischer Größe, was diese Begebenheit eigenthümlich und unterrichtend macht, und wenn sich Andere zum Zweck setzen, die Ueberlegenheit des Genies über den Zufall zu zeigen, so stelle ich hier ein Gemälde auf, wo die Noth das Genie erschuf und die Zufälle Helden machten.

Wäre es irgend erlaubt, in menschliche Dinge eine höhere Vorsicht zu flechten, so wäre es bei dieser Geschichte, so widersprechend erscheint sie der Vernunft und allen Erfahrungen. *Philipp der Zweite*, der mächtigste Souverän seiner Zeit, dessen gefürchtete Uebermacht ganz Europa zu verschlingen droht, dessen Schätze die vereinigten Reichthümer aller christlichen Könige übersteigen, dessen Flotten in allen Meeren gebieten; ein Monarch, dessen gefährlichen Zwecken zahlreiche Heere dienen, Heere, die, durch lange blutige Kriege und eine römische Mannszucht gehärtet, durch einen trotzigen Nationalstolz begeistert und erhitzt durch das Andenken erfochtener Siege, nach Ehre und Beute dürsten und sich unter dem verwegenen Genie ihrer Führer als folgsame Glieder bewegen – dieser gefürchtete Mensch, Einem hartnäckigen Entwurf hingegeben, Ein Unternehmen die rastlose Arbeit seines langen Regentenlaufs, alle diese furchtbaren Hilfsmittel auf einen einzigen Zweck gerichtet, den er am Abend seiner Tage unerfüllt aufgeben muß – *Philipp der Zweite*, mit wenigen schwachen Nationen im Kampfe, den er nicht endigen kann!

Und gegen welche Nationen? Hier ein friedfertiges Fischer- und Hirtenvolk, in einem vergessenen Winkel Europens, den es noch mühsam der Meeresfluth abgewann; die See sein Gewerbe, sein Reichthum und seine Plage, eine freie Armuth sein höchstes Gut, sein Ruhm, seine Tugend. Dort ein gutartiges, gesittetes Handelsvolk, schwelgend von den üppigen Früchten eines gesegneten Fleißes, wachsam auf Gesetze, die seine Wohlthäter waren. In der glücklichen Muße des Wohlstands verläßt es der Bedürfnisse ängstlichen Kreis und lernt nach höherer Befriedigung dürsten. Die neue Wahrheit, deren erfreuender Morgen jetzt über Europa hervorbricht, wirft einen befruchtenden Strahl in diese günstige Zone, und freudig empfängt der freie Bürger das Licht, dem sich gedrückte traurige Sklaven verschließen. Ein fröhlicher Muthwille, der gerne den Ueberfluß und die Freiheit begleitet, reizt es an, das Ansehen verjährter Meinungen zu prüfen und eine schimpfliche Kette zu brechen. Die schwere Zuchtruthe des Despotismus hängt über ihm, eine willkürliche Gewalt droht die Grundpfeiler seinem Glücks einzureißen, der Bewahrer seiner Gesetze wird sein Tyrann. Einfach in seiner Staatsweisheit, wie in seinen Sitten, erkühnt es sich, einen veralteten Vertrag aufzuweisen und den Herrn beider Indien an das Naturrecht zu mahnen. Ein Name entscheidet den ganzen Ausgang der Dinge. Man nannte Rebellion in Madrid, was in Brüssel nur eine gesetzliche Handlung hieß; die Beschwerden Brabants forderten einen staatsklugen Mittler; *Philipp der Zweite* sandte ihm einen Henker, und die Losung des Krieges war gegeben. Eine Tyrannei ohne Beispiel greift Leben und Eigenthum an. Der verzweifelnde Bürger, dem zwischen einem zweifachen Tode die Wahl gelassen wird, erwählt den edlern auf dem Schlachtfeld. Ein wohlhabendes üppiges Volk liebt den Frieden, aber es wird kriegerisch, wenn es arm wird. Jetzt hört es auf, für ein Leben zu zittern, dem alles mangeln soll, warum es wünschenswürdig war. Die Wuth des Aufruhrs ergreift die entferntesten Provinzen; Handel und Wandel liegen darnieder; die Schiffe verschwinden aus den Häfen, der Künstler aus seiner Werkstätte, der Landmann aus den verwüsteten Feldern. Tausende fliehen in ferne Länder, tausend Opfer fallen auf dem Blutgerüste, und neue Tausende drängen sich hinzu; denn göttlich muß eine Lehre sein, für die so freudig gestorben werden kann. Noch fehlt die letzte vollendende Hand – der erleuchtete unternehmende Geist, der diesen großen politischen Augenblick haschte und die Geburt des Zufalls zum Plane der Weisheit erzöge.

Wilhelm der Stille weiht sich, ein zweiter *Brutus*, dem großen Anliegen der Freiheit. Ueber eine furchtsame Selbstsucht erhaben, kündigt er dem Throne strafbare Pflichten auf, entkleidet sich großmüthig seines fürstlichen Daseins, steigt zu einer freiwilligen Armuth herunter und ist nichts mehr als ein Bürger der Welt. Die gerechte Sache wird gewagt auf das Glücksspiel der Schlachten;

aber zusammengeraffte Miethlinge und friedliches Landvolk können dem furchtbaren Andrang einer geübten Kriegsmacht nicht Stand halten. Zweimal führt er seine muthlosen Heere gegen den Tyrannen, zweimal verlassen sie ihn, aber nicht sein Muth. *Philipp der Zweite* sendet ihm so viele Verstärkungen zu, als seines Mittlers grausame Habsucht Bettler machte. Flüchtlinge, die das Vaterland auswarf, suchen sich ein neues auf dem Meere und auf den Schiffen ihres Feindes Sättigung ihrer Rache und ihres Hungers. Jetzt werden Seehelden aus Corsaren, aus Raubschiffen zieht sich eine Marine zusammen, und eine Republik steigt aus Morästen empor. Sieben Provinzen zerreißen zugleich ihre Bande; ein neuer jugendlicher Staat, mächtig durch Eintracht, seine Wasserfluth und Verzweiflung. Ein feierlicher Spruch der Nation entsetzt den Tyrannen des Thrones, der spanische Name verschwindet aus allen Gesetzen.

Jetzt ist eine That gethan, die keine Vergebung mehr findet; die Republik wird fürchterlich, weil sie nicht mehr zurückkann; Faktionen zerreißen ihren Bund; selbst ihr schreckliches Element, das Meer, mit ihrem Unterdrücker verschworen, droht ihrem zarten Anfang ein frühzeitiges Grab. Sie fühlt ihre Kräfte der überlegenen Macht des Feindes erliegen und wirft sich bittend vor Europens mächtigste Throne, eine Souveränetät wegzuschenken, die sie nicht mehr beschützen kann. Endlich und mühsam – so verächtlich begann dieser Staat, daß selbst die Habsucht fremder Könige seine junge Blüthe verschmähte – einem Fremdling endlich dringt sie ihre gefährliche Krone auf. Neue Hoffnungen erfrischen ihren sinkenden Muth, aber einen Verräther gab ihr in diesem neuen Landesvater das Schicksal, und in dem drangvollen Zeitpunkt, wo der unerbittliche Feind vor den Thoren schon stürmet, tastet *Karl von Anjou* die Freiheit an, zu deren Schutz er gerufen worden. Eines Meuchelmörders Hand reißt noch den Steuermann von dem Ruder, ihr Schicksal scheint vollendet, mit *Wilhelm von Oranien* alle ihre rettenden Engel geflohen – aber das Schiff fliegt im Sturme, und die wallenden Segel bedürfen des Ruderers Hilfe nicht mehr.

Philipp der Zweite sieht die Frucht einer That verloren, die ihm seine fürstliche Ehre, und wer weiß, ob nicht den heimlichen Stolz seines stillen Bewußtseins kostet. Hartnäckig und ungewiß ringt mit dem Despotismus die Freiheit; mörderische Schlachten werden gefochten; eine glänzende Heldenreihe wechselt auf dem Felde der

Ehre; Flandern und Brabant war die Schule, die dem kommenden Jahrhundert Feldherren erzog. Ein langer verwüstender Krieg zertritt den Segen des offenen Landes, Sieger und Besiegte verbluten, während daß der werdende Wasserstaat den fliehenden Fleiß zu sich lockte und auf den Trümmern seines Nachbars den herrlichen Bau seiner Größe erhub. Vierzig Jahre dauerte ein Krieg, dessen glückliche Endigung *Philipps* sterbendes Auge nicht erfreute, – der ein Paradies in Europa vertilgte und ein neues aus seinen Ruinen erschuf, der die Blüthe der kriegerischen Jugend verschlang, einen ganzen Welttheil bereicherte und den Besitzer des goldreichen Peru zum armen Manne machte. Dieser Monarch, der, ohne sein Land zu drücken, neunmalhundert Tonnen Goldes jährlich verschwenden durfte, der noch weit mehr durch tyrannische Künste erzwang, häufte eine Schuld von hundert und vierzig Millionen Ducaten auf sein entvölkertes Land. Ein unversöhnlicher Haß der Freiheit verschlang alle diese Schätze und verzehrte fruchtlos sein königliches Leben, aber die Reformation gedieh unter den Verwüstungen seines Schwerts, und die neue Republik hob aus Bürgerblut ihre siegende Fahne.

Diese unnatürliche Wendung der Dinge scheint an ein Wunder zu grenzen; aber Vieles vereinigte sich, die Gewalt dieses Königs zu brechen und die Fortschritte des jungen Staats zu begünstigen. Wäre das ganze Gewicht seiner Macht auf die vereinigten Provinzen gefallen, so war keine Rettung für ihre Religion, ihre Freiheit. Sein eigener Ehrgeiz kam ihrer Schwäche zu Hilfe, indem er ihn nöthigte, seine Macht zu theilen. Die kostbare Politik, in jedem Cabinet Europens Verräther zu besolden, die Unterstützungen der Ligue in Frankreich, der Aufstand der Mauren in Granada, Portugals Eroberung und der prächtige Bau vom Escurial erschöpften endlich seine so unermeßlich scheinenden Schätze und untersagten ihm, mit Lebhaftigkeit und Nachdruck im Felde zu handeln. Die deutschen und italienischen Treppen, die nur die Hoffnung der Beute unter seine Fahnen gelockt hatte, empörten sich jetzt, weil er sie nicht bezahlen konnte, und verließen treulos ihre Führer im entscheidenden Moment ihrer Wirksamkeit. Diese fürchterlichen Werkzeuge der Unterdrückung kehrten jetzt ihre gefährliche Macht gegen ihn selbst und wütheten feindlich in den Provinzen, die ihm treu geblieben waren. Jene unglückliche Ausrüstung gegen Britannien, an die er, gleich einem rasenden Spieler, die ganze Kraft seines Königreichs wagte, vollendete seine Entnervung; mit der Armada ging der Tribut beider Indien und der Kern der spanischen Heldenzucht unter.

Aber in eben dem Maße, wie sich die spanische Macht erschöpfte, gewann die Republik frisches Leben. Die Lücken, welche die neue Religion, die Tyrannei der Glaubensgerichte, die wüthende Raubsucht der Soldateska und die Verheerungen eines langwierigen Kriegs ohne Unterlaß in die Provinzen Brabant, Flandern und Hennegau rissen, die der Waffenplatz und die Vorratskammer dieses kostbaren Krieges waren, machten es natürlicherweise mit jedem Jahre schwerer, die Armee zu unterhalten und zu erneuern. Die katholischen Niederlande hatten schon eine Million Bürger verloren, und die zertretenen Felder nährten ihre Pflüger nicht mehr. Spanien selbst konnte wenig Volk mehr entrathen. Diese Länder, durch einen schnellen Wohlstand überrascht, der den Müßiggang herbeiführte, hatten sehr an Bevölkerung verloren und konnten diese Menschenversendungen nach der neuen Welt und den Niederlanden nicht lange aushalten. Wenige unter diesen sahen ihr Vaterland wieder; diese Wenigen hatten es als Jünglinge verlassen und kamen nun als entkräftete Greise zurück. Das gemeiner gewordene Gold machte den Soldaten immer theurer; der überhand nehmende Reiz der Weichlichkeit steigerte den Preis der entgegengesetzten Tugenden. Ganz anders verhielt es sich mit den Rebellen. Alle die Tausende, welche die Grausamkeit der königlichen Statthalter ans den südlichen Niederlanden, der Hugenottenkrieg aus Frankreich und der Gewissenszwang aus anderen Gegenden Europens verjagten, alle gehörten ihnen. Ihr Werbeplatz war die ganze christliche Welt. Für sie arbeitete der Fanatismus der Verfolger, wie der Verfolgten. Die frische Begeisterung einer neu verkündigten Lehre, Rachsucht, Hunger und hoffnungsloses Elend zogen aus allen Distrikten Europens Abenteurer unter ihre Fahnen. Alles, was für die neue Lehre gewonnen war, was von dem Despotismus gelitten, oder noch künftig von ihm zu fürchten hatte, machte das Schicksal dieser neuen Republik gleichsam zu seinem eigenen. Jede Kränkung, von einem Tyrannen erlitten, gab ein Bürgerrecht in Holland. Man drängte sich nach einem Lande, wo die Freiheit ihre erfreuende Fahne aufsteckte, wo der flüchtigen Religion Achtung und Sicherheit und Rache an ihren Unterdrückern gewiß war.

Wenn wir den Zusammenfluß aller Völker in dem heutigen Holland betrachten, die beim Eintritt in sein Gebiet ihre Menschenrechte zurück empfangen, was muß es damals gewesen sein, wo noch das ganze übrige Europa unter einem traurigen Geistesdruck seufzte, wo Amsterdam beinahe der einzige Freihafen aller Meinungen war? Viele hundert Familien retteten ihren Reichthum in ein Land, das der Ocean und die Eintracht gleich mächtig beschirmten. Die republikanische Armee war vollzählig, ohne daß man nöthig gehabt hätte, den Pflug zu entblößen. Mitten unter dem Waffengeräusch blühten Gewerbe und Handel, und der ruhige Bürger genoß im Voraus alle Früchte der Freiheit, die mit fremdem Blut erst erstritten wurde. Zu eben der Zeit, wo die Republik Holland noch um ihr Dasein kämpfte, rückte sie die Grenzen ihres Gebiets über das Weltmeer hinaus und baute still an ihren ostindischen Thronen.

Noch mehr. Spanien führte diesen kostbaren Krieg mit todtem unfruchtbarem Golde, das nie in die Hand zurückkehrte, die es weggab, aber den Preis aller Bedürfnisse in Europa erhöhte. Die Schatzkammer der Republik waren Arbeitsamkeit und Handel. Jenes verminderte, diese vervielfältigte die Zeit. In eben dem Maße, wie sich die Hilfsquellen der Regierung bei der langen Fortdauer des Krieges erschöpften, fing die Republik eigentlich erst an, ihre Ernte zu halten. Es war eine gesparte dankbare Aussaat, die spät, aber hundertfältig wiedergab; der Baum, von welchem *Philipp* sich Früchte brach, war ein umgehauener Stamm und grünte nicht wieder.

Philipps widriges Schicksal wollte, daß alle Schätze, die er zum Untergang der Provinzen verschwendete, sie selbst noch bereichern halfen. Jene ununterbrochenen Ausflüsse des spanischen Goldes hatten Reichthum und Luxus durch ganz Europa verbreitet; Europa aber empfing seine vermehrten Bedürfnisse größtentheils aus den Händen der Niederländer, die den Handel der ganzen damaligen Welt beherrschten und den Preis aller Waaren bestimmten. Sogar während dieses Krieges konnte *Philipp* der Republik Holland den Handel mit seinen eigenen Unterthanen nicht wehren, ja, er konnte dieses nicht einmal wünschen. Er selbst bezahlte den Rebellen die Unkosten ihrer Vertheidigung; denn eben der Krieg, der sie aufreiben sollte, vermehrte den Absatz ihrer Waaren. Der ungeheure Aufwand für seine Flotten und Armeen floß größtentheils in die

Schatzkammer der Republik, die mit den flämischen und brabanti-schen Handelsplätzen in Verbindung stand. Was *Philipp gegen* die Rebellen in Bewegung setzte, wirkte mittelbar *für* sie. Alle die un-ermeßlichen Summen, die ein vierzigjähriger Krieg verschlang, waren in die Fässer der Danaiden gegossen und zerrannen in einer bodenlosen Tiefe.

Der träge Gang dieses Krieges that dem Könige von Spanien eben so viel Schaden, als er den Rebellen Vortheile brachte. Seine Armee war größtenteils ans den Ueberresten jener siegreichen Trnppen zusammengeflossen, die unter *Karl dem Fünften* bereits ihre Lor-beern gesammelt hatten. Alter und lange Dienste berechtigten sie zur Ruhe; viele unter ihnen, die der Krieg bereichert hatte, wünsch-ten sich ungeduldig nach ihrer Heimath zurück, ein mühevolles Leben gemächlich zu enden. Ihr vormaliger Eifer, ihr Heldenfeuer und ihre Mannszucht ließen in eben dem Grade nach, als sie ihre Ehre und Pflicht gelöst zu haben glaubten und die Früchte so vieler Feldzüge endlich zu ernten anfingen. Dazu kam, daß Truppen, die gewohnt waren, durch den Ungestüm ihres Angriffs jeden Wider-stand zu besiegen, ein Krieg ermüden mußte, der weniger mit Men-schen als mit Elementen geführt wurde, der mehr die Geduld übte, als die Ruhmbegierde vergnügte, wobei weniger Gefahr als Be-schwerlichkeit und Mangel zu bekämpfen war. Weder ihr persönli-cher Muth, noch ihre lange kriegerische Erfahrung konnten ihnen in einem Lande zu Statten kommen, dessen eigentümliche Beschaffen-heit oft auch dem Feigsten der Eingebornen über sie Vortheile gab. Auf einem fremden Boden endlich schadete ihnen *eine* Niederlage mehr, als viele Siege über einen Feind, der hier zu Hause war, ihnen nützen konnten. Mit den Rebellen war es gerade der umgekehrte Fall. In einem so langwierigen Kriege, wo keine entscheidende Schlacht geschah, mußte der schwächere Feind zuletzt von dem stärkern lernen, kleine Niederlagen ihn an die Gefahr gewöhnen, kleine Siege seine Zuversicht befeuern. Bei Eröffnung des Bürger-krieges hatte sich die republikanische Armee vor der spanischen im Felde kaum zeigen dürfen; seine lange Dauer übte und härtete sie. Wie die königlichen Heere des Schlagens überdrüssig wurden, war das Selbstvertrauen der Rebellen mit ihrer bessern Kriegszucht und Erfahrung gestiegen. Endlich, nach einem halben Jahrhundert, gin-

gen Meister und Schüler, unüberwunden, als gleiche Kämpfer auf-
einander.

Ferner wurde im ganzen Verlaufe dieses Krieges von Seiten der
Rebellen mit mehr Zusammenhang und Einheit gehandelt, als von
Seiten des Königs. Ehe jene ihr erstes Oberhaupt verloren, war die
Verwaltung der Niederlande durch nicht weniger als fünf ver-
schiedne Hände gegangen. Die Unentschlüssigkeit der Herzogin
von Parma theilte sich dem Kabinet zu Madrid mit und ließ es in
kurzer Zeit beinahe alle Staatsmaximen durchwandern. Herzog
Albas unbeugsame Härte, die Gelindigkeit seines Nachfolgers *Re-
quesens, Don Johanns von Oesterreich* Hinterlist und Tücke und der
lebhafte cäsarische Geist des Prinzen *von Parma* gaben diesem Krieg
eben so viel entgegengesetzte Richtungen, während daß der Plan
der Rebellion in dem einzigen Kopfe, worin er klar und lebendig
wohnte, immer derselbe blieb. Das größere Uebel war, daß die Maxime mehrentheils das Moment verfehlte, in welchem sie anzuwenden sein mochte. Im Anfang der Unruhen, wo das Uebergewicht
augenscheinlich noch auf Seiten des Königs war, wo ein rascher
Entschluß und männliche Stetigkeit die Rebellion noch in der Wiege
erdrücken konnten, ließ man den Zügel der Regierung in den Händen eines Weibes schlaff hin und her schwanken. Nachdem die
Empörung zum wirklichen Ausbruch gekommen war, die Kräfte
der Faktion und des Königs schon mehr im Gleichgewichte standen
und eine kluge Geschmeidigkeit allein dem nahen Bürgerkrieg
wehren konnte, fiel die Statthalterschaft einem Manne zu, dem zu
diesem Posten gerade diese einzige Tugend fehlte. Einem so wach-
samen Aufseher, als *Wilhelm der Verschwiegene* war, entging keiner
der Vortheile, die ihm die fehlerhafte Politik seines Gegners gab,
und mit stillem Fleiß rückte er langsam sein großes Unternehmen
zum Ziele.

Aber warum erschien *Philipp der Zweite* nicht selbst in den Niederlanden? Warum wollte er lieber die unnatürlichsten Mittel erschöpfen, um nur das einzige nicht zu versuchen, welches nicht
fehlschlagen konnte? Die üppige Gewalt des Adels zu brechen, war
kein Ausweg natürlicher, als die persönliche Gegenwart des Herrn.
Neben der Majestät mußte jede Privatgröße versinken, jedes andere
Ansehen erlöschen. Anstatt daß die Wahrheit durch so viele unreine
Kanäle langsam und trübe nach dem entlegenen Throne floß, daß

die verzögerte Gegenwehr dem Werke des Ohngefährs Zeit ließ, zu einem Werke des Verstandes zu reifen, hätte sein eigner durchdringender Blick Wahrheit von Irrthum geschieden; nicht seine Menschlichkeit, kalte Staatskunst allein hätte dem Lande eine Million Bürger gerettet. Je näher ihrer Quelle, desto nachdrücklicher wären die Edikte gewesen; je dichter an ihrem Ziele, desto unkräftiger und verzagter die Streiche des Aufruhrs gefallen. Es kostet unendlich mehr, das Böse, dessen man sich gegen einen abwesenden Feind wohl getrauen mag, ihm ins Angesicht zuzufügen. Die Rebellion schien anfangs selbst vor ihrem Namen zu zittern und schmückte sich lange Zeit mit dem künstlichen Vorwand, die Sache des Souveräns gegen die willkürlichen Anmaßungen seines Statthalters in Schutz zu nehmen. *Philipps* Erscheinung in Brüssel hätte dieses Gaukelspiel auf Einmal geendigt. Jetzt mußte sie ihre Vorspiegelung erfüllen, oder die Larve abwerfen und sich durch ihre wahre Gestalt verdammen. Und welche Erleichterung für die Niederlande, wenn seine Gegenwart ihnen auch nur diejenigen Uebel erspart hätte, die ohne sein Wissen und gegen seinen Willen auf sie gehäuft wurden! Welcher Gewinn für ihn selbst, wenn sie auch zu nichts weiter gedient hätte, als über die Anwendung der unermeßlichen Summen zu wachen, die, zu den Bedürfnissen des Kriegs widerrechtlich gehoben, in den räuberischen Händen seiner Verwalter verschwanden! Was seine Stellvertreter durch den unnatürlichen Behelf des Schreckens erzwingen mußten, hätte die Majestät in allen Gemüthern schon vorgefunden. Was jene zu Gegenständen des Abscheus machte, hätte ihm höchstens Furcht erworben; denn der Mißbrauch angeborner Gewalt drückt weniger schmerzhaft, als der Mißbrauch empfangener. Seine Gegenwart hätte Tausende gerettet, wenn er auch nichts als ein haushälterischer Despot war; wenn er auch nicht einmal *der* war, so würde das Schrecken seiner Person ihm eine Landschaft erhalten haben, die durch den Haß und die Geringschätzung seiner Maschinen verloren ging.

Gleichwie die Bedrückung des niederländischen Volks eine Angelegenheit aller Menschen wurde, die ihre Rechte fühlten, ebenso, möchte man denken, hätte der Ungehorsam und Abfall dieses Volks eine Aufforderung an alle Fürsten sein sollen, in der Gerechtsame ihres Nachbars ihre eigene zu schützen. Aber die Eifersucht über Spanien gewann es diesmal über diese politische Sympathie, und die ersten Mächte Europens traten, lauter oder stiller, auf die Seite der Freiheit. Kaiser *Maximilian der Zweite*, obgleich dem spanischen Hause durch Bande der Verwandtschaft verpflichtet, gab ihm gerechten Anlaß zu der Beschuldigung, die Partei der Rebellen ingeheim begünstigt zu haben. Durch das Anerbieten seiner Vermittlung gestand er ihren Beschwerden stillschweigend einen Grad von Gerechtigkeit zu, welches sie aufmuntern mußte, desto standhafter darauf zu beharren. Unter einem Kaiser, der dem spanischen Hof aufrichtig ergeben gewesen wäre, hätte *Wilhelm von Oranien* schwerlich so viele Trnppen und Gelder aus Deutschland gezogen. Frankreich, ohne den Frieden offenbar und förmlich zu brechen, stellte einen Prinzen vom Geblüt an die Spitze der niederländischen Rebellen; die Operationen der Letztern wurden größtenteils mit französischem Gelde und Truppen vollführt. *Elisabeth von England* übte nur eine gerechte Rache und Wiedervergeltung aus, da sie die Aufrührer gegen ihren rechtmäßigen Oberherrn in Schutz nahm, und wenn gleich ihr sparsamer Beistand höchstens nur hinreichte, den gänzlichen Ruin der Republik abzuwehren, so war dieses in einem Zeitpunkt schon unendlich viel, wo ihren erschöpften Muth Hoffnung allein noch hinhalten konnte. Mit diesen beiden Mächten stand *Philipp* damals noch im Bündniß des Friedens, und beide wurden zu Verräthern an ihm. Zwischen dem Starken und Schwachen ist Redlichkeit oft keine Tugend; Dem, der gefürchtet wird, kommen selten die feinern Bande zu gut, welche Gleiches mit Gleichem zusammenhalten. *Philipp* selbst hatte die Wahrheit aus dem politischen Umgange verwiesen, er selbst die Sittlichkeit zwischen Königen aufgelöst und die Hinterlist zur Gottheit des Kabinets gemacht. Ohne seiner Ueberlegenheit jemals ganz froh zu werden, mußte er sein ganzes Leben hindurch mit der Eifersucht ringen, die sie ihm bei Andern erweckte. Europa ließ ihn für den Mißbrauch einer Gewalt büßen, von der er in der That nie den ganzen Gebrauch gehabt hatte.

Bringt man gegen die Ungleichheit beider Kämpfer, die auf den ersten Anblick so sehr in Erstaunen setzt, alle Zufälle in Berechnung, welche jenen anfeindeten und diesen begünstigten, so verschwindet das Uebernatürliche dieser Begebenheit, aber das Außerordentliche bleibt – und man hat einen richtigen Maßstab gefunden, das eigene Verdienst dieser Republikaner um ihre Freiheit angeben zu können. Doch denke man nicht, daß dem Unternehmen selbst eine so genaue Berechnung der Kräfte vorangegangen sei, oder daß sie beim Eintritt in dieses ungewisse Meer schon das Ufer gewußt haben, an welchem sie nachher landeten. So reif, so kühn und so herrlich, als es zuletzt da stand in seiner Vollendung, erschien das Werk nicht in der Idee seiner Urheber, so wenig als vor Luthers Geiste die ewige Glaubenstrennung, da er gegen den Ablaßkram aufstand. Welcher Unterschied zwischen dem bescheidenen Aufzug jener Bettler in Brüssel, die um eine menschlichere Behandlung als um eine Gnade flehen, und der furchtbaren Majestät eines Frei-staats, der mit Königen als seines Gleichen unterhandelt und in weniger als einem Jahrhundert den Thron seiner vormaligen Ty-rannen verschenkt! Des Fatums unsichtbare Hand führte den abge-drückten Pfeil in einem höhern Bogen und nach einer ganz andern Richtung fort, als ihm von der Sehne gegeben war. Im Schooße des glücklichen Brabants wird die Freiheit geboren, die, noch ein neu-gebornes Kind, ihrer Mutter entrissen, das verachtete Holland be-glücken soll. Aber das Unternehmen selbst darf uns darum nicht kleiner erscheinen, weil es anders ausschlug, als es gedacht worden war. Der Mensch verarbeitet, glättet und bildet den rohen Stein, den die Zeiten herbeitragen; ihm gehört der Augenblick und der Punkt, aber die Weltgeschichte rollt der Zufall. Wenn die Leidenschaften, welche sich bei dieser Begebenheit geschäftig erzeigten, des Werks nur nicht unwürdig waren, dem sie unbewußt dienten, – wenn die Kräfte, die sie ausführen halfen, und die einzelnen Handlungen, aus deren Verkettung sie wunderbar erwuchs, nur an sich edle Kräfte, schöne und große Handlungen waren – so ist die Begebenheit groß, interessant und sichtbar für uns, und es steht uns frei, über die küh-ne Geburt des Zufalls zu erstaunen, oder einem höhern Verstand unsere Bewunderung zuzutragen.

Die Geschichte der Welt ist sich selbst gleich, wie die Gesetze der Natur, und einfach, wie die Seele des Menschen. Dieselben Bedin-gungen bringen dieselben Erscheinungen zurück. Auf eben diesem Boden, wo jetzt die Niederländer ihrem spanischen Tyrannen die Spitze bieten, haben vor fünfzehnhundert Jahren ihre Stammväter, die Batavier und Belgen, mit ihrem römischen gerungen. Eben so, wie jene, einem hochmüthigen Beherrscher unwillig unterthan, eben so von habsüchtigen Satrapen mißhandelt, werfen sie mit ähnlichem Trotz ihre Ketten ab und versuchen das Glück in eben so ungleichem Kampfe. Derselbe Erobererstolz, derselbe Schwung der Nation in dem Spanier des sechzehnten Jahrhunderts und in dem Römer des ersten, dieselbe Tapferkeit und Mannszucht in beider Heeren, dasselbe Schrecken vor ihrem Schlachtenzuge. Dort, wie hier, sehen wir List gegen Uebermacht streiten und Standhaftigkeit, unterstützt durch Eintracht, eine ungeheure Macht ermüden, die sich durch Theilung entkräftet hat. Dort, wie hier, waffnet Privathaß die Nation; ein einziger Mensch, für seine Zeit geboren, deckt ihr das gefährliche Geheimniß ihrer Kräfte auf und bringt ihren stummen Gram zu einer blutigen Erklärung. »Gestehet, Batavier!« redet *Claudius Civilis* seine Mitbürger in dem heiligen Haine an, »wird uns von diesen Römern noch wie sonst, als Bundesgenossen und Freunden, oder nicht vielmehr als dienstbaren Knechten begegnet? Ihren Beamten und Statthaltern sind wir ausgeliefert, die, wenn unser Raub, unser Blut sie gesättigt hat, von andern abgelöst werden, welche dieselbe Gewalttätigkeit, nur unter andern Namen, erneuern. Geschieht es ja endlich einmal, daß uns Rom einen Oberaufseher sendet, so drückt er uns mit einem prahlerischen theuren Gefolge und noch unerträglicherm Stolz. Die Werbungen sind wieder nahe, welche Kinder von Eltern, Brüder von Brüdern auf ewig reißen und eure kraftvolle Jugend der römischen Unzucht überliefern. Jetzt, Batavier, ist der Augenblick unser. Nie lag Rom darnieder wie jetzt. Lasset euch diese Namen von Legionen nicht in Schrecken jagen; ihre Läger enthalten nichts als alte Männer und Beute. Wir haben Fußvolk und Reiterei, Germanien ist unser und Gallien lüstern, sein Joch abzuwerfen. Mag ihnen Syrien dienen, und Asien und der Aufgang, der Könige braucht! Es sind noch unter uns, die geboren wurden, ehe man den Römern Schatzung erlegte. Die Götter halten es mit dem Tapfersten.« Feierliche Sakramente weihen diese Verschwörung, wie den Geusenbund; wie dieser, hüllt sie sich hinterlistig in den Schleier der Unterwürfigkeit, in die Majestät eines großen Namens. Die Cohorten des *Civilis* schwören am Rheine dem *Vespasian* in Syrien, wie der Compromiß *Philipp dem Zweiten*. Derselbe Kampfplatz erzeugt denselben Plan der Vertheidigung, dieselbe Zuflucht der Verzweiflung. Beide vertrauen ihr wankendes Glück einem befreundeten Elemente; in ähnlichem Bedrängniß rettet Civilis seine Insel – wie fünfzehn Jahrhunderte nach ihm *Wilhelm von Oranien* die Stadt Leyden – durch eine künstliche Wasser-

fluth. Die batavische Tapferkeit deckt die Ohnmacht der Weltbe-
herrscher auf, wie der schöne Muth ihrer Enkel den Verfall der
spanischen Macht zur Schau stellt. Dieselbe Fruchtbarkeit des Geistes in den Heerführern beider Zeiten läßt den Krieg eben so hartnäckig dauern und beinahe eben so zweifelhaft enden; aber einen
Unterschied bemerken wir doch: die Römer und Batavier kriegen
menschlich, denn sie kriegen nicht für die Religion.[1]

---

[1] Tac. Histor. L. IV. V.

Erstes Buch.

Frühere Geschichte der Niederlande bis zum sechzehnten Jahrhundert.

Ehe wir in das Innere dieser großen Revolution hineingehen, müssen wir einige Schritte in die alte Geschichte des Landes znrückthun und die Verfassung entstehen sehen, worin wir es zur Zeit dieser merkwürdigen Veränderung finden.

Der erste Eintritt dieses Volks in die Weltgeschichte ist das Moment seines Untergangs: von seinen Ueberwindern empfing es ein politisches Leben. Die weitläufige Landschaft, welche von Deutschland gegen Morgen, gegen Mittag von Frankreich, gegen Mitternacht und Abend von der Nordsee begrenzt wird, und die wir unter dem allgemeinen Namen der Niederlande begreifen, war bei dem Einbruch der Römer in Gallien unter drei Hauptvölkerschaften vertheilt, alle ursprünglich deutscher Abkunft, deutscher Sitte und deutschen Geistes.[2] Der Rhein machte ihre Grenzen. Zur Linken des Flusses wohnten die Belgen,[3] zu seiner Rechten die Friesen,[4] und die Batavier[5] auf der Insel, die seine beiden Arme damals mit dem Ocean bildeten. Jede dieser einzelnen Nationen wurde früher oder später den Römern unterworfen, aber ihre Ueberwinder selbst legen uns die rühmlichsten Zeugnisse von ihrer Tapferkeit ab. Die Belgen, schreibt *Cäsar*,[6] waren die einzigen unter den gallischen Völkern, welche die einbrechenden Teutonen und Cimbrer von ihren Grenzen abhielten. Alle Völker um den Rhein, sagt uns *Taci-*

---

[2] J. Caesar de Bello Gall. L. I. Tacit. de Morib. Germ. und Hist. L. IV.

[3] In den Landschaften, die jetzt größtentheils die katholischen Niederlande und Generalitätslande ausmachen.

[4] Im jetzigen Gröningen, Ost- und Westfriesland, einem Theil von Holland, Geldern, Utrecht und Oberyssel.

[5] In dem obern Theile von Holland, Utrecht und Oberyssel, dem heutigen Cleve u. s. f. zwischen der Leck und der Waal. Kleinere Völker, die Kanninefater, Mattiaker, Maresaten u. s. f., die einen Theil von Westfriesland, Holland und Seeland bewohnten, können zu ihnen gerechnet werden. Tacit. Hist. L. IV. c. 45, 56. de Morib. German. C. 29.

[6] De Bello Gall.

tus,[7] wurden an Heldenmuth von den Bataviern übertroffen. Dieses wilde Volk erlegte seinen Tribut in Soldaten und wurde von seinen Ueberwindern, gleich Pfeil und Schwert, nur für Schlachten gespart. Die batavische Reiterei erklärten die Römer selbst für den besten Theil ihrer Heere. Lange Zeit machte sie, wie heutzutage die Schweizer, die Leibwache der römischen Kaiser aus; ihr wilder Muth erschreckte die Dacier, da sie in voller Rüstung über die Donau schwamm. Die nämlichen Batavier hatten den *Agricola* auf seinem Zug nach Britannien begleitet und ihm diese Insel erobern helfen.[8] Unter allen wurden die Friesen zuletzt überwunden und setzten sich zuerst wieder in Freiheit. Die Moräste, zwischen welchen sie wohnten, reizten die Eroberer später und kosteten ihnen mehr. Der Römer *Drusus,* der in diesen Gegenden kriegte, führte einen Kanal vom Rhein in den Flevo, die jetzige Südersee, durch welchen die römische Flotte in die Nordsee drang und aus dieser durch die Mündungen der Ems und Weser einen leichtern Weg in das innere Deutschland fand.[9]

Vier Jahrhunderte lang finden wir Batavier in den römischen Heeren, aber nach den Zeiten des *Honorius* verschwindet ihr Name aus der Geschichte. Ihre Insel sehen wir von den Franken überschwemmt, die sich dann wieder in das benachbarte Belgien verlieren. Die Friesen haben das Joch ihrer entlegenen und ohnmächtigen Beherrscher zerbrochen und erscheinen wieder als ein freies und sogar eroberndes Volk, das sich durch eigene Gebräuche und den Ueberrest der römischen Gesetze regiert und seine Grenzen bis über die linken Ufer des Rheins erweitert. Friesland überhaupt hat unter allen Provinzen der Niederlande am wenigsten von dem Einbruche fremder Völker, von fremden Gebräuchen und Gesetzen gelitten und durch eine lange Reihe von Jahrhunderten Spuren seiner Verfassung, seines Nationalgeists und seiner Sitten behalten, die selbst heutzutage nicht ganz verschwunden sind.

Die Epoche der Völkerwanderung zernichtet die ursprüngliche Form dieser meisten Nationen; andere Mischungen entstehen mit andern Verfassungen. Die Städte und Lagerplätze der Römer ver-

---

[7] Hist. L. IV. c. 12.

[8] Dio Cass. L. LXIX. Tacit. Agricol. c. 36. Tacit. Annal. L. II. c. 15.

[9] Tacit. Annal. II. cap. 8. Suet. Claud. Cap. I. n. 3

schwinden in der allgemeinen Verwüstung. und mit diesen so viele Denkmäler ihrer großen Regentenkunst, durch den Fleiß fremder Hände vollendet. Die verlassenen Dämme ergeben sich der Wuth ihrer Ströme und dem eindringenden Ocean wieder. Die Wunder der Menschenhand, die künstlichen Kanäle, vertrocknen, die Flüsse ändern ihren Lauf, das feste Land und die See verwirren ihre Grenzen, und die Natur des Bodens verwandelt sich mit seinen Bewohnern. Der Zusammenhang beider Zeiten scheint aufgehoben, und mit einem neuen Menschengeschlecht beginnt eine neue Geschichte.

Die Monarchie der Franken, die aus den Trümmern des römischen Galliens entstand, hatte im sechsten und siebenten Jahrhundert alle niederländischen Provinzen verschlungen und den christlichen Glauben in diese Länder gepflanzt. Friesland, das letzte unter allen, unterwarf *Karl Martel*, nach einem hartnäckigen Kriege, der fränkischen Krone und bahnte mit seinen Waffen dem Evangelium den Weg. *Karl der Große* vereinigte alle diese Länder, die nun einen Theil der weitläufigen Monarchie ausmachten, welche dieser Eroberer aus Deutschland, Frankreich und der Lombardei erschuf. Wie dieses große Reich unter seinen Nachkommen durch Theilungen wieder zerrissen ward, so zerfielen auch die Niederlande bald in deutsche, bald in fränkische, bald in lotharingische Provinzen, und zuletzt finden wir sie unter den beiden Namen von Friesland und Niederlotharingen.[10]

Mit den Franken kam auch die Geburt des Nordens, die Lehensverfassung, in diese Länder, und auch hier artete sie wie in allen übrigen aus. Die mächtigern Vasallen trennten sich nach und nach von der Krone, und die königlichen Beamten rissen die Landschaften, denen sie vorstehen sollten, als ein erbliches Eigenthum an sich. Aber diese abtrünnigen Vasallen konnten sich nur mit Hilfe ihrer Untersassen gegen die Krone behaupten, und der Beistand, den diese leisteten, mußte durch neue Belehnungen wieder erkauft werden. Durch fromme Usurpationen und Schenkungen wurde die Geistlichkeit mächtig und errang sich bald ein eignes unabhängiges Dasein in ihren Abteien und bischöflichen Sitzen. So waren die Niederlande im zehnten, eilften, zwölften und dreizehnten Jahr-

---

[10] Allgemeine Geschichte der vereinigen Niederlande. 1. Theil 4tes und 5tes Buch.

hundert in mehrere kleine Souveränetäten zersplittert, deren Besitzer bald dem deutschen Kaiserthum, bald den fränkischen Königen huldigten. Durch Kauf, Heirathen, Vermächtnisse oder auch durch Eroberungen wurden oft mehrere derselben unter *einem* Hauptstamm wieder vereinigt, und im fünfzehnten Jahrhundert sehen wir das burgundische Haus im Besitz des größten Theils von den Niederlanden.[11] *Philipp der Gütige*, Herzog von Burgund, hatte mit mehr oder weniger Rechte schon eilf Provinzen unter seine Herrschaft versammelt, die *Karl der Kühne*, sein Sohn, durch die Gewalt der Waffen noch mit zwei neuen vermehrte. So entstand unvermerkt ein neuer Staat in Europa, dem nichts als der Name fehlte, um das blühendste Königreich dieses Welttheils zu sein. Diese weitläufigen Besitzungen machten die burgundischen Herzoge zu furchtbaren Grenznachbarn Frankreichs und versuchten *Karls des Kühnen* unruhigen Geist, den Plan einer Eroberung zu entwerfen, der die ganze geschlossene Landschaft von der Südersee und der Mündung des Rheins bis hinauf ins Elsaß begreifen sollte. Die unerschöpflichen Hilfsquellen dieses Fürsten rechtfertigten einigermaßen diese kühne Chimäre. Eine furchtbare Heeresmacht droht sie in Erfüllung zu bringen. Schon zitterte die Schweiz für ihre Freiheit, aber das treulose Glück verließ ihn in drei schrecklichen Schlachten, und der schwindelnde Eroberer ging unter den Lebenden und Todten verloren.[12]

Die einzige Erbin *Karls des Kühnen*, Maria, die reichste Fürstentochter jener Zeit und die unselige Helena, die das Elend über diese Länder brachte, beschäftigte jetzt die Erwartung der ganzen dama-

---

[11] Grot. Annal. L. I. p. 2. 3.

[12] Ein Page, der ihn fallen gesehn und die Sieger einige Tage nach der Schlacht zu dem Orte führte, rettete ihn noch von einer schimpflichen Vergessenheit. Man zog seinen Leichnam nackt und von Wunden ganz entstellt aus einem Sumpfe, worein er festgefroren war, und erkannte ihn mit vieler Mühe noch an einigen fehlenden Zähnen und den Nägeln seiner Finger, die er länger zu tragen pflegte, als ein anderer Mensch. Aber daß es, dieser Kennzeichen ungeachtet, noch immer Ungläubige gab, die seinem Tod bezweifelten und seiner Wiedererscheinung entgegen sahen, beweist eine Stelle aus dem Sendschreiben, worin Ludwig der Eilfte die burgundischen Städte aufforderte, zur Krone Frankreich zurückzukehren. Sollte sich, heißt die Stelle, Herzog Karl noch am Leben finden, so seid ihr eures Eides gegen mich wieder ledig. Comines T. III. Preuves des Mémoires. 495. 497.

ligen Welt. Zwei große Prinzen, König *Ludwig der Eilfte* von Frankreich für den jungen Dauphin, seinen Sohn, und *Maximilian* von Oesterreich, Kaiser *Friedrichs des Dritten* Sohn, erschienen unter ihren Freiern. Derjenige, dem sie ihre Hand schenken würde, sollte der mächtigste Fürst in Europa werden, und hier zum ersten Mal fing dieser Welttheil an, für sein Gleichgewicht zu fürchten. *Ludwig,* der Mächtigere von Beiden, konnte sein Gesuch durch die Gewalt der Waffen unterstützen; aber das niederländische Volk, das die Hand seiner Fürstin vergab, ging diesen gefürchteten Nachbar vorüber und entschied für *Maximilian,* dessen entlegenere Staaten und beschränktere Gewalt die Landesfreiheit weniger bedrohten. Eine treulose, unglückliche Politik, die durch eine sonderbare Fügung des Himmels das traurige Schicksal nur beschleunigte, welches zu verhindern sie ersonnen ward.

Philipp dem Schönen, der *Maria* und *Maximilians Sohn,* brachte seine spanische Braut diese weitläuftige Monarchie, welche *Ferdinand* und *Isabella* kürzlich gegründet hatten; und *Karl von Oesterreich,* sein Sohn, war geborner Herr der Königreiche Spanien, beider Sicilien, der neuen Welt und der Niederlande.

Das gemeine Volk stieg hier früher, als in den übrigen Lehnreichen, aus einer traurigen Leibeigenschaft empor und gewann bald ein eigenes bürgerliches Dasein. Die günstige Lage des Landes an der Nordsee und großen schiffbaren Flüssen weckte hier frühzeitig den Handel, der die Menschen in Städte zusammenzog, den Kunstfleiß ermunterte, Fremdlinge anlockte und Wohlstand und Ueberfluß unter ihnen verbreitete. So verächtlich auch die kriegerische Politik jener Zeiten auf jede nützliche Hantierung heruntersah, so konnten dennoch die Landesherren die wesentlichen Vortheile nicht ganz verkennen, die ihnen daraus zuflossen. Die anwachsende Bevölkerung ihrer Länder, die mancherlei Abgaben, die sie unter den verschiedenen Titeln von Zoll, Mauth, Weggeld, Geleite, Brückengeld, Marktschoß, Heimfallsrecht u. s. f. von Einheimischen und Fremden erpreßten, waren zu große Lockungen für sie, als daß sie gegen die Ursachen hätten gleichgültig bleiben sollen, denen sie dieselben verdankten. Ihre eigene Habsucht machte sie zu Beförderern des Handels, und die Barbarei selbst, wie es oft geschieht, half so lauge aus, bis endlich eine gesunde Staatskunst an ihre Stelle trat. In der Folge lockten sie selbst die lombardischen Kaufleute an, bewilligten den Städten einige kostbare Privilegien und eigene Gerichtsbarkeit, wodurch diese ungemein viel an Ansehen und Einfluß gewannen. Die vielen Kriege, welche die Grafen und Herzoge unter einander selbst und mit ihren Nachbarn führten, machten sie von dem guten Willen der Städte abhängig, die sich durch ihren Reichthum Gewicht verschafften und für die Subsidien, welche sie leisteten, wichtige Vorrechte zu erringen wußten. Mit der Zeit wuchsen diese Privilegien der Gemeinheiten an, wie die Kreuzzüge dem Adel eine kostbarere Ausrüstung nothwendig machten, wie den Produkten des Morgenlands ein neuer Weg nach Europa geöffnet ward und der einreißende Luxus neue Bedürfnisse für ihre Fürsten erschuf. So finden wir schon im eilften und zwölften Jahrhundert eine gemischte Regierungsverfassung in diesen Ländern, wo die Macht des Souveräns durch den Einfluß der Stände, des Adels nämlich, der Geistlichkeit und der Städte, merklich beschränkt ist. Diese, welche man Staaten nannte, kamen so oft zusammen, als das Bedürfniß der Provinz es erheischte. Ohne ihre Bewilligung galten keine neuen Gesetze, durften keine Kriege geführt, keine Steuern gehoben, keine Veränderung in der Münze gemacht und kein Fremder zu irgend einem Theile der Staatsverwaltung zugelassen werden. Diese Privilegien hatten alle Provinzen mit einander gemein; andere waren nach den verschiedenen Landschaften verschieden. Die Regierung war erblich, aber der Sohn trat nicht eher als nach feierlich beschworener Institution in die Rechte des Vaters.[13]

Der erste Gesetzgeber ist die Noth; alle Bedürfnisse, denen in dieser Constitution begegnet wird, sind ursprünglich Bedürfnisse des Handels gewesen. So ist die ganze Verfassung der Republik auf Kaufmannschaft gegründet, und ihre Gesetze sind später als ihr Gewerbe. Der letzte Artikel in dieser Constitution, welcher Ausländer von aller Bedienung ausschließt, ist eine natürliche Folge aller vorhergegangen. Ein so verwickeltes und künstliches Verhältniß des Souveräns zu dem Volke, das sich in jeder Provinz und oftmals in einer einzelnen Stadt noch besonders abänderte, erforderte Männer, die mit dem lebhaftesten Eifer für die Erhaltung der Landesfreiheiten auch die gründlichste Kenntniß derselben verbanden.

---

[13] Grotius L. I. 3.

Beides konnte bei einem Fremdling nicht wohl vorausgesetzt werden. Dieses Gesetz galt übrigens von jeder Provinz insbesondere, so daß in Brabant kein Fläminger, kein Holländer in Seeland angestellt werden durfte, und es erhielt sich auch noch in der Folge, nachdem schon alle diese Provinzen unter *einem* Oberhaupte vereinigt waren.

Vor allen übrigen genoß Brabant die üppigste Freiheit. Seine Privilegien wurden für so kostbar geachtet, daß viele Mütter aus den angrenzenden Provinzen gegen die Zeit ihrer Entbindung dahin zogen, um da zu gebären und ihre Kinder aller Vorrechte dieses glücklichen Landes theilhaftig zu machen, eben so, sagt *Strada*, wie man Gewächse eines rauhern Himmels in einem mildern Erdreich veredelt.[14]

Nachdem das bnrgundische Haus mehrere Provinzen unter seine Herrschaft vereinigt hatte. wurden die einzelnen Provinzialversammlungen, welche bisher unabhängige Tribunale gewesen, an einen allgemeinen Gerichtshof zu Mecheln gewiesen, der die verschiedenen Glieder in einen einzigen Körper verband und alle bürgerlichen und peinlichen Händel als die letzte Instanz entschied. Die Souveränetät der einzelnen Provinzen war aufgehoben, und im Senat zu Mecheln wohnte jetzt die Majestät.

Nach dem Tode *Karls des Kühnen* versäumten die Stände nicht, die Verlegenheit ihrer Herzogin zu benutzen, die von den Waffen Frankreichs bedroht und in ihrer Gewalt war.[15] Die Staaten von Holland und Seeland zwangen sie, einen großen Freiheitsbrief zu unterzeichnen, der ihnen die wichtigsten Souveränetätsrechte versicherte.[16] Der Uebermuth der Genter verging sich soweit, daß sie die Günstlinge der *Maria*, die das Unglück gehabt hatten, ihnen zu mißfallen, eigenmächtig vor ihren Richterstuhl rissen und vor den Augen dieser Fürstin enthaupteten. Während des kurzen Regiments der Herzogin *Maria* bis zu ihrer Vermählung gewann die Gemeinheit eine Kraft, die sie einem Freistaat sehr nahe brachte. Nach dem Absterben seiner Gemahlin übernahm *Maximilian* aus eigener Macht, als Vormund seines Sohnes, die Regierung. Die Staaten,

---

[14] De Bello Belg. Dec. I. L. II. 34. Guicciardini Descr. Belg.

[15] Mémoires de Philippe de Comines T. I. 314.

[16] A. G. d. v. N. II. Th.

durch diesen Eingriff in ihrem Rechte beleidigt, erkannten seine Gewalt nicht und konnten auch nicht weiter gebracht werden, als ihn auf eine bestimmte Zeit und unter beschwornen Bedingungen als Statthalter zu dulden.

Maximilian glaubte die Constitution übertreten zu dürfen, nachdem er römischer König geworden war. Er legte den Provinzen außerordentliche Steuern auf, vergab Bedienungen an Burgunder und Deutsche und führte fremde Truppen in die Provinzen. Aber mit der Macht ihres Regenten war auch die Eifersucht dieser Republikaner gestiegen. Das Volk griff zu den Waffen, als er mit einem starken Gefolge von Ausländern in Brügge seinen Einzug hielt, bemächtigte sich seiner Person und setzte ihn auf dem Schlosse gefangen. Ungeachtet der mächtigen Fürsprache des kaiserlichen und römischen Hofes erhielt er seine Freiheit nicht wieder, bis der Nation über die bestrittenen Punkte Sicherheit gegeben war.

Die Sicherheit des Lebens und Eigenthums, die aus mildern Gesetzen und einer gleichen Handhabung der Justiz entsprang, hatte die Betriebsamkeit und den Fleiß in diesen Ländern ermuntert. In stetem Kampf mit dem Ocean und den Mündungen reißender Flüsse, die gegen das niedrigere Land wütheten und deren Gewalt durch Dämme und Kanäle mußte gebrochen werden, hatte dieses Volk frühzeitig gelernt, auf die Natur um sich her zu merken, einem überlegenen Elemente durch Fleiß und Standhaftigkeit zu trotzen und, wie der Aegypter, den sein Nil unterrichtete, in einer kunstreichen Gegenwehr seinen Erfindungsgeist und Scharfsinn zu üben. Die natürliche Fruchtbarkeit seines Bodens, die den Ackerbau und die Viehzucht begünstigte, vermehrte zugleich die Bevölkerung. Seine glückliche Lage an der See und den großen schiffbaren Flüssen Deutschlands und Frankreichs, die zum Theil hier ins Meer fallen, so viele künstliche Kanäle, die das Land nach allen Richtungen durchschneiden, belebten die Schifffahrt, und der innere Verkehr der Provinzen, der dadurch so leicht gemacht wurde, weckte bald einen Geist des Handels in diesen Völkern auf.

Die benachbarten britannischen und dänischen Küsten waren die ersten, die von ihren Schiffen besucht wurden. Die englische Wolle, die diese zurückbrachten, beschäftigte tausend fleißige Hände in Brügge, Gent und Antwerpen, und schon in der Mitte des zwölften

Jahrhunderts wurden flandrische Tücher in Frankreich und Deutschland getragen. Schon im eilften Jahrhundert finden wir friesische Schiffe im Belt und sogar in der levantischen See. Dieses muthige Volk unterstand sich sogar, ohne Compaß unter dem Nordpol hindurch bis zu der nördlichen Spitze Rußlands zu steuern.[17] Von den wendischen Städten empfingen die Niederlande einen Theil des levantischen Handels, der damals noch aus dem schwarzen Meere durch das russische Reich nach der Ostsee ging. Als dieser im dreizehnten Jahrhundert zu sinken anfing, als die Kreuzzüge den indischen Waaren einen neuen Weg durch die mittelländische See eröffneten, die italienischen Städte diesen fruchtbaren Handelszweig an sich rissen und in Deutschland die große Hansa zusammentrat, wurden die Niederlande der wichtige Stapelort zwischen Norden und Süden. Noch war der Gebrauch des Compasses nicht allgemein, und man segelte noch langsam und umständlich längs den Küsten. Die baltischen Seehäfen waren in den Wintermonaten mehrentheils zugefroren und jedem Fahrzeug unzugänglich.[18] Schiffe also, die den weiten Weg von der mittelländischen See in den Belt in *einer* Jahreszeit nicht wohl beschließen konnten, wählten gern einen Vereinigungsplatz, der beiden Theilen in der Mitte gelegen war. Hinter sich ein unermeßliches festes Land, mit dem sie durch schiffbare Ströme zusammenhingen, gegen Abend und Mitternacht dem Ocean durch wirthbare Häfen geöffnet, schienen sie ausdrücklich zu einem Sammelplatz der Völker und zum Mittelpunkt des Handels geschaffen. In den vornehmsten niederländischen Städten wurden Stapel errichtet. Portugiesen, Spanier, Italiener, Franzosen, Britten, Deutsche, Dänen und Schweden floßen hier zusammen mit Produkten aus allen Gegenden der Welt. Die Concurrenz der Verkäufer setzte den Preis der Waaren herunter; die Industrie wurde belebt, weil der Markt vor der Thüre war. Mit dem notwendigen Geldumtausche kam der Wechselhandel aus, der eine neue fruchtbare Quelle des Reichthums eröffnete. Die Landesfürsten, welche mit ihrem wahren Vortheile endlich bekannter wurden, munterten den Kaufmann mit den wichtigsten Freiheiten auf und wußten ihren Handel durch vorteilhafte Verträge mit auswärtigen Mächten zu schützen. Als sich im fünfzehnten

---

[17] Fischers Geschichte des d. Handels. I. Th. 447.

[18] Anderson. III. 89.

Jahrhundert mehrere einzelne Provinzen unter *einem* Beherrscher vereinigten, hörten auch ihre schädlichen Privatkriege auf, und ihre getrennten Vortheile wurden jetzt durch eine gemeinschaftliche Regierung genauer verbunden. Ihr Handel und Wohlstand gedeihte im Schooß eines langen Friedens, den die überlegene Macht ihrer Fürsten den benachbarten Königen auferlegte. Die burgundische Flagge war gefürchtet in allen Meeren,[19] das Ansehen ihres Souveräns gab ihren Unternehmungen Nachdruck und machte die Versuche eines Privatmanns zur Angelegenheit eines furchtbaren Staats. Ein so mächtiger Schutz setzte sie bald in den Stand, dem Hansebund selbst zu entsagen und diesen trotzigen Feind durch alle Meere zu verfolgen. Die hansischen Kauffahrer, denen die spanische Küste verschlossen wurde, mußten zuletzt wider Willen die flandrischen Messen besuchen und die spanischen Waaren aus niederländischem Stapel empfangen.

Brügge in Flandern war im vierzehnten und fünfzehnten Jahrhundert der Mittelpunkt des ganzen europäischen Handels und die große Messe aller Nationen. Im Jahre 1468 wurden hundert und fünfzig Kauffahrteischiffe gezählt, welche auf einmal in den Hafen von Sluys einliefen.[20] Außer der reichen Niederlage des Hansebunds waren hier noch fünfzehn Handelsgesellschaften mit ihren Comptoirs, viele Faktoreien und Kaufmannsfamilien aus allen europäischen Ländern. Hier war der Stapel aller nordischen Produkte für den Süden und aller südlichen und levantischen für den Norden errichtet. Diese gingen mit hansischen Schiffen durch den Sund und auf dem Rheine nach Oberdeutschland, oder wurden auf der Achse seitwärts nach Braunschweig und Lüneburg verfahren.

Es ist der ganz natürliche Gang der Menschheit, daß eine zügellose Ueppigkeit diesem Wohlstand folgte. Das verführerische Beispiel *Philipps des Gütigen* konnte diese Epoche nur beschleunigen. Der Hof der burgundischen Herzoge war der wollüstigste und prächtigste in Europa, selbst wenn man Italien nicht ausnimmt. Die kostbare Kleidertracht der Großen, die der spanischen nachher zum Muster diente und mit den burgundischen Gebräuchen an den österreichischen Hof zuletzt überging, stieg bald zu dem Volk herun-

---

[19] Mémoires de Comines. L. III. chap. V.
[20] Anderson III. 237. 259. 260.

ter, und der geringste Bürger pflegte seines Leibes in Sammt und Seide.[21] »Dem Ueberfluß,« sagt uns *Comines* (ein Schriftsteller, der um die Mitte des fünfzehnten Jahrhunderts die Niederlande durchreiste), »war der Hochmuth gefolgt. Die Pracht und Eitelkeit der Kleidung wurde von beiden Geschlechtern zu einem ungeheuren Aufwand getrieben. Auf einen so hohen Grad der Verschwendung, wie hier, war der Luxus der Tafel bei keinem andern Volke noch gestiegen. Die unsittliche Gemeinschaft beider Geschlechter in Bädern und ähnlichen Zusammenkünften, die die Wollust erhitzen, hatte alle Schamhaftigkeit verbannt – und hier ist nicht von der gewöhnlichen Ueppigkeit der Großen die Rede; auch der gemeinste weibliche Pöbel überließ sich diesen Ausschweifungen ohne Grenze und Maß.[22]

Aber wie viel erfreuender ist selbst dieses Uebermaß dem Freunde der Menschheit, als die traurige Genügsamkeit des Mangels und der Dummheit barbarische Tugend, die beinahe das ganze damalige Europa darniederdrücken! Der burgundische Zeitraum schimmert wohlthätig hervor aus jenen finstern Jahrhunderten, wie ein lieblicher Frühlingstag aus den Schauern des Hornungs.

Aber eben dieser blühende Wohlstand führte endlich die flandrischen Städte zu ihrem Verfall. Gent und Brügge, von Freiheit und

---

[21] Philipp der Gütige war zu sehr Verschwender, um Schätze zu sammeln; dennoch fand Karl der Kühne in seiner Verlassenschaft an Tafelgeschirr, Juwelen, Büchern, Tapeten und Leinwand einen größern Vorrath aufgekauft, als drei reiche Fürstenhäuser damals zusammen besaßen, und noch überdies einen Schatz von dreimalhunderttausend Thalern an baarem Gelde. Der Reichthum dieses Fürsten und des burgundischen Volkes lag auf den Schlachtfeldern bei Granson, Murten und Nancy aufgedeckt. Hier zog ein schweizerischer Soldat Karln dem Kühnen den berühmten Diamant vom Finger, der lange Zeit für den größten von Europa galt, der noch jetzt als der zweite in der französischen Krone prangt, und den der unwissende Finder für einen Gulden verkaufte. Die Schweizer verhandelten das gefundene Silber gegen Zinn und das Gold gegen Kupfer, und rissen die kostbaren Gezelte von Goldstoff in Stücken. Der Werth der Beute, die man an Silber, Gold und Edelsteinen machte, wird auf drei Millionen Goldgulden geschätzt. Karl und sein Heer waren nicht wie Feinde, die schlagen wollen, sondern wie Ueberwinder, die nach dem Siege sich schmücken, zum Treffen gezogen. Comines I. 253. 259. 265.

[22] Mémoires d. M. Philippe de Comines. T. I. L. I. c. 2. L. V. c. 9. 291. Fischers G. d. d. Handels. II. Bd. 193 u. s. w.

Ueberfluß schwindelnd, kündigen dem Beherrscher von eilf Provinzen, *Philipp dem Guten,* den Krieg an, der eben so unglücklich für sie endigt, als vermessen er unternommen ward. Gent allein verlor in dem Treffen bei Gavre viele tausend Mann und mußte den Zorn des Siegers mit einer Geldbuße von viermalhunderttausend Goldgulden versöhnen. Alle obrigkeitlichen Personen und die vornehmsten Bürger dieser Stadt, zweitausend an der Zahl, mußten im bloßen Hemd, barfuß und mit unbedecktem Haupt, dem Herzoge eine französische Meile weit entgegen gehen und ihn knieend um Gnade bitten. Bei dieser Gelegenheit wurden ihnen einige kostbare Privilegien entrissen; ein unersetzlicher Verlust für ihren ganzen künftigen Handel. Im Jahr 1482 kriegten sie nicht viel glücklicher mit *Maximilian von Oesterreich,* ihm die Vormundschaft über seinen Sohn zu entreißen, deren er sich widerrechtlich angemaßt hatte; die Stadt Brügge setzte 1487 den Erzherzog selbst gefangen und ließ einige seiner vornehmsten Minister hinrichten. Kaiser *Friedrich der Dritte* rückte mit einem Kriegsheer in ihr Gebiet, seinen Sohn zu rächen, und hielt den Hafen von Sluys zehn Jahre lang gesperrt, wodurch ihr ganzer Handel gehemmt wurde. Hierbei leisteten ihm Amsterdam und Antwerpen den wichtigsten Beistand, deren Eifersucht durch den Flor der flandrischen Städte schon längst gereizt worden war. Die Italiener fingen an, ihre eigenen Seidenzeuge nach Antwerpen zum Verkauf zu bringen, und die flandrischen Tuchweber, die sich in England niedergelassen hatten, schickten gleichfalls ihre Waaren dahin, wodurch die Stadt Brügge um zwei wichtige Handelszweige kam. Ihr hochfahrender Stolz hatte längst schon den Hansebund beleidigt, der sie jetzt auch verließ und sein Warenlager nach Antwerpen verlegte. Im Jahr 1516 wanderten alle fremden Kaufleute aus, daß nur einige wenige Spanier blieben; aber ihr Wohlstand verblühte langsam, wie er aufgeblüht war.[23]

Antwerpen empfing im sechzehnten Jahrhundert den Handel, den die Ueppigkeit der flandrischen Städte verjagte, und unter *Karls des Fünften* Regierung war Antwerpen die lebendigste und herrlichste Stadt in der christlichen Welt. Ein Strom, wie die Schelde, deren nahe breite Mündung die Ebbe und Fluth mit der Nordsee gemein hat und geschickt ist, die schwersten Schiffe bis unter seine

---

[23] Anderson. III. Theil. 200. 314. 315. 316. 488.

Mauern zu tragen, machte es zum natürlichen Sammelplatz aller Schiffe, die diese Küste besuchten. Seine Freimessen zogen aus allen Ländern Negocianten herbei.[24] Die Industrie der Nation war im Anfang dieses Jahrhunderts zu ihrer höchsten Blüthe gestiegen. Der Acker- und Linnenbau, die Viehzucht, die Jagd und die Fischerei bereicherten den Landmann; Künste, Manufakturen und Handlung den Städter. Nicht lange, so sah man Produkte des flandrischen und brabantischen Fleißes in Arabien, Persien und Indien. Ihre Schiffe bedeckten den Ocean, und wir sehen sie im schwarzen Meer mit den Genuesern um die Schutzherrlichkeit streiten.[25] Den niederländischen Seemann unterschied das Eigentümliche, daß er zu jeder Zeit des Jahrs unter Segel ging und nie überwinterte.

Nachdem der neue Weg um das afrikanische Vorgebirge gefunden war und der portugiesische Ostindienhandel den levantischen untergrub, empfanden die Niederlande die Wunde nicht, die den italienischen Republiken geschlagen wurde; die Portugiesen richteten in Brabant ihren Stapel auf, und die Specereien von Calikut prangten jetzt auf dem Markte zu Antwerpen.[26] Hieher flossen die westindischen Waaren, womit die stolze spanische Trägheit den niederländischen Kunstfleiß bezahlte. Der ostindische Stapel zog die berühmtesten Handelshäuser von Florenz, Lucca und Genua und aus Augsburg die *Fugger* und *Welser* hieher. Hieher brachte die Hansa jetzt ihre nordischen Waaren, und die englische Compagnie hatte hier ihre Niederlage. Kunst und Natur schienen hier ihren ganzen Reichthum zur Schau zu legen. Es war eine prächtige Ausstellung der Werke des Schöpfers und des Menschen.[27]

Ihr Ruf verbreitete sich bald durch die ganze Welt. Zu Ende dieses Jahrhunderts suchte eine Societät türkischer Kaufleute um Erlaubniß an, sich hier niederzulassen und die Produkte des Orients über Griechenland hieher zu liefern. Mit dem Waarenhandel stieg

---

[24] Zwei solcher Messen dauerten vierzig Tage, und jede Waare, die da verkauft wurde, war zollfrei.

[25] Anderson. III. Theil. 155.

[26] Der Werth der Gewürz- und Apothekerwaaren, die von Lissabon dahin geschafft wurden, soll sich, nach Guicciardini's Angabe, auf eine Million Kronen belaufen haben.

[27] Meteren. I. Theil. I. Bd. 12. 13.

auch der Geldhandel. Ihre Wechselbriefe galten an allen Enden der Erde. Antwerpen, behauptet man, machte damals innerhalb eines Monats mehr und größere Geschäfte, als in zwei ganzen Jahren Venedig während seiner glänzendsten Zeiten.[28]

Im Jahr 1491 hielt der ganze Hansebund in dieser Stadt seine feierliche Versammlung, die sonst nur in Lübeck gewesen war. Im Jahr 1531 wurde die Börse gebaut, die prächtigste im ganzen damaligen Europa, und die ihre stolze Aufschrift erfüllte. Die Stadt zählte jetzt einmalhunderttausend Bewohner. Das fluthende Leben, die Welt, die sich unendlich hier drängte, übersteigt allen Glauben. Zwei, dritthalbhundert Maste erschienen öfters auf einmal in seinem Hafen; kein Tag verfloß, wo nicht fünfhundert und mehrere Schiffe kamen und gingen; an den Markttagen lief diese Anzahl zu acht- und neunhundert an. Täglich fuhren zweihundert und mehrere Kutschen durch seine Thore; über zweitausend Frachtwagen sah man in jeder Woche ans Deutschland, Frankreich und Lothringen anlangen, die Bauerkarren und Getreidefuhren ungerechnet, deren Anzahl gewöhnlich auf zehntausend stieg. Dreißigtausend Hände waren in dieser Stadt allein von der englischen Gesellschaft der wagenden Kaufleute beschäftigt. An Marktabgaben, Zoll und Accise gewann die Regierung jährlich Millionen. Von den Hilfsquellen der Nation können wir uns eine Vorstellung machen, wenn wir hören, daß die außerordentlichen Steuern, die sie *Karl dem Fünften* zu seinen vielen Kriegen entrichten mußte, auf vierzig Millionen Goldes gerechnet werden.[29]

Diesen blühenden Wohlstand hatten die Niederländer eben so sehr ihrer Freiheit, als der natürlichen Lage ihres Landes zu danken. Schwankende Gesetze und die despotische Willkür eines räuberischen Fürsten würden alle Vortheile zernichtet haben, die eine günstige Natur in so reichlicher Fülle über sie ausgegossen hatte. Nur die unverletzbare Heiligkeit der Gesetze kann dem Bürger die Früchte seines Fleißes versichern und ihm jene glückliche Zuversicht einflößen, welche die Seele jeder Thätigkeit ist.

---

[28] Fischers G. d. d. Handels. II. 593 u. s. f.

[29] A. G. d. vereinigten Niederlande. II. Theil. 562. Fischers G. d. d. Handels. II. 595 u. s. f.

Das Genie dieser Nation, durch den Geist des Handels und den Verkehr mit so vielen Völkern entwickelt, glänzte in nützlichen Erfindungen; im Schooße des Ueberflusses und der Freiheit reiften alle edleren Künste. Ans dem erleuchteten Italien, dem *Cosmus von Medicis* jüngst sein goldnes Alter wiedergegeben, verpflanzten die Niederländer die Malerei, die Baukunst, die Schnitz- und Kupferstecherkunst in ihr Vaterland, die hier auf einem neuen Boden eine neue Blüthe gewannen. Die niederländische Schule, eine Tochter der italienischen, buhlte bald mit ihrer Mutter um den Preis und gab, gemeinschaftlich mit dieser, der schönen Kunst in ganz Europa Gesetze. Die Manufakturen und Künste, worauf die Niederländer ihren Wohlstand hauptsächlich gegründet haben und zum Theil noch gründen, bedürfen keiner Erwähnung mehr. Die Tapetenwirkerei, die Oelmalerei, die Kunst, auf Glas zu malen, die Taschen- und Sonnenuhren selbst, wie *Guicciardini* behauptet, sind ursprünglich niederländische Erfindungen; ihnen dankt man die Verbesserung des Kompasses, dessen Punkte man noch jetzt unter niederländischen Namen kennt. Im Jahr 1482 wurde die Buchdruckerkunst in Haarlem erfunden, und das Schicksal wollte, daß diese nützliche Kunst ein Jahrhundert nachher ihr Vaterland mit der Freiheit belohnen sollte. Mit dem fruchtbarsten Genie zu neuen Erfindungen verbanden sie ein glückliches Talent, fremde und schon vorhandene zu verbessern; wenige mechanische Künste und Manufakturen werden sein, die nicht entweder auf diesem Boden erzeugt, oder doch zu größerer Vollkommenheit gediehen sind.

Die Niederlande unter Karl dem Fünften.

Bis hieher waren die Provinzen der beneidenswürdigste Staat in Europa. Keiner der burgundischen Herzoge hatte sich einkommen lassen, die Constitution umzustoßen; selbst *Karls des Kühnen* verwegenem Geist, der einem auswärtigen Freistaat die Knechtschaft bereitete, war sie heilig geblieben. Alle diese Fürsten wuchsen in keiner höhern Erwartung auf, als über eine Republik zu gebieten, und keines ihrer Länder konnte ihnen eine andere Erfahrung geben. Außerdem besaßen diese Fürsten nichts, als was die Niederlande ihnen gaben, keine Heere, als welche die Nation für sie ins Feld stellte, keine Reichthümer, als welche die Stände ihnen bewilligten. Jetzt veränderte sich alles. Jetzt waren sie einem Herrn zugefallen, dem andere Werkzeuge und andere Hilfsquellen zu Gebote standen, der eine fremde Macht gegen sie bewaffnen konnte.[30] *Karl der*

---

[30] Die unnatürliche Verbindung zweier so widersprechenden Nationen, wie die Niederländer und Spanier sind, konnte nimmermehr glücklich ausschlagen. Ich kann mich nicht enthalten, die Parallele hier aufzunehmen, welche Grotius in einer kraftvollen Sprache zwischen beiden angestellt hat. »Mit den anwohnenden Völkern,« sagt er, »konnten die Niederländer leicht ein gutes Vernehmen unterhalten, da jene Eines Stammes mit ihnen und auf denselben Wegen herangewachsen waren. Spanier und Niederländer aber gehen in den meisten Dingen von einander ab und stoßen, wo sie zusammentreffen, desto heftiger gegen einander. Beide hatten seit vielen Jahrhunderten im Kriege geglänzt, nur daß letztere jetzt in einer üppigen Ruhe der Waffen entwöhnt, jene aber durch die italienischen und afrikanischen Feldzüge in Uebung erhalten waren. Die Neigung zum Gewinn macht den Niederländer mehr zum Frieden geneigt, aber nicht weniger empfindlich gegen Beleidigung. Kein Volk ist von Eroberungssucht freier, aber keines vertheidigt sein Eigenthum besser. Daher die zahlreichen, in einen engen Erdstrich zusammengedrängten Städte, durch fremde Ankömmlinge und eigene Bevölkerung vollgepreßt, an der See und den größern Strömen befestigt. Daher konnten ihnen, acht Jahrhunderte nach dem nordischen Völkerzug, fremde Waffen nichts anhaben. Spanien hingegen wechselte seinen Herrn weit öfter; als es zuletzt in die Hände der Gothen fiel, hatten sein Charakter und seine Sitten mehr oder weniger schon von jedem Sieger gelitten. Am Ende aller dieser Vermischungen beschreibt man uns dieses Volk als das geduldigste bei der Arbeit, das unerschrockenste in Gefahren, gleich lüstern nach Reichthum und Ehre, stolz bis zur Geringschätzung Anderer, andächtig und fremder Wohlthaten eingedenk, aber auch so rachsüchtig und ausgelassen im Siege, als ob gegen den Feind weder Gewissen noch Ehre gälte. Alles dieses ist dem Niederländer fremd, der listig ist, aber nicht tückisch, der, zwischen Frankreich und Deutschland in die Mitte gepflanzt, die Gebrechen und Vorzüge bei-

Fünfte schaltete willkürlich in seinen spanischen Staaten; in den Niederlanden war er nichts, als der erste Bürger. Die vollkommenste Unterwerfung im Süden seinem Reichs mußte ihm gegen die Rechte der Individuen Geringschätzung geben; hier erinnerte man ihn, sie zu ehren. Je mehr er dort das Vergnügen der unumschränkten Gewalt kostete, und je größer die Meinung war, die ihm von seinem Selbst aufgedrungen wurde, desto ungerner mußte er hier zu der bescheidenen Menschheit heruntersteigen, desto mehr mußte er gereizt werden, dieses Hinderniß zu besiegen. Schon eine große Tugend wird verlangt, die Macht, die sich unsern liebsten Wünschen widersetzt, nicht als eine feindliche zu bekriegen.

Das Uebergewicht *Karls* weckte zu gleicher Zeit das Mißtrauen bei den Niederländern auf, das stets die Ohnmacht begleitet. Nie waren sie für ihre Verfassung empfindlicher, nie zweifelhafter über die Rechte des Souveräns, nie vorsichtiger in ihren Verhandlungen gewesen. Wir finden unter seiner Regierung die gewaltthätigsten Ausbrüche des republikanischen Geists und die Anmaßungen der Nation oft bis zum Mißbrauch getrieben, welches die Fortschritte der königlichen Gewalt mit einem Schein von Rechtmäßigkeit schmückte. Ein Souverän wird die bürgerliche Freiheit immer als einen veräußerten Distrikt seines Gebiets betrachten, den er wieder gewinnen muß. Einem Bürger ist die souveräne Herrschaft ein reißender Strom, der seine Gerechtsame überschwemmt. Die Niederländer schützten sich durch Dämme gegen ihren Ocean, und gegen

---

der Völker in einer sanftern Mischung mäßigt. Ihn hintergeht man nicht leicht, und nicht ungestraft beleidigt man ihn. Auch in Gottesverehrung gibt er dem Spanier nichts nach; von dem Christenthum, wozu er sich einmal bekannte, konnten ihn die Waffen der Normänner nicht abtrünnig machen, keine Meinung. welche die Kirche verdammt, hatte bis jetzt die Reinigkeit seines Glaubens vergiftet. Ja, seine frommen Verschwendungen gingen so weit, daß man der Habsucht seiner Geistlichen durch Gesetze Einhalt thun mußte. Beiden Völkern ist eine Ergebenheit gegen ihren Landesherrn angeboren, mit dem Unterschiede nur, daß der Niederländer die Gesetze über die Könige stellt. Unter den übrigen Spaniern wollen die Castilianer mit der meisten Vorsicht regiert sein; aber die Freiheiten, worauf sie selbst Anspruch machen, gönnen sie Andern nicht gerne. Daher die so schwere Aufgabe für ihren gemeinschaftlichen Oberherrn, seine Aufmerksamkeit und Sorgfalt unter beide Nationen so zu vertheilen, daß weder der Vorzug der Castilianer den Niederländer kränke, noch die Gleichstellung des letztern den castilianischen Hochmuth beleidige.« Grotii Annal. Belg. L. I. 4. 5. seqq.

ihre Fürsten durch Constitutionen. Die ganze Weltgeschichte ist ein ewig wiederholter Kampf der Herrschsucht und Freiheit um diesen streitigen Fleck Landes, wie die Geschichte der Natur nichts anderes ist, als ein Kampf der Elemente und Körper um ihren Raum.

Die Niederlande empfanden bald, daß sie die Provinz einer Monarchie geworden waren. So lange ihre vorigen Beherrscher kein höheres Anliegen hatten, als ihren Wohlstand abzuwarten. näherte sich ihr Zustand dem stillen Glück einer geschlossenen Familie, deren Haupt der Regent war. *Karl der Fünfte* führte sie auf den Schauplatz der politischen Welt. Jetzt machten sie ein Glied des Riesenkörpers aus, den die Ehrsucht eines Einzigen zu ihrem Werkzeug gebrauchte. Sie hörten auf, ihr eigener Zweck zu sein; der Mittelpunkt ihres Daseins war in die Seele ihres Regenten verlegt. Da seine ganze Regierung nur eine Bewegung nach außen, oder eine politische Handlung war, so mußte er vor allen Dingen seiner Gliedmaßen mächtig sein, um sich ihrer mit Nachdruck und Schnelligkeit zu bedienen. Unmöglich konnte er sich also in die langwierige Mechanik ihres innern bürgerlichen Lebens verwickeln oder ihren eigentümlichen Vorrechten die gewissenhafte Aufmerksamkeit widerfahren lassen, die ihre republikanische Umständlichkeit verlangte. Mit einem kühnen Monarchenschritt trat er den künstlichen Bau einer Würmerwelt nieder. Er mußte sich den Gebrauch ihrer Kräfte erleichtern durch Einheit. Das Tribunal zu Mecheln war bis jetzt ein unabhängiger Gerichtshof gewesen; er unterwarf ihn einem königlichen Rath, den er in Brüssel niedersetzte und der ein Organ seines Willens war. In das Innerste ihrer Verfassung führte er Ausländer, denen er die wichtigsten Bedienungen anvertraute. Menschen, die keinen Rückhalt hatten, als die königliche Gnade, konnten nicht anders, als schlimme Hüter einer Gerechtsame sein, die ihnen noch dazu wenig bekannt war. Der wachsende Aufwand seiner kriegerischen Regierung nöthigte ihn, seine Hilfsquellen zu vermehren. Mit Hintansetzung ihrer heiligsten Privilegien legte er den Provinzen ungewöhnliche Steuern auf; die Staaten, um ihr Ansehen zu retten, mußten bewilligen, was er so bescheiden gewesen war nicht ertrotzen zu wollen; die ganze Regierungsgeschichte dieses Monarchen in den Niederlanden ist beinahe nur ein fortlaufendes Verzeichniß eingeforderter, verweigerter und endlich doch bewilligter Steuern. Der Constitution zuwider führte er fremde

Truppen in ihr Gebiet, ließ in den Provinzen für seine Armeen werben und verwickelte sie in Kriege, die ihrem Interesse gleichgültig, wo nicht schädlich waren, und die sie nicht gebilligt hatten. Er bestrafte die Vergehungen eines Freistaats als Monarch, und Gents fürchterliche Züchtigung kündigte ihnen die große Veränderung an, die ihre Verfassung bereits erlitten hatte.

Der Wohlstand des Landes war in so weit gesichert, als er den Staatsentwürfen seines Beherrschers nothwendig war, als *Karls* vernünftige Politik die Gesundheitsregel des Körpers gewiß nicht verletzte, den er anzustrengen sich genöthigt sah. Glücklicherweise führen die entgegengesetztesten Entwürfe der Herrschsucht und der uneigennützigsten Menschenliebe oft auf Eins, und die bürgerliche Wohlfahrt, die sich ein *Marcus Aurelius* zum Ziele setzt, wird unter einem *August* und *Ludwig* gelegentlich befördert.

Karl der Fünfte erkannte vollkommen, daß Handel die Stärke der Nation war, und ihres Handels Grundfeste – Freiheit. Er schonte ihrer Freiheit, weil er ihrer Stärke bedurfte. Staatskundiger, nicht gerechter, als sein Sohn, unterwarf er seine Maximen dem Bedürfniß des Orts und der Gegenwart und nahm in Antwerpen eine Verordnung zurücke, die er mit allen Schrecken der Gewalt in Madrid würde behauptet haben.

Was die Regierung *Karls des Fünften* für die Niederlande besonders merkwürdig macht, ist die große Glaubensrevolution, welche unter ihr erfolgte und welche uns, als die vornehmste Quelle des nachfolgenden Aufstands, etwas umständlicher beschäftigen soll. Sie zuerst führte die willkürliche Gewalt in das innerste Heiligthum ihrer Verfassung, lehrte sie ein schreckliches Probestück ihrer Geschicklichkeit ablegen und machte sie gleichsam gesetzmäßig, indem sie den republikanischen Geist auf eine gefährliche Spitze stellte. So wie der letztere in Anarchie und Aufruhr hinüber schweifte, erstieg die monarchische Gewalt die äußerste Höhe des Despotismus.

Nichts ist natürlicher, als der Uebergang bürgerlicher Freiheit in Gewissensfreiheit. Der Mensch, oder das Volk, die durch eine glückliche Staatsverfassung mit Menschenwerth einmal bekannt geworden, die das Gesetz, das über sie sprechen soll, einzugehen gewöhnt worden sind oder es auch selber erschaffen haben, deren

Geist durch Thätigkeit aufgehellt, deren Gefühle durch Lebensgenuß aufgeschlossen, deren natürlicher Muth durch innere Sicherheit und Wohlstand erhoben worden, ein solches Volk und ein solcher Mensch werden sich schwerer, als andere, in die blinde Herrschaft eines dumpfen despotischen Glaubens ergeben und sich früher, als andere, wieder davon emporrichten. Noch ein anderer Umstand mußte das Wachsthum der neuen Religion in diesen Ländern begünstigen. Italien, damals der Sitz der größten Geistesverfeinerung, ein Land, wo sonst immer die heftigsten politischen Faktionen gewüthet haben, wo ein brennendes Klima das Blut zu den wildesten Affekten erhitzt, Italien, könnte man einwenden, blieb unter allen europäischen Ländern beinahe am meisten von dieser Neuerung frei. Aber einem romantischen Volk, das durch einen warmen und lieblichen Himmel, durch eine üppige, immer junge und immer lachende Natur und die mannigfaltigsten Zaubereien der Kunst in einem ewigen Sinnengenusse erhalten wird, war eine Religion angemessener, deren prächtiger Pomp die Sinne gefangen nimmt, deren geheimnisvolle Räthsel der Phantasie einen unendlichen Raum eröffnen, deren vornehmste Lehren sich durch malerische Formen in die Seele einschmeicheln. Einem Volke im Gegentheil, das, durch die Geschäfte des gemeinen bürgerlichen Lebens zu einer undichterischen Wirklichkeit herabgezogen, in deutlichen Begriffen mehr als in Bildern lebt und auf Unkosten der Einbildungskraft seine Menschenvernunft ausbildet – einem solchen Volk wird sich ein Glaube empfehlen, der die Prüfung weniger fürchtet, der weniger auf Mystik als auf Sittenlehre dringt, weniger angeschaut als begriffen werden kann. Mit kürzern Worten: Die katholische Religion wird im Ganzen mehr für ein Künstlervolk, die protestantische mehr für ein Kaufmannsvolk taugen.

Dies vorausgesetzt, mußte die neue Lehre, welche *Luther* in Deutschland und *Calvin* in der Schweiz verbreiteten, in den Niederlanden das günstigste Erdreich finden. Ihre ersten Keime wurden durch die protestantischen Kaufleute, die sich in Amsterdam und Antwerpen sammelten, in die Niederlande geworfen. Die deutschen und schweizerischen Truppen, welche *Karl* in diese Länder einführte, und die große Menge französischer, deutscher und englischer Flüchtlinge, die dem Schwert der Verfolgung, das in dem Vaterland ihrer wartete, in den Freiheiten Flanderns zu entfliehen suchten, beförderten ihre Verbreitung. Ein großer Theil des niederländischen Adels studierte damals in Genf, weil die Akademie von Löwen noch nicht in Aufnahme war, die von Douai aber noch erst gestiftet werden sollte; die neuen Religionsbegriffe, die dort öffentlich gelehrt wurden, brachte die studierende Jugend mit in ihr Vaterland zurück. Bei einem unvermischten und geschlossenen Volk konnten diese ersten Keime erdrückt werden. Der Zusammenfluß so vieler und so ungleicher Nationen in den holländischen und brabantischen Stapelstädten mußte ihr erstes Wachsthum dem Auge der Regierung entziehen und unter der Hülle der Verborgenheit beschleunigen. Eine Verschiedenheit in der Meinung konnte leicht Raum gewinnen, wo kein gemeinschaftlicher Volkscharakter, keine Einheit der Sitten und der Gesetze war. In einem Lande endlich, wo Arbeitsamkeit die gerühmteste Tugend, Bettelei das verächtlichste Laster war, mußte ein Orden des Müßiggangs, der Mönchsstand, lange anstößig gewesen sein. Die neue Religion, die dagegen eiferte, gewann daher schon unendlich viel, daß sie in diesem Stücke die Meinung des Volks schon auf ihrer Seite hatte. Fliegende Schriften voll Bitterkeit und Satire, denen die neuerfundene Buchdruckerkunst in diesen Ländern einen schnellern Umlauf gab, und mehrere damals in den Provinzen herumziehende Rednerbanden, Rederyker genannt, welche in theatralischen Vorstellungen oder Liedern die Mißbräuche ihrer Zeit verspotteten, trugen nicht wenig dazu bei, das Ansehen der römischen Kirche zu stürzen und der neuen Lehre in den Gemüthern des Volks eine günstige Aufnahme zu bereiten.[31]

Ihre ersten Eroberungen gingen zum Erstaunen geschwind; die Zahl Derer, die sich in kurzer Zeit, vorzüglich in den nördlicheren Provinzen, zu der neuen Sekte bekannten, ist ungeheuer; noch aber überwogen hierinnen die Ausländer bei weitem die gebornen Niederländer. *Karl der Fünfte*, der bei dieser großen Glaubenstrennung die Partie genommen hatte, die ein Despot nicht verfehlen kann, setzte dem zunehmenden Strome der Neuerung die nachdrücklichsten Mittel entgegen. Zum Unglück für die verbesserte Religion war die politische Gerechtigkeit auf der Seite ihres Verfolgers. Der Damm, der die menschliche Vernunft so viele Jahrhunderte lang von der Wahrheit abgewehrt hatte, war zu schnell weggerissen, als

---

[31] A. G. d. v. Niederlande. II. Theil. 399; siehe die Note.

daß der losbrechende Strom nicht über sein angewiesenes Bette hätte austreten sollen. Der wiederauflebende Geist der Freiheit und der Prüfung, der doch nur in den Grenzen der Religionsfragen hätte verharren sollen, untersuchte jetzt auch die Rechte der Könige. – Da man anfangs nur eiserne Fesseln brach, wollte man zusetzt auch die rechtmäßigsten und notwendigsten Bande zerreißen. Die Bücher der Schrift, die nunmehr allgemeiner geworden waren, mußten jetzt dem abenteuerlichsten Fanatismus ebenso gut Gift, als der aufrichtigsten Wahrheitsliebe Licht und Nahrung borgen. Die gute Sache hatte den schlimmen Weg der Rebellion wählen müssen, und jetzt erfolgte, was immer erfolgen wird, so lange Menschen Menschen sein werden. Auch die schlimme Sache, die mit jener nichts als das gesetzwidrige Mittel gemein hatte, durch diese Verwandtschaft dreister gemacht, erschien in ihrer Gesellschaft und wurde mit ihr verwechselt. *Luther* hatte gegen die Anbetung der Heiligen geeifert – jeder freche Bube, der in ihre Kirchen und Klöster brach und ihre Altäre beraubte, hieß jetzt Lutheraner. Die Faktion, die Raubsucht, der Schwindelgeist, die Unzucht kleideten sich in seine Farbe, die ungeheuersten Verbrecher bekannten sich vor den Richtern zu seiner Sekte. Die Reformation hatte den römischen Bischof zu der fehlenden Menschheit herabgezogen – eine rasende Bande, vom Hunger begeistert, will allen Unterschied der Stände vernichtet wissen. Natürlich, daß eine Lehre, die sich dem Staate nur von ihrer verderblichen Seite ankündigte, einen Monarchen nicht mit sich aussöhnen konnte, der schon so viele Ursachen hatte, sie zu vertilgen – und kein Wunder also, daß er die Waffen gegen sie benutzte, die sie ihm selbst aufgedrungen hatte!

Karl mußte sich in den Niederlanden schon als absoluten Fürsten betrachten, da er die Glaubensfreiheit, die er Deutschland angedeihen ließ, nicht auch auf jene Länder ausdehnte. Während daß er, von der nachdrücklichen Gegenwehr unserer Fürsten gezwungen, der neuen Religion hier eine ruhige Uebung versicherte, ließ er sie dort durch die grausamsten Edikte verfolgen. Das Lesen der Evangelisten und Apostel, alle öffentlichen oder heimlichen Versammlungen, zu denen nur irgend die Religion ihren Namen gab, alle Gespräche dieses Inhalts, zu Hause und über Tische, waren in diesen Edikten bei strengen Strafen untersagt. In allen Provinzen des Landes wurden besondere Gerichte niedergesetzt, über die Vollstreckung der Edikte zu wachen. Wer irrige Meinungen hegte, war, ohne Rücksicht seines Ranges, seiner Bedienung verlustig. Wer überwiesen wurde, ketzerische Lehren verbreitet, oder auch nur den geheimen Zusammenkünften der Glaubensverbesserer beigewohnt zu haben, war zum Tode verdammt, Mannspersonen mit dem Schwert hingerichtet, Weiber aber lebendig begraben. Rückfällige Ketzer übergab man dem Feuer. Diese fürchterlichen Urtheilssprüche konnte selbst der Widerruf des Verbrechers nicht aufheben. Wer seine Irrthümer abschwur, hatte nichts dabei gewonnen, als höchstens eine gelindere Todesart.[32]

Die Lehngüter eines Verurteilten fielen dem Fiscus zu, gegen alle Privilegien des Landes, nach welchen es dem Erben gestattet war, sie mit wenigem Gelde zu lösen. Gegen ein ausdrückliches kostbares Vorrecht des holländischen Bürger, nicht außerhalb seiner Provinz gerichtet zu werden, wurden die Schuldigen aus den Grenzen der vaterländischen Gerichtsbarkeit geführt und durch fremde Tribunale verurtheilt. So mußte die Religion dem Despotismus die Hand führen, Freiheiten, die dem weltlichen Arm unverletzlich waren, mit heiligem Griff ohne Gefahr oder Widerspruch anzutasten.[33]

Karl der Fünfte, durch den glücklichen Fortgang seiner Waffen in Deutschland kühner gemacht, glaubte nun alles wagen zu dürfen und dachte ernstlich darauf, die spanische Inquisition in die Niederlande zu pflanzen. Schon allein die Furcht dieses Namens brachte in Antwerpen plötzlich den Handel zum Stillstand. Die vornehmsten fremden Kaufleute stunden im Begriff, die Stadt zu verlassen. Man kaufte und verkaufte nichts mehr. Der Werth der Gebäude fiel, die Handwerke stunden stille. Das Geld verlor sich aus den Händen des Bürgers. Unvermeidlich war der Untergang dieser blühenden Handelsstadt, wenn *Karl der Fünfte*, durch die Vorstellungen der Statthalterin überführt, diesen gefährlichen Anschlag nicht hätte fallen lassen. Dem Tribunal wurde also gegen auswärtige Kaufleute Schonung empfohlen und der Name der Inquisitoren gegen die mildere Benennung geistlicher Richter vertauscht. Aber in den übrigen Provinzen fuhr dieses Tribunal fort, mit dem unmenschlichen

---

[32] Thuan. Hist. P. I. L. VI. 300. Grot. L. 1.

[33] A. G. d. v. N. II. B. 547.

Despotismus zu wüthen, der ihm eigentümlich ist. Man will berechnet haben, daß während *Karls des Fünften* Regierung fünfzigtausend Menschen, allein der Religion wegen, durch die Hand des Nachrichters gefallen sind.[34]

Wirft man einen Blick auf das gewaltsame Verfahren dieses Monarchen, so hat man Mühe, zu begreifen, was den Aufruhr, der unter der folgenden Regierung so wüthend hervorbrach, während der seinigen in Schranken gehalten hat. Eine nähere Beleuchtung wird diesen Umstand aufklären. *Karls* gefürchtete Uebermacht in Europa hatte den niederländischen Handel zu einer Größe erhoben, die ihm vorher niemals geworden war. Die Majestät seines Namens schloß ihren Schiffen alle Häfen auf, reinigte für sie alle Meere und bereitete ihnen die günstigsten Handelsverträge mit auswärtigen Mächten. Durch ihn vorzüglich richteten sie die Oberherrschaft der Hansa in der Ostsee zu Grunde. Die neue Welt, Spanien, Italien, Deutschland, die nunmehr Einen Beherrscher mit ihnen theilten, waren gleichsam als Provinzen ihres eignen Vaterlands zu betrachten und lagen allen ihren Unternehmungen offen. Er hatte ferner die noch übrigen sechs Provinzen mit der burgundischen Erbschaft vereinigt und diesem Staat einen Umfang, eine politische Wichtigkeit gegeben, die ihn den ersten Monarchien Europens an die Seite setzte.[35] Dadurch schmeichelte er dem Nationalstolze dieses Volks. Nachdem Geldern, Utrecht, Friesland und Gröningen seiner Herrschaft einverleibt waren, hörten alle Privatkriege in diesen Provin-

---

[34] Meteren. I. Th. 1. Buch. 56. 57. Grot. Annal. Belg. L. I. 12. Der Letztere nennt hunderttausend. A. G. d. v. N. Th. II. 519.

[35] Er war auch einmal Willens, ihn zu einem Königreich zu erheben; aber die wesentlichen Verschiedenheiten der Provinz untereinander, die sich von Verfassung und Sitte bis zu Maß und Gewicht erstreckten, brachten ihn von diesem Vorsatz zurück. Wesentlicher hätte der Dienst werden können, den er ihnen durch den burgundischen Vertrag leistete, worin ihr Verhältniß zu dem deutschen Reiche festgesetzt wurde. Diesem Vertrage gemäß sollten die siebenzehn Provinzen zu den gemeinschaftlichen Bedürfnisse des deutschen Reichs zweimal so viel als ein Kurfürst, zu einem Türkenkriege dreimal so viel beitragen, dafür aber den mächtigen Schutz dieses Reichs genießen und an keinem ihrer besondern Vorrechte Gewalt leiden. Die Revolution, welche unter seinem Sohne die politische Verfassung der Provinzen umänderte, hob diesen Vergleich wieder auf, der, des geringen Nutzens wegen, den er geleistet, keiner weiteren Erwähnung verdient.

zen auf, die so lange Zeit ihren Handel beunruhigt hatten; ein ununterbrochener innerer Friede ließ sie alle Früchte ihrer Betriebsamkeit ernten. *Karl* war also ein Wohlthäter dieser Völker. Der Glanz seiner Siege hatte zugleich ihre Augen geblendet, der Ruhm ihres Souveräns, der auch auf sie zurückfloß, ihre republikanische Wachsamkeit bestochen; der furchtbare Nimbus von Unüberwindlichkeit, der den Bezwinger Deutschlands, Frankreichs, Italiens und Afrikas umgab, erschreckte die Faktionen. Und dann – wem ist es nicht bekannt, wie viel der Mensch – er heiße Privatmann oder Fürst – sich erlauben darf, dem es gelungen ist, die Bewunderung zu fesseln! Seine öftere persönliche Gegenwart in diesen Ländern, die er, nach seinem eignen Geständniß, zu zehen verschiedenen Malen besuchte, hielt die Mißvergnügten in Schranken; die wiederholten Auftritte strenger und fertiger Justiz unterhielten das Schrecken der souveränen Gewalt. *Karl* endlich war in den Niederlanden geboren und liebte die Nation, in deren Schooß er erwachsen war. Ihre Sitten gefielen ihm, das Natürliche ihres Charakters und Umgangs gab ihm eine angenehme Erholung von der strengen spanischen Gravität. Er redete ihre Sprache und richtete sich in seinem Privatleben nach ihren Gebräuchen. Das drückende Ceremoniell, die unnatürliche Scheidewand zwischen König und Volk, war aus Brüssel verbannt. Kein scheelsüchtiger Fremdling sperrte ihnen den Zugang zu ihrem Fürsten – der Weg zu ihm ging durch ihre eigenen Landsleute, denen er seine Person anvertraute. Er sprach viel und gerne mit ihnen; sein Anstand war gefällig, seine Reden verbindlich. Diese kleinen Kunstgriffe gewannen ihm ihre Liebe, und während daß seine Armeen ihre Saatfelder niedertraten, seine räuberischen Hände in ihrem Eigenthum wühlten, während daß seine Statthalter preßten, seine Nachrichter schlachteten, versicherte er sich ihrer Herzen durch eine freundliche Miene.

Gern hätte *Karl* diese Zuneigung der Nation auf seinen Sohn *Philipp* forterben gesehen. Aus keinem andern Grunde ließ er ihn noch in seiner Jugend aus Spanien kommen und zeigte ihn in Brüssel seinem künftigen Volk. An dem feierlichen Tag seiner Thronentsagung empfahl er ihm diese Länder als die reichsten Steine in seiner Krone und ermahnte ihn ernstlich, ihrer Verfassung zu schonen.

Philipp der Zweite war in allem, was menschlich ist, das Gegenbild seines Vaters. Ehrsüchtig, wie dieser, aber weniger bekannt mit

Menschen und Menschenwerth, hatte er sich ein Ideal von der königlichen Herrschaft entworfen, welches Menschen nur als dienstbare Organe der Willkür behandelt und durch jede Aeußerung der Freiheit beleidigt wird. In Spanien geboren und unter der eisernen Zuchtruthe des Mönchthums erwachsen, forderte er auch von Andern die traurige Einförmigkeit und den Zwang, die sein Charakter geworden waren. Der fröhliche Muthwille der Niederländer empörte sein Temperament und seine Gemüthsart nicht weniger, als ihre Privilegien seine Herrschsucht verwundeten. Er sprach keine andere, als die spanische Sprache, duldete nur Spanier um seine Person und hing mit Eigensinn an ihren Gebräuchen. Umsonst, daß der Erfindungsgeist aller flandrischen Städte, durch die er zog, in kostbaren Festen wetteiferte, seine Gegenwart zu verherrlichen[36] – *Philipps* Auge blieb finster, alle Verschwendungen der Pracht, alle lauten üppigen Ergießungen der redlichsten Freude konnten kein Lächeln des Beifalls in seine Mienen locken.[37]

Karl verfehlte seine Absicht ganz, da er seinen Sohn den Flämingern vorstellte. Weniger drückend würden sie in der Folge sein Joch gefunden haben, wenn er seinen Fuß nie in ihr Land gesetzt hätte. Aber sein Anblick kündigte es ihnen an; sein Eintritt in Brüssel hatte ihm alle Herzen verloren. Des Kaisers freundliche Hingebung an dies Volk diente jetzt nur dazu, den hochmüthigen Ernst seines Sohnes desto widriger zu erheben. In seinem Angesicht hatten sie den verderblichen Anschlag gegen ihre Freiheit gelesen, den er schon damals in seiner Brust auf- und niederwälzte. Sie waren vorbereitet, einen Tyrannen in ihm zu finden, und gerüstet, ihm zu begegnen.

Die Niederlande waren der erste Thron, von welchem *Karl der Fünfte* herunterstieg. Vor einer feierlichen Versammlung in Brüssel löste er die Generalstaaten ihres Eides und übertrug ihn auf König *Philipp*, seinen Sohn. »Wenn Euch mein Tod« (beschloß er endlich gegen diesen) »in den Besitz dieser Länder gesetzt hätte, so würde mir ein so kostbares Vermächtniß schon einen großen Anspruch auf Eure Dankbarkeit geben. Aber jetzt, da ich sie Euch aus freier Wahl

---

[36] Die Stadt Antwerpen allein verschwendete bei dieser Gelegenheit 200,000 Goldgulden. Meteren I. Theil. I. Bd. 21. 22.

[37] A. G. d. v. N. II. 512.

überlasse, da ich zu sterben eile, um Euch den Genuß derselben zu beschleunigen, jetzt verlange ich von Euch, daß Ihr diesen Völkern bezahlet, was Ihr mir mehr dafür schuldig zu sein glaubt. Andere Fürsten wissen sich glücklich, mit der Krone, die der Tod ihnen abfordert, ihre Kinder zu erfreuen. Diese Freude will ich noch selbst mit genießen, ich will Euch leben und regieren sehen. Wenige werden meinem Beispiele folgen, Wenige sind mir darin vorangegangen. Aber meine Handlung wird lobenswürdig sein, wenn Euer künftiges Leben meine Zuversicht rechtfertigt, wenn Ihr nie von der Weisheit weichet, die Ihr bisher bekannt habt, wenn Ihr in der Reinigkeit des Glaubens unerschütterlich verharret, der die festeste Säule Eures Thrones ist. Noch Eines setze ich hinzu. Möge der Himmel auch Euch mit einem Sohne beschenkt haben, dem Ihr die Herrschaft abtreten könnet – aber nicht müsset.«

Nachdem der Kaiser geendigt hatte, kniete *Philipp* vor ihm nieder, drückte sein Gesicht auf dessen Hand und empfing den väterlichen Segen. Seine Augen waren feucht zum letztenmal. Es weinte alles, was herum stand. Es war eine unvergeßliche Stunde.[38]

Diesem rührenden Gaukelspiel folgte bald ein anderes. *Philipp* nahm von den versammelten Staaten die Huldigung an und legte den Eid ab, der ihm in folgenden Worten vorgelesen wurde: »Ich, *Philipp*, von Gottes Gnaden Prinz von Spanien, beiden Sicilien u. s. f., gelobe und schwöre, daß ich in den Ländern, Grafschaften, Herzogthümern u. s. f. ein guter und gerechter Herr sein, daß ich aller Edeln, Städte, Gemeinen und Unterthanen Privilegien und Freiheiten, die ihnen von meinen Vorfahren verliehen worden, und ferner ihre Gewohnheiten, Herkommen, Gebräuche und Rechte, die sie jetzt überhaupt und insbesondere haben und besitzen, wohl und getreulich halten und halten lassen, und ferner alles dasjenige üben wolle, was einem guten und gerechten Prinzen und Herrn von Rechtswegen zukommt. So müsse mir Gott helfen und alle seine Heiligen!«[39]

Die Furcht welche die willkürliche Regierung des Kaisers eingeflößt hatte, und das Mißtrauen der Stände gegen seinen Sohn sind

---

[38] Strada. Dec. I. L. I. 4. 5. Meteren I. B. 1. Buch 28. . Thuan. Hist. P. I. L. XVI. 769.

[39] A. G. d. vereinigten Niederlande II. Theil. 515.

schon in dieser Eidesformel sichtbar, die weit behutsamer und bestimmter verfaßt war, als *Karl der Fünfte* selbst und alle burgundischen Herzoge sie beschworen haben. *Philipp* mußte nunmehr auch die Aufrechthaltung ihrer Gebräuche und Gewohnheiten angeloben, welches vor ihm nie verlangt worden war. In dem Eide, den die Stände ihm leisteten,[40] wird ihm kein anderer Gehorsam versprochen, als der mit den Privilegien des Landes bestehen kann. Seine Beamten haben nur dann auf Unterwerfung und Beistand zu rechnen, wenn sie ihr anvertrautes Amt nach Obliegenheit verwalten. *Philipp* endlich wird in diesem Huldigungseid der Stände nur der natürliche, der geborne Fürst, nicht Souverän oder Herr genannt, wie der Kaiser gewünscht hatte – Beweise genug, wie klein die Erwartungen waren, die man sich von der Gerechtigkeit und Großmuth des neuen Landesherrn bildet.

---

[40] Ebendaselbst 516.

Philipp der Zweite, Beherrscher der Niederlande.

Philipp der Zweite empfing die Niederlande in der höchsten Blüthe ihres Wohlstandes. Er war der erste ihrer Fürsten, der sie vollzählig antraf. Sie bestanden nunmehr aus siebenzehn Landschaften: den vier Herzogtümern Brabant, Limburg, Luxemburg, Geldern, den sieben Grafschaften Artois, Hennegau, Flandern, Namur, Zütphen, Holland und Seeland, der Markgrafschaft Antwerpen und den fünf Herrlichkeiten Friesland, Mecheln, Utrecht, Oberyssel und Gröningen, welche verbunden einen großen und mächtigen Staat ausmachten, der mit Königreichen wetteifern konnte. Höher, als er damals stand, konnte ihr Handel nicht mehr steigen. Ihre Goldgruben waren über der Erde, aber sie waren unerschöpflicher und reicher, als alle Minen in Amerika. Diese siebenzehn Provinzen, die zusammengenommen kaum den fünften Theil Italiens betragen und sich nicht über dreihundert flandrische Meilen erstrecken, brachten ihrem Beherrscher nicht viel weniger ein, als ganz Britannien seinen Königen trug, ehe diese noch die geistlichen Güter zu ihrer Krone schlugen. Dreihundert und fünfzig Städte, durch Genuß und Arbeit lebendig, viele darunter ohne Bollwerke fest, und ohne Mauern geschlossen, sechstausend dreihundert größere Flecken, geringere Dörfer, Maiereien und Bergschlösser ohne Zahl vereinigen dieses Reich in eine einzige blühende Landschaft.[41] Eben jetzt stand die Nation im Meridian ihres Glanzes; Fleiß und Ueberfluß hatten das Genie des Bürgers erhoben, seine Begriffe aufgehellt, seine Neigungen veredelt; jede Blüthe des Geistes erschien mit der Blüthe des Landes. Ein ruhigeres Blut, durch einen strengeren Himmel gekältet, läßt die Leidenschaften hier weniger stürmen; Gleichmuth, Mäßigkeit und ausdauernde Geduld, Geschenke dieser nördlichern Zone; Redlichkeit, Gerechtigkeit und Glaube, die notwendigen Tugenden seines Gewerbes; und seiner Freiheit liebliche Früchte, Wahrheit, Wohlwollen und patriotischer Stolz spielen hier in sanftern Mischungen mit menschlicheren Lastern. Kein Volk auf Erden wird leichter beherrscht durch einen verständigen Fürsten, und keines schwerer durch einen Gaukler oder Tyrannen. Nirgends ist die Volksstimme eine so unfehlbare Richterin der Regierung, als

---

[41] Strad. Dec. I. L. I. 17. 18. Thuan. II. 482.

hier. Wahre Staatskunst kann sich in keiner rühmlichern Probe versuchen, und sieche gekünstelte Politik hat keine schlimmere zu fürchten.

Ein Staat, wie dieser, konnte mit Riesenstärke handeln und ausdauern, wenn das dringende Bedürfniß seine Kraft aufbot, wenn eine kluge und schonende Verwaltung seine Quellen eröffnete. *Karl der Fünfte* verließ seinem Nachfolger eine Gewalt in diesen Ländern, die von einer gemäßigten Monarchie wenig verschieden war. Das königliche Ansehen hatte sich merklich über die republikanische Macht erhoben, und diese zusammengesetzte Maschine konnte nunmehr beinahe so sicher und schnell in Bewegung gesetzt werden, als ein ganz unterwürfiger Staat. Der zahlreiche, sonst so mächtige Adel folgte dem Souverän jetzt willig in seinen Kriegen oder buhlte in Aemtern des Friedens um das Lächeln der Majestät. Die verschlagene Politik der Krone hatte neue Güter der Einbildung erschaffen, von denen sie allein die Vertheilerin war. Neue Leidenschaften und neue Meinungen von Glück verdrängten endlich die rohe Einfalt republikanischer Tugend. Stolz wich der Eitelkeit, Freiheit der Ehre, dürftige Unabhängigkeit einer wollüstigen lachenden Sklaverei. Das Vaterland als unumschränkter Satrap eines unumschränkten Herrn zu drücken oder zu plündern, war eine mächtigere Reizung für die Habsucht und den Ehrgeiz der Großen, als den hundertsten Theil der Souveränetät auf dem Reichstag mit ihm zu theilen. Ein großer Theil des Adels war überdies in Armuth und schwere Schulden versunken. Unter dem scheinbaren Vorwand von Ehrenbezeugungen hatte schon *Karl der Fünfte* die gefährlichsten Vasallen der Krone durch kostbare Gesandtschaften an fremde Höfe geschwächt. So wurde *Wilhelm von Oranien* mit der Kaiserkrone nach Deutschland und Graf von *Egmont* nach England geschickt, die Vermählung *Philipps* mit der Königin *Maria* zu schließen. Beide begleiteten auch nachher den Herzog von *Alba* nach Frankreich, den Frieden zwischen beiden Kronen und die neue Verbindung ihres Königs mit Madame *Elisabeth* zu stiften. Die Unkosten dieser Reise beliefen sich auf dreihunderttausend Gulden, wovon der König auch nicht einen Heller ersetzte. Als der Prinz von *Oranien*, an der Stelle des Herzogs von *Savoyen*, Feldherr geworden war, mußte er allein alle Unkosten tragen, die diese Würde nothwendig machte. Wenn fremde Gesandte oder Fürsten nach Brüssel kamen, lag es den niederländischen Großen ob, die Ehre ihres Königs zu retten, der allein speiste und niemals öffentliche Tafel gab. Die spanische Politik hatte noch sinnreichere Mittel erfunden, die reichsten Familien des Landes nach und nach zu entkräften. Alle Jahre erschien einer von den castilianischen Großen in Brüssel, wo er eine Pracht verschwendete und einen Aufwand machte, der sein Vermögen weit überstieg. Ihm darin nachzustehen, hätte in Brüssel für einen unauslöschlichen Schimpf gegolten. Alles wetteiferte, ihn zu übertreffen, und erschöpfte in diesen theuern Wettkämpfen sein Vermögen, indessen der Spanier noch zur rechten Zeit wieder nach Hause kehrte und die Verschwendung eines einzigen Jahres durch eine vierjährige Mäßigkeit wieder gut machte. Mit jedem Ankömmling um den Preis des Reichthums zu buhlen, war die Schwäche des niederländischen Adels, welche die Regierung recht gut zu nutzen verstand. Freilich schlugen diese Künste nachher nicht so glücklich für sie aus, als sie berechnet hatte; denn eben diese drückenden Schuldenlasten machten den Adel jeder Neuerung günstiger, weil Derjenige, welcher alles verloren, in der allgemeinen Verwüstung nur zu gewinnen hat.[42]

Die Geistlichkeit war von jeher eine Stütze der königlichen Macht und mußte es sein. Ihre goldene Zeit fiel immer in die Gefangenschaft des menschlichen Geistes, und wie jene sehen Wir sie vom Blödsinn und von der Sinnlichkeit ernten. Der bürgerliche Druck macht die Religion notwendiger und theurer; blinde Ergebung in Tyrannengewalt bereitet die Gemüther zu einem blinden, bequemen Glauben, und mit Wucher erstattet dem Despotismus die Hierarchie seine Dienste wieder. Die Bischöfe und Prälaten im Parlamente waren eifrige Sachwalter der Majestät und immer bereit, dem Nutzen der Kirche und dem Staatsvortheil des Souveräns das Interesse des Bürgers zum Opfer zu bringen. Zahlreiche und tapfere Besatzungen hielten die Städte in Furcht, die zugleich noch durch Religionsgezänke und Faktionen getrennt und ihrer mächtigsten Stütze so ungewiß waren. Wie wenig erforderte es also, dieses Uebergewicht zu bewahren, und wie ungeheuer mußte das Versehen sein, wodurch es zu Grunde ging!

---

[42] Reidanus L. I. 2.

So groß *Philipps* Einfluß in diesen Ländern war, so großes Ansehen hatte die spanische Monarchie damals in ganz Europa gewonnen. Kein Staat durfte sich mit ihr auf den Kampfboden wagen. Frankreich, ihr gefährlichster Nachbar, durch einen schweren Krieg und noch mehr durch innere Faktionen entkräftet, die unter einer kindischen Regierung ihr Haupt erhuben, ging schon mit schnellen Schritten der unglücklichen Epoche entgegen, die es, beinahe ein halbes Jahrhundert lang, zu einem Schauplatz der Abscheulichkeit und des Elends gemacht hat. Kaum konnte *Elisabeth* von England ihren eignen, noch wankenden Thron gegen die Stürme der Parteien, ihre neue, noch unbefestigte Kirche gegen die verborgenen Versuche der Vertriebenen schützen. Erst auf ihren schöpferischen Ruf sollte dieser Staat aus einer demüthigen Dunkelheit steigen und die lebendige Kraft, womit er seinen Nebenbuhler endlich darniederringt, von der fehlerhaften Politik dieses letztern empfangen. Das deutsche Kaiserhaus war durch die zweifachen Bande des Bluts und des Staatsvortheils an das spanische geknüpft, und das wachsende Kriegsglück *Solimans* zog seine Aufmerksamkeit mehr auf den Osten als auf den Westen von Europa. Dankbarkeit und Furcht versicherten *Philipp* die italienischen Fürsten, und das Conclave beherrschten seine Geschöpfe. Die Monarchien des Nordens lagen noch in barbarischer Nacht oder fingen nur eben an, Gestalt anzunehmen, und das Staatssystem von Europa kannte sie nicht. Die geschicktesten Generale, zahlreiche sieggewohnte Armeen, eine gefürchtete Marine und der reiche goldne Tribut, der nun erst anfing, regelmäßig und sicher aus Westindien einzulaufen – welche furchtbare Werkzeuge in der festen und steten Hand eines geistreichen Fürsten! Unter so glücklichen Sternen eröffnete König *Philipp* seine Regierung.

Ehe wir ihn handeln sehen, müssen wir einen flüchtigen Blick in seine Seele thun und hier einen Schlüssel zu seinem politischen Leben aufsuchen. Freude und Wohlwollen fehlten in diesem Gemüthe. Jene versagten ihm sein Blut und seine frühen finstern Kinderjahre; dieses konnten Menschen ihm nicht geben, denen das süßeste und mächtigste Band an die Gesellschaft mangelte. Zwei Begriffe, sein Ich, und was über diesem Ich war, füllten seinen dürftigen Geist aus. Egoismus und Religion sind der Inhalt und die Ueberschrift seines ganzen Lebens. Er war König und Christ, und war beides schlecht, weil er beides vereinigen wollte; Mensch für Menschen war er niemals, weil er von seinem Selbst nur aufwärts, nie abwärts stieg. Sein Glaube war grausam und finster, denn seine Gottheit war ein schreckliches Wesen. Er hatte nichts mehr von ihr zu empfangen, aber zu fürchten. Dem geringen Mann erscheint sie als Trösterin, als Erretterin; ihm war sie ein aufgestelltes Angstbild, eine schmerzhafte, demüthigende Schranke seiner menschlichen Allmacht. Seine Ehrfurcht gegen sie war um so tiefer und inniger, je weniger sie sich auf andere Wesen vertheilte. Er zitterte knechtisch vor Gott, weil Gott das Einzige war, wovor er zu zittern hatte. *Karl der Fünfte* eiferte für die Religion, weil die Religion für ihn arbeitete; *Philipp* that es, weil er wirklich an sie glaubte. Jener ließ um des Dogma willen mit Feuer und Schwert gegen Tausende wüthen, und er selbst verspottete in der Person des Papstes, seines Gefangenen, den Lehrsatz, dem er Menschenblut opferte; *Philipp* entschließt sich zu dem gerechtesten Kriege gegen diesen nur mit Widerwillen und Gewissensfurcht und begibt sich aller Früchte seines Sieges, wie ein reuiger Missethäter seines Raubs. Der Kaiser war Barbar aus Berechnung, sein Sohn aus Empfindung. Der Erste war ein starker und aufgeklärter Geist, aber vielleicht ein desto schlimmerer Mensch; der Zweite war ein beschränkter und schwacher Kopf, aber er war gerechter.

Beide aber, wie mich dünkt, konnten bessere Menschen gewesen sein, als sie wirklich waren, und im Ganzen nach denselben Maßregeln gehandelt haben. Was wir dem Charakter der Person zur Last legen, ist sehr oft das Gebrechen, die notwendige Ausflucht der allgemeinen menschlichen Natur. Eine Monarchie von diesem Umfang war eine zu starke Versuchung für den menschlichen Stolz und eine zu schwere Aufgabe für menschliche Kräfte. Allgemeine Glückseligkeit mit der höchsten Freiheit des Individuums zu paaren, gehört für den unendlichen Geist, der sich auf alle Theile allgegenwärtig verbreitet. Aber welche Auskunft trifft der Mensch in der Lage des Schöpfers? Der Mensch kommt durch Classification seiner Beschränkung zu Hilfe, gleich dem Naturforscher setzt er Kennzeichen und eine Regel fest, die seinem schwankenden Blick die Uebersicht erleichtert, und wozu sich alle Individuen bekennen müssen; dieses leistet ihm die Religion. Sie findet Hoffnung und Furcht in jede Menschenbrust gesäet; indem sie sich dieser Triebe bemächtigt, diese Triebe *einem* Gegenstande unterjocht, hat sie Millionen selbständiger Wesen in ein einförmiges Abstrakt verwandelt. Die unendliche Mannigfaltigkeit der menschlichen Willkür verwirrt ihren Beherrscher jetzt nicht mehr – jetzt gibt es ein allgemeines Uebel und ein allgemeines Gut, das er zeigen und entziehen kann, das auch da, wo er nicht ist, mit ihm einverstanden wirket. Jetzt gibt es eine Grenze, an welcher die Freiheit stille steht, eine ehrwürdige heilige Linie, nach welcher alle streitenden Bewegungen des Willens zuletzt einlenken müssen. Das gemeinschaftliche Ziel des Despotismus und des Priesterthums ist Einförmigkeit, und Einförmigkeit ist ein nothwendiges Hilfsmittel der menschlichen Armuth und Beschränkung. *Philipp* mußte um so viel mehr Despot sein, als sein Vater, um so viel enger sein Geist war; oder mit andern Worten, er mußte sich um so viel ängstlicher an allgemeine Regeln halten, je weniger er zu den Arten und Individuen herabsteigen konnte. Was folgt aus diesem allem? *Philipp der Zweite* konnte kein höheres Anliegen haben, als die Gleichförmigkeit des Glaubens und der Verfassung, weil Er ohne diese nicht regieren konnte.

Und doch würde er seine Regierung mit mehr Gelindigkeit und Nachsicht eröffnet haben, wenn er sie früher angetreten hätte. In dem Urtheil, das man gewöhnlich über diesen Fürsten fällt, scheint man auf einen Umstand nicht genug zu achten, der bei der Geschichte seines Geistes und Herzens billig in Betrachtung kommen sollte. *Philipp* zählte beinahe dreißig Jahre, da er den spanischen Thron bestieg, und sein frühe reifer Verstand hatte vor der Zeit seine Volljährigkeit beschleunigt. Ein Geist, wie der seinige, der seine Reife fühlte und mit größern Hoffnungen nur allzu vertraut worden war, konnte das Joch der kindlichen Unterwürfigkeit nicht anders als mit Widerwillen tragen; das überlegene Genie des Vaters und die Willkür des Alleinherrschers mußte den selbst zufriedenen Stolz dieses Sohnes drücken. Der Antheil, den ihm jener an der Reichsverwaltung gönnte, war eben erheblich genug, seinen Geist von kleineren Leidenschaften abzuziehen und den strengen Ernst seines Charakters zu unterhalten, aber auch gerade sparsam genug, sein Verlangen nach der unumschränkten Gewalt desto lebhafter zu entzünden. Als er wirklich davon Besitz nahm, hatte sie den Reiz der Neuheit für ihn verloren. Die süße Trunkenheit eines jungen Monarchen, der von der höchsten Gewalt überrascht wird, jener freudige Taumel, der die Seele jeder sanftern Regung öffnet und dem die Menschheit schon manche wohlthätige Stiftung abgewann, war bei ihm längst vorbei, oder niemals gewesen. Sein Charakter war gehärtet, als ihn das Glück auf diese wichtige Probe stellte, und seine befestigten Grundsätze widerstanden dieser wohlthätigen Erschütterung. Fünfzehn Jahre hatte er Zeit gehabt, sich zu diesem Uebergang anzuschicken, und anstatt bei den Zeichen seines neuen Standes jugendlich zu verweilen oder den Morgen seiner Regierung im Rausch einer müßigen Eitelkeit zu verlieren, blieb er gelassen und ernsthaft genug, sogleich in den gründlichen Besitz seiner Macht einzutreten und durch ihren vollständigsten Gebrauch ihre lange Entbehrung zu rächen.

Das Inquisitionsgericht.

Philipp der Zweite sah sich nicht so bald durch den Frieden von Chateau-Cambresis im ruhigen Besitz seiner Reiche, als er sich ganz dem großen Werke der Glaubensreinigung hingab und die Furcht seiner niederländischen Unterthanen wahr machte. Die Verordnungen, welche sein Vater gegen die Ketzer hatte ergehen lassen, wurden in ihrer ganzen Strenge erneuert, und schreckliche Gerichtshöfe, denen nichts als der Name der Inquisition fehlte, wachten über ihre Befolgung. Aber sein Werk schien ihm kaum zur Hälfte vollendet, so lange er die spanische Inquisition nicht in ihrer ganzen Form in diese Länder verpflanzen konnte – ein Entwurf, woran schon der Kaiser gescheitert hatte.

Eine Stiftung neuer Art und eigener Gattung ist diese spanische Inquisition, die im ganzen Laufe der Zeiten kein Vorbild findet und mit keinem geistlichen, keinem weltlichen Tribunal zu vergleichen steht. Inquisition hat es gegeben, seitdem die Vernunft sich an das Heilige wagte, seitdem es Zweifler und Neuerer gab; aber erst um die Mitte des dreizehnten Jahrhunderts, nachdem einige Beispiele der Abtrünnigkeit die Hierarchie aufgeschreckt hatten, baute ihr *Innocentius der Dritte* einen eigenen Richterstuhl und trennte auf eine unnatürliche Weise die geistliche Aufsicht und Unterweisung von der strafenden Gewalt. Um desto sicherer zu sein, daß kein Menschengefühl und keine Bestechung der Natur die starre Strenge ihrer Statuten auflöse, entzog er sie den Bischöfen und der säcularischen Geistlichkeit, die durch die Bande des bürgerlichen Lebens noch zu sehr an der Menschheit hing, um sie Mönchen zu übertragen, einer Abart des menschlichen Namens, die die heiligen Triebe der Natur abgeschworen, dienstbaren Kreaturen des römischen Stuhls. Deutschland, Italien, Spanien, Portugal und Frankreich empfingen sie; ein Franziskanermönch saß bei dem fürchterlichen Urtheil über die Tempelherren zu Gerichte; einigen wenigen Staaten gelang es, sie auszuschließen, oder der weltlichen Hoheit zu unterwerfen. Die Niederlande waren bis zur Regierung *Karls des Fünften* damit verschont geblieben; ihre Bischöfe übten die geistliche Censur, und in außerordentlichen Fällen pflegte man sich an fremde

Inquisitionsgerichte, die französischen Provinzen nach Paris, die deutschen nach Köln zu wenden.[43]

Aber die Inquisition, welche jetzt gemeint ist, kam aus dem Westen von Europa, anders in ihrem Ursprung und anders an Gestalt. Der letzte maurische Thron war im fünfzehnten Jahrhundert in Granada gefallen und der saracenische Gottesdienst endlich dem überlegenen Glück der Christen gewichen. Aber neu und noch wenig befestigt war das Evangelium in diesem jüngsten christlichen Königreich, und in der trüben Mischung ungleichartiger Gesetze und Sitten hatten sich die Religionen noch nicht geschieden. Zwar hatte das Schwert der Verfolgung viele tausend Familien nach Afrika getrieben, aber ein weit größerer Theil, von dem geliebten Himmelsstriche der Heimath gehalten, kaufte sich mit dem Gaukelspiel verstellter Bekehrung von dieser schrecklichen Nothwendigkeit los und fuhr an christlichen Altären fort, seinem *Mahomed* und *Moses* zu dienen. So lange es seine Gebete nach Mecca richtete, war Granada nicht unterworfen; so lange der neue Christ im Innersten seinem Hauses wieder zum Juden und Muselmann wurde, war er dem Thron nicht gewisser, als dem römischen Stuhl. Jetzt war es nicht damit gethan, dieses widerstrebende Volk in die äußerliche Form eines neuen Glaubens zu zwingen, oder es der siegenden Kirche durch die schwachen Bande der Ceremonie anzutrauen; es kam darauf an, die Wurzel einer alten Religion auszureuten und einen hartnäckigen Hang zu besiegen, der durch die langsam wirkende Kraft von Jahrhunderten in seine Sitten, seine Sprache, seine Gesetze gepflanzt worden und bei dem fortdauernden Einfluß des vaterländischen Bodens und Himmels in ewiger Uebung blieb. Wollte die Kirche einen vollständigen Sieg über den feindlichen Gottesdienst feiern und ihre neue Eroberung vor jedem Rückfalle sicher stellen, so mußte sie den Grund selbst unterwühlen, auf welchen der alte Glaube gebaut war; sie mußte die ganze Form des sittlichen Charakters zerschlagen, an die er aufs innigste geheftet schien. In den verborgensten Tiefen der Seele mußte sie seine geheimen Wurzeln ablösen, alle seine Spuren im Kreise des häuslichen Lebens und in der Bürgerwelt auslöschen, jede Erinnerung an ihn absterben lassen und wo möglich selbst die Empfänglichkeit für seine Eindrü-

---

[43] Hopper Mémoires d. Troubles des Pays-bas in Vita Vigl. 54. seq.

cke tödten. Vaterland und Familie, Gewissen und Ehre, die heiligen Gefühle der Gesellschaft und der Natur sind immer die ersten und nächsten, mit denen Religionen sich mischen, von denen sie Stärke empfangen und denen sie sie geben. Diese Verbindung mußte jetzt aufgelöst, von den heiligen Gefühlen der Natur mußte die alte Religion gewaltsam gerissen werden – und sollte es selbst die Heiligkeit dieser Empfindungen kosten. So wurde die Inquisition, die wir zum Unterschiede von den menschlicheren Gerichten, die ihren Namen führen, die spanische nennen. Sie hat den Cardinal *Ximenes* zum Stifter; ein Dominikanermönch, *Torquemada*, stieg zuerst auf ihren blutigen Thron, gründete ihre Statuten und verfluchte mit diesem Vermächtniß seinen Orden auf ewig. Schändung der Vernunft und Mord der Geister heißt ihr Gelübde; ihre Werkzeuge sind Schrecken und Schande. Jede Leidenschaft steht in ihrem Solde, ihre Schlinge liegt in jeder Freude des Lebens. Selbst die Einsamkeit ist nicht einsam für sie; die Furcht ihrer Allgegenwart hält selbst in den Tiefen der Seele die Freiheit gefesselt. Alle Instinkte der Menschheit hat sie herabgestürzt unter den Glauben; ihm weichen alle Bande, die der Mensch sonst am heiligsten achtet. Alle Ansprüche auf seine Gattung sind für einen Ketzer verscherzt, mit der leichtesten Untreue an der mütterlichen Kirche hat er sein Geschlecht ausgezogen. Ein bescheidener Zweifel an der Unfehlbarkeit des Papsts wird geahndet wie Vatermord und schändet wie Sodomie; ihre Urtheile gleichen den schrecklichen Fermenten der Pest, die den gesundesten Körper in schnelle Verwesung treiben. Selbst das Leblose, das einem Ketzer angehörte, ist verflucht; ihre Opfer kann kein Schicksal ihr unterschlagen; an Leichen und Gemälden werden ihre Sentenzen vollstreckt, und das Grab selbst ist keine Zuflucht vor ihrem entsetzlichen Arme.

Die Vermessenheit ihrer Urtheilssprüche kann nur von der Unmenschlichkeit übertroffen werden, womit sie dieselben vollstreckt. Indem sie Lächerliches mit Fürchterlichem paart und durch die Seltsamkeit des Aufzugs die Augen belustigt, entkräftet sie den teilnehmenden Affekt durch den Kitzel eines andern; im Spott und in der Verachtung ertränkt sie die Sympathie. Mit feierlichem Pompe führt man den Verbrecher zur Richtstatt, eine rothe Blutfahne weht voran, der Zusammenklang aller Glocken begleitet den Zug; zuerst kommen Priester im Meßgewande und singen ein heiliges

Lied. Ihnen folgt der verurtheilte Sünder, in ein gelbes Gewand gekleidet, worauf man schwarze Teufelsgestalten abgemalt sieht. Auf dem Kopfe trägt er eine Mütze von Papier, die sich in eine Menschenfigur endigt, um welche Feuerflammen schlagen und scheußliche Dämonen herumfliegen. Weggekehrt von dem ewig Verdammten wird das Bild des Gekreuzigten getragen; ihm gilt die Erlösung nicht mehr. Dem Feuer gehört sein sterblicher Leib, wie den Flammen der Hölle seine unsterbliche Seele. Ein Knebel sperrt seinen Mund und verwehrt ihm, seinen Schmerz in Klagen zu lindern, das Mitleid durch seine rührende Geschichte zu wecken und die Geheimnisse des heiligen Gerichts auszusagen. An ihn schließt sich die Geistlichkeit im festlichen Ornat, die Obrigkeit und der Adel; die Väter, die ihn gerichtet haben, beschließen den schauerlichen Zug. Man glaubt eine Leiche zu sehen, die zu Grabe geleitet wird, und es ist ein lebendiger Mensch, dessen Qualen jetzt das Volk so schauderhaft unterhalten sollen. Gewöhnlich werden diese Hinrichtungen auf hohe Feste gerichtet, wozu man eine bestimmte Anzahl solcher Unglücklichen in den Kerkern des heiligen Hauses zusammenspart, um durch die Menge der Opfer die Handlung zu verherrlichen, und alsdann sind selbst die Könige zugegen. Sie sitzen mit unbedecktem Haupte auf einem niedrigern Stuhle als der Großinquisitor, dem sie an einem solchen Tage den Rang über sich geben – und wer wird nun vor einem Tribunal nicht erzittern, neben welchem die Majestät selbst versinkt?[44]

Die große Glaubensrevolution durch *Luther* und *Calvin* brachte die Notwendigkeit wieder zurück, welche diesem Gericht seine erste Entstehung gegeben; und was anfänglich nur erfunden war, das kleine Königreich Granada von den schwachen Ueberresten der Saracenen und Juden zu reinigen, wurde jetzt das Bedürfniß der ganzen katholischen Christenheit. Alle Inquisitionen in Portugal, in Italien, Deutschland und Frankreich nahmen die Form der spanischen an; sie folgte den Europäern nach Indien und errichtete in Goa ein schreckliches Tribunal, dessen unmenschliche Proceduren uns noch in der Beschreibung durchschauern. Wohin sie ihren Fuß setzte, folgte ihr die Verwüstung; aber so, wie in Spanien, hat sie in

---

[44] Burgund. Hist. Belg. 126. 127. Hopper 65. 66. 67. Grot. Annal. Belg. L.I. 8. 9. sq. Essay sur les Moeurs. Tom. III. Inquisition.

keiner andern Weltgegend gewüthet. Die Todten vergißt man, die sie geopfert hat; die Geschlechter der Menschen erneuern sich wieder, und auch die Länder blühen wieder, die sie verheert und entvölkert hat; aber Jahrhunderte werden hingehen, ehe ihre Spuren aus dem spanischen Charakter verschwinden. Eine geistreiche treffliche Nation hat sie mitten auf dem Weg zur Vollendung gehalten, aus einem Himmelsstrich, worin es einheimisch war, das Genie verbannt und eine Stille, wie sie auf Gräbern ruht, in dem Geist eines Volks hinterlassen, das vor vielen andern, die diesen Welttheil bewohnen, zur Freude berufen war.

Den ersten Inquisitor setzte *Karl der Fünfte* im Jahre 1522 in Brabant ein. Einige Priester waren ihm als Gehilfen an die Seite gegeben, aber er selbst war ein Weltlicher. Nach dem Tode *Adrians des Sechsten* bestellte sein Nachfolger, *Clemens der Siebente*, drei Inquisitoren für alle niederländischen Provinzen, und *Paul der Dritte* setzte diese Zahl wiederum bis auf zwei herunter, welche sich bis auf den Anfang der Unruhen erhielten. Im Jahr 1530 wurden, mit Zuziehung und Genehmigung der Stände, die Edikte gegen die Ketzer ausgeschrieben, welche allen folgenden zum Grunde liegen und worin auch der Inquisition ausdrücklich Meldung geschieht. Im Jahr 1550 sah sich *Karl der Fünfte* durch das schnelle Wachsthum der Sekten gezwungen, diese Edikte zu erneuern und zu schärfen, und bei dieser Gelegenheit war es, wo sich die Stadt Antwerpen der Inquisition widersetzte und ihr auch glücklich entging. Aber der Geist dieser niederländischen Inquisition war, nach dem Genius des Landes, menschlicher als in den spanischen Reichen, und noch hatte sie kein Ausländer, noch weniger ein Dominikaner verwaltet. Zur Richtschnur dienten ihr die Edikte, welche Jedermann kannte; und eben darum fand man sie weniger anstößig, weil sie, so streng sie auch richtete, doch der Willkür weniger unterworfen schien und sich nicht, wie die spanische Inquisition, in Geheimniß hüllte.

Aber eben dieser letztern wollte *Philipp* einen Weg in die Niederlande bahnen, weil sie ihm das geschickteste Werkzeug zu sein schien, den Geist dieses Volks zu verderben und für eine despotische Regierung zuzubereiten. Er fing damit an, die Glaubensverordnungen seines Vaters zu schärfen, die Gewalt der Inquisitoren je mehr und mehr auszudehnen, ihr Verfahren willkürlicher und von der bürgerlichen Gerichtsbarkeit unabhängiger zu machen. Bald fehlte dem Tribunale zu der spanischen Inquisition wenig mehr, als der Name und Dominikaner. Bloßer Verdacht war genug, einen Bürger aus dem Schooß der öffentlichen Ruhe, aus dem Kreis seiner Familie herauszustehlen, und das schwächste Zeugniß berechtigte zur Folterung. Wer in diesen Schlund hinabfiel, kam nicht wieder. Alle Wohlthaten der Gesetze hörten ihm auf. Ihn meinte die mütterliche Sorge der Gerechtigkeit nicht mehr. Jenseits der Welt richteten ihn Bosheit und Wahnsinn nach Gesetzen, die für Menschen nicht gelten. Nie erfuhr der Delinquent seinen Kläger, und sehr selten sein Verbrechen; ein ruchloser teuflischer Kunstgriff, der den Unglücklichen zwang, auf seine Verschuldung zu rathen und im Wahnwitz der Folterpein, oder im Ueberdruß einer langen lebendigen Beerdigung Vergehungen auszusagen, die vielleicht nie begangen, oder dem Richter doch nie bekannt worden waren. Die Güter der Verurtheilten wurden eingezogen und die Angeber durch Gnadenbriefe und Belohnungen ermuntert. Kein Privilegium, keine bürgerliche Gerechtigkeit galt gegen die heilige Gewalt. Wen sie berührte, den hatte der weltliche Arm verloren. Diesem war kein weiterer Antheil an ihrer Gerichtspflege verstattet, als mit ehrerbietiger Unterwerfung ihre Sentenzen zu vollstrecken. Die Folgen dieses Instituts mußten unnatürlich und schrecklich sein. Das ganze zeitliche Glück, selbst das Leben des unbescholtenen Mannes war nunmehr in die Hände eines jeden Nichtswürdigen gegeben. Jeder verborgene Feind, jeder Neider hatte jetzt die gefährliche Lockung einer unsichtbaren und unfehlbaren Rache. Die Sicherheit des Eigentums, die Wahrheit des Umgangs war dahin. Alle Bande des Gewinns waren aufgelöst, alle des Bluts und der Liebe. Ein ansteckendes Mißtrauen vergiftete das gesellige Leben; die gefürchtete Gegenwart eines Lauschers erschreckte den Blick im Auge und den Klang in der Kehle. Man glaubte an keinen redlichen Mann mehr und galt auch für keinen. Guter Name, Landsmannschaften, Verbrüderungen, Eide selbst und alles, was Menschen für heilig achten, war in seinem Werthe gefallen. – Diesem Schicksale unterwarf man eine große blühende Handelsstadt, wo hunderttausend geschäftige Menschen durch das einzige Band des Vertrauens zusammenhalten. Jeder unentbehrlich für Jeden, und Jeder zweideutig, verdächtig. Alle durch den Geist der Gewinnsucht aneinander gezogen, und auseinander geworfen durch Furcht. Alle Grundsäulen der Geselligkeit umgerissen, wo Geselligkeit der Grund alles Lebens und aller Dauer ist.[45]

---

[45] Grotius. Lib. I. 9. 10.

Andere Eingriffe in die Constitution der Niederlande.

Kein Wunder, daß ein so unnatürliches Gericht, das selbst dem duldsameren Geiste der Spanier unerträglich gewesen war, einen Freistaat empörte. Aber den Schrecken, den es einflößte, vermehrte die spanische Kriegsmacht, die auch nach wiederhergestelltem Frieden beibehalten wurde und, der Reichsconstitution zuwider, die Grenzstädte anfüllte. *Karln dem Fünften* hatte man diese Einführung fremder Armeen vergeben, weil man ihre Notwendigkeit einsah und mehr auf seine guten Gesinnungen baute. Jetzt erblickte man in diesen Truppen nur die fürchterlichen Zurüstungen der Unterdrückung und die Werkzeuge einer verhaßten Hierarchie. Eine ansehnliche Reiterei, von Eingebogen errichtet, war zum Schutze des Landes hinreichend und machte diese Ausländer entbehrlich. Die Zügellosigkeit und Raubsucht dieser Spanier, die noch große Rückstände zu fordern hatten und sich auf Unkosten des Bürgers bezahlt machten, vollendeten die Erbitterung des Volks und brachten den gemeinen Mann zur Verzweiflung. Als nachher das allgemeine Murren die Regierung bewog, sie von den Grenzen zusammenzuziehen und in die seeländischen Inseln zu verlegen, wo die Schiffe zu ihrer Abfahrt ausgerüstet wurden, ging ihre Vermessenheit so weit, daß die Einwohner aufhörten, an den Dämmen zu arbeiten, und ihr Vaterland lieber dem Meer überlassen wollten, als länger von dem viehischen Muthwillen dieser rasenden Bande leiden.[46]

Sehr gerne hätte *Philipp* diese Spanier im Lande behalten, um durch sie seinen Edikten mehr Kraft zu geben und die Neuerungen zu unterstützen, die er in der niederländischen Verfassung zu machen gesonnen war. Sie waren ihm gleichsam die Gewährsmänner der allgemeinen Ruhe und eine Kette, an der er die Nation gefangen hielt. Deßwegen ließ er nichts unversucht, dem anhaltenden Zudringen der Reichsstände auszuweichen, welche diese Spanier entfernt wissen wollten, und erschöpfte bei dieser Gelegenheit alle Hilfsmittel der Chikane und Ueberredung. Bald fürchtet er einen plötzlichen Ueberfall Frankreichs, das, von wüthenden Faktionen zerrissen, sich gegen einen einheimischen Feind kaum behaupten kann; bald sollen sie seinen Sohn *Don Carlos* an der Grenze in Emp-

---

[46] Allgem. Gesch. der verein. Niederl. III. Bd. 21. Buch. S. 23 u. s. f.

fang nehmen, den er nie Willens war aus Castilien zu lassen. Ihre Unterhaltung soll der Nation nicht zur Last fallen, er selbst will aus seiner eignen Schatulle alle Kosten davon bestreiten. Um sie mit desto besserm Scheine da zu behalten, hielt er ihnen mit Fleiß ihren rückständigen Sold zurück, da er sie doch sonst den einheimischen Truppen, die er völlig befriedigte, gewiß würde vorgezogen haben. Die Furcht der Nation einzuschläfern und den allgemeinen Unwillen zu versöhnen, bot er den beiden Lieblingen des Volks, dem Prinzen von *Oranien* und dem Grafen von *Egmont*, den Oberbefehl über diese Truppen an; beide aber schlugen seinen Antrag aus, mit der edelmüthigen Erklärung, daß sie sich nie entschließen würden, gegen die Gesetze des Landes zu dienen. Je mehr Begierde der König blicken ließ, seine Spanier im Lande zu lassen, desto hartnäckiger bestunden die Staaten auf ihrer Entfernung. In dem darauf folgenden Reichstag zu Gent mußte er mitten im Kreis seiner Höflinge eine republikanische Wahrheit hören. »Wozu fremde Hände zu unserm Schutze?« sagte ihm der Syndikus von Gent. »Etwa, damit uns die übrige Welt für zu leichtsinnig oder gar für zu blödsinnig halte, uns selbst zu vertheidigen? Warum haben wir Frieden geschlossen, wenn uns die Lasten des Kriegs auch im Frieden drücken? Im Kriege schärfte die Notwendigkeit unsere Geduld, in der Ruhe unterliegen wir seinen Leiden. Oder werden wir diese ausgelassene Bande in Ordnung halten, da deine eigene Gegenwart nicht so viel vermocht hat? Hier stehen deine Unterthanen aus Cambray und Antwerpen und schreien über Gewalt. Thionville und Marienburg liegen wüste, und darum hast du uns doch nicht Frieden gegeben, daß unsere Städte zu Einöden werden, wie sie nothwendig werden müssen, wenn du sie nicht von diesen Zerstörern erlösest? Vielleicht willst du dich gegen einen Ueberfall unserer Nachbarn verwahren? Diese Vorsicht ist weise, aber das Gerücht ihrer Rüstung wird lange Zeit ihren Waffen voraneilen. Warum mit schweren Kosten Fremdlinge miethen, die ein Land nicht schonen werden, das sie morgen wieder verlassen müssen? Noch stehen tapfere Niederländer zu deinen Diensten, denen dein Vater in weit stürmischeren Zeiten die Republik anvertraute. Warum willst du jetzt ihre Treue bezweifeln, die sie so viele Jahrhunderte lang deinen Vorfahren unverletzt gehalten haben? Sollten sie nicht vermögend sein, den Krieg so lange hinzuhalten, bis deine Bundsgenossen unter ihre Fahnen eilen, oder du selbst aus der Nachbarschaft Hilfe sendest?«

Diese Sprache war dem König zu neu und ihre Wahrheit zu einleuchtend, als daß er sie sogleich hätte beantworten können. »Ich bin auch ein Ausländer!« rief er endlich, »will man nicht lieber gar mich selbst aus dem Lande jagen?« Zugleich stieg er vom Throne und verließ die Versammlung, aber dem Sprecher war seine Kühnheit vergeben. Zwei Tage darauf ließ er den Ständen die Erklärung thun: wenn er früher gewußt hätte, daß diese Truppen ihnen zur Last fielen, so würde er schon Anstalt gemacht haben, sie gleich selbst mit nach Spanien zu nehmen. Jetzt wäre dieses freilich zu spät, weil sie unbezahlt nicht abreisen würden; doch verspreche er ihnen auf das heiligste, daß diese Last sie nicht über vier Monde mehr drücken sollte. Nichts desto weniger blieben diese Truppen statt dieser vier Monate noch achtzehn im Lande und würden es vielleicht noch später verlassen haben, wenn das Bedürfniß des Reichs sie in einer andern Weltgegend nicht nöthiger gemacht hätte.[47]

Die gewalttätige Einführung Fremder in die wichtigsten Aemter des Landes veranlaßte neue Klagen gegen die Regierung. Von allen Vorrechten der Provinzen war keines den Spaniern so anstößig, als dieses, welches Fremdlinge von Bedienungen ausschließt, und keines hatten sie eifriger zu untergraben gesucht.[48] Italien, beide Indien und alle Provinzen dieser ungeheuren Monarchie waren ihrer Habsucht und ihrem Ehrgeiz geöffnet; nur von der reichsten unter allen schloß sie ein unerbittliches Grundgesetz aus. Man überzeugte den Monarchen, daß die königliche Gewalt in diesen Ländern nie würde befestigt werden können, so lange sie sich nicht fremder Werkzeuge dazu bedienen dürfte. Schon der Bischof von *Arras*, ein Burgunder von Geburt, war den Flamändern widerrechtlich aufgedrungen worden, und jetzt sollte auch der Graf von *Feria*, ein Castilianer, Sitz und Stimme im Staatsrath erhalten. Aber diese Unternehmung fand einen herzhaftern Widerstand, als die Schmeichler des Königs ihn hatten erwarten lassen, und seine despotische Allmacht scheiterte diesmal an den Künsten *Wilhelms von Oranien* und der Festigkeit der Staaten.[49]

---

[47] Burgund. L. I. p. 38. 39. 40. Reidan. L. I. p. 4. Mederen I. Th. 1. Buch. 47.

[48] Reidan. L. I. p. 1.

[49] Grot. Annal. L. I. p. 13.

Wilhelm von Oranien und Graf von Egmont.

So kündigte *Philipp* den Niederlanden seine Regierung an, und dies waren ihre Beschwerden, als er im Begriff stund, sie zu verlassen. Lange schon sehnte er sich aus einem Lande, wo er ein Fremdling war, wo so Vieles seine Neigungen beleidigte, sein despotischer Geist an den Gesetzen der Freiheit so ungestüme Erinnerer fand. Der Friede mit Frankreich erlaubte ihm endlich diese Entfernung; die Rüstungen *Solimans* zogen ihn nach dem Süden, und auch Spanien fing an, seinen Herrn zu vermissen. Die Wahl eines obersten Statthalters für die Niederlande war die Hauptangelegenheit, die ihn jetzt noch beschäftigte. Herzog *Emanuel Philibert* von Savoyen hatte seit der Abdankung der Königin Maria von Ungarn diese Stelle bekleidet, welche aber, so lange der König in den Niederlanden selbst anwesend war, mehr Ehre als wirklichen Einfluß gab. Seine Abwesenheit machte sie zu dem wichtigsten Amt in der Monarchie und dem glänzendsten Ziele, wornach der Ehrgeiz eines Bürgers nur streben konnte. Jetzt stand sie durch die Entfernung des Herzogs erledigt, den der Friede von Chateau-Cambresis wieder in den Besitz seiner Lande gesetzt hatte. Die beinahe unumschränkte Gewalt, welche dem Oberstatthalter verliehen werden mußte, die Fähigkeiten und Kenntnisse, die ein so ausgedehnter und delikater Posten erforderte, vorzüglich aber die gewagten Anschläge der Regierung auf die Freiheit des Landes, deren Ausführung von ihm abhängen sollte, mußten nothwendig diese Wahl erschweren. Das Gesetz, welches jeden Ausländer von Bedienungen entfernt, macht bei dem Oberstatthalter eine Ausnahme. Da er nicht aus allen siebenzehn Provinzen zugleich gebürtig sein kann, so ist es ihm erlaubt, keiner von allen anzugehören, denn die Eifersucht eines Brabanters würde einem Flamänder, der eine halbe Meile von seiner Grenze zu Hause wäre, kein größeres Recht dazu einräumen, als dem Sicilianer, der eine andere Erde und einen andern Himmel hat. Hier aber schien der Vortheil der Krone selbst einen niederländischen Bürger zu begünstigen. Ein geborner Brabanter, zum Beispiel, dessen Vaterland sich mit uneingeschränkterem Vertrauen ihm überlieferte, konnte, wenn er ein Verräther war, den tödtlichen Streich schon zur Hälfte gethan haben, ehe ein Ausländer das Mißtrauen überwand, das über seine geringfügigsten Handlungen wachte. Hatte die Regierung in *einer* Provinz ihre Absichten durchgesetzt, so war die Widersetzung der übrigen eine Kühnheit, die sie auf das strengste zu ahnden berechtigt war. In dem gemeinschaftlichen Ganzen, welches die Provinzen jetzt ausmachten, waren ihre individuellen Verfassungen gleichsam untergegangen; der Gehorsam einer einzigen war ein Gesetz für jede, und das Vorrecht, welches *eine* nicht zu bewahren wußte, war für alle andern verloren.

Unter den niederländischen Großen, die auf die Oberstatthalterschaft Anspruch machen konnten, waren die Erwartungen und Wünsche der Nation zwischen dem Grafen von *Egmont* und dem Prinzen von *Oranien* getheilt, welche durch gleich edle Abkunft dazu berufen, durch gleiche Verdienste dazu berechtigt und durch gleiche Liebe des Volks zu diesem Posten willkommen waren. Beide hatte ein glänzender Rang zunächst an den Thron gestellt, und wenn das Auge des Monarchen zuerst unter den Würdigsten suchte so mußte es nothwendig auf einen von diesen Beiden fallen. Da wir in der Folge dieser Geschichte beide Namen oft werden nennen müssen, so kann die Aufmerksamkeit des Lesers nicht frühe genug auf sie gezogen werden.

Wilhelm der Erste, Prinz von Oranien, stammte aus dem deutschen Fürstenhause Nassau, welches schon acht Jahrhunderte geblüht, mit dem österreichischen eine Zeit lang um den Vorzug gerungen und dem deutschen Reich einen Kaiser gegeben hatte. Außer verschiedenen reichen Ländereien in den Niederlanden, die ihn zu einem Bürger dieses Staats und einem gebornen Vasallen Spaniens machten, besaß er in Frankreich noch das unabhängige Fürstentum Oranien. Wilhelm ward im Jahr 1533 zu Dillenburg, in der Grafschaft Nassau, von einer Gräfin *Stollberg* geboren. Sein Vater, der Graf von *Nassau*, desselben Namens, hatte die protestantische Religion angenommen, worin er auch seinen Sohn erziehen ließ; *Karl der Fünfte* aber, der dem Knaben schon frühzeitig wohl wollte, nahm ihn sehr jung an seinen Hof und ließ ihn in der römischen aufwachsen. Dieser Monarch, der in dem Kinde den künftigen großen Mann schon erkannte, behielt ihn neun Jahre um seine Person, würdigte ihn seines eignen Unterrichts in Regierungsgeschäften und ehrte ihn durch ein Vertrauen, welches über seine Jahre ging. Ihm allein war es erlaubt, um den Kaiser zu bleiben, wenn er fremden Gesandten Audienz gab – ein Beweis, daß er als Knabe schon angefangen haben mußte, den ruhmvollen Beinamen des Verschwiegenen zu verdienen. Der Kaiser erröthete sogar nicht, einmal öffentlich zu gestehen, daß dieser junge Mensch ihm öfters Anschläge gebe, die seiner eignen Klugheit würden entgangen sein. Welche Erwartungen konnte man nicht von dem Geist eines Mannes hegen, der in einer solchen Schule gebildet war!

Wilhelm war dreiundzwanzig Jahre alt, als *Karl* die Regierung niederlegte, und hatte schon zwei öffentliche Beweise der höchsten Achtung von ihm erhalten. Ihm übertrug er, mit Ausschließung aller Großen seines Hofs, das ehrenvolle Amt, seinem Bruder *Ferdinand* die Kaiserkrone zu überbringen. Als der Herzog von Savoyen, der die kaiserliche Armee in den Niederlanden kommandierte, von seinen eigenen Landesangelegenheiten nach Italien abgerufen ward, vertraute der Kaiser ihm den Oberbefehl über diese Truppen an, gegen die Vorstellungen seines ganzen Kriegsraths, dem es allzu gewagt schien, den erfahrnen französischen Feldherrn einen Jüngling entgegen zu setzen. Abwesend und von Niemand empfohlen, zog ihn der Monarch der lorbeervollen Schaar seiner Helden vor, und der Ausgang ließ ihn seine Wahl nicht bereuen.

Die vorzügliche Gunst, in welcher dieser Prinz bei dem Vater gestanden hatte, wäre allein schon ein wichtiger Grund gewesen, ihn von dem Vertrauen seines Sohnes auszuschließen. *Philipp*, scheint es, hatte es sich zum Gesetz gemacht, den spanischen Adel an dem niederländischen wegen des Vorzugs zu rächen, wodurch *Karl der Fünfte* diesen letztern stets unterschieden hatte. Aber wichtiger waren die geheimen Beweggründe, die ihn von dem Prinzen entfernten. *Wilhelm von Oranien* gehörte zu den hagern und blassen Menschen, wie *Cäsar* sie nennt, die des Nachts nicht schlafen und zu viel denken, vor denen das furchtloseste aller Gemüther gewankt hat. Die stille Ruhe eines immer gleichen Gesichts verbarg eine geschäftige feurige Seele, die auch die Hülle, hinter welcher sie schuf, nicht bewegte und der List und der Liebe gleich unbetretbar war, – einen vielfachen, fruchtbaren, nie ermüdenden Geist, weich und bildsam genug, augenblicklich in alle Formen zu schmelzen, – bewährt genug, in keiner sich selbst zu verlieren, – stark genug, jeden Glückswechsel zu ertragen. Menschen zu durchschauen und Herzen zu gewinnen, war kein größerer Meister, als *Wilhelm*; nicht daß er, nach der Weise des Hofs, seine Lippen eine Knechtschaft bekennen ließ, die das stolze Herz Lügen strafte, sondern weil er mit den Merkmalen seiner Gunst und Verehrung weder karg noch verschwenderisch war und durch eine kluge Wirtschaft mit demjenigen, wodurch man Menschen verbindet, seinen wirklichen Vorrath an diesen Mitteln vermehrte. So langsam sein Geist gebar, so vollendet waren seine Früchte; so spät sein Entschluß reifte, so standhaft und unerschütterlich ward er vollstreckt. Den Plan, dem er einmal als dem ersten gehuldigt hatte, konnte kein Widerstand ermüden, keine Zufälle zerstören, denn alle hatten, noch ehe sie wirklich eintraten, vor seiner Seele gestanden. So sehr sein Gemüth über Schrecken und Freude erhaben war, so unterworfen war es der Furcht; aber seine Furcht war früher da, als die Gefahr, und er war ruhig im Tumult, weil er in der Ruhe gezittert hatte. *Wilhelm* zerstreute sein Gold mit Verschwendung, aber er geizte mit Sekunden. Die Stunde der Tafel war seine einzige Feierstunde, aber diese gehörte seinem Herzen auch ganz, seiner Familie und der Freundschaft; ein bescheidener Abzug, den er dem Vaterland machte. Hier verklärte sich seine Stirn beim Wein, den ihm fröhlicher Muth und Enthaltsamkeit würzten, und die ernste Sorge durfte hier die Jovialität seines Geists nicht umwölken. Sein Hauswesen war prächtig; der Glanz einer zahlreichen Dienerschaft, die Menge und das Ansehen Derer, die seine Person umgaben, machten seinen Wohnsitz einem souveränen Fürstenhofe gleich. Eine glänzende Gastfreiheit, das große Zaubermittel der Demagogen, war die Göttin seines Palastes. Fremde Prinzen und Gesandten fanden hier eine Aufnahme und Bewirthung, die alles übertraf, was das üppige Belgien ihnen anbieten konnte. Eine demüthige Unterwürfigkeit gegen die Regierung kaufte den Tadel und Verdacht wieder ab, den dieser Aufwand auf seine Absichten werfen konnte. Aber diese Verschwendungen unterhielten den Glanz seines Namens bei dem Volk, dem nichts mehr schmeichelt, als die Schätze des Vaterlands vor Fremdlingen ausgestellt zu sehen, und der hohe Gipfel des Glücks, worauf er gesehen wurde, erhöhte den Werth der Leutseligkeit, zu der er herabstieg. Niemand war wohl mehr zum Führer einer Verschwörung geboren, als *Wilhelm der Verschwiegene.* Ein durchdringender fester Blick in die vergangene Zeit, die Gegenwart und die Zukunft, schnelle Besitznehmung der Gelegenheit, eine Obergewalt über alle Geister, ungeheure Entwürfe, die nur dem weit entlegenen Betrachter Gestalt und Ebenmaß zeigen, kühne Berechnungen, die an der langen Kette der Zukunft hinunterspinnen, standen unter der Aufsicht einer erleuchteten und freieren Tugend, die mit festem Tritt auch auf der Grenze noch wandelt.

Ein Mensch, wie dieser, konnte seinem ganzen Zeitalter undurchdringlich bleiben, aber nicht dem größten Kenner der Gemüther, nicht dem mißtrauischsten Geiste seines Jahrhunderts. *Philipp der Zweite* schaute schnell und tief in einen Charakter, der, unter den gutartigen, seinem eignen am ähnlichsten war. Hätte er ihn nicht so vollkommen durchschaut, so wäre es unerklärbar, wie er einem Menschen sein Vertrauen nicht geschenkt haben sollte, in welchem sich beinahe alle Eigenschaften vereinigten, die er am höchsten schätzte und am besten würdigen konnte. Aber *Wilhelm* hatte noch einen andern Berührungspunkt mit *Philipp dem Zweiten*, welcher wichtiger war. Er hatte seine Staatskunst bei demselben Meister gelernt und war, wie zu fürchten stand, ein fähigerer Schüler gewesen. Nicht weil er den Fürsten des Macchiavell zu seinem Studium gemacht, sondern weil er den lebendigen Unterricht eines Monarchen genossen hatte, der jenen in Ausübung brachte, war er mit den gefährlichen Künsten bekannt worden, durch welche Throne fallen und steigen. *Philipp* hatte hier mit einem Gegner zu thun, der auf seine Staatskunst gerüstet war, und dem bei einer guten Sache auch die Hilfsmittel der schlimmen zu Gebote standen. Und eben dieser letztere Umstand erklärt uns, warum er unter allen gleichzeitigen Sterblichen diesen am unversöhnlichsten haßte und so unnatürlich fürchtete.

Den Argwohn, welchen man bereits gegen den Prinzen gefaßt hatte, vermehrte die zweideutige Meinung von seiner Religion. Wilhelm glaubte an den Papst, so lange der Kaiser, sein Wohlthäter, lebte; aber man fürchtete mit Grund, daß ihn die Vorliebe, die seinem jungen Herzen für die verbesserte Lehre gegeben worden, nie ganz verlassen habe. Welche Kirche er auch in gewissen Perioden seines Lebens mag vorgezogen haben, so hätte sich jede damit beruhigen können, daß ihn keine einzige ganz gehabt hat. Wir sehen ihn in spätern Jahren beinahe mit ebenso wenigem Bedenken zum Calvinismus übergehen, als er in früher Kindheit die lutherische Religion für die römische verließ. Gegen die spanische Tyrannei vertheidigte er mehr die Menschenrechte der Protestanten, als ihre

Meinungen; nicht ihr Glaube, ihre Leiden hatten ihn zu ihrem Bruder gemacht.[50]

Diese allgemeinen Gründe des Mißtrauens schienen durch eine Entdeckung gerechtfertigt zu werden, welche der Zufall über seine wahren Gesinnungen darbot. *Wilhelm* war als Geisel des Friedens von Chateau-Cambresis, an dessen Stiftung er mitgearbeitet hatte, in Frankreich zurückgeblieben und hatte durch die Unvorsichtigkeit *Heinrichs des Zweiten,* der mit einem Vertrauten des Königs von Spanien zu sprechen glaubte, einen heimlichen Anschlag erfahren, den der französische Hof mit dem spanischen gegen die Protestanten beider Reiche entwarf. Diese wichtige Entdeckung eilte der Prinz seinen Freunden in Brüssel, die sie so nahe anging, mitzutheilen, und die Briefe, die er darüber wechselte, fielen unglücklicherweise dem König von Spanien in die Hände.[51] *Philipp* wurde von diesem entscheidenden Aufschluß über *Wilhelms* Gesinnungen weniger überrascht, als über die Zerstörung seines Anschlags entrüstet; aber die spanischen Großen, die dem Prinzen jenen Augenblick noch nicht vergessen hatten, wo der größte der Kaiser im letzten Akte seines Lebens auf seinen Schultern ruhete, versäumten diese günstige Gelegenheit nicht, den Verräther eines Staatsgeheimnisses endlich ganz in der guten Meinung ihres Königs zu stürzen.

Nicht minder edlen Stammes, als *Wilhelm,* war *Lamoral,* Graf von *Egmont* und Prinz von Gavre, ein Abkömmling der Herzoge von Geldern, deren kriegerischer Muth die Waffen des Hauses Oesterreich ermüdet hatte. Sein Geschlecht glänzte in den Annalen des Landes; einer von seinen Vorfahren hatte schon unter *Maximilian* die Statthalterschaft über Holland verwaltet. *Egmonts* Vermählung mit der Herzogin *Sabina* von Bayern erhöhte noch den Glanz seiner Geburt und machte ihn durch wichtige Verbindungen mächtig. *Karl der Fünfte* hatte ihn im Jahr 1546 in Utrecht zum Ritter des goldenen Vließes geschlagen; die Kriege dieses Kaisers waren die Schule seines künftigen Ruhms, und die Schlachten bei St. Quentin und Gravelingen machten ihn zum Helden seines Jahrhunderts. Jede Wohlthat des Friedens, den handelnde Völker am dankbarsten füh-

---

[50] Strada Dec. I. L. I. p. 24 und L. III. p. 55 sq. Grot. Annal. L. I. p. 7. Reidan. L. III. 59. Meurs. Guil. Auriac. L. I. p. 2. sq. Burg. 65. 66.

[51] Strada Dec. I. L. III. p. 56. Thuan. I. 1010. Reid. L. I. p. 2.

len, brachte das Gedächtniß der Siege zurück, durch die er beschleunigt worden, und der flämische Stolz machte sich, wie eine eitle Mutter, mit dem herrlichen Sohne des Landes groß, der ganz Europa mit seiner Bewunderung erfüllte. Neun Kinder, die unter den Augen seiner Mitbürger aufblühten, vervielfältigten und verengten die Bande zwischen ihm und dem Vaterland, und die allgemeine Zuneigung gegen ihn übte sich im Anschauen Derer, die ihm das Theuerste waren. Jede öffentliche Erscheinung *Egmonts* war ein Triumphzug; jedes Auge, das auf ihn geheftet war, erzählte sein Leben; in der Ruhmredigkeit seiner Kriegsgefährten lebten seine Thaten; ihren Kindern hatten ihn die Mütter bei ritterlichen Spielen gezeigt. Höflichkeit, edler Anstand und Leutseligkeit, die liebenswürdigen Tugenden der Ritterschaft, schmückten mit Grazie sein Verdienst. Auf einer freien Stirn erschien seine freie Seele; seine Offenherzigkeit verwaltete seine Geheimnisse nicht besser, als seine Wohltätigkeit seine Güter, und ein Gedanke gehörte allen, sobald er sein war. Sanft und menschlich war seine Religion, aber wenig geläutert, weil sie von seinem Herzen und nicht von seinem Verstande ihr Licht empfing. *Egmont* besaß mehr Gewissen, als Grundsätze; sein Kopf hatte sich sein Gesetzbuch nicht selbst gegeben, sondern nur eingelernt; darum konnte der bloße Name einer Handlung ihm die Handlung verbieten. Seine Menschen waren böse oder gut und hatten nicht Böses oder Gutes; in seiner Sittenlehre fand zwischen Laster und Tugend keine Vermittlung statt; darum entschied bei ihm oft eine einzige gute Seite für den Mann. *Egmont* vereinigte alle Vorzüge, die den Helden bilden; er war ein besserer Soldat, als *Oranien*, aber als Staatsmann tief unter ihm; dieser sah die Welt, wie sie wirklich war; *Egmont* in dem magischen Spiegel einer verschönernden Phantasie. Menschen, die das Glück mit einem Lohn überraschte, zu welchem sie keinen natürlichen Grund in ihren Handlungen finden, werden sehr leicht versucht, den notwendigen Zusammenhang zwischen Ursache und Wirkung überhaupt zu verlernen und in die natürliche Folge der Dinge jene höhere Wunderkraft einschalten, der sie endlich tolldreist, wie *Cäsar* seinem Glücke, vertrauen. Von diesen Menschen war *Egmont*. Trunken von Verdiensten, welche die Dankbarkeit gegen ihn übertrieben hatte, taumelte er in diesem süßen Bewußtsein, wie in einer lieblichen Traumwelt, dahin. Er fürchtete nichts, weil er dem unsichern Pfande vertraute, das ihm das Schicksal in der allgemeinen Liebe gegeben, und glaubte an Gerechtigkeit, weil er glücklich war. Selbst die schrecklichste Erfahrung des spanischen Meineids konnte nachher diese Zuversicht nicht aus seiner Seele vertilgen, und auf dem Blutgerüste selbst war Hoffnung sein letztes Gefühl. Eine zärtliche Furcht für seine Familie hielt seinen patriotischen Muth an kleinern Pflichten gefangen. Weil er für Eigenthum und Leben zu zittern hatte, konnte er für die Republik nicht viel wagen. *Wilhelm von Oranien* brach mit dem Thron, weil die willkürliche Gewalt seinen Stolz empörte; *Egmont* war eitel, darum legte er einen Werth auf Monarchengnade. Jener war ein Bürger der Welt, *Egmont* ist nie mehr als ein Fläminger gewesen.[52]

Philipp der Zweite stand noch in der Schuld des Siegers bei St. Quentin, und die Oberstatthalterschaft der Niederlande schien die einzig würdige Belohnung so glänzender Verdienste zu sein. Geburt und Ansehen, die Stimme der Nation und persönliche Fähigkeiten sprachen so laut für *Egmont* als für *Oranien*, und wenn dieser übergangen wurde, so konnte jener allein ihn verdrängt haben.

Zwei Mitbewerber von so gleichem Verdienst hätten *Philipp* bei seiner Wahl verlegen machen können, wenn es ihm je in den Sinn gekommen wäre, sich für einen von Beiden zu bestimmen. Aber eben die Vorzüge, mit welchen sie ihr Recht darauf unterstützten, waren es, was sie ausschloß; und gerade durch diese feurigen Wünsche der Nation für ihre Erhebung hatten sie ihre Ansprüche auf diesen Posten unwiderruflich verwirkt. *Philipp* konnte in den Niederlanden keinen Statthalter brauchen, dem der gute Wille und die Kraft des Volks zu Gebote stand. *Egmonts* Abkunft von den geldrischen Herzogen machte ihn zu einem gebornen Feinde des spanischen Hauses, und die höchste Gewalt schien in den Händen eines Mannes gefährlich, dem es einfallen konnte, die Unterdrückung seines Ahnherrn an dem Sohne des Unterdrückers zu rächen. Die Hintansetzung ihrer Lieblinge konnte weder die Nation, noch sie selbst beleidigen, denn der König, hieß es, übergehe Beide, weil er keinen vorziehen möge.[53]

---

[52] Grotii Annal. L. I. p. 7. Strada L. I. 23 und L. III. 84.
[53] Strada Dec. I. L. I. 24. Grot. Annal. p. 12.

Die fehlgeschlagene Erwartung der Regentschaft benahm dem Prinzen *von Oranien* die Hoffnung noch nicht ganz, seinen Einfluß in den Niederlanden fester zu gründen. Unter den Uebrigen, welche zu diesem Amt in Vorschlag gebracht wurden, war auch *Christina*, Herzogin von Lothringen und Muhme des Königs, die sich als Mittlerin des Friedens von Chateau-Cambresis ein glänzendes Verdienst um die Krone erworben hatte. *Wilhelm* hatte Absichten auf ihre Tochter, die er durch eine thätige Verwendung für die Mutter zu befördern hoffte; aber er überlegte nicht, daß er eben dadurch ihre Sache verdarb. Die Herzogin *Christina* wurde verworfen, nicht sowohl, wie es hieß, weil die Abhängigkeit ihrer Länder von Frankreich sie dem spanischen Hofe verdächtig machte, als vielmehr deßwegen, weil sie dem niederländischen Volk und dem Prinzen von *Oranien* willkommen war.[54]

---

[54] Burgund. L. I. 23 sq. Strada Dec. I. L. I. 24. 25.

Margaretha von Parma, Oberstatthalterin der Niederlande.

Indem die allgemeine Erwartung noch gespannt ist, wer über das Schicksal der Provinzen künftig zu gebieten haben würde, erscheint an den Grenzen des Landes Herzogin *Margaretha von Parma*, von dem König aus dem entlegenen Italien gerufen, um die Niederlande zu regieren.

Margaretha war eine natürliche Tochter *Karls des Fünften*, von einem niederländischen Fräulein *Vangeest* 1522 geboren. Um die Ehre ihres Hauses zu schonen, wurde sie anfangs in der Dunkelheit erzogen; ihre Mutter aber, die mehr Eitelkeit als Ehre besaß, war nicht sehr besorgt, das Geheimniß ihres Ursprungs zu verwahren, und eine königliche Erziehung verrieth die Kaiserstochter. Noch als Kind wurde sie der Statthalterin *Margaretha*, ihrer Großtante, nach Brüssel zur Erziehung gegeben, welche sie in ihrem achten Jahre verlor und mit ihrer Nachfolgerin, der Königin *Maria von Ungarn*, einer Schwester des Kaisers, vertauschte. Schon in ihrem vierten Jahre hatte sie ihr Vater mit einem Prinzen *von Ferrara* verlobt; nachdem aber diese Verbindung in der Folge wieder aufgelöst worden, bestimmte man sie *Alexandern von Medicis*, dem neuen Herzog von Florenz, zur Gemahlin, welche Vermählung auch wirklich nach der siegreichen Rückkehr des Kaisers aus Afrika in Neapel begangen wurde. Noch im ersten Jahr einer unglücklichen Ehe entreißt ihr ein gewaltsamer Tod den Gemahl, der sie nicht lieben konnte, und zum dritten Mal muß ihre Hand der Politik ihres Vaters wuchern. *Octavius Farnese*, ein dreizehnjähriger Prinz und Nepote *Pauls des Dritten*, erhält mit ihrer Person die Herzogtümer Parma und Piacenza zum Brautschatz, und *Margaretha* wird, durch ein seltsames Schicksal, als eine Volljährige, mit einem Knaben getraut, wie sie ehemals, als Kind, einem Manne verhandelt worden. Ihr wenig weiblicher Geist machte diese letzte Verbindung noch unnatürlicher, denn ihre Neigungen waren männlich, und ihre ganze Lebensweise spottete ihres Geschlechts. Nach dem Beispiel ihrer Erzieherin, der Königin von Ungarn, und ihrer Urgroßtante, der Herzogin *Maria von Burgund*, die in dieser Liebhaberei den Tod fand, war sie eine leidenschaftliche Jägerin und hatte dabei ihren Körper so abgehärtet, daß sie alle Strapazen dieser Lebensart trotz einem

Manne ausdauern konnte. Ihr Gang selbst zeigte so wenig weibliche Grazie, daß man viel mehr versucht war, sie für einen verkleideten Mann, als für eine männliche Frau zu halten, und die Natur, deren sie durch diese Grenzenverletzung gespottet hatte, rächte sich endlich auch an ihr durch eine Männerkrankheit, das Podagra. Diese so seltenen Eigenschaften krönte ein derber Mönchsglaube, den *Ignatius Loyola*, ihr Gewissensrath und Lehrer, den Ruhm gehabt hatte in ihre Seele zu pflanzen. Unter den Liebeswerken und Bußübungen, womit sie ihre Eitelkeit kreuzigte, ist eine der merkwürdigsten, daß sie in der Charwoche jedes Jahrs einer gewissen Anzahl Armen, denen auf das schärfste untersagt war, sich vorher zu reinigen, eigenhändig die Füße wusch, sie bei Tische wie eine Magd bediente und mit reichen Geschenken entließ.

Es braucht nicht viel mehr, als diesen letzten Charakterzug, um den Vorzug zu begreifen, den ihr der König vor allen ihren Nebenbuhlern gab; aber seine Vorliebe für sie wurde zugleich durch die besten Gründe der Staatskunst gerechtfertigt. *Margaretha* war in den Niederlanden geboren und auch da erzogen. Sie hatte ihre erste Jugend unter diesem Volke verlebt und viel von seinen Sitten angenommen. Zwei Statthalterinnen, unter deren Augen sie erwachsen war, hatten sie in den Maximen nach und nach eingeweiht, nach welchen dieses eigentümliche Volk am besten regiert wird, und konnten ihr darin zu einem Vorbilde dienen. Es mangelte ihr nicht an Geist und einem besondern Sinn für Geschäfte, den sie ihren Erzieherinnen abgelernt und nachher in der italienischen Schule zu größerer Vollkommenheit gebracht hatte. Die Niederlande waren seit mehreren Jahren an weibliche Regierungen gewohnt, und *Philipp* hoffte vielleicht, daß das scharfe Eisen der Tyrannei, dessen er sich jetzt gegen sie bedienen wollte, von weiblichen Händen sanfter einschneiden würde. Einige Rücksicht auf seinen Vater, der damals noch lebte und dieser Tochter sehr wohl wollte, soll ihn, wie man behauptet, bei dieser Wahl gleichfalls geleitet haben, so wie es auch wahrscheinlich ist, daß er den Herzog von *Parma*, dem er damals eine Bitte abschlagen mußte, durch diese Aufmerksamkeit für seine Gemahlin verbinden wollte. Da die Ländereien der Herzogin von seinen italienischen Staaten umfangen und zu jeder Zeit seinen Waffen bloßgestellt waren, so konnte er mit um so weniger Gefahr die höchste Gewalt in ihre Hände geben. Zu seiner völligen Sicherheit blieb noch *Alexander Farnese*, ihr Sohn, als ein Unterpfand ihrer Treue, an seinem Hof. Alle diese Gründe zusammen hatten Gewicht genug, den König für sie zu bestimmen; aber sie wurden entscheidend, weil der Bischof von *Arras* und der Herzog von *Alba* sie unterstützten. Letzterer, scheint es, weil er alle übrigen Mitbewerber haßte oder beneidete; jener, weil seine Herrschbegierde wahrscheinlich schon damals die große Befriedigung ahnete, die in dem schwankenden Gemüth dieser Fürstin für sie bereitet lag.[55]

Philipp empfing die neue Regentin mit einem glänzenden Gefolge an der Grenze des Landes und führte sie in prächtigem Pompe nach Gent, wo die Generalstaaten waren versammelt worden. Da er nicht Willens war, so bald nach den Niederlanden zurückzukehren, so wollte er noch, ehe er sie gänzlich verließ, die Nation durch einen solennen Reichstag befriedigen und den Anordnungen, die er getroffen hatte, eine größere Sanktion und gesetzmäßige Stärke geben. Zum letzten Mal zeigte er sich hier seinem niederländischen Volk, das von nun an sein Schicksal nur aus geheimnißvoller Ferne empfangen sollte. Den Glanz dieses feierlichen Tages zu erheben, schlug er eilf neue Ritter des goldenen Vließes, ließ seine Schwester auf einem Stuhl neben sich niedersitzen und zeigte sie der Nation als ihre künftige Beherrscherin. Alle Beschwerden des Volks über die Glaubensedikte, die Inquisition, die Zurückhaltung der spanischen Truppen, die aufgelegten Steuern und die gesetzwidrige Einführung Fremder in die Aemter des Landes kamen auf diesem Reichstag in Bewegung und wurden von beiden Theilen mit Heftigkeit verhandelt, einige mit List abgewiesen oder scheinbar gehoben, andere durch Machtsprüche zurückgeschlagen. Weil er ein Fremdling in der Landessprache war, redete der König durch den Mund des Bischofs von *Arras* zu der Nation, zählte ihr mit ruhmredigem Gepränge alle Wohlthaten seiner Regierung auf, versicherte sie seiner Gnade fürs Künftige und empfahl den Ständen noch einmal aufs ernstlichste die Aufrechthaltung des katholischen Glaubens und die Vertilgung der Ketzerei. Die spanischen Truppen, versprach er, sollten in wenig Monaten die Niederlande räumen, wenn man ihm nur noch Zeit gönnen wollte, sich von den vielen Ausga-

---

[55] Burgund. L. I. 23 sq. Strada Dec. I. L. I. 24. bis 30. Meteren II. Bd. 61. Recueil et Mémorial des Troubles des Pays-bas (autore Hoppero). T. II Vita Vigl. 19. 19.

ben des letzten Krieges zu erholen, um diesen Truppen ihre Rückstände bezahlen zu können. Ihre Landesgesetze sollten unangefochten bleiben, die Auflagen sie nicht über ihre Kräfte drücken und die Inquisition ihr Amt mit Gerechtigkeit und Mäßigung verwalten. Bei der Wahl einer Oberstatthalterin, setzte er hinzu, habe er vorzüglich die Wünsche der Nation zu Rathe gezogen und für eine Eingeborne entschieden, die in ihren Sitten und Gewohnheiten eingeweiht und ihnen durch Vaterlandsliebe zugethan sei. Er ermahne sie also, durch ihre Dankbarkeit seine Wahl zu ehren und seiner Schwester, der Herzogin, wie ihm selbst zu gehorchen. Sollten, schloß er, unerwartete Hinderungen sich seiner Wiederkunft entgegensetzen, so verspreche er ihnen, an seiner Statt den Prinzen *Karl*, seinen Sohn, zu senden, der in Brüssel residieren sollte.[56]

Einige beherztere Glieder dieser Versammlung wagten noch einen letzten Versuch für die Gewissensfreiheit. Jedem Volk, meinten sie, müsse nach seinem Nationalcharakter begegnet werden, wie jedem einzelnen Menschen nach seiner Leibesconstitution. So könne man zum Beispiel den Süden unter einem gewissen Grade des Zwangs noch für glücklich halten, der dem Norden unerträglich fallen würde. Nimmermehr, setzten sie hinzu, würden sich die Fläminger zu einem Joche verstehen, worunter sich Spanier vielleicht geduldig beugten, und, wenn man es ihnen aufdringen wollte, lieber das Aeußerste wagen. Diese Vorgeltung unterstützten auch einige Räthe des Königs und drangen ernstlich auf Milderung jener schrecklichen Glaubensedikte. Aber *Philipp* blieb unerbittlich. Lieber nicht herrschen, war seine Antwort, als über Ketzer.[57]

Nach einer Einrichtung, die schon *Karl der Fünfte* gemacht hatte, waren der Oberstatthalterin drei Rathsversammlungen oder Kammern zugegeben, welche sich in die Verwaltung der Reichsgeschäfte theilten. So lange *Philipp* selbst in den Niederlanden anwesend war, hatten diese drei Gerechte sehr viel von ihrer Gewalt verloren und das erste von ihnen, der Staatsrath, beinahe gänzlich geruht. Jetzt, da er das Heft der Regierung wieder aus den Händen gab, gewannen sie ihren vorigen Glanz wieder. In dem Staatsrath, der über Krieg und Frieden und die auswärtige Sicherheit wachte, sa-

---

[56] Burg. L. I. 34. 37. A. G. d. v. N. III. B. 25. 26. Strada L. 1. 32.

[57] Bentivogl. L. I. p. 10.

ßen der Bischof von *Arras*, der Prinz von *Oranien*, der Graf von *Egmont*, der Präsident des geheimen Raths, *Viglius* von *Zuichem*, von *Aytta*, und der Graf von *Barlaimont*, Präsident des Finanzraths. Alle Ritter des goldnen Vließes, alle Geheimderäthe und Finanzräthe, wie auch die Mitglieder des großen Senats zu Mecheln, der schon durch *Karl den Fünften* dem geheimen Rath in Brüssel untergeben worden war, hatten im Staatsrath Sitz und Stimme, wenn sie von der Oberstatthalterin ausdrücklich dazu geladen wurden. Die Verwaltung der königlichen Einkünfte und Kammergüter gehörte dem Finanzrath, und der geheime Rath beschäftigte sich mit dem Gerichtswesen und der bürgerlichen Ordnung des Landes und fertigte die Begnadigungsscheine und Freibriefe aus. Die erledigten Statthalterschaften der Provinzen wurden entweder neu besetzt, oder die alten bestätigt. Flandern und Artois erhielt der Graf von *Egmont*; Holland, Seeland, Utrecht und Westfriesland, mit der Grafschaft Burgund der Prinz von *Oranien*; der Graf von *Aremberg* Ostfriesland, Oberyssel und Gröningen; der Graf von *Mansfeld* Luxemburg; *Barlaimont* Namur; der Marquis von *Bergen* Hennegau, Chateau-Cambresis und Valenciennes; der Baron von *Montigny* Tournay und sein Gebiet. Andere Provinzen wurden Andern gegeben, welche unserer Aufmerksamkeit weniger würdig sind. *Philipp* von *Montmorency*, Graf von *Hoorn*, dem der Graf von *Megen* in der Statthalterschaft über Geldern und Zütphen gefolgt war, wurde als Admiral der niederländischen Seemacht bestätigt. Jeder Provinzstatthalter war zugleich Ritter des Vließes und Mitglied des Staatsraths. Jeder hatte in der Provinz, der er vorstand, das Commando über das Kriegsvolk, welches sie deckte, die Oberaufsicht über die bürgerliche Regierung und das Gerichtswesen; nur Flandern ausgenommen, wo der Statthalter in Rechtssachen nichts zu sagen hatte. Brabant allein stand unmittelbar unter der Oberstatthalterin, welche, dem Herkommen gemäß, Brüssel zu ihrem beständigen Wohnsitz erwählte. Die Einsetzung des Prinzen von *Oranien* in seine Statthalterschaften geschah eigentlich gegen die Constitution des Landes, weil er ein Ausländer war; aber einige Ländereien, die er in den Provinzen zerstreut besaß, oder als Vormund seines Sohnes verwaltete, ein langer Aufenthalt in dem Lande und vorzüglich das uneingeschränkte Vertrauen der Nation in seine Gesinnungen ersetzten an wirklichem Anspruch, was ihm an einem zufälligen abging.[58]

Die Nationalmacht der Niederländer, die, wenn sie vollzählig war, aus dreitausend Pferden bestehen sollte, jetzt aber nicht viel über zweitausend betrug, wurde in vierzehn Escadronen vertheilt, über welche, außer den Statthaltern der Provinzen, noch der Herzog von *Arschot,* die Grafen von *Hoogstraten, Bossu, Roeux* und *Brederode* den Oberbefehl führten. Diese Reiterei, welche durch alle siebzehn Provinzen zerstreut war, sollte nur für schnelle Bedürfnisse fertig stehen; so wenig sie auch zu größern Unternehmungen hinreichte, so war sie doch zur Aufrechthaltung der innern Ruhe des Landes genug. Ihr Muth war geprüft, und die vorigen Kriege hatten den Ruhm ihrer Tapferkeit durch ganz Europa verbreitet.[59] Außer ihr sollte auch noch Fußvolk angenommen werden, wozu sich aber die Staaten bis jetzt nicht verstehen wollten. Von den ausländischen Truppen waren noch einige deutsche Regimenter im Dienst, welche auf ihre Bezahlung warteten. Die viertausend Spanier, über welche so viel Beschwerde geführt wurde, standen unter zwei spanischen Anführern, *Mendoza* und *Romero,* und lagen in den Grenzstädten in Besatzung.

Unter den niederländischen Großen, welche der König bei dieser Stellenbesetzung vorzüglich auszeichnete, stehen die Namen des Grafen von *Egmont* und *Wilhelms* von *Oranien* oben an. So tief schon damals der Haß gegen diese Beiden, und gegen den Letztern besonders, bei ihm Wurzel gefaßt hatte, so gab er ihnen dennoch diese öffentlichen Merkmale seiner Gunst, weil seine Rache noch nicht reif war und das Volk sie schwärmerisch verehrte. Beider Güter wurden steuerfrei erklärt,[60] die einträglichsten Statthalterschaften wurden ihnen gegeben; durch das angebotene Commando über die zurückgelassenen Spanier schmeichelte er ihnen mit einem Vertrauen, das er sehr entfernt war wirklich in sie zu setzen. Aber zu eben der Zeit, wo er den Prinzen durch diese öffentlichen Beweise seiner Achtung verpflichtete, wußte er ihn ingeheim desto empfindlicher

---

[58] Meteren. I. Bd. 1. Buch 46. Burgund. L. I. p. 7.25. 30. 34. Strada L. I. 20 sq. A. G. d. v. N. III. 21.

[59] Burgund. L. I. 26. Strada L. I. 21 sq. Hopper. 18. 19 sq. Thuan. T. II. 489.

[60] Wie auch des Grafen von Hoorn. A. G d. v. N. I. B. 8.

zu verwunden. Aus Furcht, daß eine Verbindung mit dem mächtigen Hause Lothringen diesen verdächtigen Vasallen zu kühnern Anschlägen verleiten möchte, hintertrieb er die Heirath, die zwischen ihm und einer Prinzessin dieses Hauses zu Stande kommen sollte, und zernichtete seine Hoffnung, die ihrer Erfüllung so nahe war – eine Kränkung, welche der Prinz ihm niemals vergeben hat.[61] Der Haß gegen diesen gewann es sogar einmal über seine angeborne Verstellungskunst und verleitete ihn zu einem Schritte, worin wir *Philipp den Zweiten* gänzlich verkennen. Als er zu Vließingen an Bord ging und die Großen des Landes ihn am Ufer umgaben, vergaß er sich so weit, den Prinzen rauh anzulassen und ihn öffentlich als den Urheber der flandrischen Unruhen anzuklagen. Der Prinz antwortete mit Mäßigung, daß nichts geschehen wäre, was die Staaten nicht aus eignem Antrieb und den rechtmäßigsten Beweggründen gethan. »Nein,« sagte *Philipp*, indem er seine Hand ergriff und sie heftig schüttelte, »nicht die Staaten, sondern Sie! Sie! Sie!« Der Prinz stand verstummt; und ohne des Königs Einschiffung abzuwarten, wünschte er ihm eine glückliche Reise und ging nach der Stadt zurück.[62] So machte Privathaß die Erbitterung endlich unheilbar, welche *Wilhelm* gegen den Unterdrücker eines freien Volks längst schon im Busen trug, und diese doppelte Aufforderung brachte zuletzt das große Unternehmen zur Reife, das der spanischen Krone sieben ihrer edelsten Steine entrissen hat.

Philipp hatte seinem wahren Charakter nicht wenig vergeben, da er die Niederlande noch so gnädig entließ. Die gesetzmäßige Form eines Reichstag, diese Willfährigkeit, seine Spanier aus ihren Grenzen zu führen, diese Gefälligkeit, die wichtigsten Aemter des Landes durch die Lieblinge des Volks zu besetzen, und endlich das Opfer, das er ihrer Reichsverfassung brachte, da er den Grafen von *Feria* aus dem Staatsrath wieder zurücknahm, waren Aufmerksamkeiten, deren sich sein Großmuth in der Folge nie wieder schuldig machte. Aber er bedurfte jetzt mehr als jemals den guten Willen der Staaten, um mit ihrem Beistand, wo möglich, die große Schuldenlast zu tilgen, die noch von den vorigen Kriegen her auf den Niederlanden lastete. Dadurch, daß er sich ihnen durch kleinere Opfer gefäl-

---

[61] Watson. T. I. 127.

[62] Vie et Généalogie de Guillaume I., Prince d'Orange.

lig machte, hoffte er ihnen vielleicht die Genehmigung seiner wichtigen Usurpationen abzugewinnen. Er bezeichnete seinen Abschied mit Gnade, denn er wußte, in welchen Händen er sie ließ. Die fürchterlichen Auftritte des Todes, die er diesem unglücklichen Volke zugedacht hatte, sollten den heitern Glanz der Majestät nicht verunreinigen, die, gleich der Gottheit, nur mit Wohlthun ihre Pfade bezeichnet; jener schreckliche Ruhm war seinen Stellvertretern beschieden. Dennoch aber wurde durch Errichtung des Staatsraths dem niederländischen Adel mehr geschmeichelt, als wirklicher Einfluß gegeben. Der Geschichtschreiber *Strada*, der von allem, was die Oberstatthalterin betraf, aus ihren eigenen Papieren am besten unterrichtet sein konnte,[63] hat uns einige Artikel aus der geheimen Instruktion aufbehalten, die ihr das spanische Ministerium gab. Wenn sie merkte, heißt es darin unter anderm, daß die Räthe durch Faktionen getheilt, oder, was noch weit schlimmer wäre, durch Privatkonferenzen vor der Sitzung gerüstet und mit einander verschworen seien, so sollte sie die ganze Rathsversammlung aufheben und in einem engern Ausschuß eigenmächtig über den streitigen Artikel verfügen. In diesem engern Ausschuß, den man die Consulta nannte, saßen der Bischof von *Arras*, der Präsident *Viglius* und der Graf von *Barlaimont*. Eben so sollte sie verfahren, wenn dringende Fälle eine raschere Entschließung erforderten. Wäre diese Anstalt nicht das Werk eines willkürlichen Despotismus gewesen, so könnte vielleicht die vernünftigste Staatskunst sie rechtfertigen und selbst die republikanische Freiheit sie dulden. Bei großen Versammlungen, wo viele Privatverhältnisse und Leidenschaften mit einwirken, wo die Menge der Hörer der Eitelkeit und dem Ehrgeize des Redners einen zu prächtigen Spielraum gibt und die Parteien oft mit ungezogener Heftigkeit durch einander stürmen, kann selten ein Rathschluß mit derjenigen Nüchternheit und Reife gefaßt werden, wie noch wohl in einem engern Zirkel geschieht, wenn die Mitglieder gut gewählt sind. Nicht zu gedenken, daß bei einer zahlreichern Menge mehr beschränkte als erleuchtete Köpfe vorauszusetzen sind, die durch das gleiche Recht der Stimmen die Mehrheit nicht selten auf die Seite der Unvernunft lenken. Eine zweite Maxime, welche die Statthalterin in Ausübung bringen sollte, war diese: diejenigen Glieder des Raths, welche gegen eine Verordnung ge-

---

[63] Strada L. II. 49 und L. I. 34.

stimmt hätten, nachdrücklich anzuhalten, diese Verordnung, wenn sie die Oberhand behalten, eben so bereitwillig zu befördern, als wenn sie ihre eifrigsten Verfechter gewesen wären. Dadurch würde sie nicht nur das Volk über die Urheber eines solchen Gesetzes in Ungewißheit erhalten, sondern auch den Privatgezänken der Mitglieder steuern und bei der Stimmengebung eine größere Freiheit einführen.[64]

Aller dieser Fürsorge ungeachtet hätte *Philipp* die Niederlande niemals ruhig verlassen können, so lange er die Obergewalt im Staatsrath und den Gehorsam der Provinzen in den Händen des verdächtigen Adels wußte; um also auch von dieser Seite seine Furcht zu beruhigen und sich zugleich der Statthalterin zu versichern, unterwarf er sie selbst und in ihr alle Reichsangelegenheiten der höhern Einsicht des Bischofs *von Arras*, in welchem einzigen Manne er der furchtbarsten Kabale ein hinreichendes Gegengewicht gab. An diesen wurde die Herzogin, als an ein untrügliches Orakel der Majestät, angewiesen, und in ihm wachte ein strenger Aufseher ihrer Verwaltung. Unter allen gleichzeitigen Sterblichen war *Granvella* die einzige Ausnahme, die das Mißtrauen *Philips des Zweiten* erlitten zu haben scheint; weil er diesen in Brüssel wußte, konnte er in Segovien schlafen. Er verließ die Niederlande im September des Jahrs 1559; ein Sturm versenkte seine Flotte, da er bei Laredo in Biscaya gerettet ans Land stieg, und seine finstere Freude dankte dem erhaltenden Gott durch ein abscheuliches Gelübde. In die Hände eines Priesters und eines Weibes war das gefährliche Steuer der Niederlande gegeben, und der feige Tyrann entwischte in seinem Betstuhl zu Madrid den Bitten und Klagen und Verwünschungen seines Volks.[65]

---

[64] Strada Dec. I. L. I. 31.

[65] Allg. Gesch. d. v. Niederlande. III. 27. 28.

Zweites Buch.

Cardinal Granvella.

Anton Perenot, Bischof von Arras, nachheriger Erzbischof von Mecheln und Metropolitan der sämmtlichen Niederlande, den uns der Haß seiner Zeitgenossen unter dem Namen des *Cardinals Granvella* verewigt hat, wurde im Jahr 1516 zu Besançon in der Grafschaft Burgund geboren. Sein Vater, *Nicolaus Perenot*, eines Eisenschmieds Sohn, hatte sich durch eigenes Verdienst bis zum Geheimschreiber der Herzogin *Margaretha* von Savoyen, damaliger Regentin der Niederlande, emporgearbeitet; hier wurde er *Karl dem Fünften* als ein fähiger Geschäftsmann bekannt, der ihn in seine Dienste nahm und bei den wichtigsten Unterhandlungen gebrauchte. Zwanzig Jahre arbeitete er im Kabinet des Kaisers, bekleidete die Würde seines Geheimenraths und Siegelbewahrers, theilte alle Staatsgeheimnisse dieses Monarchen und erwarb sich ein großes Vermögen.[66] Seine Würden, seinen Einfluß und seine Staatskunst erbte *Anton Perenot*, sein Sohn, der schon in frühen Jahren Proben der großen Fähigkeit ablegte, die ihm nachher eine so glorreiche Laufbahn geöffnet hat. Anton hatte auf verschiedenen hohen Schulen die Talente ausgebildet, womit ihn die Natur so verschwenderisch ausgestattet hatte, und beides gab ihm einen Verzug vor seinem Vater. Bald zeigte er, daß er sich durch eigene Kraft auf dem Platze behaupten konnte, worauf ihn fremde Verdienste gestellt hatten. Er war vierundzwanzig Jahre alt, als ihn der Kaiser als seinen Bevollmächtigten auf die Kirchenversammlung zu Trident schickte, und hier ließ er die Erstlinge seiner Beredsamkeit hören, die ihm in der Folge eine so große Obergewalt über zwei Könige gab.[67] *Karl* bediente sich seiner noch bei verschiedenen schweren Gesandtschaften, die er mit dem größten Beifall seines Monarchen beendigte, und als endlich dieser Kaiser seinem Sohne das Scepter überließ, machte er dieses kostbare Geschenk mit einem Minister vollkommen, der es ihm führen half.

---

[66] Meteren 60. Strada 47.

[67] Allg. Gesch. d. v. Niederlande. II. Bd. 526.

Granvella eröffnete seine neue Laufbahn gleich mit dem größten Meisterstück seines politischen Genies, von der Gnade eines solchen Vaters in die Gunst eines solchen Sohnes so leicht hinüberzuleiten. Bald gelang es ihm, sie in der That zu verdienen. Bei der geheimen Unterhandlung, welche die Herzogin von Lothringen 1558 zwischen den französischen und spanischen Ministern in Peronne vermittelt hatte, entwarf er mit dem Cardinal von Lothringen die Verschwörung gegen die Protestanten, welche nachher zu Chateau-Cambresis, wo auch er an dem Friedensgeschäfte mitarbeitete, zur Reife gebracht, aber eben dort auch verrathen wurde.

Ein tiefdringender, vielumfassender Verstand, eine seltne Leichtigkeit in verwickelten großen Geschäften, die ausgebreitetste Gelehrsamkeit war mit lasttragendem Fleiße und nie ermüdender Geduld, das unternehmendste Genie mit dem bedächtlichsten Maschinengang in diesem Manne wunderbar vereinigt. Tage und Nächte, schlaflos und nüchtern, fand ihn der Staat; Wichtiges und Geringes wurde mit gleich gewissenhafter Sorgfalt von ihm gewogen. Nicht selten beschäftigte er fünf Sekretäre zugleich und in verschiedenen Sprachen, deren er sieben geredet haben soll. Was eine prüfende Vernunft langsam zur Reife gebracht hatte, gewann Kraft und Anmuth in seinem Munde, und die Wahrheit, von einer mächtigen Suade begleitet, riß gewaltsam alle Hörer dahin. Seine Treue war unbestechlich, weil keine der Leidenschaften, welche Menschen von Menschen abhängig machen, sein Gemüth versuchte. Mit bewundernswürdiger Schärfe des Geistes durchspähte er das Gemüth seines Herrn und erkannte oft in der Miene schon die ganze Gedankenreihe, wie in dem vorangeschickten Schatten die nahende Gestalt. Mit hilfreicher Kunst kam er diesem trägeren Geist entgegen, bildete die rohe Geburt noch auf seinen Lippen zum vollendeten Gedanken und gönnte ihm großmüthig den Ruhm der Erfindung. Die schwere und so nützliche Kunst, seinen eigenen Geist zu verkleinern, sein Genie einem andern leibeigen zu machen, verstand *Granvella*. So herrschte er, weil er seine Herrschaft verbarg, und nur so konnte *Philipp der Zweite* beherrscht werden. Zufrieden mit einer stillen, aber gründlichen Gewalt, haschte er nicht unersättlich nach neuen Zeichen derselben, die sonst immer das wünschenswürdigste Ziel kleiner Geister sind; aber jede neue Würde kleidete ihn, als wäre sie nie von ihm geschieden gewesen. Kein Wunder, daß so außerordentliche Eigenschaften ihm die Gunst seines Herrn gewannen; aber ein wichtiges Vermächtniß der politischen Geheimnisse und Erfahrungen, welche *Karl der Fünfte* in einem thatenvollen Leben gesammelt und in diesem Kopf niedergelegt hatte, machte ihn seinem Thronfolger zugleich unentbehrlich. So selbstzufrieden dieser Letztere auch seiner eigenen Vernunft zu vertrauen pflegte, so nothwendig war es seiner furchtsamen schleichenden Politik, sich an einen überlegenen Geist anzuschmiegen und ihrer eignen Unentschlossenheit durch Ansehen, fremdes Beispiel und Observanz nachzuhelfen. Keine politische Begebenheit und keine Angelegenheit des königlichen Hauses kam, so lange *Philipp* in den Niederlanden war, ohne Zuziehung *Granvellas* zu Stande, und als er die Reise nach Spanien antrat, machte er der neuen Statthalterin ein eben so wichtiges Geschenk mit diesem Minister, als ihm selbst von dem Kaiser, seinem Vater, in ihm hinterlassen worden war.

So gewöhnlich wir auch despotische Fürsten ihr Vertrauen in Kreaturen verschenken sehen, die sie aus dem Staube gezogen und deren Schöpfer sie gleichsam sind, so vorzügliche Gaben wurden erfordert, die verschlossene Selbstsucht eines Charakters, wie *Philipp* war, so weit zu überwinden, daß sie in Vertrauen, ja sogar Vertraulichkeit überging. Das leiseste Aufwallen des erlaubtesten Selbstgefühls, wodurch er sein Eigentumsrecht auf einen Gedanken zurückzufordern geschienen hätte, den der König einmal zu dem seinigen geadelt, hätte dem Minister seinen ganzen Einfluß gekostet. Es war ihm vergönnt, den niedrigen Leidenschaften der Wollust, der Habsucht, der Rachbegierde zu dienen, aber die einzige, die ihn wirklich beseelte, das süße Bewußtsein eigener Ueberlegenheit und Kraft, mußte er sorgfältig vor dem argwöhnischen Blick des Despoten verhüllen. Freiwillig begab er sich aller Vorzüge, die er eigenthümlich besaß, um sie von der Großmuth des Königs zum zweitenmal zu empfangen. Sein Glück durfte aus keiner andern Quelle als dieser fließen, kein anderer Mensch Anspruch auf seine Dankbarkeit haben. Den Purpur, der ihm von Rom aus gesendet war, legte er nicht eher an, als bis die königliche Bewilligung aus Spanien anlangte; indem er ihn an den Stufen des Throns niederlegte, schien er ihn gleichsam erst aus den Händen der Majestät zu erhalten.[68] Weniger Staatsmann, als er, errichtete sich Herzog *Alba* eine Trophäe in Antwerpen und schrieb unter die Siege, die er als Werkzeug der Krone gewonnen, seinen eigenen Namen – aber *Alba* nahm die Ungnade seines Herrn mit ins Grab. Er hatte mit frevelnder Hand in das Regale der Krone gegriffen, da er unmittelbar an der Quelle der Unsterblichkeit schöpfte.

Dreimal wechselte *Granvella* seinen Herrn, und dreimal gelang es ihm, die höchste Gunst zu ersteigen. Mit eben der Leichtigkeit, womit er den gegründeten Stolz eines Selbstherrschers und den spröden Egoismus eines Despoten geleitet hatte, wußte er die zarte Eitelkeit eines Weibes zu handhaben. Seine Geschäfte mit der Regentin wurden mehrentheils, selbst wenn sie in *einem* Hause beisammen waren, durch Billets abgehandelt, ein Gebrauch, der sich noch aus den Zeiten *Augusts* und *Tibers* herschreiben soll. Wenn die Statthalterin ins Gedränge kam, wurden dergleichen Billets zwischen dem Minister und ihr oft von Stunde zu Stunde gewechselt. Wahrscheinlich erwählte er diesen Weg, um die wachsame Eifersucht des Adels zu betrügen, der seinen Einfluß auf die Regentin nicht ganz kennen sollte; vielleicht glaubte er auch, durch dieses Mittel seine Rathschläge für die Letztere dauerhafter zu machen und sich im Nothfall mit diesen schriftlichen Zeugnissen gegen Beschuldigung zu decken. Aber die Wachsamkeit des Adels machte diese Vorsicht umsonst, und bald war es in allen Provinzen bekannt, daß nichts ohne den Minister geschehe.

Granvella besaß alle Eigenschaften eines vollendeten Staatsmannes für Monarchien, die sich dem Despotismus nähern, aber durchaus keine für Republiken, die Könige haben. Zwischen dem Thron und dem Beichtstuhl erzogen, kannte er keine andern Verhältnisse unter Menschen, als Herrschaft und Unterwerfung, und das inwohnende Gefühl seiner eignen Ueberlegenheit gab ihm Menschenverachtung. Seiner Staatskunst fehlte Geschmeidigkeit, die einzige Tugend, die ihr hier unentbehrlich war. Er war hochfahrend und frech und bewaffnete mit der königlichen Vollmacht die natürliche Heftigkeit seiner Gemüthsart und die Leidenschaften seines geistlichen Standes. In das Interesse der Krone hüllte er seinen eigenen Ehrgeiz und machte die Trennung zwischen der Nation und dem

---

[68] Strada 65.

König unheilbar, weil er selbst ihm dann unentbehrlich blieb. An dem Adel rächte er seine eigne niedrige Abkunft und würdigte, nach Art aller Derjenigen, die das Glück durch Verdienst gezwungen, die Vorzüge der Geburt unter diejenigen herunter, wodurch er gestiegen war. Die Protestanten kannten ihn als ihren unversöhnlichsten Feind; alle Lasten, welche das Land drückten, wurden ihm Schuld gegeben, und alle drückten desto unleidlicher, weil sie von ihm kamen. Ja, man beschuldigt ihn sogar, daß er die billigern Gesinnungen, die das dringende Anliegen der Staaten dem Monarchen endlich abgelockt hatte, zur Strenge zurückgeführt habe. Die Niederlande verfluchten ihn, als den schrecklichsten Feind ihrer Freiheit und den ersten Urheber alles Elends, welches nachher über sie gekommen ist.[69]

(1559) Offenbar hatte *Philipp* die Provinzen noch zu zeitig verlassen. Die neuen Maßregeln der Regierung waren diesem Volke noch zu fremd und konnten durch ihn allein Sanktion und Nachdruck erhalten; die neuen Maschinen, die er spielen ließ, mußten durch eine gefürchtete starke Hand in Gang gebracht, ihre ersten Bewegungen zuvor abgewartet und durch Observanz erst gesichert werden. Jetzt stellte er diesen Minister allen Leidenschaften bloß, die auf einmal die Fesseln der königlichen Gegenwart nicht mehr fühlten, und überließ dem schwachen Arm eines Unterthans, woran selbst die Majestät mit ihren mächtigsten Stützen unterliegen konnte.

Zwar blühete das Land, und ein allgemeiner Wohlstand schien von dem Glück des Friedens zu zeugen, dessen es kürzlich theilhaftig worden war. Die Ruhe des äußern Anblicks täuschte das Auge, aber sie war nur scheinbar, und in ihrem stillen Schooße loderte die gefährlichste Zwietracht. Wenn die Religion in einem Lande wankt, so wankt sie nicht allein; mit dem Heiligen hatte der Muthwille angefangen und endigte mit dem Profanen. Der gelungene Angriff auf die Hierarchie hatte eine Keckheit und Lüsternheit erweckt, Autorität überhaupt anzutasten und Gesetze wie Dogmen, Pflichten wie Meinungen zu prüfen. Dieser fanatische Muth, den man in Angelegenheiten der Ewigkeit üben gelernt, konnte seinen Gegenstand wechseln; diese Geringschätzung des Lebens und Eigenthums

---

[69] Strada Dec. I. L. II. 47. 48. 49. 50. Thuan. L. VI. 301. Burgundius.

furchtsame Bürger in tollkühne Empörer verwandeln. Eine beinahe vierzig Jahre lange weibliche Regierung hatte der Nation Raum gegeben, ihre Freiheiten geltend zu machen; anhaltende Kriege, welche die Niederlande zu ihrem Schauplatz machten, hatten eine gewisse Licenz eingeführt und das Recht der Stärkern an die Stelle der bürgerlichen Ordnung gerufen. Die Provinzen waren von fremden Abenteurern und Flüchtlingen angefüllt, lauter Menschen, die kein Vaterland, keine Familie, kein Eigenthum mehr band, und die noch den Samen des Aufruhrs aus ihrer unglücklichen Heimath herüberbrachten. Die wiederholten Schauspiele der Marter und des Todes hatten die zarten Fäden der Sittlichkeit zerrissen und dem Charakter der Nation eine unnatürliche Härte gegeben.

Dennoch würde die Empörung nur schüchtern und still am Boden gekrochen sein, hätte sie an dem Adel nicht eine Stütze gefunden, woran sie furchtbar emporstieg. *Karl der Fünfte* hatte die niederländischen Großen verwöhnt, da er sie zu Teilhabern seines Ruhms machte, ihren Nationalstolz durch den parteiischen Vorzug nährte, den er ihnen vor dem castilianischen Adel gab, und ihrem Ehrgeize in allen Theilen seines Reichs einen Schauplatz aufschloß. Im letztern französischen Kriege hatten sie um seinen Sohn diesen Vorzug wirklich verdient; die Vortheile, die der König aus dem Frieden von Chateau-Cambresis erntete, waren größtenteils Werke ihrer Tapferkeit gewesen, und jetzt vermißten sie mit Empfindlichkeit den Dank, worauf sie so zuversichtlich gerechnet hatten. Es kam dazu, daß durch den Abgang des deutschen Kaisertums von der spanischen Monarchie und den minder kriegerischen Geist der neuen Regierung ihr Wirkungskreis überhaupt verkleinert und außer ihrem Vaterland wenig mehr für sie zu gewinnen war. *Philipp* stellte jetzt seine Spanier an, wo *Karl der Fünfte* Niederländer gebraucht hatte. Alle jene Leidenschaften, welche die vorhergehende Regierung bei ihnen erweckt und beschäftigt hatte, brachten sie jetzt in den Frieden mit; und diese zügellosen Triebe, denen ihr rechtmäßiger Gegenstand fehlte, fanden unglücklicherweise in den Beschwerden des Vaterlands einen andern. Jetzt zogen sie die Ansprüche wieder aus der Vergessenheit hervor, die auf eine Zeitlang von neueren Leidenschaften verdrängt worden waren. Bei der letzten Stellenbesetzung hatte der König beinahe lauter Mißvergnügte gemacht; denn auch Diejenigen, welche Aemter bekamen, waren nicht viel zufriedener, als Die, welche man ganz überging, weil sie auf bessere gerechnet hatten. *Wilhelm von Oranien* erhielt vier Statthalterschaften, andere kleinere nicht einmal gerechnet, die zusammengenommen den Werth einer fünften betrugen; aber *Wilhelm* hatte sich auf Brabant und Flandern Hoffnung gemacht. Er und Graf *Egmont* vergaßen, was ihnen wirklich zu Theil geworden, und erinnerten sich nur, daß die Regentschaft für sie verloren gegangen war. Der größte Theil des Adels hatte sich in Schulden gestürzt, oder von der Regierung dazu hinreißen lassen. Jetzt, da ihnen die Aussicht verschlossen wurde, sich in einträglichen Aemtern wieder zu erholen, sahen sie sich auf einmal dem Mangel bloßgestellt, der um so empfindlicher schmerzte, je mehr ihn die glänzende Lebensart des wohlhabenden Bürgers ins Licht stellte. In dem Extreme, wohin es mit ihnen gekommen war, hätten Viele zu einem Verbrechen selbst die Hände geboten; wie sollten sie also den verführerischen Anerbietungen der Calvinisten haben Trotz bieten können, die ihre Fürsprache und ihren Schutz mit schweren Summen bezahlten. Viele endlich, denen nicht mehr zu helfen war, fanden ihre letzte Zuflucht in der allgemeinen Verwüstung und stunden jeden Augenblick fertig, den Feuerbrand in die Republik zu werfen.[70]

Diese gefährliche Stellung der Gemüther wurde noch mehr durch die unglückliche Nachbarschaft Frankreichs verschlimmert. Was *Philipp* für die Provinzen zu fürchten hatte, war dort bereits in Erfüllung gegangen. In dem Schicksale dieses Reichs konnte er das Schicksal seiner Niederlande vorbildlich angekündigt lesen, und der Geist des Aufruhrs konnte dort ein verführerisches Muster finden. Aehnliche Zufälle bauten unter *Franz dem Ersten* und *Heinrich dem Andern* den Samen der Neuerung in dieses Königreich gestreut; eine ähnliche Raserei der Verfolgung und ein ähnlicher Geist der Faktion hatte sein Wachsthum befördert. Jetzt rangen Hugenotten und Katholiken in gleich zweifelhaftem Kampf, wüthende Parteien trieben die ganze Monarchie aus ihren Fugen und führten diesen mächtigen Staat gewaltsam an den Rand seines Untergangs. Hier wie dort konnten sich Eigennutz, Herrschsucht und Parteigeist in Religion und Vaterland hüllen und die Leidenschaften weniger

---

[70] Vita Vigl. T. II. vid. Recueil des Troubles des Pays-bas p. Hopper. 22. Strada 47.

Bürger die vereinigte Nation bewaffnen. Die Grenze beider Länder zerfließt im wallonischen Flandern; der Aufruhr kann, wie ein gehobenes Meer, bis hieher seine Wellen werfen – wird ihm ein Land den Uebergang versagen, dessen Sprache, Sitten und Charakter zwischen Gallien und Belgien wanken? Noch hat die Regierung keine Musterung ihrer protestantischen Unterthanen in diesen Ländern gehalten – aber die neue Sekte, weiß sie, ist eine zusammenhängende ungeheure Republik, die durch alle Monarchien der Christenheit ihre Wurzeln breitet und die leiseste Erschütterung in allen Theilen gegenwärtig fühlt. Es sind drohende Vulkane, die, durch unterirdische Gänge verbunden, in furchtbarer Sympathie zu gleicher Zeit sich entzünden. Die Niederlande mußten allen Völkern geöffnet sein, weil sie von allen Völkern lebten. Konnte er einen handeltreibenden Staat so leicht wie sein Spanien schließen? Wenn er diese Provinzen von dem Irrglauben reinigen wollte, so mußte er damit anfangen, ihn in Frankreich zu vertilgen.[71]

So fand *Granvella* die Niederlande beim Antritt seiner Verwaltung (1560).

Die Einförmigkeit des Papstthums in diese Länder zurückzuführen, die mitherrschende Gewalt des Adels und der Stände zu brechen und auf den Trümmern der republikanischen Freiheit die königliche Macht zu erheben, war die große Angelegenheit der spanischen Politik und der Auftrag des neuen Ministers. Aber diesem Unternehmen standen Hindernisse entgegen, welche zu besiegen neue Hilfsmittel erdacht, neue Maschinen in Bewegung gesetzt werden mußten. Zwar schienen die Inquisition und die Glaubensedikte hinreichend zu sein, der ketzerischen Ansteckung zu wehren; aber diesen fehlte es an Aufsehern und jener an hinlänglichen Werkzeugen ihrer ausgedehnten Gerichtsbarkeit. Noch bestand jene ursprüngliche Kirchenverfassung aus den früheren Zeiten, wo die Provinzen weniger volkreich waren, die Kirche noch einer allgemeinen Ruhe genoß und leichter übersehen werden konnte. Eine Reihe mehrerer Jahrhunderte, welche die ganze innere Gestalt der Provinzen verwandelte, hatte diese Form der Hierarchie unverändert gelassen, welche außerdem durch die besondern Privilegien der Provinzen vor der Willkür ihrer Beherrscher geschützt

---

[71] Strada L. III. 71. 72. 73.

war. Alle siebenzehn Provinzen waren unter vier Bischöfe verteilt, welche zu Arras, Tournay, Cambray und Utrecht ihren Sitz hatten und den Erzstiftern von Rheims und Köln untergeben waren. Zwar hatte schon *Philipp der Gütige*, Herzog von Burgund, bei zunehmender Bevölkerung dieser Länder, auf eine Erweiterung der Hierarchie gedacht, diesen Entwurf aber im Rausch seines üppigen Lebens wieder verloren. *Karln den Kühnen* entzogen Ehrgeiz und Eroberungssucht den innern Angelegenheiten seiner Länder, und *Maximilian* hatte schon zu viele Kämpfe mit den Ständen, um auch noch diesen zu wagen. Eine stürmische Regierung untersagte *Karln dem Fünften* die Ausführung dieses weitläufigen Planes, welchen nunmehr *Philipp der Zweite* als ein Vermächtniß aller dieser Fürsten übernahm.[72] Jetzt war der Zeitpunkt erschienen, wo die dringende Noth der Kirche diese Neuerung entschuldigen und die Muße des Friedens ihre Ausführung begünstigen konnte. Mit der ungeheuern Volksmenge, die sich aus allen Gegenden Europens in den niederländischen Städten zusammendrängte, war eine Verwirrung der Religionen und Meinungen entstanden, die von so wenigen Augen unmöglich mehr beleuchtet werden konnte. Weil die Zahl der Bischöfe so gering war, so mußten sich ihre Distrikte nothwendig viel zu weit erstrecken, und vier Menschen konnten der Glaubensreinigung durch ein so weites Gebiet nicht gewachsen sein.

Die Gerichtsbarkeit, welche die Erzbischöfe von Köln und Rheims in den Niederlanden ausübten, war schon längst ein Anstoß für die Regierung gewesen, die dieses Reich noch nicht als ihr Eigenthum ansehen konnte, so lange der wichtigste Zweig der Gewalt noch in fremden Händen war. Ihnen diesen zu entreißen, die Glaubensuntersuchungen durch neue thätige Werkzeuge zu beleben und zugleich die Zahl ihrer Anhänger auf dem Reichstage zu verstärken, war kein besseres Mittel, als die Bischöfe zu vermehren. Mit diesem Entwurf stieg *Philipp der Zweite* auf den Thron; aber eine Neuerung in der Hierarchie mußte den heftigsten Widerspruch bei den Staaten finden, ohne welche sie jedoch nicht vorgenommen werden durfte. Nimmermehr, konnte er voraussehen, würde der Adel eine Stiftung genehmigen, durch welche die königliche Partei einen so starken Zuwachs bekam und ihm selbst das Uebergewicht auf dem

---

[72] Burgund 45. Strada 22.

Reichstag genommen wurde. Die Einkünfte, wovon diese neuen Bischöfe leben sollten, mußten den Aebten und Mönchen entrissen werden, und diese machten einen ansehnlichen Theil der Reichsstände aus. Nicht zu rechnen, daß er alle Protestanten zu fürchten hatte, die nicht ermangelt haben würden, auf dem Reichstag verborgen gegen ihn zu wirken. Die ganze Angelegenheit wurde in Rom auf das heimlichste betrieben. *Franz Sonnoi*, ein Priester aus der Stadt Löwen, *Granvellas* unterrichtete Kreatur, tritt vor *Paul den Vierten* und berichtet ihm, wie ausgedehnt diese Lande seien, wie gesegnet und menschenreich, wie üppig in ihrer Glückseligkeit. Aber, fährt er fort, im unmäßigen Genuß der Freiheit wird der wahre Glaube vernachlässigt, und die Ketzer kommen auf. Diesem Uebel zu steuern, muß der römische Stuhl etwas Außerordentliches thun. Es fällt nicht schwer, den römischen Bischof zu einer Neuerung zu vermögen, die den Kreis seiner eigenen Gerichtsbarkeit erweitert. *Paul der Vierte* setzt ein Gericht von sieben Cardinälen nieder, die über diese wichtige Angelegenheit berathschlagen müssen; das Geschäft, wovon der Tod ihn abfordert, vollendet sein Nachfolger *Pius der Vierte*.[73] Die willkommene Botschaft erreicht den König noch in Seeland, ehe er nach Spanien unter Segel geht, und der Minister wird in der Stille mit der gefährlichen Vollstreckung belastet. Die neue Hierarchie wird bekannt gemacht (1560); zu den bisherigen *vier* Bisthümern sind *dreizehn* neue errichtet, nach den siebenzehn Provinzen des Landes, und viere derselben zu Erzstiften erhoben. Sechs solcher bischöflichen Sitze, in Antwerpen nämlich, Herzogenbusch, Gent, Brügge, Ypern und Rüremonde, stehen unter dem Erzstift zu Mecheln; fünf andere, Haarlem, Middelburg, Leeuwarden, Deventer und Gröningen, unter dem Erzstift von Utrecht; und die vier übrigen, Arras, Tournay, St. Omer und Namur, die Frankreich näher liegen, und Sprache, Charakter und Sitten mit diesem Lande gemein haben, unter dem Erzstifte Cambray. Mecheln in der Mitte Brabants und aller siebenzehn Provinzen gelegen, ist das Primat aller übrigen und nebst mehreren reichen Abteien, *Granvellas* Belohnung. Die Einkünfte der neuen Bisthümer werden aus den Schätzen der Klöster und Abteien genommen, welche fromme Wohlthätigkeit seit Jahrhunderten hier aufgehäuft hat. Einige aus den Aebten selbst erlangen die bischöfli-

---

[73] Burgund. 46. Meteren 57. Vigl. Vit. T. I. 34.

che Würde, die mit dem Besitz ihrer Klöster und Prälaturen auch die Stimme auf dem Reichstag beibehalten, die an jene geheftet ist. Mit jedem Bisthum sind zugleich neun Präbenden verbunden, welche den geschicktesten Rechtsgelehrten und Theologen verliehen werden, um die Inquisition und den Bischof in ihrem geistlichen Amt zu unterstützen. Zwei aus diesen, die sich durch Kenntnisse, Erfahrung und unbescholtenen Wandel dieses Vorzugs am würdigsten gemacht, sind wirkliche Inquisitoren und haben die erste Stimme in den Versammlungen. Dem Erzbischof von Mecheln, als Metropolitan aller siebenzehn Provinzen, ist die Vollmacht gegeben, Erzbischöfe und Bischöfe nach Willkür ein- oder abzusetzen, und der römische Stuhl gibt nur die Genehmigung.[74]

Zu jeder anderen Zeit würde die Nation eine solche Verbesserung des Kirchenwesens mit dankbarem Beifall ausgenommen haben, da sie hinreichend durch die Notwendigkeit entschuldigt, der Religion beförderlich und zur Sittenverbesserung der Mönche ganz unentbehrlich war. Jetzt gaben ihr die Verhältnisse der Zeit die verhaßteste Gestalt. Allgemein ist der Unwille, womit sie empfangen wird. Die Constitution, schreit man, ist unter die Füße getreten, die Rechte der Nation sind verletzt, die Inquisition ist vor den Thoren, die ihren blutigen Gerichtshof von jetzt an hier, wie in Spanien, eröffnen wird; mit Schaudern betrachtet das Volk diese neuen Diener der Willkür und der Verfolgung. Der Adel sieht die monarchische Gewalt in der Staatenversammlung durch vierzehn mächtige Stimmen verstärkt und die festeste Stütze der Nationalfreiheit, das Gleichgewicht der königlichen und bürgerlichen Macht, aufgehoben. Die alten Bischöfe beklagen sich über Verminderung ihrer Güter und Einschränkung ihrer Distrikte; die Aebte und Mönche haben Macht und Einkünfte zugleich verloren und dafür strenge Aufseher ihrer Sitten erhalten. Adel und Volk, Laien und Priester treten gegen diese gemeinschaftlichen Feinde zusammen, und indem alles für einen kleinen Eigennutz kämpft, scheint eine furchtbare Stimme des Patriotismus zu schallen.[75]

---

[74] Burg. 49. 50. Dinoth. de Bello civil. Belg. L. I. 8. Grot. 15. Vit. Vigl. 34. Strada 23. Reid. 6. Hopper Recueil des Troubles des Pays-bas in Vit. Vigl. T. II. 23. 28.
[75] Grotius 15 sq. Vita Vigl. T. II 28 sq.

Unter allen Provinzen widersetzt sich Brabant am lautesten. Die Unverletzlichkeit seiner Kirchenverfassung ist der wichtigen Vorrechte eines, die es sich in dem merkwürdigen Freiheitsbrief des *fröhlichen Einzugs* vorbehalten – Statuten, die der Souverän nicht verletzen kann, ohne die Nation ihres Gehorsams gegen ihn zu entbinden. Umsonst behauptete die hohe Schule zu Löwen selbst, daß in den stürmischen Zeiten der Kirche ein Privilegium seine Kraft verliere, das in ihren ruhigen Perioden verliehen worden sei. Durch Einführung der neuen Bisthümer ward das ganze Gebäude ihrer Freiheit erschüttert. Die Prälaturen, welche jetzt zu den Bischöfen übergingen, mußten von nun an einer andern Regel dienen, als dem Nutzen der Provinz, deren Stände sie waren. Aus freien patriotischen Bürgern wurden jetzt Werkzeuge des römischen Stuhls und folgsame Maschinen des Erzbischofs, der ihnen noch überdies als erster Prälat von Brabant besonders zu gebieten hatte.[76] Die Freiheit der Stimmengebung war dahin, weil sich die Bischöfe, als dienstbare Auflaurer der Krone, Jedem fürchterlich machten. »Wer,« hieß es, »wird es künftighin wagen, vor solchen Aufsehern die Stimme im Parlament zu erheben, oder die Rechte der Nation in ihrem Beisein gegen die räuberischen Griffe der Regierung in Schutz zu nehmen? Sie werden die Hilfsquellen der Provinzen ausspüren und die Geheimnisse unsrer Freiheit und unsers Eigenthums an die Krone verrathen. Den Weg zu allen Ehrenämtern werden sie sperren; bald werden wir ihnen seine Höflinge folgen sehen; die Kinder der Ausländer werden künftig das Parlament besetzen, und der Eigennutz ihrer Gönner wird ihre gedungenen Stimmen leiten.« »Welche Gewalttätigkeit,« fuhren die Mönche fort, »die heiligen Stiftungen der Andacht umzukehren, den unverletzlichen Willen der Sterbenden zu verhöhnen und, was fromme Mildthätigkeit in diesen Archiven für die Unglücklichen niederlegte, der Ueppigkeit dieser Bischöfe dienen zu lassen und mit dem Raube der Armuth ihren stolzen Pomp zu verherrlichen?« Nicht die Aebte und Mönche allein, welche das Unglück wirklich traf, durch diese Schmälerung zu leiden, alle Familien, welche bis zu den entferntesten Generationen hinunter mit irgend einem Scheine von Hoffnung sich schmeicheln konnten, dasselbe Benefiz dereinst zu genießen, empfanden diesen Verlust ihrer Hoffnung, als wenn sie ihn wirklich

---

[76] Abt von Afflighem.

erlitten hätten, und der Schmerz einiger Prälaten wurde die Angelegenheit ganzer Geschlechter.[77]

In diesem allgemeinen Tumulte haben uns die Geschichtschreiber den leisen Gang *Wilhelms von Oranien* wahrnehmen lassen, der diese durcheinanderstürmenden Leidenschaften einem Ziele entgegenzuführen bemüht ist. Auf sein Anstiften geschah es, daß die Brabanter sich von der Regentin einen Wortführer und Beschützer erbaten, weil sie allein unter allen übrigen niederländischen Unterthanen das Unglück hätten, in einer und eben der Person ihren Sachwalter und ihren Herrn zu vereinigen. Ihre Wahl konnte auf keinen Andern als den Prinzen von *Oranien* fallen. Aber *Granvella* zerriß diese Schlinge durch seine Besonnenheit. »Wer dieses Amt erhält,« ließ er sich im Staatsrath verlauten, »wird hoffentlich einsehen, daß er Brabant mit dem König von Spanien theilt.«[78] Das lange Ausbleiben der päpstlichen Diplome, die eine Irrung zwischen dem römischen und spanischen Hof in Rom verzögerte, gab den Mißvergnügten Raum, sich zu einem Zweck zu vereinigen. Ganz ingeheim fertigten die Staaten von Brabant einen außerordentlichen Botschafter an *Pius den Vierten* ab, ihr Gesuch in Rom selbst zu betreiben. Der Gesandte wurde mit wichtigen Empfehlungsschreiben von dem Prinzen *von Oranien* versehen und bekam ansehnliche Summen mit, sich zu dem Vater der Kirche die Wege zu bahnen. Zugleich ging von der Stadt Antwerpen ein öffentlicher Brief an den König nach Spanien ab, worin ihm die dringendsten Vorstellungen geschahen, diese blühende Handelsstadt mit dieser Neuerung zu verschonen. Sie erkennen, hieß es darin, daß die Absicht des Monarchen die beste und die Einsetzung der neuen Bischöfe zu Aufrechthaltung der wahren Religion sehr ersprießlich sei; davon aber könne man die Ausländer nicht überzeugen, von denen doch der Flor ihrer Stadt abhinge. Hier seien die grundlosesten Gerüchte ebenso gefährlich, als die wahrhaftesten. Die erste Gesandtschaft wurde von der Regentin noch zeitig genug entdeckt und vereitelt; auf die zweite erhielt die Stadt Antwerpen so viel, daß sie bis zur persönlichen Ueberkunft

---

[77] Burgundius 55. 56. Vita Vigl. Tom. II. 24. Strada 36.
[78] Strada III. 80. 81.

des Königs, wie es hieß, mit ihrem Bischofe verschont bleiben sollte.[79]

Antwerpens Beispiel und Glück gab allen übrigen Städten, denen ein Bischof zugedacht war, die Losung zum Widerspruch. Es ist ein merkwürdiger Beweis, wie weit damals der Haß gegen die Inquisition und die Eintracht der niederländischen Städte gegangen ist, daß sie lieber auf alle Vortheile Verzicht thun wollten, die der Sitz eines Bischofs auf ihr inneres Gewerbe nothwendig verbreiten mußte, als jenes verhaßte Gericht durch ihre Beistimmung befördern und dem Vortheil des Ganzen zuwider handeln. Deventer, Rüremonde und Leeuwarden setzten sich standhaft entgegen und drangen (1561) auch glücklich durch; den übrigen Städten wurden die Bischöfe, alles Widerspruchs ungeachtet, mit Gewalt aufgedrungen. Utrecht, Haarlem, St. Omer und Middelburg sind von den ersten, welche ihnen die Thore öffneten; ihrem Beispiele folgten die übrigen Städte; aber in Mecheln und Herzogenbusch wird den Bischöfen mit sehr wenig Achtung begegnet. Als *Granvella* in ersterer Stadt seinen festlichen Einzug hielt, erschien auch nicht ein einziger Edler, und seinem Triumph mangelte alles, weil Diejenigen ausblieben, über die er gehalten wurde.[80]

Unterdessen war auch der bestimmte Termin verflossen, auf welchen die spanischen Truppen das Land räumen sollten, und noch war kein Anschein zu ihrer Entfernung. Mit Schrecken entdeckte man die wahre Ursache dieser Verzögerung, und der Argwohn brachte sie mit der Inquisition in eine unglückliche Verbindung. Der längere Aufenthalt dieser Truppen erschwerte dem Minister alle übrigen Neuerungen, weil er die Nation wachsam und mißtrauisch machte; und doch wollte er sich nicht gern dieses mächtigen Beistands berauben, der ihm in einem Lande, wo ihn alles haßte, und bei einem Auftrag, wo ihm alles widersprach, unentbehrlich schien. Endlich aber sah sich die Regentin durch das allgemeine Murren gezwungen, bei dem König ernstlich auf die Zurücknahme dieser Truppen zu dringen. Die Provinzen, schreibt sie nach Madrid, haben sich einmüthig erklärt, daß man sie nimmermehr dazu vermö-

---

[79] Burgund. 60. 61. Meteren 59. Vita Vigl. T. II. 29. 30. Strada III. 78. 79. Thuan. II. 488.

[80] Vita Vigl. T. II. Recueil des Troubles des Pays-bas p. Hopper 24.

gen würde, der Regierung die verlangten außerordentlichen Steuern zu bewilligen, so lange man ihnen hierin nicht Wort hielte. Die Gefahr eines Aufstandes wäre bei weitem dringender als eines Ueberfalls der französischen Protestanten, und wenn in den Niederlanden eine Empörung entstünde, so wären diese Trnppen doch zu schwach, ihr Einhalt zu thun, und im Schatze nicht Geld genug, um neue zu werben. Noch suchte der König durch Verzögerung seiner Antwort wenigstens Zeit zu gewinnen, und die wiederholten Vorstellungen der Regentin würden noch fruchtlos geblieben sein, wenn nicht, zum Glück der Provinzen, ein Verlust, den er kürzlich von den Türken erlitten, ihn genöthigt hätte, diese Truppen im mittelländischen Meere zu brauchen. Er willigte also endlich in ihre Abreise; sie wurden in Seeland eingeschifft (1561), und das Jubelgeschrei aller Provinzen begleitete ihre Segel.[81]

Unterdessen herrschte *Granvella* beinahe unumschränkt in dem Staatsrath. Alle Aemter, weltliche und geistliche, wurden durch ihn vergeben; sein Gutachten galt gegen die vereinigte Stimme der ganzen Versammlung. Die Statthalterin selbst stand unter seinen Gesetzen. Er hatte es einzurichten gewußt, daß ihre Bestallung nur auf zwei Jahre ausgefertigt wurde, durch welchen Kunstgriff er sie immer in seiner Gewalt behielt.[82] Selten geschah es, daß man den übrigen Mitgliedern eine Angelegenheit von Belang zur Beratschlagung vorlegte, und wenn es ja einmal vorkam, so waren es längst schon beschlossene Dinge, wozu man höchstens nur die unnütze Formalität ihrer Genehmigung verlangte. Wurde ein königlicher Brief abgelesen, so hatte *Viglius* Befehl, diejenigen Stellen hinwegzulassen, welche ihm der Minister unterstrichen hatte. Es geschah nämlich öfters, daß diese Briefwechsel nach Spanien die Blöße des Staats oder die Besorgnisse der Statthalters sichtbar machten, wovon man Mitglieder nicht gern unterrichten wollte, in deren Treue ein Mißtrauen zu setzen war. Trug es sich zu, daß die Parteien dem Minister überlegen wurden und mit Nachdruck auf einem Artikel bestanden, den er nicht wohl mehr abweisen konnte, so schickte er ihn in das Ministerium zu Madrid zur Entscheidung, wodurch er

---

[81] Strada 61. 62. 63.
[82] Meteren 61. Burgund. 37.

wenigstens Zeit gewann und sicher war, Unterstützung zu finden.[83] Den Grafen *Barlaimont*, den Präsidenten *Viglius* und wenige Andere ausgenommen, waren alle übrigen Staatsräthe entbehrliche Figuranten im Senat, und sein Betragen gegen sie richtete sich nach dem geringen Werth, den er auf ihre Freundschaft und Ergebenheit legte. Kein Wunder, daß Menschen, deren Stolz durch die schmeichelhaftesten Aufmerksamkeiten souveräner Fürsten so äußerst verzärtelt war, und denen die ehrfurchtsvolle Ergebenheit ihrer Mitbürger als Göttern des Vaterlandes opferte, diesen Trotz eines *Plebejers* mit dem tiefsten Unwillen empfanden. Viele unter ihnen hatte *Granvella* persönlich beleidigt. Dem Prinzen von *Oranien* war es nicht unbekannt, daß er seine Heirath mit der Prinzessin von *Lothringen* hintertrieben und eine andere Verbindung mit der Prinzessin von *Sachsen* rückgängig zu machen gesucht hatte. Dem Grafen von *Hoorn* hatte er die Statthalterschaft über Gelder und Zütphen entzogen und eine Abtei, um die sich der Graf *von Egmont* für einen Verwandten bemühte, für sich behalten. Seiner Ueberlegenheit gewiß, hielt er es der Mühe nicht einmal werth, dem Adel die Geringschätzung zu verbergen, welche die Richtschnur seiner ganzen Verwaltung war; *Wilhelm von Oranien* war der Einzige, den er seiner Verstellung noch würdigte. Wenn er sich auch wirklich über alle Gesetze der Furcht und des Anstandes hinweggerückt glaubte, so hinterging ihn hier dennoch sein zuversichtlicher Stolz, und er fehlte gegen die Staatskunst nicht weniger, als er gegen die Bescheidenheit sündigte. Schwerlich konnte bei damaliger Stellung der Dinge eine schlimmere Maßregel von der Regierung beobachtet werden, als diejenige war, den Adel hintanzusetzen. Es stand bei ihr, seinen Neigungen zu schmeicheln, ihn hinterlistig und unwissend für ihren Plan zu gewinnen und die Freiheit der Nation durch ihn selbst unterdrücken zu lassen. Jetzt erinnerte sie ihn, sehr zur Unzeit, an seine Pflichten, seine Würde und seine Kraft, nöthigte ihn selbst, Patriot zu sein und einen Ehrgeiz, den sie unüberlegt abwies, auf die Seite der wahren Größe zu schlagen. Die Glaubensverordnungen durchzusetzen, hatte sie den thätigsten Beistand der Statthalter nöthig; kein Wunder aber, daß diese wenig Eifer bewiesen, ihr diesen Beistand zu leisten. Vielmehr ist es höchst wahrscheinlich, daß sie in der Stille daran arbeiteten, die Hindernisse des Ministers zu häufen

---

[83] Meteren 61.

und seine Maßregeln umzukehren, um durch sein schlimmes Glück das Vertrauen des Königs zu widerlegen und seine Verwaltung dem Spott preiszugeben. Offenbar sind der Lauigkeit ihres Eifers die schnellen Fortschritte zuzuschreiben, welche die Reformation, trotz jener schrecklichen Edikte, während seiner Regentschaft in den Niederlanden gemacht hat. Des Adels versichert, hätte er die Wuth des Pöbels verachtet, die sich kraftlos an den gefürchteten Schranken des Thrones bricht. Der Schmerz des *Bürgers* verweilte lange Zeit zwischen Thränen und stillen Seufzern, bis ihn die Künste und das Beispiel der *Edeln* hervorlockten.[84]

---

[84] Grot. 8–14. Strada 51.

(1561, 1562.) Indessen wurden bei der Menge der neuen Arbeiter die Glaubensuntersuchungen mit neuer Thätigkeit fortgesetzt und den Edikten gegen die Ketzer ein fürchterlicher Gehorsam geleistet. Aber dieses abscheuliche Heilmittel hatte den Zeitpunkt überlebt, wo es anzuwenden sein mochte; für eine so rohe Behandlung war die Nation schon zu edel. Die neue Religion konnte jetzt nicht mehr anders als durch den Tod aller ihrer Bekenner vertilgt werden. Alle diese Hinrichtungen waren jetzt eben so viele verführerische Ausstellungen ihrer Vortrefflichkeit, so viele Schauplätze ihres Triumphs und ihrer strahlenden Tugend. Die Heldengröße, *mit* der sie starben, nahm für den Glauben ein, *für* welchen sie starben. Aus *einem* Ermordeten lebten zehn neue Bekenner wieder auf. Nicht in Städten oder Dörfern allein, auch auf Heerstraßen, auf Schiffen und in Wagen wurde über das Ansehen des Papsts, über die Heiligen, über das Fegfeuer, über den Ablaß gestritten, wurden Predigten gehalten und Menschen bekehrt. Vom Lande und aus Städten stürzte der Pöbel zusammen, die Gefangenen des heiligen Gerichts aus den Händen der Sbirren zu reißen, und die Obrigkeit, die ihr Ansehen mit Gewalt zu behaupten wagte, wurde mit Steinen empfangen. Er begleitete schaarenweis die protestantischen Prediger, denen die Inquisition nachstellte, trug sie auf den Schultern zur Kirche und aus der Kirche und versteckte sie mit Lebensgefahr vor ihren Verfolgern. Die erste Provinz, welche von dem Schwindel des Aufruhrs ergriffen wurde, war, wie man gefürchtet hatte, das wallonische Flandern. Ein französischer Calvinist, Namens *Launoi*, stand in Tournay als Wunderthäter auf, wo er einige Weiber bezahlte, daß sie Krankheiten vorgeben und sich von ihm heilen lassen sollten. Er predigte in den Wäldern bei der Stadt, zog den Pöbel schaarenweis mit sich dahin und warf den Zunder der Empörung in die Gemüther. Das Nämliche geschah in Lille und Valenciennes, in welcher letztern Stadt sich die Obrigkeit der Apostel bemächtigte. Indessen man aber mit ihrer Hinrichtung zauderte, wuchs ihre Partei zu einer so furchtbaren Anzahl, daß sie stark genug war, die Gefängnisse zu erbrechen und der Justiz ihre Opfer mit Gewalt zu entreißen. Endlich brachte die Regierung Truppen in die Stadt, welche die Ruhe wieder herstellten. Aber dieser unbedeutende Vorfall hatte auf einen Augenblick die Hülle von dem Geheimniß hinweggezogen, in welchem der Anhang der Protestanten bisher verschleiert lag, und den Minister ihre ungeheure Anzahl errathen lassen. In

Tournay allein hatte man ihrer fünftausend bei einer solchen Predigt erscheinen sehen, und nicht viel weniger in Valenciennes. Was konnte man nicht von den nordischen Provinzen erwarten, wo die Freiheit größer und die Regierung entlegener war, und wo die Nachbarschaft Deutschlands und Dänemarks die Quellen der Ansteckung vermehrte? Eine so furchtbare Menge hatte ein einziger Wink aus der Verborgenheit gezogen. – Wie viel größer war vielleicht die Zahl Derer, welche sich im Herzen zu der neuen Sekte bekannten und nur einem günstigeren Zeitpunkt entgegen sahen, es laut zu thun?[85]

Diese Entdeckung beunruhigte die Regentin aufs äußerste. Der schlechte Gehorsam gegen die Edikte, das Bedürfniß des erschöpften Schatzes, welches sie nöthigte, neue Steuern auszuschreiben, und die verdächtigen Bewegungen der Hugenotten an der französischen Grenze vermehrten noch ihre Bekümmernisse. Zu gleicher Zeit erhält sie Befehle von Madrid, zweitausend niederländische Reiter zu dem Heere der Königin Mutter in Frankreich stoßen zu lassen, die in dem Bedrängniß des Religionskriegs ihre Zuflucht zu *Philipp dem Zweiten* genommen hatte. Jede Angelegenheit des Glaubens, welches Land sie auch betraf, war Philipps *eigene* Angelegenheit. Er fühlte sie so nahe, wie irgend ein Schicksal seines Hauses, und stand in diesem Falle stets bereit, sein Eigenthum fremdem Bedürfnisse aufzuopfern. Wenn es Eigennutz war, was ihn hier leitete, so war er wenigstens königlich und groß, und die kühne Haltung dieser Maxime gewinnt wieder an unsrer Bewunderung, was ihre Verderblichkeit an unsrer Billigung verloren.

Die Statthalterin eröffnet dem Staatsrath den königlichen Willen, wo sie von Seiten des Adels den heftigsten Widerspruch findet. Die Zeit, erklären Graf *Egmont* und Prinz von *Oranien*, wäre jetzt sehr übel gewählt, die Niederlande von Truppen zu entblößen, wo vielmehr alles dazu riethe, neue zu werben. Die nahen Bewegungen Frankreichs drohen jeden Augenblick einen Ueberfall, und die innere Gährung der Provinzen fordere jetzt mehr, als jemals, die Regierung zur Wachsamkeit auf. Bis jetzt, sagten sie, haben die deutschen Protestanten dem Kampf ihrer Glaubensbrüder müßig zugesehen;

---

[85] Burgund. 53. 54. 55. Strada L. III. 75. 76. 77. Dinoth. de Bello civil. Belgic. L. I. 25.

aber werden sie es auch noch dann, wenn wir die Macht ihrer Feinde durch unsern Beistand verstärken? Werden wir nicht gegen *uns* ihre Rache wecken und ihre Waffen in den Norden der Niederlande rufen? Beinahe der ganze Staatsrath trat dieser Meinung bei; die Vorstellungen waren nachdrücklich und nicht zu widerlegen. Die Statthalterin selbst, wie der Minister, müssen ihre Wahrheit fühlen, und ihr eigner Vortheil scheint ihnen die Vollziehung des königlichen Befehls zu verbieten. Sollten sie durch Entfernung des größten Theils der Armee der Inquisition ihre einzige Stütze nehmen und sich selbst, ohne Beistand, in einem aufrührerischen Lande, der Willkür eines trotzigen Adels wehrlos überliefern? Indem die Regentin, zwischen dem königlichen Willen, dem dringenden Anliegen ihrer Räthe und ihrer eignen Furcht getheilt, nichts Entscheidendes zu beschließen wagt, steht *Wilhelm von Oranien* auf und bringt in Vorschlag, die Generalstaaten zu versammeln. Dem königlichen Ansehen konnte kein tödlicherer Streich widerfahren, als diese Zuziehung der Nation, eine in dem jetzigen Moment so verführerische Erinnerung an ihre Gewalt und ihre Rechte. Dem Minister entging die Gefahr nicht, die sich über ihm zusammenzog; ein Wink von ihm erinnert die Herzogin, die Beratschlagung abzubrechen und die Sitzung aufzuheben. »Die Regierung,« schreibt er nach Madrid, »kann nicht nachtheiliger gegen sich selbst handeln, als wenn sie zugibt, daß die Stände sich versammeln. Ein solcher Schritt ist zu allen Zeiten mißlich, weil er die Nation in Versuchung führt, die Rechte der Krone zu prüfen und einzuschränken; aber jetzt ist er dreimal verwerflich, jetzt, da der Geist des Aufruhrs schon weit umher sich verbreitet hat, jetzt, wo die Aebte, über den Verlust ihrer Einkünfte aufgebracht, nichts unterlassen werden, das Ansehen der Bischöfe zu verringern; wo der ganze Adel und alle Bevollmächtigten der Städte durch die Künste des Prinzen *von Oranien* geleitet werden, und die Mißvergnügten auf den Beistand der Nation sicher zu rechnen haben. Diese Vorstellung, der es wenigstens nicht an Bündigkeit gebrach, konnte die erwartete Wirkung auf des Königs Gemüth nicht verfehlen. Die Staatenversammlung wird einmal für immer verworfen, die Strafbefehle wider die Ketzer mit aller Schärfe erneuert und die Statthalterin zu schleuniger Absendung der verlangten Hilfstruppen angehalten.

Aber dazu war der Staatsrath nicht zu bewegen. Alles, was sie erhielt, war, statt der Subsidien, Geld an die Königin Mutter zu schicken, welches ihr in dem jetzigen Zeitpunkt noch willkommener war. Um aber doch wenigstens die Nation mit einem Schattenbilde republikanischer Freiheit zu täuschen, beruft sie die Statthalter der Provinzen und die Ritter des goldenen Vließes zu einer außerordentlichen Versammlung nach Brüssel, um über die gegenwärtigen Gefahren und Bedürfnisse des Staate zu beratschlagen. Nachdem ihnen der Präsident *Viglius* den Gegenstand ihrer Sitzung eröffnet hat, werden ihnen drei Tage Zeit zur Ueberlegung gegeben. Während dieser Zeit versammelt sie der Prinz von *Oranien* in seinem Palaste, wo er ihnen die Notwendigkeit vorstellt, sich noch vor der Sitzung zu vereinigen und gemeinschaftlich die Maßregeln zu bestimmen, wornach bei gegenwärtiger Gefahr des Staats gehandelt werden müsse. Viele stimmen diesem Vorschlag bei, nur *Barlaimont* mit einigen wenigen Anhängern des Cardinals *Granvella* hatte den Muth, in dieser Gesellschaft zum Vortheile der Krone und des Ministers zu reden. »Ihnen,« erklärte er, »gebühre es nicht, sich in die Sorgen der Regierung zu mengen, und diese Vorhervereinigung der Stimmen sei eine gesetzwidrige, strafbare Anmaßung, deren er sich nicht schuldig machen wolle;« eine Erklärung, welche die ganze Zusammenkunft fruchtlos endigte.[86] Die Statthalterin, durch den Grafen *Barlaimont* von diesem Vorfall unterrichtet, wußte die Ritter während ihres Aufenthalts in der Stadt so geschickt zu beschäftigen, daß sie zu fernern Verständnissen keine Zeit finden konnten. Indessen wurde mit ihrer Beistimmung doch in dieser Sitzung beschlossen, daß *Florenz von Montmorency*, Herr von Montigny, eine Reise nach Spanien thun sollte, um den König von dem jetzigen Zustand der Sachen zu unterrichten. Aber die Regentin schickte ihm einen andern geheimen Boten nach Madrid voran, der den König vorläufig mit allem bekannt machte, was bei jener Zusammenkunft zwischen dem Prinzen von *Oranien* und den Rittern ausgemacht worden war. Dem flämischen Botschafter schmeichelte man in Madrid mit leeren Betheuerungen königlicher Huld und väterlicher Gesinnungen für die Niederlande; der Regenten wird anbefohlen, die geheimen Verbindungen des Adels nach allen Kräf-

---

[86] Burgund. 63. 65. Vita Vigl. T. II. 25. 26. Strada 82.

ten zu hintertreiben und wo möglich Uneinigkeit unter seinen vornehmsten Gliedern zu stiften.[87]

Eifersucht, Privatvortheil und Verschiedenheit der Religion hatte viele von den Großen lange Zeit getrennt; das gemeinschaftliche Schicksal ihrer Zurücksetzung und der Haß gegen den Minister hatte sie wieder verbunden. So lange sich der Graf von *Egmont* und der Prinz von *Oranien* um die Oberstatthalterschaft bewarben, konnte es nicht fehlen, daß sie auf den verschiedenen Wegen, welche jeder dazu erwählte, nicht zuweilen *gegen* einander stießen. Beide hatten einander auf der Bahn des Ruhms und am *Throne* begegnet; Beide trafen sich wieder in der *Republik*, wo sie um den nämlichen Preis, die Gunst ihrer Mitbürger, buhlten. So entgegengesetzte Charaktere mußten sich bald von einander entfremden, aber die mächtige Sympathie der Noth näherte sie einander eben so bald wieder. Jeder war dem Andern jetzt unentbehrlich, und das Bedürfniß knüpfte zwischen diesen beiden Männern ein Band, das ihrem Herzen nie gelungen sein würde.[88] Aber auf eben diese Ungleichheit ihrer Gemüther gründete die Regentin ihren Plan; und glückte es ihr, sie zu trennen, so hatte sie zugleich den ganzen niederländischen Adel in zwei Parteien getheilt. Durch Geschenke und kleine Aufmerksamkeiten, womit sie diese Beiden ausschließend beehrte, suchte sie den Neid und das Mißtrauen der Uebrigen gegen sie zu reizen; und indem sie dem Grafen von *Egmont* vor dem Prinzen von *Oranien* einen Vorzug zu geben schien, hoffte sie, dem Letztern seine Treue verdächtig zu machen. Es traf sich, daß sie um eben diese Zeit einen außerordentlichen Gesandten nach Frankfurt zur römischen Königswahl schicken mußte; sie erwählte dazu den Herzog von *Arschot*, den erklärtesten Gegner des Prinzen, um in ihm gleichsam ein Beispiel zu geben, wie glänzend man den Haß gegen den Letztern belohne.

Die Oranische Faktion, anstatt eine Verminderung zu leiden, hatte an dem Grafen von *Hoorn* einen wichtigen Zuwachs erhalten, der, als Admiral der niederländischen Marine, den König nach Biscaya geleitet hatte und jetzt in den Staatsrath wieder eingetreten war. *Hoorns* unruhiger republikanischer Geist kam den verwegenen

---

[87] Strada L. III. 83.

[88] Burgund. 45. Strada 83. 84.

Entwürfen *Oraniens* und *Egmonts* entgegen, und bald bildete sich unter diesen drei Freunden ein gefährliches Triumvirat, das die königliche Macht in den Niederlanden erschüttert, aber sich nicht für alle drei gleich geendigt hat.

(1562.) Unterdessen war auch *Montigny* von seiner Gesandtschaft zurückgekommen und hinterbrachte dem Staatsrath die günstigen Gesinnungen des Monarchen. Aber der *Prinz von Oranien* hatte durch eigene geheime Kanäle Nachrichten aus Madrid, welche diesem Berichte ganz widersprachen und weit mehr Glauben verdienten. Durch sie erfuhr er all die schlimmen Dienste, welche *Granvella* ihm und seinen Freunden bei dem König leistete, und die verhaßten Benennungen, womit man dort das Betragen des niederländischen Adels belegte. Es war keine Hilfe vorhanden, so lange der Minister nicht vom Ruder der Regierung vertrieben war, und dieses Unternehmen, so verwegen und abenteuerlich es schien, beschäftigte ihn jetzt ganz. Es wurde zwischen ihm und den beiden Grafen von *Hoorn* und *Egmont* beschlossen, im Namen des ganzen Adels einen gemeinschaftlichen Brief an den König aufzusetzen, den Minister förmlich darin zu verklagen und mit Nachdruck auf seine Entfernung zu dringen. Der Herzog von *Arschot*, dem dieser Vorschlag vom Grafen von *Egmont* mitgeteilt wird, verwirft ihn mit der stolzen Erklärung, daß er von *Egmont* und *Oranien* keine Gesetze anzunehmen gesonnen sei; daß er sich über *Granvella* nicht zu beschweren habe und es übrigens sehr vermessen finde, dem Könige vorzuschreiben, wie er sich seiner Minister bedienen solle. Eine ähnliche Antwort erhält *Oranien* von dem Grafen von *Aremberg*. Entweder hatte der Same des Mißtrauens, den die Regentin unter dem Adel ausgestreut hatte, schon Wurzel geschlagen, oder überwog die Furcht vor der Macht des Ministers den Abscheu vor seiner Verwaltung; genug, der ganze Adel wich zaghaft und unentschlossen vor diesem Antrag zurück. Diese fehlgeschlagene Erwartung schlägt ihren Muth nicht nieder, der Brief wird dennoch geschrieben, und alle Drei unterzeichnen ihn.[89] (1563.)

Granvella erscheint darin als der erste Urheber aller Zerrüttungen in den Niederlanden. So lange die höchste Gewalt in so strafbaren Händen sei, wäre es ihnen unmöglich, erklären sie, der Nation und

---

[89] Strada 85. 86.

dem König mit Nachdruck zu dienen; alles hingegen würde in die vorige Ruhe zurücktreten, alle Widersetzlichkeit aufhören und das Volk die Regierung wieder lieb gewinnen, sobald es Sr. Majestät gefiele, diesen Mann vom Ruder des Staats zu entfernen. In diesem Falle, setzten sie hinzu, würde es ihnen weder an Einfluß, noch an Eifer fehlen, das Ansehen des Königs und die Reinigkeit des Glaubens, die ihnen nicht minder heilig sei, als dem Cardinal *Granvella*, in diesen Ländern zu erhalten.[90]

So geheim dieser Brief auch abging, so erhielt doch die Herzogin noch zeitig genug davon Nachricht, um die Wirkung, die er gegen alles Vermuthen auf des Königs Gemüth etwa machen dürfte, durch einen andern zu entkräften, den sie ihm in aller Eile voranschickte. Einige Monate verstrichen, ehe aus Madrid eine Antwort kam. Sie war gelinde, aber unbestimmt. »Der König,« enthielt sie, »wäre nicht gewohnt, seine Minister auf die Anklage ihrer Feinde ungehört zu verdammen. Bloß die natürliche Billigkeit verlange, daß die Ankläger des Cardinals von allgemeinen Beschuldigungen zu einzelnen Beweisen herabstiegen, und wenn sie nicht Lust hätten, dieses schriftlich zu thun, so möge einer aus ihrer Mitte nach Spanien kommen, wo ihm mit aller gebührenden Achtung sollte begegnet werden.[91] Außer diesem Brief, der an alle Drei zugleich gerichtet war, empfing der Graf von *Egmont* noch ein eignes Handschreiben von dem König, worin der Wunsch geäußert war, von ihm besonders zu erfahren, was in jenem gemeinschaftlichen Briefe nur obenhin berührt worden sei. Auch der Regentin ward auf das pünktlichste vorgeschrieben, was sie allen Dreien zugleich und dem Grafen von *Egmont* insbesondere zu antworten habe. Der König kannte seine Menschen. Er wußte, wie leicht auf den Grafen von *Egmont* zu wirken sei, wenn man es mit ihm allein zu thun hätte; darum suchte er ihn nach Madrid zu locken, wo er der leitenden Aufsicht eines höhern Verstandes entzogen war. Indem er ihn durch dieses schmeichelhafte Merkmal seines Vertrauens vor seinen beiden Freunden auszeichnete, machte er die Verhältnisse *ungleich*, worin alle Drei zu dem Throne standen, wie konnten sie sich aber noch mit gleichem Eifer zu dem nämlichen Zweck vereinigen, wenn ihre

---

[90] Burgund. L. I. 67. Hopper. 30. Strada 87. Thuan. Pars II. 489.

[91] Vita Vigl. T. II. 32. 33. Grot. 16. Burg. 68.

Aufforderungen dazu nicht mehr die nämlichen blieben? Diesmal zwar vereitelte *Oraniens* Wachsamkeit diesen Plan; aber die Folge dieser Geschichte wird zeigen, daß der Same, der hier ausgestreut wurde, nicht ganz verloren gegangen war.[92]

(1563.) Den drei Verbundenen that die Antwort des Königs kein Genüge; sie hatten den Muth, noch einen zweiten Versuch zu wagen. »Es habe sie nicht wenig befremdet,« schrieben sie, »daß Se. Majestät ihre Vorstellungen so weniger Aufmerksamkeit würdig geachtet. Nicht als Ankläger des Ministers, sondern als Räthe Sr. Majestät, deren Pflicht es wäre, ihren Herrn von dem Zustande seiner Staaten zu benachrichtigen, haben sie jenes Schreiben an ihn ergehen lassen. Sie verlangen das Unglück des Ministers nicht, vielmehr sollte es sie freuen, ihn an jedem *andern* Orte der Welt, als hier in den Niederlanden, zufrieden und glücklich zu wissen. Davon aber seien sie auf das vollkommenste überzeugt, daß sich die allgemeine Ruhe mit der Gegenwart dieses Mannes durchaus nicht vertrage. Der jetzige gefahrvolle Zustand ihres Vaterlandes erlaube Keinem unter ihnen, es zu verlassen und um *Granvellas* willen eine weite Reise nach Spanien zu thun. Wenn es also Sr. Majestät nicht gefiele, ihrer *schriftlichen* Bitte zu willfahren, so hofften sie in Zukunft damit verschont zu sein, dem Senat beizuwohnen, wo sie sich nur dem Verdrusse aussetzten, den Minister zu treffen, wo sie weder dem König noch dem Staat etwas nützten, sich selbst aber nur verächtlich erschienen. Schließlich baten sie, Se. Maj. möchte ihnen die ungeschmückte Einfalt zu gute halten, weil Leute *ihrer* Art mehr Werth darein setzten, gut zu handeln, als schön zu reden.[93] Dasselbe enthielt auch ein besonderer Brief des Grafen *Egmont*, worin er für das königliche Handschreiben dankte. Auf dieses zweite Schreiben erfolgte die Antwort, »man werde ihre Vorstellungen in Ueberlegung nehmen; indessen ersuche man sie, den Staatsrath, wie bisher, zu besuchen.«

Es war augenscheinlich, daß der Monarch weit davon entfernt war, ihr Gesuch stattfinden zu lassen; darum blieben sie von nun an aus dem Staatsrath weg und verließen sogar Brüssel. Den Minister gesetzmäßig zu entfernen, war ihnen nicht gelungen; sie versuchten

---

[92] Strada 88.
[93] Vit. Vigl. T. II. 34. 35.

es auf eine neue Art, wovon mehr zu erwarten war. Bei jeder Gelegenheit bewiesen sie und ihr Anhang ihm öffentlich die Verachtung, von welcher sie sich durchdrungen fühlten, und wußten allem, was er unternahm, den Anstrich des Lächerlichen zu geben. Durch diese niedrige Behandlung hofften sie den Hochmuth dieses Priesters zu martern und von seiner gekränkten Eigenliebe vielleicht zu erhalten, was ihnen auf andern Wegen fehlgeschlagen war. *Diese* Absicht erreichten sie zwar nicht, aber das Mittel, worauf sie gefallen waren, führte endlich doch den Minister zum Sturze.

Die Stimme des Volks hatte sich lauter gegen diesen erhoben, sobald es gewahr worden war, daß er die gute Meinung des Adels verscherzt hatte, und daß Männer, denen es blindlings nachzubeten pflegte, ihm in der Verabscheuung dieses Ministers vorangingen. Das herabwürdigende Betragen des Adels gegen ihn weihte ihn jetzt gleichsam der allgemeinen Verachtung und bevollmächtigte die Verleumdung, die auch das Heilige nicht schont, Hand an seine Ehre zu legen. Die neue Kirchenverfassung, die große Klage der Nation, hatte sein Glück gegründet – dies war ein Verbrechen, das nicht verziehen werden konnte. Jedes neue Schauspiel der Hinrichtung, womit die Geschäftigkeit der Inquisitoren nur allzu freigebig war, erhielt den Abscheu gegen ihn in schrecklicher Uebung, und endlich schrieben Herkommen und Gewohnheit zu jedem Drangsale seinen Namen. Fremdling in einem Lande, dem er gewaltthätig aufgedrungen worden, unter Millionen Feinden allein, aller seiner Werkzeuge ungewiß, von der entlegenen Majestät nur mit schwachem Arme gehalten, mit der Nation, die er gewinnen sollte, durch lauter treulose Glieder verbunden, lauter Menschen, deren höchster Gewinn es war, seine Handlungen zu verfälschen, einem Weibe endlich an die Seite gesetzt, das die Last des allgemeinen Fluchs nicht mit ihm theilen konnte, – so stand er, bloßgestellt dem Muthwillen, dem Undank, der Parteisucht, dem Neide und allen Leidenschaften eines zügellosen, aufgelösten Volks. Es ist merkwürdig, daß der Haß, den er auf sich lud, die Verschuldungen weit überschreitet, die man ihm zur Last legen konnte, daß es seinen Anklägern schwer, ja unmöglich fiel, durch einzelne Beweisgründe den Verdammungsspruch zu rechtfertigen, den sie im Allgemeinen über ihn fällten. *Vor* und *nach* ihm riß der Fanatismus seine Schlachtopfer zum Altar, vor und nach ihm floß Bürgerblut, wurden Menschenrechte verspottet und Elende gemacht. Unter *Karln dem Fünften* hätte die Tyrannei durch ihre Neuheit empfindlicher schmerzen sollen – unter dem Herzog von *Alba* wurde sie zu einem weit unnatürlicheren Grade getrieben, daß *Granvellas* Verwaltung gegen *die* seines Nachfolgers noch barmherzig war, und doch finden wir nirgends, daß sein Zeitalter *den* Grad persönlicher Erbitterung und Verachtung gegen den Letztern hätte blicken lassen, die es sich gegen seinen Vorgänger erlaubte.

Die Niedrigkeit seiner Geburt im Glanz hoher Würden zu verhüllen und ihn durch einen erhabeneren Stand vielleicht dem Muthwillen seiner Feinde zu entrücken, hatte ihn die Regentin durch ihre Verwendungen in Rom mit dem Purpur zu bekleiden gewußt; aber eben diese Würde, die ihn mit dem römischen Hofe näher verknüpfte, machte ihn desto mehr zum Fremdling in den Provinzen. Der Purpur war ein neues Verbrechen in Brüssel und eine anstößige verhaßte Tracht, welche gleichsam die Beweggründe öffentlich ausstellte, aus denen er ins Künftige handeln würde. Nicht sein ehrwürdiger Rang, der allein oft den schändlichsten Bösewicht heiligt, nicht sein erhabener Posten, nicht seine Achtung gebietenden Talente, selbst nicht einmal seine schreckliche Allmacht, die täglich in so blutigen Proben sich zeigte, konnten ihn vor dem Gelächter schützen. Schrecken und Spott, Fürchterliches und Belachenswerthes war in seinem Beispiel unnatürlich vermengt.[94] Verhaßte Gerüchte brandmarkten seine Ehre; man dichtete ihm meuchelmörderische Anschläge auf das Leben *Egmonts* und *Oraniens* an; das Unglaublichste fand Glauben; das Ungeheuerste, wenn es *ihm* galt oder von *ihm* stammen sollte, überraschte nicht mehr. Die Nati-

---

[94] Der Adel ließ, auf die Angabe des Grafen von Egmont, seine Bedienten eine gemeinschaftliche Livrei tragen, auf welche eine Narrenkappe gestickt war. Ganz Brüssel legte sie für den Cardinalshut aus, und jede Erscheinung eines solchen Bedienten erneuerte das Gelächter; diese Narrenkappe wurde nachher, weil sie dem Hofe anstößig war, in ein Bündel Pfeife verwandelt – ein zufälliger Scherz, der ein sehr ernsthaftes Ende nahm und dem Wappen der Republik wahrscheinlich seine Entstehung gegeben. Vit. Vigl. T. II. 35. Thuan. 489. Das Ansehen des Cardinals sank endlich so weit herab, daß man ihm öffentlich einen satirischen Kupferstich in die Hand steckte, auf welchem er über einem Haufen Eier sitzend vorgestellt war, woraus Bischöfe hervorkrochen. Ueber ihm schwebte ein Teufel mit der Randschrift: Dieser ist mein Sohn, den sollt ihr hören! Allg. Gesch. der ver. Niederl. III. 40.

on hatte schon einen Grad der Verwilderung erreicht, wo die widersprechendsten Empfindungen sich gatten und die feinern Grenzscheiden des Anstands und sittlichen Gefühls hinweggerückt sind. Dieser Glaube an außerordentliche Verbrechen ist beinahe immer ein untrüglicher Vorläufer ihrer nahen Erscheinung.[95]

Aber eben das seltsame Schicksal dieses Mannes führt zugleich etwas Großes, etwas Erhabenes mit sich, das dem unbefangenen Betrachter Freude und Bewunderung gibt. Hier erblickt er eine Nation, die, von keinem Schimmer bestochen, durch keine Furcht in Schranken gehalten, *standhaft, unerbittlich* und *ohne Verabredung einstimmig* das Verbrechen ahndet, das durch die gewaltsame Einsetzung dieses Fremdlings gegen ihre Würde begangen ward. Ewig unvermengt und ewig allein sahen wir ihn, gleich einem fremden, feindseligen Körper, über der Fläche schweben, die ihn zu empfangen verschmäht. Selbst die starke Hand des Monarchen, der sein Freund und sein Beschützer ist, vermag ihn gegen den Willen der Nation nicht zu halten, welche einmal beschlossen hat, ihn von sich zu stoßen. Ihre Stimme ist so furchtbar, daß selbst der Eigennutz auf seine gewisse Beute Verzicht thut, daß seine Wohlthaten geflohen werden, wie die Früchte von einem verfluchten Baume. Gleich einem ansteckenden Hauche haftet die Infamie der allgemeinen Verwerfung auf ihm. Die Dankbarkeit glaubt sich ihrer Pflichten gegen ihn ledig, seine Anhänger meiden ihn, seine Freunde verstummen. So fürchterlich rächte das Volk seine Edeln und seine beleidigte Majestät an dem größten Monarchen der Erde.

Die Geschichte hat dieses merkwürdige Beispiel nur ein einziges Mal in dem *Cardinal Mazarin* wiederholt; aber es war, nach dem Geiste beider Zeiten und Nationen, verschieden. Beide konnte die höchste Gewalt nicht vor dem Spotte bewahren; aber Frankreich fand sich erleichtert, wenn es über seinen Pantalon lachte, und die Niederlande gingen durch das Gelächter zum Aufruhr. Jenes sah sich aus einem langen Zustand der Knechtschaft unter Richelieus Verwaltung in eine plötzliche, ungewohnte Freiheit versetzt; diese traten aus einer langen und angebornen Freiheit in eine ungewohnte Knechtschaft hinüber; es war natürlich, daß die Fronde wieder in Unterwerfung und die niederländischen Unruhen in republikani-

---

[95] Hopper. L. I. 35.

scher Freiheit oder Empörung endigten. Der Aufstand der Pariser war die Geburt der Armuth, ausgelassen, aber nicht kühn, trotzig ohne Nachdruck, niedrig und unedel, wie die Quelle, woraus er stammte. Das Murren der Niederlande war die stolze und kräftige Stimme des Reichthums. Muthwille und Hunger begeisterten *jene*, *diese* Rache, Eigenthum, Leben und Religion. *Mazarins* Triebfeder war Habsucht, *Granvellas* Herrschsucht. Jener war menschlich und sanft, dieser hart, gebieterisch, grausam. Der französische Minister suchte in der Zuneigung seiner Königin eine Zuflucht vor dem Haß der Magnaten und der Wuth des Volks; der niederländische Minister forderte den Haß einer ganzen Nation heraus, um einem Einzigen zu gefallen. Gegen *Mazarin* waren nur *Parteien* und der *Pöbel*, den sie waffneten; gegen *Granvella* die *Nation*. Unter jenem versuchte das Parlament eine Macht zu erschleichen, die ihm nicht gebührte; unter diesem kämpfe es für eine rechtmäßige Gewalt, die er hinterlistig zu vertilgen strebte. Jener hatte mit den Prinzen des Geblüts und den Pairs des Königreichs, wie dieser mit dem eingebornen Adel und den Ständen zu ringen, aber anstatt daß die Erstern ihren gemeinschaftlichen Feind nur darum zu stürzen trachteten, um selbst an seine Stelle zu treten, wollten die Letztern die Stelle selbst vernichten und eine Gewalt zertrennen, die kein einzelner Mensch *ganz* besitzen sollte.

Indem dies unter dem Volke geschah, fing der Minister an, am Hof der Regentin zu wanken. Die wiederholten Beschwerden über *seine* Gewalt mußten ihr endlich doch zu erkennen gegeben haben, wie wenig man an die *ihrige* glaube; vielleicht fürchtete sie auch, daß der allgemeine Abscheu, der auf ihm haftete, sie selbst noch ergreifen, oder daß sein längeres Verweilen den gedrohten Aufstand doch endlich herbeirufen möchte. Der lange Umgang mit ihm, sein Unterricht und sein Beispiel hatten sie endlich in den Stand gesetzt, ohne ihn zu regieren. Sein Ansehen fing an, sie zu drücken, wie er ihr weniger nothwendig wurde, und seine Fehler, denen ihr Wohlwollen bis jetzt einen Schleier geliehen hatte, wurden sichtbar, wie es erkaltete. Jetzt war sie ebenso geneigt, diese zu suchen und aufzuzählen, als sie es sonst gewesen war, sie zu bedecken. Bei dieser so nachtheiligen Stimmung für den Cardinal fingen die häufigen und dringenden Vorstellungen des Adels endlich an, bei ihr Eingang zu finden, welches um so leichter geschah, da sie zugleich ihre Furcht darein zu vermengen wußten. »Man wundere sich sehr,« sagte ihr unter andern Graf *Egmont*, »daß der König, einem Menschen zu Gefallen, der nicht einmal ein Niederländer sei, und von dem man also wisse, daß seine Glückseligkeit mit dem Besten dieser Länder nichts zu schaffen habe, alle seine niederländischen Untertanen könne leiden sehen – einem *fremden* Menschen zu Gefallen, den seine Geburt zu einem Unterthan des Kaisers, sein Purpur zu einem Geschöpfe des römischen Hofes machte. Ihm allein,« setzte der Graf hinzu, »habe *Granvella* es zu danken, daß er bis jetzt noch unter den Lebendigen sei; künftig hin aber würde er diese Sorge der Statthalterin überlassen und sie hiemit gewarnet haben.« Weil sich der größte Theil des Adels, der Geringschätzung überdrüssig, die ihm dort widerfuhr, nach und nach aus dem Staatsrath zurückzog, so verlor das willkürliche Verfahren des Ministers auch sogar noch den letzten republikanischen Schein, der es bisher gemildert hatte, und die *Einöde* im *Senat* ließ seine hochmüthige Herrschaft in ihrer ganzen Widrigkeit sehen. Die Regentin empfand jetzt, daß sie einen Herrn über sich hatte, und von diesem Augenblick an war die Verbannung des Ministers beschlossen.

Sie fertigte zu diesem Ende ihren geheimen Secretär, *Thomas Armenteros*, nach Spanien ab, um den König über alle Verhältnisse des Cardinals zu belehren, ihm alle jene Aeußerungen des Adels zu hinterbringen und auf diese Art den Entschluß zu seiner Verbannung in ihm selbst entstehen zu lassen. Was sie ihrem Briefe nicht anvertrauen mochte, hatte *Armenteros* Befehl, auf eine geschickte Art in den mündlichen Bericht einzumischen, den ihm der König wahrscheinlich abfordern würde. *Armenteros* erfüllte seinen Auftrag mit aller Geschicklichkeit eines vollendeten Hofmanns; aber eine Audienz von vier Stunden konnte das Werk vieler Jahre, die Meinung Philipps von seinem Minister, in seinem Gemüthe nicht umstürzen, die für die Ewigkeit darin gegründet war. Lange ging dieser Monarch mit der Staatsklugheit und seinem Vorurtheil zu Rathe, bis endlich *Granvella* selbst seinem zaudernden Vorsatz zu Hilfe kam und freiwillig um seine Entlassung bat, der er nicht mehr entgehen zu können fürchtete. Was der Abscheu der ganzen niederländischen Nation nicht vermocht hatte, war dem geringschätzigen Betragen des Adels gelungen; er war einer Gewalt endlich müde, welche nicht mehr gefürchtet war und ihn weniger dem Neid als der Schande bloßstellte. Vielleicht zitterte er, wie Einige geglaubt haben, für sein Leben, das gewiß in einer mehr als eingebildeten Gefahr schwebte; vielleicht wollte er seine Entlassung lieber unter dem Namen eines Geschenks, als eines Befehls, von dem König empfangen und einen Fall, dem nicht mehr zu entfliehen war, nach dem Beispiel jener Römer mit *Anstand* thun. *Philipp* selbst, scheint es, wollte der niederländischen Nation lieber jetzt eine *Bitte* großmüthig *gewähren*, als ihr später in einer *Forderung nachgeben* und mit einem Schritte, den ihm die Notwendigkeit auferlegte, wenigstens noch ihren Dank verdienen. Seine Furcht war seinem Eigensinn überlegen, und die Klugheit siegte über seinen Stolz.

Granvella zweifelte keinen Augenblick, wie die Entscheidung des Königs ausgefallen sei. Wenige Tage nach *Armenteros'* Zurückkunft sah er Demuth und Schmeichelei aus den wenigen Gesichtern entwichen, die ihm bis jetzt noch dienstfertig gelächelt hatten; das letzte kleine Gedränge feiler Augenknechte zerfloß um seine Person, seine Schwelle wurde verlassen; er erkannte, daß die befruchtende Wärme von ihm gewichen war. Die Lästerung, die ihn während seiner ganzen Verwaltung mißhandelt hatte, schonte ihn auch in dem Augenblicke nicht, wo sie sie aufgab. Kurz vorher, eh' er sein Amt niederlegte, untersteht man sich zu behaupten, soll er eine Aussöhnung mit dem Prinzen von *Oranien* und dem Grafen von *Egmont* gewünscht und sich sogar erboten haben, ihnen, wenn um diesen Preis ihre Vergebung zu hoffen wäre, auf den Knieen Abbitte zu thun.[96] Es ist klein und verächtlich, das Gedächtniß eines außerordentlichen Mannes mit einer solchen Nachrede zu besudeln, aber es ist noch verächtlicher und kleiner, sie der Nachwelt zu überliefern. *Granvella* unterwarf sich dem königlichen Befehl mit anständiger Gelassenheit. Schon einige Monate vorher hatte er dem Herzog von *Alba* nach Spanien geschrieben, daß er ihm, im Fall er die Niederlande würde räumen müssen, einen Zufluchtsort in Madrid bereiten möchte. Lange bedachte sich dieser, ob es rathsam wäre, einen so gefährlichen Nebenbuhler in der Gunst seines Königs herbeizurufen, oder einen so wichtigen Freund, ein so kostbares Werkzeug seines alten Hasses gegen die niederländischen Großen, von sich zu weisen. Die Rache siegte über seine Furcht, und er unter-

---

[96] Reidan. 4.

stützte *Granvellas* Gesuch mit Nachdruck bei dem Monarchen. Aber seine Verwendung blieb fruchtlos. *Armenteros* hatte den König überzeugt, daß der Aufenthalt dieses Ministers in Madrid alle Beschwerden der niederländischen Nation, denen man ihn aufgeopfert hatte, heftiger wieder zurückbringen würde; denn nunmehr, sagte er, würde man die Quelle selbst, deren Ausflüsse er bis jetzt nur verdorben haben sollte, durch ihn vergiftet glauben. Er schickte ihn also nach der Grafschaft Burgund, seinem Vaterland, wozu sich eben ein anständiger Vorwand fand. Der Cardinal gab seinem Abzug aus Brüssel den Schein einer unbedeutenden Reise, von der er nächster Tage wieder eintreffen würde. Zu gleicher Zeit aber erhielten alle Staatsräthe, die sich unter seiner Verwaltung freiwillig verbannt hatten, von dem Hofe Befehl, sich im Senat zu Brüssel wieder einzufinden. Ob nun gleich dieser letztere Umstand seine Wiederkunft nicht sehr glaublich machte und man jene Erfindung nur für ein trotziges Elend erklärte, so schlug dennoch die entfernteste Möglichkeit seiner Wiederkunft gar sehr den Triumph nieder, den man über seinen Abzug feierte. Die Statthalterin selbst scheint ungewiß gewesen zu sein, was sie an diesem Gerüchte für wahr halten sollte, denn sie erneuerte in einem neuen Briefe an den König alle Vorstellungen und Gründe, die ihn abhalten sollten, diesen Minister zurückkommen zu lassen. *Granvella* selbst suchte in seinem Briefwechsel mit *Barlaimont* und *Viglius* dieses Gerücht zu unterhalten und wenigstens noch durch wesenlose Träume seine Feinde zu schrecken, die er durch seine Gegenwart nicht mehr peinigen konnte. Auch war die Furcht vor dem Einflusse dieses Mannes so übertrieben groß, daß man ihn endlich auch aus seinem eigenen Vaterland verjagte.

Nachdem *Pius der Vierte* verstorben war, machte *Granvella* eine Reise nach Rom, um der neuen Papstwahl beizuwohnen und dort zugleich einige Aufträge seines Herrn zu besorgen, dessen Vertrauen ihm unverloren geblieben war. Bald darauf machte ihn dieser zum Unterkönig von Neapel, wo er den Verführungen des Himmelsstrichs erlag und einen Geist, den kein Schicksal gebeugt hatte, von der Wollust übermannen ließ. Er war zweiundsechzig Jahre alt, als ihn der König wieder nach Spanien zurücknahm, wo er fortfuhr, die italienischen Angelegenheiten mit unumschränkter Vollmacht zu besorgen. Ein finsteres Alter und der selbstzufrieden Stolz einer sechzigjährigen Geschäftsverwaltung machte ihn zu einem harten und unbilligen Richter fremder Meinungen, zu einem Sklaven des Herkommens und einem lästigen Lobredner vergangener Zeiten.

Aber die Staatskunst des untergehenden Jahrhunderts war die Staatskunst des angehenden nicht mehr. Die Jugend des neuen Ministeriums wurde bald eines so gebieterischen Aufsehers müde, und *Philipp* selbst fing an, einen Rathgeber zu meiden, der nur die Thaten seines Vaters lobenswürdig fand. Nichtsdestoweniger vertraute er ihm noch zuletzt seine spanischen Länder an, als ihn die Eroberung Portugals nach Lissabon forderte. Er starb endlich auf einer italienischen Reise in der Stadt Mantua im drei und siebzigsten Jahre seines Lebens und im Vollgenuß seines Ruhms, nachdem er vierzig Jahre *ununterbrochen* das Vertrauen seines Königs besessen hatte.[97]

---

[97] Strada Dec. I. L. III. IV. p. 88–98.

Der Staatsrath.

(1564.) Unmittelbar nach dem Abzug des Ministers zeigten sich alle die glücklichen Folgen, die man sich von seiner Entfernung versprochen hatte. Die mißvergnügten Großen nahmen ihre Stellen im Staatsrath wieder ein und widmeten sich den Staatsgeschäften wieder mit gedoppeltem Eifer, um keiner Sehnsucht nach dem Vertriebenen Raum zu geben und durch den glücklichen Gang der Staatsverwaltung seine Entbehrlichkeit zu erweisen. Das Gedränge war groß um die Herzogin. Alles wetteiferte, einander an Bereitwilligkeit, an Unterwerfung, an Diensteifer zu übertreffen; bis in die späte Nacht wurde die Arbeit verlängert; die größte Eintracht unter allen drei Curien, das beste Verständniß zwischen dem Hof und den Ständen. Von der Gutherzigkeit des niederländischen Adels war alles zu erhalten, sobald seinem Eigensinn und Stolz durch Vertrauen und Willfährigkeit geschmeichelt war. Die Statthalterin benutzte die erste Freude der Nation, um ihr die Einwilligung in einige Steuern abzulocken, die unter der vorigen Verwaltung nicht zu ertrotzen gewesen war. Der große Kredit des Adels bei dem Volke unterstützte sie darin auf das nachdrücklichste, und bald lernte sie dieser Nation das Geheimniß ab, das sich auf dem deutschen Reichstage so oft bewährt hat, daß man nur *viel* fordern müsse, um immer *etwas* von ihr zu erhalten. Sie selbst sah sich mit Vergnügen ihrer langen Knechtschaft entledigt; der wetteifernde Fleiß des Adels erleichterte ihr die Last der Geschäfte, und seine einschmeichelnde Demuth ließ sie die ganze Süßigkeit ihrer Herrschaft empfinden.[98]

(1564.) *Granvella* war zu Boden gestürzt, aber noch stand sein Anhang. Seine Politik lebte in seinen Geschöpfen, die er im geheimen Rath und im Finanzrath zurückließ. Der Haß glimmte noch unter den Parteien, nachdem der Anführer längst vertrieben war, und die Namen der *Oranisch-* und *Königlich-Gesinnten*, der *Patrioten* und *Cardinalisten* fuhren noch immerfort, den Senat zu theilen und das Feuer der Zwietracht zu unterhalten. *Viglius von Zuichem von Aytta*, Präsident des geheimen Raths, Staatsrath und Siegelbewahrer, galt jetzt für den wichtigsten Mann im Senat und die mächtigste Stütze

---

[98] Hopper. 38. Burg. 78. 79. Strada 95. 98. Grot. 17.

der Krone und der Tiare. Dieser verdienstvolle Greis, dem wir einige schätzbare Beiträge zu der Geschichte des niederländischen Aufruhrs verdanken, und dessen vertrauter Briefwechsel mit seinen Freunden uns in Erzählung derselben mehrmals geleitet hat, war von den größten Rechtsgelehrten seiner Zeit, dabei noch Theologe und Priester, und hatte schon unter dem Kaiser die wichtigsten Aemter bekleidet. Der Umgang mit den gelehrtesten Männern, welche jenes Zeitalter zierten und an deren Spitze sich *Erasmus* von Rotterdam befand, mit öftern Reisen verbunden, die er in Geschäften des Kaisers anstellte, hatten den Kreis seiner Kenntnisse und Erfahrungen erweitert und seine Grundsätze in manchen Stücken über seine Zeiten erhoben. Der Ruhm seiner Gelehrsamkeit erfüllte sein ganzes Jahrhundert und hat seinen Namen zur Nachwelt getragen. Als im Jahr 1548 auf dem Reichstag zu Augsburg die Verbindung der Niederlande mit dem deutschen Reiche festgesetzt werden sollte, schickte *Karl der Fünfte* diesen Staatsmann dahin, die Angelegenheit der Provinzen zu führen, und seine Geschicklichkeit vorzüglich half die Unterhandlungen zum Vortheil der Niederlande lenken.[99] Nach dem Tode des Kaisers war *Viglius* der Vorzüglichsten einer, welche *Philipp* aus der Verlassenschaft seines Vaters empfing, und einer der Wenigen, in denen er sein Gedächtniß ehrte. Das Glück des Ministers *Granvella*, an den ihn eine frühe Bekanntschaft gekettet hatte, trug auch ihn mit empor; aber er theilte den Fall seines Gönners nicht, weil er seine Herrschsucht und seinen Haß nicht getheilt hatte. Ein zwanzigjähriger Aufenthalt in den Provinzen, wo ihm die wichtigsten Geschäfte anvertraut worden waren, die geprüfteste Treue gegen seinen Monarchen und die eifrigste Anhänglichkeit an den katholischen Glauben machten ihn zum vorzüglichsten Werkzeuge der Monarchie in den Niederlanden.[100]

Viglius war ein *Gelehrter*, aber kein *Denker*; ein erfahrner Geschäftsmann, aber kein erleuchteter Kopf; nicht starke Seele genug, die Fesseln des Wahnes, wie sein Freund *Erasmus*, zu brechen, und noch viel weniger schlimm genug, sie, wie sein Vorgänger *Granvella*, seiner Leidenschaft dienen zu lassen. Zu schwach und zu verzagt, der kühneren Leitung seines eignen Verstandes zu folgen,

---

[99] A. G. d. v. N. II. Theil. 503 u. folg.
[100] Vita Vigl.

vertraute er sich lieber dem bequemeren Pfad des Gewissens an; eine Sache war gerecht, sobald sie ihm Pflicht war. Er gehörte zu den rechtschaffenen Menschen, die den schlimmen unentbehrlich sind; auf seine Redlichkeit rechnete der Betrug. Ein halbes Jahrhundert später hätte er seine Unsterblichkeit von der Freiheit empfangen, die er jetzt unterdrücken half. Im geheimen Rath zu Brüssel diente er der Tyrannei; im Parlament zu London oder im Senat zu Amsterdam wär' er vielleicht wie *Thomas Morus* und *Olden Barneveldt* gestorben.

Einen nicht weniger furchtbaren Gegner, als *Viglius* war, hatte die Faktion an dem Präsidenten des Finanzraths, dem Grafen *Barlaimont*. Es ist wenig, was uns die Geschichtschreiber von dem Verdienst und den Gesinnungen dieses Mannes aufbewahrt haben; die blendende Größe seines Vorgängers, des Cardinals *Granvella*, verdunkelte ihn; nachdem dieser von dem Schauplatz verschwunden war, drückte ihn die Ueberlegenheit der Gegenpartei nieder; aber auch nur das Wenige, was wir von ihm auffinden können, verbreitet ein günstiges Licht auf seinen Charakter. Mehr als einmal bemüht sich der Prinz von *Oranien*, ihn von dem Interesse des Cardinals abzuziehen und seiner eignen Partei einzuverleiben – Beweis genug, daß er einen Werth auf diese Eroberung legte. Alle seine Versuche schlagen fehl, ein Beweis, daß er mit keinem schwankenden Charakter zu thun hatte. Mehr als einmal sehen wir ihn, allein unter allen Mitgliedern des Raths, gegen die überlegene Faktion heraustreten und das Interesse der Krone, das schon in Gefahr ist aufgeopfert zu werden, gegen den allgemeinen Widerspruch in Schutz nehmen. Als der Prinz von *Oranien* die Ritter des goldenen Vließes in seinem Hause versammelt hatte, um über die Aufhebung der Inquisition vorläufig einen Schluß zu fassen, war *Barlaimont* der Erste, der die Gesetzwidrigkeit dieses Verfahrens rügte, und der Erste, der der Regentin davon Unterricht gab. Einige Zeit darauf fragte ihn der Prinz, ob die Regentin um jene Zusammenkunft wisse, und *Barlaimont* stand keinen Augenblick an, ihm die Wahrheit zu gestehen. Alle Schritte, die von ihm aufgezeichnet sind, verrathen einen Mann, den weder Beispiel, noch Menschenfurcht versuchen, der mit festem Muth und unüberwindlicher Beharrlichkeit der Partei getreu bleibt, die er einmal gewählt hat, der aber zugleich zu stolz und despotisch dachte, um eine andre als diese zu wählen.[101]

Noch werden uns unter dem königlichen Anhang zu Brüssel der Herzog von *Arschot*, die Grafen von *Mansfeld, Megen* und *Aremberg* genannt – alle drei geborne Niederländer und also mit dem ganzen niederländischen Adel, wie es schien, auf gleiche Art aufgefordert, der Hierarchie und der monarchischen Gewalt in ihrem Vaterland entgegen zu arbeiten. Um so mehr muß uns der entgegengesetzte Geist ihres Betragens befremden, der desto auffallender ist, weil wir sie mit den vornehmsten Gliedern der Faktion in freundschaftlichen Verhältnissen finden und gegen die gemeinschaftlichen Lasten des Vaterlands nichts weniger als unempfindlich sehen. Aber sie fanden in ihrem Busen nicht Selbstvertrauen, nicht Heldenmuth genug, einen ungleichen Kampf mit einem so überlegenen Gegner zu wagen. Mit feiger Klugheit unterwarfen sie ihren gerechten Unwillen dem Gesetz der Notwendigkeit und legten ihrem *Stolze* lieber ein hartes Opfer auf, weil ihre verzärtelte *Eitelkeit* keines mehr zu bringen vermochte. Zu wirtschaftlich und zu weise, um das gewisse Gut, das sie von der freiwilligen Großmuth ihres Herrn schon besaßen, von seiner Gerechtigkeit oder Furcht erst ertrotzen zu wollen, oder ein *wirkliches* Glück hinzugeben, um den *Schatten* eines andern zu retten, nutzten sie vielmehr den günstigen Augenblick, einen Wucher mit ihrer Beständigkeit zu treiben, die jetzt bei dem allgemeinen Abfall des Adels im Preise gestiegen war. Wenig empfindlich für den wahren Ruhm, ließen sie ihren Ehrgeiz entscheiden, welche Partei sie ergreifen sollten; kleiner Ehrgeiz aber beugt sich unter das harte Joch des Zwanges weit lieber, als unter die sanfte Herrschaft eines überlegenen Geists. Das Geschenk war klein, wenn sie sich dem Prinzen von *Oranien* gaben, aber das Bündniß mit der Majestät machte sie zu seinen desto furchtbarern Gegnern. Dort ging ihr Name unter dem zahlreichen Anhang und im Glanze ihres Nebenbuhlers verloren; auf der verlassenen Seite des Hofes strahlte ihr dürftiges Verdienst.

Die Geschlechter von *Nassau* und *Croi*, welchem letztern der Herzog von *Arschot* angehörte, waren seit mehreren Regierungen Nebenbuhler an Ansehen und Würde gewesen, und ihre Eifersucht

---

[101] Strada 82. 83. Burgund 91. 168. Vita Vigl. 40.

hatte zwischen ihnen einen alten Familienhaß unterhalten, welchen Trennungen in der Religion zuletzt unversöhnlich machten. Das Haus *Croi* stand seit undenklichen Jahren in einem vorzüglichen Rufe der Andacht und papistischen Heiligkeit; die Grafen von *Nassau* hatten sich der neuen Sekte gegeben – Gründe genug, daß *Philipp von Croi*, Herzog von Arschot, eine Partei vorzog, die dem Prinzen von *Oranien* am meisten entgegengesetzt war. Der Hof unterließ nicht, einen Gewinn aus diesem Privathaß zu ziehen und dem wachsenden Ansehen des nassauischen Hauses in der Republik einen so wichtigen Feind entgegenzustellen. Die Grafen von *Mansfeld* und *Megen* waren bis hieher die vertrautesten Freunde des Grafen von *Egmont* gewesen. Gemeinschaftlich hatten sie mit ihm ihre Stimme gegen den Minister erhoben; gemeinschaftlich die Inquisition und die Edikte bestritten und redlich mit ihm zusammengehalten bis hieher, bis an die letzten Linien ihrer Pflicht. – Diese drei Freunde trennten sich jetzt an dem Scheidewege der Gefahr. *Egmonts* unbesonnene Tugend riß ihn unaufhaltsam auf dem Pfade fort, der zum Verderben führte; seine gewarnten Freunde fingen noch bei guter Zeit an, auf einen vortheilhaften Rückzug zu denken. Es sind noch Briefe auf uns gekommen, die zwischen den Grafen von *Egmont* und *Mansfeld* gewechselt worden und die uns, obgleich in einer spätern Epoche geschrieben, doch eine getreue Schilderung ihrer damaligen Verhältnisse liefern. »Wenn ich,« antwortete der Graf von *Mansfeld* seinem Freund, der ihm freundschaftliche Vorwürfe über seinen Abfall zum Könige gemacht hatte, »wenn ich ehemals der Meinung gewesen bin, daß das gemeine Beste die Aufhebung der Inquisition, die Milderung der Edikte und die Entfernung des Cardinals *Granvella* nothwendig mache, so hat uns der König ja diesen Wunsch jetzt gewährt, und die Ursache unsrer Klagen ist gehoben. Zu viel haben wir bereits gegen die Majestät des Monarchen und das Ansehen der Kirche unternommen; es ist die höchste Zeit, einzulenken, daß wir dem König, wenn er kommt, mit offener Stirne, ohne Bangigkeit entgegen gehen können. Ich für meine Person bin vor seiner Ahndung nicht bange; mit getrostem Muthe würde ich mich auf seinen Wink in Spanien stellen und von seiner Gerechtigkeit und Güte mein Urtheil mit Zuversicht erwarten. Ich sage dieses nicht, als zweifelte ich, ob Graf *Egmont* dasselbe von sich behaupten könnte, aber weise wird Graf *Egmont* handeln, wenn er je mehr und mehr seine Sicherheit befestigt und den Verdacht von seinen Handlungen entfernt. Höre ich,« heißt es am Schlusse, »daß er meine Warnungen beherzigt, so bleibt es bei unserer Freundschaft; wo nicht, so fühle ich mich stark genug, meiner Pflicht und der Ehre alle menschlichen Verhältnisse zum Opfer zu bringen.«[102]

Die erweiterte Macht des *Adels* setzte die Republik beinahe einem größern Uebel aus, als dasjenige war, dem sie eben durch Vertreibung des Ministers entronnen war. Durch eine lange Ueppigkeit verarmt, die zugleich seine Sitten aufgelöst hatte, und mit der er bereits zu sehr vertraut worden war, um ihr nun erst entsagen zu können, unterlag er der gefährlichen Gelegenheit, seinem herrschenden Hange zu schmeicheln und den erlöschenden Glanz seines Glücks wieder herzustellen. Verschwendungen führten die Gewinnsucht herbei, und diese den Wucher. Weltliche und geistliche Aemter wurden feil; Ehrenstellen, Privilegien, Patente an den Meistbietenden verkauft; mit der Gerechtigkeit selbst wurde ein Gewerbe getrieben. Wen der geheime Rath verdammt hatte, sprach der Staatsrath wieder los; was jener verweigerte, war von diesem für Geld zu erlangen. Zwar wälzte der Staatsrath diese Beschuldigung nachher auf die zwei andern Curien zurück; aber sein eigenes Beispiel war es, was diese ansteckte. Die erfinderische Habsucht eröffnete neue Quellen des Gewinns. Leben, Freiheit und Religion wurden wie liegende Gründe für gewisse Summen versichert; für Gold waren Mörder und Uebelthäter frei, und die Nation wurde durch das Lotto bestohlen. Ohne Rücksicht des Ranges oder Verdienstes sah man die Dienstleute und Kreaturen der Staatsräthe und Provinzstatthalter zu den wichtigsten Bedienungen vorgeschoben; wer etwas von dem Hof zu erbitten hatte, mußte den Weg durch die Statthalter und ihre untersten Diener nehmen. Kein Kunstgriff der Verführung wurde gespart, den Geheimschreiber der Herzogin, *Thomas Armenteros*, einen bis jetzt unbescholtenen und redlichen Mann, in diese Ausschweifungen mit zu verwickeln. Durch vorgespiegelte Betheurung von Ergebenheit und Freundschaft wußte man sich in seine Vertraulichkeit einzudrängen und seine Grundsätze durch Wohlleben aufzulösen; das verderbliche Beispiel steckte seine Sitten an, und neue Bedürfnisse siegten über seine bis jetzt

---

[102] Strada 159.

unbestechliche Tugend. Jetzt verblindete er zu Mißbräuchen, deren Mitschuldiger er war, und zog eine Hülle über fremde Verbrechen, um unter ihr auch die seinigen zu verbergen. Einverstanden mit ihm beraubte man den königlichen Schatz und hinterging durch schlechte Verwaltung ihrer Hilfsmittel die Absichten der Regierung. Unterdessen taumelte die Regentin in einem lieblichen Wahne von Herrschaft und Thätigkeit dahin, den die Schmeichelei der Großen künstlich zu nähren wußte. Der Ehrgeiz der Parteien spielte mit den Schwächen einer Frau und kaufte ihr eine wahre Gewalt mit deren wesenlosen Zeichen und einer demüthigen Außenseite der Unterwürfigkeit ab. Bald gehörte sie ganz der Faktion und änderte unvermerkt ihre Maximen. Auf eine ihrem vorigen Verhalten ganz entgegengesetzte Weise brachte sie jetzt Fragen, die für die andern Curien gehörten, oder Vorstellungen, welche ihr *Viglius* ingeheim gethan, widerrechtlich vor den Staatsrath, den die Faktion beherrschte, so wie sie ihn ehmals unter *Granvellas* Verwaltung widerrechtlich vernachlässigt hatte. Beinahe alle Geschäfte und aller Einfluß wendeten sich jetzt den Statthaltern zu. Alle Bittschriften kamen an sie, alle Benefizen wurden von ihnen vergeben. Es kam so weit, daß sie den Obrigkeiten der Städte Rechtssachen entzogen und vor ihre Gerichtsbarkeit brachten. Das Ansehen der Provinzialgerichte nahm ab, wie sie das ihrige erweiterten, und mit dem Ansehen der Obrigkeit lag die Rechtspflege und bürgerliche Ordnung darnieder. Bald folgten die kleinern Gerichtshöfe dem Beispiel der Landesregierung. Der Geist, der den Staatsrath zu Brüssel beherrschte, verbreitete sich bald durch alle Provinzen. Bestechungen, Indulgenzen, Räubereien, Verkäuflichkeit des Rechts wurden allgemein auf den Richterstühlen des Landes, die Sitten fielen, und die neuen Sekten benutzten diese Licenz, um ihren Kreis zu erweitern. Die duldsameren Religionsgesinnungen des Adels, der entweder selbst auf die Seite der Neuerer hing, oder wenigstens die Inquisition als ein Werkzeug des Despotismus verabscheute, hatten die Strenge der Glaubensedikte aufgelöst; durch die Freibriefe, welche man mehreren Protestanten ertheilte, wurden dem heiligen Amt seine besten Opfer entzogen. Durch nichts konnte der Adel seinen nunmehrigen neuen Antheil an der Landesregierung dem Volk gefälliger ankündigen, als wenn er ihm das verhaßte Tribunal der Inquisition zum Opfer brachte – und dazu bewog ihn seine Neigung noch mehr, als die Vorschrift der Politik. Die Nation ging augenblicklich von dem drückendsten Zwange der Intoleranz in einen Zustand der Freiheit über, dessen sie bereits zu sehr entwohnt war, um ihn mit Mäßigung auszuhalten. Die Inquisitoren, des obrigkeitlichen Beistands beraubt, sahen sich mehr verlacht, als gefürchtet. In Brügge ließ der Stadtrath selbst einige ihrer Diener, die sich eines Ketzers bemächtigen wollten, bei Wasser und Brod ins Gefängniß setzen. Um eben diese Zeit ward in Antwerpen, wo der Pöbel einen vergeblichen Versuch gemacht hatte, dem heiligen Amt einen Ketzer zu entreißen, eine mit Blut geschriebene Schrift auf öffentlichem Markt angeschlagen, welche enthielt, daß sich eine Anzahl Menschen verschworen habe, den Tod dieses Unschuldigen zu rächen.[103]

Von der Verderbniß, welche den ganzen Staatsrath ergriffen, hatten sich der geheime Rath und der Finanzrath, in denen *Viglius* und *Barlaimont* den Vorsitz führten, noch großenteils rein erhalten.

Da es der Faktion nicht gelang, ihre Anhänger in diese zwei Curien einzuschieben, so blieb ihr kein andres Mittel übrig, als beide ganz außer Wirksamkeit zu setzen und ihre Geschäfte in den Staatsrath zu verpflanzen. Um diesen Entwurf durchzusetzen, suchte sich der Prinz von *Oranien* des Beistands der übrigen Staatsräthe zu versichern. »Man nenne sie zwar Senatoren,« ließ er sich öfters gegen seinen Anhang heraus, »aber Andre besitzen die Gewalt. Wenn man Geld brauche, um die Truppen zu bezahlen, oder wenn die Rede davon sei, der eindringenden Ketzerei zu wehren, oder das Volk in Ordnung zu erhalten, so halte man sich an sie, da sie doch weder den Schatz noch die Gesetze bewachten, sondern nur die Organe wären, durch welche die beiden andere Collegien auf den Staat wirkten. Und doch würden sie allein der ganzen Reichsverwaltung gewachsen sein, die man unnöthiger Weise unter drei verschiedene Kammern vertheilt hätte, wenn sie sich nur unter einander verbinden wollten, dem Staatsrath diese entrissenen Zweige der Regierung wieder einzuverleiben, damit *Eine Seele* den ganzen Körper belebe.« Man entwarf vorläufig und in der Stille einen Plan, welchem zufolge zwölf neue Ritter des Vließes in den Staatsrath gezogen, die Gerechtigkeitspflege an das Tribunal zu Mecheln, dem sie rechtmäßig zugehörte, wieder zurückgegeben, die Gnadenbriefe,

---

[103] Hopper. 40. Grot. 17. Vita Vigl. 39. Burg. 80. 87. 88. Strada 99. 100.

Patente u. s. w. dem Präsidenten *Viglius* überlassen werden, ihnen aber die Verwaltung des Geldes anheimgestellt sein sollte. Nun sah man freilich alle Schwierigkeiten voraus, welche das Mißtrauen des Hofes und die Eifersucht über die zunehmende Gewalt des Adels dieser Neuerung entgegensetzen würden; um sie also der Regentin abzunöthigen, steckt man sich hinter einige von den vornehmsten Officieren der Armee, welche den Hof zu Brüssel mit ungestümen Mahnungen an den rückständigen Sold beunruhigen und im Verweigerungsfall mit einer Rebellion drohen mußten. Man leitete es ein, daß die Regentin mit häufigen Suppliken und Memorialen angegangen wurde, die über verzögerte Gerechtigkeit klagten und die Gefahr übertrieben, welche von dem täglichen Wachsthum der Ketzerei zu besorgen sei. Nichts unterließ man, ihr von dem zerrütteten Zustand der bürgerlichen Ordnung, der Rechtspflege und der Finanzen ein so abschreckendes Gemälde zu geben, daß sie von dem Taumel, worein sie bisher gewiegt worden war, mit Schrecken erwachte.[104] Sie beruft alle drei Curien zusammen, um über die Mittel zu beratschlagen, wie diesen Zerrüttungen zu begegnen sei. Die Mehrheit der Stimmen geht dahin, daß man einen außerordentlichen Gesandten nach Spanien senden müsse, welcher den König durch eine umständliche und lebendige Schilderung mit dem wahren Zustand der Sachen bekannter machen und ihn vielleicht zu bessern Maßregeln vermögen könnte. *Viglius*, dem von dem verborgenen Plane der Faktion nicht das Mindeste ahnete, widersprach dieser Meinung.»Das Uebel,« sagte er, »worüber man klage, sei allerdings groß und nicht zu vernachlässigen, aber unheilbar sei es nicht. Die Gerechtigkeit werde schlecht verwaltet, aber aus keinem andern Grunde, als weil der Adel selbst das Ansehen der Obrigkeit durch sein verächtliches Betragen gegen sie herabwürdige, und die Statthalter sie nicht genug unterstützten. Die Ketzerei nehme überhand, weil der weltliche Arm die geistlichen Richter im Stiche lasse, und weil das gemeine Volk nach dem Beispiel der Edeln die Verehrung gegen seine Obrigkeit ausgezogen habe. Nicht sowohl die schlechte Verwaltung der Finanzen, als vielmehr die vorigen Kriege und die Staatsbedürfnisse des Königs haben die Provinzen mit dieser Schuldenlast beschwert, von welcher billige Steuern sie nach und nach würden befreien können. Wenn der

---

[104] Burgund. 92–94. Hopper. 41. Vita Vigl. § 87. 88.

Staatsrath seine Indulgenzen, Freibriefe und Erlassungen einschränkte, wenn er die Sittenverbesserung bei sich selbst anfinge, die Gesetze mehr achtete und die Obrigkeit in ihr voriges Ansehen wieder einsetzte, kurz, wenn nur die Collegien und die Statthalter erst ihre Pflichten erfüllten, so würden diese Klagen bald aufhören. Wozu also einen neuen Gesandten nach Spanien, da doch nichts Neues geschehen sei, um dieses außerordentliche Mittel zu rechtfertigen? Bestünde man aber dennoch darauf, so wolle er sich dem allgemeinen Gutachten nicht entgegensetzen; nur bedinge er sich aus, daß der wichtigste Auftrag des Botschafters alsdann sein möge, den König zu einer baldigen Ueberkunft zu vermögen.«[105]

Ueber die Wahl des Botschafters war nur *eine* Stimme. Unter allen niederländischen Großen schien Graf *Egmont* der einzige zu sein, der beiden Theilen gleich Genüge thun konnte. Sein erklärter Haß gegen die Inquisition, seine vaterländischen und freien Gesinnungen und die unbescholtene Rechtschaffenheit seines Charakters leisteten der Republik hinlängliche Bürgschaft für sein Betragen; aus welchen Gründen er dem König willkommen sein mußte, ist schon oben berührt worden. Da bei Fürsten oft schon der erste Anblick das Urtheil spricht, so konnte *Egmonts* einnehmende Bildung seine Beredsamkeit unterstützen und seinem Gesuch eine Hilfe geben, deren die gerechteste Sache bei Königen nie entübrigt sein kann. *Egmont* selbst wünschte diese Gesandtschaft, um einige Familienangelegenheiten mit dem König zu berichtigen.[106]

Die Kirchenversammlung zu Trient war unterdessen auch geendigt und die Schlüsse derselben der ganzen katholischen Christenheit bekannt gemacht worden. Aber diese Schlüsse, weit entfernt, den Zweck der Synode zu erfüllen und die Erwartungen der Religionsparteien zu befriedigen, hatten die Kluft zwischen beiden Kirchen vielmehr erweitert und die Glaubenstrennung unheilbar und ewig gemacht.

Der alte Lehrbegriff, anstatt geläutert zu sein, hatte jetzt nur mehr Bestimmtheit und eine größere Würde erhalten. Alle Spitzfindigkeiten der Lehre, alle Künste und Anmaßungen des heiligen Stuhls, die

---

[105] Burg. 95. 96. Hopper. 41. 43 sq.
[106] Strada 103.

bis jetzt mehr auf der Willkür beruht hatten, waren nunmehr in Gesetze übergegangen und zu einem Systeme erhoben. Jene Gebräuche und Mißbräuche, die sich in den barbarischen Zeiten des Aberglaubens und der Dummheit in die Christenheit eingeschlichen, wurden jetzt für wesentliche Theile des Gottesdiensts erklärt und Bannflüche gegen jeden Verwegenen geschlendert, der sich diesen Dogmen widersetzen, diesen Gebräuchen entziehen würde. Bannflüche gegen Den, der an der Wunderkraft der Reliquien zweifeln, der die Knochen der Märtyrer nicht ehren und die Fürbitte der Heiligen für unkräftig zu halten sich erdreisten würde. Die Kraft der Indulgenzen, die erste Quelle des Abfalls von dem römischen Stuhl, war jetzt durch einen unumstößlichen Lehrsatz erwiesen und das Mönchthum durch einen ausdrücklichen Schluß der Synode in Schutz genommen, welcher Mannspersonen gestattet, im sechzehnten Jahre, und Mädchen, im zwölften Profeß zu thun. Alle Dogmen der Protestanten sind ohne Ausnahme verdammt, nicht ein einziger Schluß ist zu ihrem Vortheil gefaßt, nicht ein einziger Schritt geschehen, sie auf einem sanftern Weg in den Schooß der mütterlichen Kirche zurückzuführen. Die ärgerliche Chronik der Synode und die Ungereimtheit ihrer Entscheidungen vermehrte bei diesen wo möglich noch die herzliche Verachtung, die sie längst gegen das Papstthum hegten, und gab ihren Angriffen neue, bis jetzt noch übersehene Blößen preis. Es war ein unglücklicher Gedanke, die beleuchtende Fackel der Vernunft den Mysterien der Kirche so nahe zu bringen und mit Vernunftschlüssen für Gegenstände des blinden Glaubens zu fechten.

Aber die Schlüsse des Conciliums befriedigten auch nicht einmal alle katholischen Mächte. Frankreich verwarf sie ganz, sowohl den Calvinisten zu Gefallen, als auch weil die Superiorität, deren sich der Papst über das Concilium anmaßte, es beleidigte; auch einige katholische Fürsten Deutschlands erklärten sich dagegen. So wenig *Philipp der Zweite* von gewissen Artikeln darin erbaut war, die zu nahe an seine eigenen Rechte streiften, worüber kein Monarch der Welt mit mehr Eifersucht wachen konnte, als er; so sehr ihn der große Einfluß des Papsts auf das Concilium und die willkürliche, übereilte Aufhebung desselben beleidigt hatte; so eine gerechte Ursache zur Feindseligkeit ihm endlich der Papst durch die Zurücksetzung seines Gesandten gab, so willig zeigte er sich doch, die

Schlüsse des Conciliums anzuerkennen, die auch in dieser Gestalt seinem Lieblingsentwurfe, der Ketzervertilgung, zu Statten kamen. Alle übrigen politischen Rücksichten wurden dieser Angelegenheit nachgesetzt, und er gab Befehl, sie in allen seinen Staaten abzukündigen.[107]

Der Geist des Aufruhrs, der alle niederländischen Provinzen bereits ergriffen hatte, bedurfte dieses neuen Zunders nicht mehr. Die Gemüther waren in Gährung, das Ansehen der römischen Kirche bei Vielen schon aufs tiefste gesunken; unter solchen Umständen konnten die gebieterischen und oft abgeschmackten Entscheidungen des Conciliums nicht anders als anstößig sein; aber so sehr konnte *Philipp der Zweite* seinen Charakter nicht verleugnen, daß er Völkern, die eine andere Sonne, ein anderes Erdreich und andere Gesetze haben, einen andern Glauben erlaubte. Die Regentin empfing den gemessensten Befehl, in den Niederlanden eben denselben Gehorsam gegen die Trientischen Schlüsse zu erpressen, der ihnen in Spanien und Italien geleistet ward.[108]

Die Schlüsse fanden den heftigsten Widerspruch in dem Staatsrath zu Brüssel. Die Nation – erklärte *Wilhelm von Oranien* – würde und könnte dieselben nicht anerkennen, da sie größtenteils den Grundgesetzen ihrer Verfassung zuwider liefen und aus ähnlichen Gründen von mehreren katholischen Fürsten verworfen worden seien. Beinahe der ganze Staatsrath war auf *Oraniens* Seite; die meisten Stimmen gingen dahin, daß man den König bereden müsse, die Schlüsse entweder ganz zurückzunehmen, oder sie wenigstens nur unter gewissen Einschränkungen bekannt zu machen. Diesem widersetzte sich *Viglius* und bestand auf dem Buchstaben der königlichen Befehle.»Die Kirche,« sagte er, »hat zu allen Zeiten die Reinigkeit ihrer Lehre und die Genauigkeit der Disciplin durch solche allgemeine Concilien erhalten. Den Glaubensirrungen, welche unser Vaterland schon so lange beunruhigen, kann kein kräftigeres Mittel entgegengesetzt werden, als eben diese Schlüsse, auf deren Verwerfung man jetzt dringt. Wenn sie auch hie und da mit den Gerechtigkeiten des Bürgers und der Constitution im Widerspruch stehen, so

---

[107] Hist. de Philippe II. Watson T. II. L. IV. Thuan. II. 29. 491. 350. Essay sur les Moeurs T. III. Concile de Trente. Meteren 59. 60.

[108] Strada 102.

ist dieses ein Uebel, dem man durch eine kluge und schonende Handhabung derselben leicht begegnen kann. Uebrigens gereicht es unserm Herrn, dem König von Spanien, ja zur Ehre, daß er allein vor allen Fürsten seiner Zeit nicht gezwungen ist, sein besseres Wissen der Notwendigkeit unterzuordnen und Maßregeln aus Furcht zu verwerfen, die das Wohl der Kirche von ihm heischt und das Glück seiner Unterthanen ihm zur Pflicht macht.« Da die Schlüsse Verschiedenes enthielten, was gegen die Rechte der Krone selbst verstieß, so nahmen Einige davon Veranlassung, vorzuschlagen, daß man diese Capitel wenigstens bei der Bekanntmachung hinweglassen sollte. Damit der König dieser anstößigen und seiner Würde nachtheiligen Punkte mit guter Art überhoben würde, so wollten sie die niederländische Nationalfreiheit vorschützen und den Namen der Republik zu diesem Eingriff in das Concilium hergeben. Aber der König hatte die Schlüsse in seinen übrigen Staaten ohne Bedingung angenommen und durchsetzen lassen, und es war nicht zu erwarten, daß er den übrigen katholischen Mächten dieses Muster von Widersetzlichkeit geben und das Gebäude selbst untergraben werde, das er zu gründen so beflissen gewesen war.[109]

---

[109] Watson T. I. L. VII. 262. Strada 102. Burg 114.

Graf Egmont in Spanien.

Dem König dieser Schlüsse wegen Vorstellungen zu thun, ihm ein milderes Verfahren gegen die Protestanten abzugewinnen und auf die Einziehung der beiden andern Rathsversammlungen anzutragen, war der Auftrag, der dem Grafen von *Egmont* von Seiten der Mißvergnügten gegeben war; die Widersetzlichkeit des niederländischen Volks gegen die Edikte vor das Ohr des Monarchen zu bringen, ihn von der Unmöglichkeit zu überführen, diese Edikte in ihrer ganzen Strenge zu handhaben, ihm über den schlechten Zustand des Kriegswesens und der Finanzen in seinen niederländischen Staaten die Augen zu öffnen, ward ihm von der Statthalterin empfohlen.

Die Bestallung des Grafen wurde von dem Präsidenten *Viglius* entworfen. Sie enthielt große Klagen über den Verfall der Gerechtigkeitspflege, den Anwachs der Ketzerei und die Erschöpfung des Schatzes. Auf die persönliche Ueberkunft des Königs wurde nachdrücklich gedrungen. Das Uebrige war der Beredsamkeit des Botschafters vorbehalten, dem die Statthalterin einen Wink gab, eine so schöne Gelegenheit nicht von der Hand zu schlagen, um sich in der Gunst seines Herrn festzusetzen.

Die Verhaltungsbefehle des Grafen und die Vorstellungen, welche durch ihn an den König ergehen sollten, fand der Prinz von *Oranien* in viel zu allgemeinen und schwankenden Ausdrücken abgefaßt. »Die Schilderung,« sagte er, »welche der Präsident von unsern Beschwerden gemacht, ist weit unter der Wahrheit geblieben. Wie kann der König die schicklichsten Heilmittel anwenden, wenn wir ihm die Quellen des Uebels verhehlen? Laßt uns die Zahl der Ketzer nicht geringer angeben, als sie wirklich ist; laßt uns aufrichtig eingehen, daß jede Provinz, jede Stadt, jeder noch so kleine Flecken davon wimmelt; laßt uns auch nicht bergen, daß sie die Strafbefehle verachten und wenig Ehrfurcht gegen die Obrigkeit hegen. Wozu also noch diese Zurückhaltung? Aufrichtig dem König gestanden, daß die Republik in diesem Zustand nicht verharren kann. Der geheime Rath freilich wird anders urtheilen, dem eben diese allgemeine Zerrüttung willkommen heißt. Denn woher sonst diese schlechte Verwaltung der Gerechtigkeit, diese allgemeine Verderbniß der Richterstühle, als von seiner Habsucht, die durch nichts zu ersättigen ist? Woher diese Pracht, diese schändliche Ueppigkeit jener Kreaturen, die wir aus dem Staube haben steigen sehen, wenn sie nicht durch Bestechung dazu gekommen sind? Hören wir nicht täglich von dem Volk, daß kein anderer Schlüssel sie eröffnen könne, als Gold, und beweisen nicht ihre Trennungen unter einander selbst, wie schlecht sie von der Liebe zum Ganzen sich beherrschen lassen? Wie können Menschen zum allgemeinen Besten rathen, die das Opfer ihrer eignen Leidenschaft sind? Meinen sie etwa, daß wir, die Statthalter der Provinzen, dem Gutbefinden eines infamen Lictors mit unsern Soldaten zu Gebote stehen sollen? Laßt sie ihren Indulgenzen und Erlassungen Grenzen setzen, womit sie gegen Diejenigen, denen *wir* sie versagen, so verschwenderisch sind. Niemand kann Verbrechen erlassen, ohne gegen das Ganze zu sündigen und das allgemeine Uebel durch einen Beitrag zu vermehren. Mir, ich gestehe es, hat es niemals gefallen, daß die Geheimnisse des Staats und die Regierungsgeschäfte sich unter so viele Collegien vertheilen. Der Staatsrath reicht hin für alle; mehrere Patrioten haben dieses längst schon im Stillen empfunden, und ich erkläre es jetzt laut. Ich erkläre daß ich für alle Uebel, worüber Klage geführt wird, kein anderes Gegenmittel weiß als jene beiden Kammern in dem Staatsrath aufhören zu lassen. Dieses ist es, was man von dem König zu erhalten suchen muß, oder diese neue Gesandtschaft ist wiederum ganz zwecklos und unnütz gewesen.« Und nun theilte der Prinz dem versammelten Senat den Entwurf mit, von welchem oben die Rede war. *Viglius*, gegen den dieser neue Vorschlag eigentlich und am meisten gerichtet war, und dem die Augen jetzt plötzlich geöffnet wurden, unterlag der Heftigkeit seines Verdrusses. Die Gemüthsbewegung war seinem schwächlichen Körper zu stark, und man fand ihn am folgenden Morgen vom Schlage gelähmt und in Gefahr des Lebens.[110]

Seine Stelle übernahm *Joachim Hopper*, aus dem geheimen Rathe zu Brüssel, ein Mann von alter Sitte und unbescholtener Redlichkeit, des Präsidenten vertrautester und würdigster Freund.[111] Er

---

[110] Vita Vigl. §§ 88. 89. Burg. 97–102.

[111] Vita Vigl. § 89. Der Nämliche, aus dessen Mémoires ich viele Aufschlüsse über diese Epoche geschöpft habe. Seine nachherige Abreise nach Spanien hat den Briefwechsel zwischen ihm und dem Präsidenten veranlaßt, der eines der schätzbarsten Documente für diese Geschichte ist.

machte zu Gunsten der Oranischen Partei noch einige Zusätze zu der Ausfertigung des Gesandten, welche die Abschaffung der Inquisition und die Vereinigung der drei Curien betrafen, nicht sowohl mit Genehmigung der Regentin, als vielmehr, weil sie es nicht verbot. Als darauf Graf von *Egmont* von dem Präsidenten, der sich unterdessen von seinem Zufall wieder erholt hatte, Abschied nahm, bat ihn dieser, ihm die Entlassung von seinem Posten aus Spanien mitzubringen. Seine Zeiten, erklärte er, seien vorüber; er wolle sich nach dem Beispiel seines Vorgängers und Freundes *Granvella* in die Stille des Privatlebens zurückziehen und dem Wankelmuth des Glücks zuvorkommen. Sein Genius warne ihn vor einer stürmischen Zukunft, womit er sich nicht gern vermengen wolle.[112]

Der Graf von *Egmont* trat im Jänner des Jahres 1565 seine Reise nach Spanien an und wurde daselbst mit einer Güte und Achtung empfangen, die Keinem seines Standes vor ihm widerfahren war. Alle castilianischen Großen, vom Beispiel ihres Königs besiegt, oder vielmehr seiner Staatskunst getreu, schienen ihren verjährten Groll gegen den flämischen Adel ausgezogen zu haben und beeiferten sich in die Wette, ihn durch ein angenehmes Bezeigen zu gewinnen. Alle seine Privatgesuche wurden ihm von dem König bewilligt, ja, seine Erwartungen hierin sogar übertroffen, und während der ganzen Zeit seines dortigen Aufenthalts hatte er Ursache genug, sich der Gastfreiheit des Monarchen zu rühmen. Dieser gab ihm die nachdrücklichsten Versicherungen von seiner Liebe zu dem niederländischen Volk und machte ihm Hoffnung, daß er nicht ungeneigt sei, sich dem allgemeinen Wunsche zu fügen und von der Strenge der Glaubensverordnungen etwas nachzulassen. Zu gleicher Zeit aber setzte er in Madrid eine Commission von Theologen nieder, denen die Frage aufgelegt wurde, ob es nöthig sei, den Provinzen die verlangte Religionsduldung zu bewilligen? Da die meisten darunter der Meinung waren, die besondere Verfassung der Niederlande und die Furcht vor einer Empörung dürfte hier wohl einen Grad von Nachsicht entschuldigen, so wurde die Frage noch bündiger wiederholt. »Er verlange nicht zu wissen,« hieß es, »ob er es *dürfe*, sondern ob er es *müsse?*« Als man das Letzte verneinte. so erhob er sich von seinem Sitz und kniete vor einem Crucifix nieder.

---

[112] Burg. 103.

»So bitte ich dich denn, Majestät des Allmächtigen,« rief er aus, »daß du mich nie so tief mögest sinken lassen, ein Herr Derer zu sein, die dich von sich stoßen!« Und nach diesem Muster ungefähr fielen die Maßregeln aus, die er in den Niederlanden zu treffen gesonnen war. Ueber den Artikel der Religion war die Entschließung dieses Monarchen einmal für ewig gefaßt; die dringendste Nothwendigkeit konnte ihn vielleicht nöthigen, bei Durchsetzung der Strafbefehle weniger streng zu sein, aber niemals, sie gesetzlich zurückzunehmen, oder nur zu beschränken. *Egmont* stellte ihm vor, wie sehr selbst diese öffentlichen Hinrichtungen der Ketzer täglich ihren Anhang verstärkten, da die Beispiele ihres Muths und ihrer Freudigkeit im Tode die Zuschauer mit der tiefsten Bewunderung erfüllten und ihnen hohe Meinungen von einer Lehre erweckten, die ihre Bekenner zu Helden machen kann. Diese Vorstellung fiel bei dem König zwar nicht auf die Erde, aber sie wirkte etwas ganz Anderes, als damit gemeint worden war. Um diese verführerischen Auftritte zu vermeiden und der Strenge der Edikte doch nichts dadurch zu vergeben, verfiel er auf einen Ausweg und beschloß, daß die Hinrichtungen ins Künftige – heimlich geschehen sollten. Die Antwort des Königs auf den Inhalt seiner Gesandtschaft wurde dem Grafen schriftlich an die Statthalterin mitgegeben. Ehe er ihn entließ, konnte er nicht umhin, ihn über sein Bezeigen gegen *Granvella* zur Rechenschaft zu ziehen, wobei er insbesondere auch der Spottliverei gedachte. *Egmont* betheuerte, daß das Ganze nichts als ein Tafelscherz gewesen und nichts damit gemeint worden sei, was die Achtung gegen den Monarchen verletzte. Wüßte er, daß es einem Einzigen unter ihnen eingefallen wäre, etwas so Schlimmes dabei zu denken, so würde er selbst ihn vor seinen Degen fordern.[113]

Bei seiner Abreise machte ihm der Monarch ein Geschenk von fünfzigtausend Gulden und fügte noch die Versicherung hinzu, daß er die Versorgung seiner Töchter über sich nehmen würde. Er erlaubte ihm zugleich, den jungen *Farnese von Parma* mit sich nach Brüssel zu nehmen, um der Statthalterin, seiner Mutter, dadurch eine Aufmerksamkeit zu bezeigen.[114] Die verstellte Sanftmuth des

---

[113] Grot. VI. Hopper. 43. 44. 45. Strada 104. 105. 106.

[114] Strada 107.

Königs und die Betheuerungen eines Wohlwollens für die niederländische Nation, das er *nicht* empfand, hintergingen die Redlichkeit des Flamänders. Glücklich durch die Glückseligkeit, die er seinem Vaterlande zu überbringen meinte und von der er nie weiter
entfernt gewesen war, verließ er Madrid über alle Erwartung zufrieden, um alle niederländischen Provinzen mit dem Ruhm ihres
guten Königs zu erfüllen.

Gleich die Eröffnung der königlichen Antwort im Staatsrath zu
Brüssel stimmte diese angenehmen Hoffnungen schon merklich
herunter. »Obgleich sein Entschluß in Betreff der Glaubensedikte,«
lautete sie, »fest und unwandelbar sei, und er lieber tausend Leben
verlieren, als nur Einen Buchstaben daran abändern wolle, so habe
er doch, durch die Vorstellungen des Grafen von *Egmont* bewogen,
auf der andern Seite keines von den *gelinden* Mitteln unversucht
lassen wollen, wodurch das Volk vor der ketzerischen Verderbniß
bewahrt und jenen *unabänderlichen* Strafen entrissen werden könnte.
Da er nun aus des Grafen Bericht vernommen, daß die vornehmste
Ursache der bisherigen Glaubensirrungen in der Sittenverderbniß
der niederländischen Geistlichkeit, dem schlechten Unterricht des
Volks und der verwahrlosten Erziehung der Jugend zu suchen sei,
so trage er ihr hiemit auf, eine besondere Commission von drei
Bischöfen und einigen der geschicktesten Theologen niederzuset-
zen, deren Geschäft es wäre, sich über die nöthige Reform zu berathschlagen, damit das Volk nicht fernerhin aus Aergerniß wanke,
oder aus Unwissenheit in den Irrthum stürze. Weil er ferner gehört,
daß die öffentlichen Todesstrafen der Ketzer diesen nur Gelegenheit
gäben, mit einem tollkühnen Muthe zu prahlen und den gemeinen
Haufen durch einen Schein von Märtyrerruhm zu bethören, so solle
die Commission Mittel in Vorschlag bringen, wie diesen Hinrichtungen mehr Geheimniß zu geben und den verurteilten Ketzern die
Ehre ihrer Standhaftigkeit zu entreißen sei.« Um aber ja gewiß zu
sein, daß diese Privatsynode ihren Auftrag nicht überschritte, so
verlangte er ausdrücklich, daß der Bischof von *Ypern*, ein versicher-
ter Mann und der strengste Eiferer für den katholischen Glauben,
von den committirten Räthen sein sollte. Die Beratschlagung sollte
wo möglich in der Stille und unter dem Schein, als ob sie die Einführung der Trientischen Schlüsse zum Zweck hätte, vor sich gehen; wahrscheinlich um den römischen Hof durch diese Privatsy-

node nicht zu beunruhigen und dem Geist der Rebellion in den Provinzen keine Aufmunterung dadurch zu geben. Bei der Sitzung selbst sollte die Herzogin nebst einigen treugesinnten Staatsräthen anwesend sein, und sodann ein schriftlicher Bericht von dem, was darin ausgemacht worden, an ihn erlassen werden. Zu ihren dringendsten Bedürfnissen schickte er ihr einstweilen einiges Geld. Er machte ihr Hoffnung zu seiner persönlichen Ueberkunft; erst aber müßte der Krieg mit den Türken geendigt sein, die man eben jetzt vor Malta erwarte. Die vorgeschlagene Vermehrung des Staatsraths und die Verbindung des geheimen Raths und Finanzraths mit demselben wurde ganz mit Stillschweigen übergangen, außer daß der Herzog von *Arschot*, den wir als einen eifrigen Royalisten kennen, Sitz und Stimme in dem letztern bekam. *Viglius* wurde der Präsidentenstelle im geheimen Rathe zwar entlassen, mußte sie aber dem ohngeachtet noch ganzer vier Jahre fort verwalten, weil sein Nachfolger, *Karl Tyssenacque,* aus dem Conseil der niederländischen Angelegenheiten in Madrid, so lange dort zurückgehalten wurde.[115]

---

[115] Hopper 44–46. 60. Strada 107. 151. Vita Vigl. 45. Not. ad Vit. Vigl. 187. Burgund. 105 sq. 119.

Geschärfte Religionsedicte. Allgemeine Widersetzung der Nation.

Egmont war kaum zurück, als geschärftere Mandate gegen die Ketzer, welche aus Spanien gleichsam hinter ihm hereilten, die frohen Zeitungen Lügen straften, die er von der glücklichen Sinnesänderung des Monarchen zurückgebracht hatte. Mit ihnen kam zugleich eine Abschrift der Trientischen Schlüsse, wie sie in Spanien anerkannt worden waren und jetzt auch in den Niederlanden sollten geltend gemacht werden; wie auch das Todesurtheil einiger Wiedertäufer und noch anderer Ketzer unterschrieben. »Der Graf,« hörte man jetzt von *Wilhelm dem Stillen,* »ist durch spanische Künste überlistet worden. Eigenliebe und Eitelkeit haben seinen Scharfsinn geblendet; über seinem eigenen Vortheil hat er das allgemeine Beste vergessen.« Die Falschheit des spanischen Ministeriums lag jetzt offen da; dieses unredliche Verfahren empörte die Besten im Lande. Niemand aber litt empfindlicher dabei, als Graf *Egmont,* der sich jetzt als das Spielwerk der spanischen Arglist erkannte und unwissender Weise an seinem Vaterlande zum Verräther geworden war. »Diese scheinbare Güte also,« beschwerte er sich laut und bitter, »war nichts, als ein Kunstgriff, mich dem Spott meiner Mitbürger preiszugeben und meinen guten Namen zu Grund zu richten. Wenn der König die Versprechungen, die er mir in Spanien gethan, auf eine solche Art zu halten gesonnen ist, so mag Flandern übernehmen, wer will; ich werde durch meine Zurückziehung von Geschäften öffentlich darthun, daß ich an dieser Wortbrüchigkeit keinen Antheil habe.« In der That konnte das spanische Ministerium schwerlich ein schicklicheres Mittel wählen, den Credit eines so wichtigen Mannes zu brechen, als daß es ihn seinen ihn anbetenden Mitbürgern öffentlich als Einen, den es zum Besten gehabt hatte, zur Schau stellte.[116]

Unterdessen hatte sich die Synode im folgenden Gutachten vereinigt, welches dem König sogleich übersendet war: »Für den Religionsunterricht des Volks, die Sittenverbesserung der Geistlichkeit und die Erziehung der Jugend sei bereits in den Trientischen Schlüssen so viel Sorge getragen worden, daß es jetzt nur darauf

---

[116] Strada 113.

ankomme, diese Schlüsse in die schleunige Erfüllung zu bringen. Die kaiserlichen Edikte gegen die Ketzer dürfen durchaus keine Veränderung leiden; doch könne man den Gerichtshöfen *ingeheim* zu verstehen geben, nur die hartnäckigen Ketzer und ihre Prediger mit dem Tode zu bestrafen, zwischen den Sekten selbst einen Unterschied zu machen und dabei auf Alter, Rang, Geschlecht und Gemüthscharakter der angeklagten Personen zu achten. Wenn es an dem wäre, daß öffentliche Hinrichtungen den Fanatismus noch mehr in Flammen setzten, so würde vielleicht die *unheldenhafte*, weniger in die Augen fallende, und doch nicht minder harte Strafe der *Galeere* am angemessensten sein, die hohen Meinungen von Märtyrerthum herunterzustimmen. Vergehungen des bloßen Muthwillens, der Neugierde und des Leichtsinns könnte man durch Geldbußen, Landesverweisung oder auch durch Leibesstrafen ahnden.«[117]

Während daß unter diesen Beratschlagungen, die nun erst nach Madrid geschickt und von da wieder zurück erwartet werden mußten, unnütz die Zeit verstrich, ruhten die Prozeduren gegen die Sektierer, oder wurden zum wenigsten sehr schläfrig geführt. Seit der Vertreibung des Ministers *Granvella* hatte die Anarchie, welche in den obern Curien herrschte und sich von da durch die Provinzialgerichte verbreitete, verbunden mit den mildern Religionsgesinnungen des Adels, den Muth der Sekten erhoben und der Bekehrungswuth ihrer Apostel freies Spiel gelassen. Die Inquisitionsrichter waren durch die schlechte Unterstützung des weltlichen Armes, der an mehreren Orten ihre Schlachtopfer offenbar in Schutz nahm, in Verachtung gekommen. Der katholische Theil der Nation hatte sich von den Schlüssen der Trientischen Kirchenversammlung, so wie von *Egmonts* Gesandtschaft nach Spanien große Erwartungen gemacht, welche letztere durch die erfreulichen Nachrichten, die der Graf zurückgebracht und in der Aufrichtigkeit seines Herzens zu verbreiten nicht unterlassen hatte, gerechtfertigt zu sein schienen. Je mehr man die Nation von der Strenge der Glaubensproceduren entwöhnt hatte, desto schmerzhafter mußte eine plötzliche und geschärftere Erneuerung derselben empfunden werden. Unter diesen Umständen langte das königliche Schreiben aus Spanien an,

---

[117] Hopper. 49. 50. Burgund. 110. 111.

worin das Gutachten der Bischöfe und die letzte Anfrage der Oberstatthalterin beantwortet wurde.

»Was für eine Auslegung auch der Graf von *Egmont*,« lautete es, »den mündlichen Aeußerungen des Königs gegeben habe, so wäre ihm nie, auch nicht einmal von weitem, in den Sinn gekommen, nur das Mindeste an den Strafbefehlen zu ändern, die der Kaiser, sein Vater, schon vor fünf und dreißig Jahren in den Provinzen ausgeschrieben habe. Diese Edikte, befehle er also, sollen fortan auf das strengste gehandhabt werden; die Inquisition von dem weltlichen Arm die thätigste Unterstützung erhalten, und die Schlüsse der Trientischen Kirchenversammlung unwiderruflich und unbedingt in allen Provinzen seiner Niederlande gelten. Das Gutachten der Bischöfe und Theologen billige er vollkommen, bis auf die Milderung, welche sie darin in Rücksicht auf Alter, Geschlecht und Charakter der Individuen vorgeschlagen, indem er dafür halte, daß es seinen Edikten gar nicht an Mäßigung fehle. Dem schlechten Eifer und der Treulosigkeit der Richter allein seien die Fortschritte zuzuschreiben, welche die Ketzerei bis jetzt in dem Lande gemacht. Welcher von diesen es also künftig an Eifer würde ermangeln lassen, müsse seines Amtes entsetzt und ein besserer an seinen Platz gestellt werden. Die Inquisition solle, ohne Rücksicht auf etwas Menschliches, fest, furchtlos und von Leidenschaft frei ihren Weg wandeln und weder vor sich noch hinter sich schauen. Er genehmige alles, sie möge so weit gehen, als sie wolle, wenn sie nur das Aergerniß vermiede.«[118]

Dieser königliche Brief, dem die oranische Partei alle nachherigen Leiden der Niederlande zugeschrieben hat, verursachte die heftigsten Bewegungen unter den Staatsräthen, und die Aeußerungen, welche ihnen zufällig oder mit Absicht in Gesellschaft darüber entfielen, warfen den Schrecken unter das Volk. Die Furcht der spanischen Inquisition kam erneuert zurück, und mit ihr sah man schon die ganze Verfassung zusammenstürzen. Schon hörte man Gefängnisse mauern, Ketten und Halseisen schmieden und Scheiterhaufen zusammentragen. Alle Gesellschaften sind mit diesen Gesprächen erfüllt, und die Furcht hält sie nicht mehr im Zügel. Es wurden

---

[118] Inquisitores praeter me intueri neminem volo. Lacessant scelus securi. Satis est mihi, si scandalum declinaverint. Burgund. 118

Schriften an die Häuser der Edeln geschlagen, worin man sie, wie ehmals Rom seinen *Brutus*, aufforderte, die sterbende Freiheit zu retten. Beißende Pasquille erschienen gegen die neuen Bischöfe, Folterknechte, wie man sie nannte; die Klerisei wurde in Komödien verspottet, und die Lästerung verschonte den Thron so wenig, als den römischen Stuhl.[119]

Aufgeschreckt von diesen Gerüchten, läßt die Regentin alle Staatsräthe und Ritter zusammenrufen, um sich ihr Verhalten in dieser mißlichen Lage von ihnen bestimmen zu lassen. Die Meinungen waren verschieden und heftig der Streit. Ungewiß zwischen *Furcht* und *Pflicht* zögerte man, einen Schluß zu fassen, bis der Greis *Viglius* zuletzt aufstand und durch sein Urtheil die ganze Versammlung überraschte. – »Jetzt,« sagte er, »dürfe man gar nicht daran denken, die königliche Verordnung bekannt zu machen, ehe man den Monarchen auf den Empfang vorbereitet habe, den sie jetzt, aller Wahrscheinlichkeit nach, finden würde; vielmehr müsse man die Inquisitionsrichter anhalten, ihre Gewalt ja nicht zu mißbrauchen und ja ohne Härte zu verfahren.« Aber noch mehr erstaunte man, als der Prinz *von Oranien* jetzt auftrat und diese Meinung bekämpfte. »Der Wille des Königs,« sagte er, »sei zu klar und zu bestimmt vorgetragen, sei durch zu viele Deliberationen befestigt, als daß man es noch weiterhin wagen könnte, mit seiner Vollstreckung zurückzuhalten, ohne den Vorwurf der sträflichsten Halsstarrigkeit auf sich zu laden.« – »Den nehm' ich auf mich,« fiel ihm *Viglius* in die Rede. »Ich stelle mich seiner Ungnade entgegen. Wenn wir ihm die Ruhe seiner Niederlande damit erkaufen, so wird uns diese Widersetzlichkeit endlich noch bei ihm Dank erwerben.« Schon fing die Regentin an, zu dieser Meinung hinüber zu wanken, als sich der Prinz mit Heftigkeit dazwischen warf. »Was,« fiel er ein, »was haben die vielen Vorstellungen, die wir ihm gethan, die vielen Briefe, die wir an ihn geschrieben, was hat die Gesandtschaft ausgerichtet, die wir noch kürzlich an ihn gesendet haben? Nichts – und was erwarten wir also noch? Wollen wir, seine Staatsräthe, allein seinen ganzen Unwillen auf uns laden, um ihm auf unsere Gefahr einen Dienst zu leisten, den er uns niemals danken wird?« Unentschlossen und ungewiß schweigt die ganze Versammlung; Niemand hat

---

[119] Grot. 19. Burg. 122. Hopper. 61.

Muth genug, dieser Meinung beizupflichten. und eben so wenig, sie zu widerlegen; aber der Prinz hat die natürliche Furchtsamkeit der Regentin zu seinem Beistand gerufen, die ihr jede Wahl untersagt. Die Folgen ihres unglücklichen Gehorsams werden in die Augen leuchten, – womit aber, wenn sie so glücklich ist, diese Folgen durch einen weisen Ungehorsam zu verhüten, womit wird sich beweisen lassen, daß sie dieselben wirklich zu fürchten gehabt habe? Sie erwählt also von beiden Rathschlägen den traurigsten; es geschehe daraus, was wolle, die königliche Verordnung wird der Bekanntmachung übergeben. Diesmal siegte also die Faktion, und der einzige herzhafte Freund der Regierung, der, seinem Monarchen zu dienen, ihm zu mißfallen Muth hatte, war aus dem Felde geschlagen.[120] Diese Sitzung machte der Ruhe der Oberstatthalterin ein Ende; von diesem Tage an zählen die Niederlande alle Stürme, die ohne Unterbrechung von nun an in ihrem Innern gewütet haben. Als die Räthe auseinander gingen, sagte der Prinz von *Oranien* zu einem, der zunächst bei ihm stand: »Nun,« sagte er, »wird man uns bald ein großes Trauerspiel geben.«[121]

Es erging also ein Edikt an alle Statthalter der Provinzen, worin ihnen befohlen war, die Plakate des Kaisers, wie diejenigen, welche

---

[120] Burgund. 123. 124. Meteren 76. Vita Vigl. 45.

[121] DieGeschichtschreiber der spanischen Partei haben nicht verabsäumt, Oraniens Betragen in dieser Sitzung gegen ihn zeugen zu lassen und mit diesem Beweise von Unredlichkeit über seinen Charakter zu triumphieren. Er, sagen sie, der im ganzen bisherigen Lauf der Dinge die Maßregeln des Hofs mit Worten und Thaten bestritten hat, so lange sich noch mit einigem Grunde fürchten ließ, daß sie durchgehen möchten, tritt jetzt zum erstenmal auf dessen Seite, da eine gewissenhafte Ausrichtung seiner Befehle ihm wahrscheinlicher Weise zum Nachtheil gereichen wird. Um den König zu überführen, wie übel er gethan, daß er seine Warnungen in den Wind geschlagen; um sich rühmen zu können: das hab' ich vorher gesagt, setzt er das Wohl seiner Nation aufs Spiel, für welches allein er doch bis jetzt gekämpft haben wollte. Der ganze Zusammenhang seines vorhergehenden Betragens erwies, daß er die Durchsetzung der Edikte für ein Uebel gehalten; gleichwohl wird er jetzt auf einmal seinen Ueberzeugungen untreu und folgt einem entgegengesetzten Plan, obgleich auf Seiten der Nation alle Gründe fortdauern, die ihm den ersten vorgeschrieben, und bloß deswegen thut er dieses, weil die Folgen jetzt anders auf den König fallen. Also ist es ja am Tage, fahren seine Gegner fort, daß das Beste seines Volks weniger Gewalt über ihn hat, als sein schlimmer Wille gegen den König. Um seinen Haß gegen diesen zu befriedigen, kommt es ihm nicht darauf an, jene mit aufzuopfern.

unter der jetzigen Regierung gegen die Ketzer ausgeschrieben worden, die Schlüsse der Trientischen Kirchenversammlung, wie die der neulich gehaltenen bischöflichen Synode, in die genauste Ausübung zu bringen, der Inquisition hilfreiche Hand zu leisten und die ihnen untergebenen Obrigkeiten ebenfalls aufs nachdrücklichste dazu anzuhalten. Zu dem Ende solle ein Jeder aus dem ihm untergeordneten Rath einen tüchtigen Mann auslesen, der die Provinzen fleißig durchreise und strenge Untersuchungen anstelle, ob den gegebenen Verordnungen von den Unterbeamten die gehörige Folge geleistet werde, und dann jeden dritten Monat einen genauen Bericht davon in die Residenz einschicke. Den Erzbischöfen und Bischöfen wurde eine Abschrift der Trientischen Schlüsse nach dem spanischen Original zugesendet, mit dem Bedeuten, daß, im Falle sie den Beistand der weltlichen Macht brauchten, ihnen die Statthalter ihrer Diöcesen mit Truppen zu Gebote stehen sollten; es sei denn, daß sie diese lieber von der Oberstatthalterin selbst annehmen wollten. Gegen diese Schlüsse gelte kein Privilegium; der König wolle und befehle, daß den besondern Territorialgerechtigkeiten der Provinzen und Städte durch ihre Vollstreckung nichts benommen sein sollte.[122]

Diese Mandate, welche in jeder Stadt öffentlich durch den Herold verlesen wurden, machten eine Wirkung auf das Volk, welche die Furcht des Präsidenten *Viglius* und die Hoffnungen des Prinzen von *Oranien* aufs vollkommenste rechtfertigte. Beinahe alle Statthalter weigerten sich, ihnen Folge zu leisten, und drohten abzudanken, wenn man ihren Gehorsam würde erzwingen wollen. »Die Verordnung,« schrieben sie zurück, »sei auf eine ganz falsche Angabe der Sektierer gegründet.[123] Die Gerechtigkeit entsetze sich vor der un-

---

[122] Strada 114. Hopper 53. 54. Burg 115. Meteren 77. Grot. 18.

[123] ie Anzahl der Ketzer wurde von beiden Parteien sehr ungleich angegeben, je nachdem es das Interesse und die Leidenschaft einer jeden erheischte, sie zu vermehren oder zu verringern, und die nämliche Partei widersprach sich oft selbst, wenn sich ihr Interesse abänderte. War die Rede von neuen Anstalten der Unterdrückung, von Einführung der Inquisitionsgerichte u. s. w., so mußte der Anhang der Protestanten zahllos und unübersehlich sein. War hingegen die Rede von Nachgiebigkeit gegen sie, von Verordnungen zu ihrem Besten, so waren sie wieder in so geringer Anzahl vorhanden, daß es der Mühe nicht verlohnte, um dieser wenigen schlechten Leute willen eine Neuerung anzufangen. Hopper. 62.

geheuren Menge der Opfer, die sich täglich unter ihren Händen häuften; 50 und 60,000 Menschen aus ihren Distrikten in den Flammen umkommen zu lassen, sei kein Auftrag für sie.« Gegen die Trientischen Schlüsse erklärte sich besonders die niedere Geistlichkeit, deren Unwissenheit und Sittenverderbniß in diesen Schlüssen aufs grausamste angegriffen war und die noch außerdem mit einer so verhaßten Reform bedroht wurde. Sie brachte jetzt ihrem Privatnutzen das höchste Interesse ihrer Kirche zum Opfer, griff die Schlüsse und das ganze Concilium mit bittern Schmähungen an und streute den Samen des Aufruhrs in die Gemüther. Dasselbe Geschrei kam jetzt wieder zurück, welches ehemals die Mönche gegen die neuen Bischöfe erhoben hatten. Dem Erzbischof von *Cambray* gelang es endlich, die Schlüsse, doch nicht ohne vielen Widerspruch, abkündigen zu lassen. Mehr Mühe kostete es in Mecheln und Utrecht, wo die Erzbischöfe mit ihrer Geistlichkeit zerfallen waren, die, wie man sie beschuldigte, lieber die ganze Kirche an den Rand des Untergangs führen, als sich einer Sittenverbesserung unterziehen wollte.[124]

Unter den Provinzen regte sich Brabants Stimme am lautesten. Die Stände dieser Landschaft brachten ihr großes Privilegium wieder in Bewegung, nach welchem es nicht erlaubt war, einen Eingebornen vor einen fremden Gerichtshof zu ziehen. Sie sprachen laut von dem Eide, den der König auf ihre Statuten geschworen, und von den Bedingungen, unter welchen sie ihm Unterwerfung gelobt. Löwen, Antwerpen, Brüssel und Herzogenbusch protestierten feierlich in einer eignen Schrift, die sie an die Oberstatthalterin einschickten.[125] Diese, immer ungewiß, immer zwischen allen Parteien her- und hinüberwankend, zu muthlos, dem König zu gehorchen, und noch viel muthloser, ihm nicht zu gehorchen, läßt neue Sitzungen halten, hört dafür und dawider stimmen und tritt zuletzt immer derjenigen Meinung bei, die für sie die allermißlichste ist. Man will sich von neuem an den König nach Spanien wenden; man hält gleich darauf dieses Mittel für viel zu langsam; die Gefahr ist dringend, man muß dem Ungestüm nachgeben und die königliche Verordnung aus eigener Macht den Umständen anpassen. Die Statthal-

---

[124] Hopper. 55. 62. Strada 115. Burg. 115. Meteren 76. 77.
[125] Hopper. 63. 64. Strada 115.

terin läßt endlich die Annalen von Brabant durchsuchen, um in der Instruktion des ersten Inquisitors, den *Karl der Fünfte* der Provinz vorgesetzt hatte, eine Vorschrift für den jetzigen Fall zu finden. Diese Instruktion ist derjenigen nicht gleich, welche jetzt gegeben worden; aber der König hat sich ja erklärt, daß er keine *Neuerung* einführe; also ist es erlaubt, die neuen Plakate mit jenen alten Verordnungen auszugleichen. Diese Auskunft that zwar den hohen Forderungen der brabantischen Stände kein Genüge, die es auf die völlige Aufhebung der Inquisition angelegt hatten, aber den andern Provinzen gab sie das Signal zu ähnlichen Protestationen und gleich tapferm Widerstand. Ohne der Herzogin Zeit zu lassen, sich darüber zu bestimmen, entziehen sie eigenmächtig der Inquisition ihren Gehorsam und ihre Hilfleistung. Die Glaubensrichter, noch kürzlich erst durch einen ausdrücklichen Befehl zu strenger Amtsführung aufgerufen, sehen sich auf einmal wieder vom weltlichen Arme verlassen, alles Ansehens und aller Unterstützung beraubt und erhalten auf ihre Klagen am Hofe nur leere Worte zum Bescheid. Die Statthalterin, um alle Theile zu befriedigen, hatte es mit allen verdorben.[126]

Während daß dieses zwischen dem Hofe, den Curien und den Ständen geschah, durchlief ein allgemeiner Geist des Aufruhrs das Volk. Man fängt an, die Rechte des Unterthans hervorzusuchen und die Gewalt der Könige zu prüfen. »So blödsinnig waren die Niederländer nicht,« hört man Viele und nicht sehr heimlich sagen, »daß sie nicht recht gut wissen sollten, was der Unterthan dem Herrn, und der Herr dem Unterthan schuldig sei; und daß man noch wohl Mittel würde auffinden können, Gewalt mit Gewalt zu vertreiben, wenn es auch jetzt noch keinen Anschein dazu habe.« In Antwerpen fand man sogar an mehreren Orten eine Schrift angeschlagen, worin der Stadtrath aufgefordert war, den König von Spanien, weil er seinen Eid gebrochen und die Freiheiten des Landes verletzt hätte, bei dem Kammergericht zu Speyer zu verklagen, da Brabant, als ein Theil des burgundischen Kreises, in dem Religionsfrieden von Passau und Augsburg mitbegriffen sei. Die Calvinisten stellten um eben diese Zeit ihr Glaubensbekenntniß an das Licht und erklärten in einer Vorrede, die an den König gerichtet war, daß sie, ob sie

---

[126] Vita Vigl. 46. Hopper. 64. 65. Strada 115. 116. Burgund. 150–154.

gleich gegen Hunderttausend stark wären, dennoch sich ruhig verhalten und alle Landesauflagen gleich den Uebrigen trügen; woraus erhelle, setzten sie hinzu, daß sie keinen Aufruhr im Schilde führten. Man streut freie, gefährliche Schriften ins Publikum, die die spanische Tyrannei mit den gehässigsten Farben malen, die Nation an ihre Privilegien und gelegenheitlich auch an ihre Kräfte erinnern.[127]

Die Kriegsrüstungen *Philipps* gegen die Pforte, wie die, welche *Erich*, Herzog von Braunschweig, um eben diese Zeit (Niemand wußte, zu welchem Ende) in der Nachbarschaft machte, trugen mit dazu bei, den allgemeinen Verdacht zu bestärken, als ob die Inquisition den Niederlanden mit Gewalt aufgedrungen werden sollte. Viele von den angesehensten Kaufleuten sprachen schon laut davon, sie wollen ihre Häuser und Güter verlasse, um die Freiheit, die ihnen hier entrissen würde, in einer andern Weltgegend aufzusuchen; andere sahen sich nach einem Anführer um und ließen sich Winke von gewalttthätiger Widersetzung und fremder Hilfe entfallen.[128]

Um in dieser drangvollen Lage vollends noch unberathen und ohne Stütze zu sein, mußte die Statthalterin auch von dem Einzigen noch verlassen werden, der ihr jetzt unentbehrlich war, und der mit dazu beigetragen hatte, sie in diese Lage zu stürzen. »Ohne einen Bürgerkrieg zu entzünden,« schrieb ihr *Wilhelm von Oranien*, »sei es jetzt schlechterdings unmöglich, den Befehlen des Königs nachzukommen. Würde aber dennoch darauf bestanden, so müsse er sie bitten, seine Stelle mit einem Andern zu besetzen, der den Absichten Seiner Majestät mehr entspräche und mehr als er über die Gemüther der Nation vermöchte. Der Eifer, den er bei jeder andern Gelegenheit im Dienst der Krone bewiesen, werde, wie er hoffe,

---

[127] Die Regentin nannte dem König eine Zahl von 5000 solcher Schriften. Strada 117. Es ist merkwürdig, was für eine große Rolle die Buchdruckerkunst und Publicität überhaupt bei dem niederländischen Aufruhr gespielt hat. Durch dieses Organ sprach ein einziger unruhiger Kopf zu Millionen. Unter den Schmähschriften, welche größtentheils mit aller der Niedrigkeit, Rohheit und Brutalität abgefaßt waren, welche der unterscheidende Charakter der meisten damaligen protestantischen Parteischriften war, fanden sich zuweilen auch Bücher, welche die Religionsfreiheit gründlich vertheidigten.

[128] Hopper. 61. 62. Strada 117. 118. Meteren 77. A. G. d. v. N. III. 60.

seinen jetzigen Schritt vor jeder schlimmen Auslegung sicher stellen; denn so, wie nunmehr die Sachen stünden, bleibe ihm keine andere Wahl, als entweder dem König ungehorsam zu sein, oder seinem Vaterland und sich selbst zum Nachtheil zu handeln.« Von dieser Zeit an trat *Wilhelm von Oranien* aus dem Staatsrath, um sich in seine Stadt *Breda* zu begeben, wo er in beobachtender Stille, doch schwerlich ganz müßig, der Entwicklung entgegen sah. Seinem *Beispiel* folgte der Graf von *Hoorn*;[129] nur *Egmont*, immer ungewiß zwischen der Republik und dem Throne, immer in dem eiteln Versuche sich abarbeitend, den guten Bürger mit dem gehorsamen Unterthan zu vereinen; *Egmont*, dem die Gunst des Monarchen weniger entbehrlich und also auch weniger gleichgültig war, konnte es nicht von sich erhalten, die Saaten seines Glücks zu verlassen, die an dem Hofe der Regentin jetzt eben in voller Blüthe standen. Die Entfernung des Prinzen von *Oranien*, dem die Noth sowohl als sein überlegener Verstand allen den Einfluß auf die Regentin gegeben, der großen Geistern bei kleinen Seelen nicht entstehen kann, hatte in ihr Vertrauen eine Lücke gerissen, von welcher Graf *Egmont*, vermöge einer Sympathie, die zwischen der *feigen* und *gutherzigen* Schwäche sehr leicht gestiftet wird, einen unumschränkten Besitz nahm. Da sie eben so sehr fürchtete, durch ein ausschließendes Vertrauen in die Anhänger der Krone das *Volk* aufzubringen, als sie bange war, dem König durch ein zu enges Verständniß mit den erklärten Häuptern der Faktion zu mißfallen, so konnte sich ihrem Vertrauen jetzt schwerlich ein besserer Gegenstand anbieten, als eben Graf von *Egmont*, von dem es eigentlich nicht so recht ausgemacht war, welcher von beiden Parteien er angehörte.

---

[129] Hopper. 67.

Drittes Buch.

Verschwörung des Adels.

(1565.) Bis jetzt, scheint es, war die allgemeine Ruhe der aufrichtige Wunsch des Prinzen von *Oranien*, der Grafen von *Egmont* und *Hoorn* und ihrer Freunde gewesen. Der *wahre* Vortheil des Königs, ihres Herrn, hatte sie eben so sehr, als das gemeine Beste geleitet; ihre Bestrebungen wenigstens und ihre Handlungen hatten eben so wenig mit jenem, als mit diesem gestritten. Es war noch nichts geschehen, was sich nicht mit der Treue gegen ihren Fürsten vertrug, was ihre Absichten verdächtig machte, oder den Geist der Empörung bei ihnen wahrnehmen ließ. Was sie gethan hatten, hatten sie als verpflichtete Glieder eines Freistaats gethan, als Stellvertreter und Sprecher der Nation, als Rathgeber des Königs, als Menschen von Rechtschaffenheit und Ehre. Die Waffen, mit denen sie die Anmaßungen des Hofes bestritten, waren Vorstellungen, bescheidene Klagen, Bitten gewesen. Nie hatten sie sich von dem rechtesten Eifer für ihre gute Sache so weit hinreißen lassen, die Klugheit und Mäßigung zu verleugnen, welche von der Parteisucht sonst so leicht übertreten werden. Nicht alle Edeln der Republik hörten diese Stimme der Klugheit, nicht alle verharrten in diesen Grenzen der Mäßigung

Während dem, daß man im Staatsrath die große Frage abhandelte, ob die Nation elend werden sollte, oder nicht, während daß ihre beeidigten Sachwalter alle Gründe der Vernunft und der Billigkeit zu ihrem Beistand aufboten, der Bürgerstand und das Volk aber in eiteln Klagen, Drohungen und Verwünschungen sich Luft machten, setzte sich ein Theil der Nation in *Handlung*, der unter allen am wenigsten dazu aufgefordert schien und auf den man am wenigsten geachtet hatte. Man rufe sich jene Blässe des Adels ins Gedächtniß zurück, von welcher oben gesagt worden, daß *Philipp* bei seinem Regierungsantritt nicht für nöthig erachtet habe, sich ihrer Dienste und Bedürfnisse zu erinnern. Bei weitem der größte Theil derselben hatte, einer weit dringendern Ursache als der bloßen Ehre wegen, auf Beförderung gewartet. Viele unter ihnen waren auf Wegen, die wir oben angeführt haben, tief in Schulden versunken, aus denen sie sich durch eigne Hilfe nicht mehr emporzuarbeiten hoffen konnten. Dadurch, daß *Philipp* sie bei der Stellenbesetzung überging, hatte er etwas noch weit Schlimmeres als ihren Stolz beleidigt; in diesen Bettlern hatte er sich eben so viele müßige Aufseher und unbarmherzige Richter seiner Thaten, eben so viele schadenfrohe Sammler und Verpfleger der Neuheit erzogen. Da mit ihrem Wohlstande ihr Hochmuth sie nicht zugleich verließ, so wucherten sie jetzt nothgedrungen mit dem einzigen Kapitale, das nicht zu veräußern gewesen war, mit ihrem Adel und mit der republikanischen Wichtigkeit ihrer Namen und brachten eine Münze in Umlauf, die nur in einem *solchen* Zeitlauf, oder in keinem, für gute Zahlung gelten konnte, ihre *Protektion*. Mit einem Selbstgefühle, dem sie um so mehr Raum gaben, weil es noch ihre einzige Habe war, betrachteten sie sich jetzt als die bedeutende Mittelmacht zwischen dem Souverän und dem Bürger und glaubten sich berufen, der bedrängten Republik, die mit Ungeduld auf sie, als auf ihre letzte Stütze, wartete, zu Hilfe zu eilen. Diese Idee war nur in so weit lächerlich, als ihr Eigendünkel daran Antheil hatte; aber die Vortheile, die sie von dieser Meinung zu ziehen wußten, waren gründlich genug. Die protestantischen Kaufleute, in deren Händen ein großer Theil des niederländischen Reichthums sich befand, und welche die unangefochtene Uebung ihrer Religion für keinen Preis zu theuer erkaufen zu können glaubten, versäumten nicht, den einzig möglichen Gebrauch von dieser Volksklasse zu machen, die müßig am Markte stand, und welche Niemand gedingt hatte. Eben diese Menschen, auf welche sie zu jeder andern Zeit vielleicht mit dem Stolze des Reichthums würden herabgeblickt haben, konnten ihnen nunmehr durch ihre Anzahl, ihre Herzhaftigkeit, ihren Credit bei der Menge, durch ihren Groll gegen die Regierung, ja durch ihren Bettelstolz selbst und ihre Verzweiflung sehr gute Dienste leisten. Aus diesem Grunde ließen sie sich's auf das eifrigste angelegen sein, sich genau an sie anzuschließen, die Gesinnungen des Aufruhrs sorgfältig bei ihnen zu nähren, diese hohe Meinungen von ihrem Selbst in ihnen rege zu erhalten und, was das Wichtigste war, durch eine wohlangebrachte Geldhilfe und schimmernde Versprechungen ihre Armuth zu dingen.[130] Wenige darunter waren so ganz unwichtig, daß sie nicht, wär' es auch nur durch Verwandtschaft mit Höhern, einigen Einfluß besaßen, und alle zusammen, wenn es glückte, sie zu

---

[130] Strada 52.

vereinigen, konnten eine fürchterliche Stimme gegen die Krone erheben. Viele darunter zählten sich selbst schon zu der neuen Sekte, oder waren ihr doch im Stillen gewogen; aber auch diejenigen unter ihnen, welche eifrig katholisch waren, hatten politische oder Privatgründe genug, sich gegen die Trientischen Schlüsse und die Inquisition zu erklären. Alle endlich waren durch ihre Eitelkeit allein schon aufgefordert genug, den einzigen Moment nicht vorbeischwinden zu lassen, in welchem sie möglicherweise in der Republik etwas vorstellen konnten.

Aber so viel sich von einer *Vereinigung* dieser Menschen versprechen ließ, so grundlos und lächerlich wäre es gewesen, irgend eine Hoffnung auf einen *Einzelnen* unter ihnen zu gründen, und es war nicht so gar leicht, diese Vereinigung zu stiften. Sie nur mit einander zusammenzubringen, mußten sich ungewöhnliche Zufälle ins Mittel schlagen und glücklicherweise fanden sich diese. Die Vermählungsfeier des Herrn *Montigny*, eines von den niederländischen Großen, wie auch die des Prinzen *Alexander von Parma*, welche um diese Zeit in Brüssel vor sich gingen, versammelten einen großen Theil des niederländischen Adels in dieser Stadt. Verwandte fanden sich bei dieser Gelegenheit zu Verwandten; neue Freundschaften wurden geschlossen und alte erneuert; die allgemeine Noth des Landes ist das Gespräch; Wein und Fröhlichkeit schließen Mund und Herzen auf, es fallen Winke von Verbrüderung, von einem Bunde mit fremden Mächten. Diese zufälligen Zusammenkünfte bringen bald absichtliche hervor; aus öffentlichen Gesprächen werden geheime. Es muß sich fügen, daß um diese Zeit zwei deutsche Barone, ein Graf von *Holle* und von *Schwarzenberg*, in den Niederlanden verweilen, welche nicht unterlassen, hohe Erwartungen von nachbarlichem Beistand zu erwecken.[131] Schon einige Zeit vorher hatte Graf *Ludwig von Nassau* gleiche Angelegenheiten persönlich an verschiedenen deutschen Höfen betrieben.[132] Einige wollen sogar geheime Geschäftsträger des Admirals *Coligny* um diese Zeit in Brabant gesehen haben, welches aber billig noch bezweifelt wird.

---

[131] Burgund. 150. Hopper. 67. 68.

[132] Und umsonst war auch der Prinz von Oranien nicht so plötzlich aus Brüssel verschwunden, um sich bei der römischen Königswahl in Frankfurt einzufinden. Eine Zusammenkunft so vieler deutschen Fürsten mußte eine Negociation sehr begünstigen. Strada 84.

Wenn ein politischer Augenblick dem Versuch einer Neuerung günstig war, so war es dieser. Ein Weib am Ruder des Staats; die Provinzstatthalter verdrossen und zur Nachsicht geneigt; einige Staatsräthe ganz außer Wirksamkeit; keine Armee in den Provinzen; die wenigen Truppen schon längst über die zurückgehaltene Zahlung schwierig und zu oft schon durch falsche Versprechungen betrogen, um sich durch neue locken zu lassen; diese Truppen noch außerdem von Officieren angeführt, welche die Inquisition von Herzen verachteten und erröthet haben würden, nur das Schwert für sie zu heben; kein Geld im Schatze, um geschwind genug neue Truppen zu werben, und eben so wenig, um auswärtige zu mieten. Der Hof zu Brüssel, wie die drei Rathsversammlungen, durch innere Zwietracht getheilt und durch Sinnlosigkeit verdorben; die Regentin ohne Vollmacht und der König weit entlegen; sein Anhang gering in den Provinzen, unsicher und muthlos; die Faktion zahlreich und mächtig; zwei Drittheile des Volks gegen das Papstthum aufgeregt und nach Veränderung lüstern – welche unglückliche Blöße der Regierung, und wieviel unglücklicher noch, daß diese Blöße von ihren Feinden so gut gekannt war.[133]

Noch fehlte es, so viele Köpfe zweckmäßig zu verbinden, an einem Anführer und an einigen bedeutenden Namen, um ihrem Beginnen in der Republik ein Gewicht zu geben. Beides fand sich in dem Grafen *Ludwig von Nassau* und *Heinrich Brederoden*, Beide aus dem vornehmsten Adel des Landes, die sich freiwillig an die Spitze der Unternehmung stellten. *Ludwig von Nassau*, des Prinzen von *Oranien* Bruder, vereinigte viele glänzende Eigenschaften, die ihn würdig machten, auf einer so wichtigen Bühne zu erscheinen. In Genf, wo er studierte, hatte er den Haß gegen die Hierarchie und die Liebe zu der neuen Religion eingesogen und bei seiner Zurückkunft nicht versäumt, diesen Grundsätzen in seinem Vaterland Anhänger zu werben. Der republikanische Schwung. den sein Geist in eben dieser Schule genommen, unterhielt in ihm einen brennenden Haß gegen alles, was *spanisch* hieß, der jede seiner Handlungen beseelte und ihn auch nur mit seinem letzten Athem verließ. Papsttum und spanisches Regiment waren in seinem Gemüthe nur ein einziger Gegenstand, wie es sich auch in der That verhielt, und der

---

[133] Grot. 19. Burgund. 154.

Abscheu, den er vor dem einen hegte, half seinen Widerwillen gegen das andere verstärken. So sehr beide Brüder in ihrer Neigung und Abneigung übereinstimmten, so ungleich waren die Wege, auf welchen sie Beides befriedigten. Dem jüngern Bruder erlaubte das heftige Blut des Temperaments und der Jugend die Krümmungen nicht, durch welche sich der ältere zu seinem Ziele wand. Ein kalter gelaßner Blick führte diesen langsam, aber sicher zum Ziele; eine geschmeidige Klugheit unterwarf ihm die Dinge; durch ein tollkühnes Ungestüm, das alles vor ihm her niederwarf, zwang der andere zuweilen das Glück und beschleunigte noch öfter das Unglück. Darum war *Wilhelm* ein Feldherr, und *Ludwig* nie mehr als ein Abenteurer; ein zuverlässiger nervigter Arm, wenn ein weiser Kopf ihn regierte. *Ludwigs* Handschlag galt für ewig; seine Verbindungen dauerten jedwedes Schicksal aus, weil sie im Drang der Noth geknüpft waren, und weil das Unglück fester bindet, als die leichtsinnige Freude. Seinen Bruder liebte er, wie seine Sache, und für diese ist er gestorben.

Heinrich von Brederode, Herr von Viane und Burggraf von Utrecht, leitete seinen Ursprung von den alten holländischen Grafen ab, welche diese Provinz ehemals als souveräne Fürsten beherrscht hatten. Ein so wichtiger Titel machte ihn einem Volke theuer, unter welchem das Andenken seiner vormaligen Herren noch unvergessen lebte und um so werther gehalten wurde, je weniger man bei der Veränderung gewonnen zu haben fühlte. Dieser angeerbte Glanz kam dem Eigendünkel eines Mannes zu Statten, der den Ruhm seiner Vorfahren stets auf der Zunge trug und um so lieber unter den verfallenen Trümmern der vorigen Herrlichkeit wandelte, je trostloser der Blick war, den er auf seinen jetzigen Zustand warf. Von allen Würden und Bedienungen ausgeschlossen, wozu ihm die hohe Meinung von sich selbst und der Adel seines Geschlechts einen gegründeten Anspruch zu geben schien (eine Schwadron leichter Reiter war alles, was man ihm anvertraute), haßte er die Regierung und erlaubte sich, ihre Maßregeln mit verwegenen Schmähungen anzugreifen. Dadurch gewann er sich das Volk. Auch er begünstigte im Stillen das evangelische Bekenntniß; weniger aber, weil seine bessere Ueberzeugung dafür entschieden, als überhaupt nur, weil es ein *Abfall* war. Er hatte mehr Mundwerk, als Beredsamkeit, und mehr Dreistigkeit, als Muth; herzhaft war er, doch mehr, weil er nicht an Gefahr glaubte, als weil er über sie erhaben war. *Ludwig von Nassau* glühte für die Sache, die er beschützte, *Brederode* für den Ruhm, sie beschützt zu haben; jener begnügte sich, für seine Partei zu handeln; dieser mußte an ihrer Spitze stehen. Niemand taugte besser zum *Vortänzer* einer Empörung, aber schwerlich konnte sie einen schlimmern *Führer* haben. So verächtlich im Grunde seine Drohungen waren, so viel Nachdruck und Furchtbarkeit konnte der Wahn des großen Haufens ihnen geben, wenn es diesem einfiel, einen Prätendenten in seiner Person auszusäen. Seine Ansprüche auf die Besitzungen seiner Vorfahren waren ein eitler Name; aber dem allgemeinen Unwillen war auch ein Name schon genug. Eine Broschüre, die sich damals unter dem Volke verbreitete, nannte ihn öffentlich den Erben von Holland, und ein Kupferstich, der von ihm gezeigt wurde, führte die prahlerische Randschrift:

> Sum Brederodus ego, Batavae non infima gentis,
> Gloria, virtutem non vnica pagina claudit.[134]

(1565.) Außer diesen Beiden traten von dem vornehmsten niederländischen Adel noch der junge Graf *Karl von Mansfeld*, ein Sohn desjenigen, den wir unter den eifrigsten Royalisten gefunden haben, der Graf von *Kuilemburg*, zwei Grafen von *Bergen* und von *Battenburg, Johann von Marnix*, Herr von Thoulouse, *Philipp von Marnix*, Herr von St. Aldegonde nebst mehreren Andern zu dem Bund, der um die Mitte des Novembers im Jahr 1565 im Hause eines gewissen von *Hammes*, Wappenkönigs vom goldenen Vließe,[135] zu Stande kam. Sechs Menschen[136] waren es, die hier das Schicksal ihres Vaterlands, wie jene Eidgenossen einst die schweizerische Freiheit, entschieden, die Fackel eines vierzigjährigen Kriegs anzündeten und den Grund einer Freiheit legten, die ihnen selbst nie zu gute kommen sollte. Der *Zweck* der Verbrüderung war in folgender Ei-

---

[134] Burg. 351. 352. Grot. 20.

[135] Eines eifrigen Calvinisten und des fertigsten Werbers für den Bund, der sich berühmte, gegen 2000 Edle dazu beredet zu haben. Strada 118.

[136] Burgund. 156. Strada nennt ihrer neun. 118. A. G. d. v. N. III. Bd. nennt eilf. 57.

desformel enthalten, unter welche *Philipp von Marnix* zuerst seinen Namen setzte.

»Nachdem gewisse übelgesinnte Personen, unter der Larve eines frommen Eifers, in der That aber nur aus Antrieb ihres Geizes und ihrer Herrschbegierde, den König, unsern gnädigsten Herrn, verleitet haben, das verabscheuungswürdige Gericht der Inquisition in diesen Landschaften einzuführen (ein Gericht, das allen menschlichen und göttlichen Gesetzen zuwiderläuft und alle barbarischen Anstalten des blinden Heidenthums an Unmenschlichkeit hinter sich läßt, das den Inquisitoren jede andere Gewalt unterwürfig macht, die Menschen zu einer immerwährenden Knechtschaft erniedrigt und durch seine Nachstellungen den rechtschaffensten Bürger einer ewigen Todesangst aussetzt, so daß es einem Priester, einem treulosen Freund, einem Spanier, einem schlechten Kerl überhaupt frei steht, sobald er nur will, und *wen* er will, bei diesem Gericht anzuklagen, gefangensetzen, verdammen und hinrichten zu lassen, ohne daß es diesem vergönnt sei, seinen Ankläger zu erfahren, oder Beweise von seiner Unschuld zu führen); so haben wir Endesunterschriebene uns verbunden, über die Sicherheit unsrer Familien, unsrer Güter und unsrer eignen Person zu wachen. Wir verpflichten und vereinigen uns zu dem Ende durch eine heilige Verbrüderung, und geloben mit einem feierlichen Schwur, uns der Einführung dieses Gerichts in diesen Ländern nach unsern besten Kräften zu widersetzen, man versuche es heimlich oder öffentlich, und unter welchem Namen man auch wolle. Wir erklären zugleich, daß wir weit entfernt sind, gegen den König, unsern Herrn, etwas Gesetzwidriges damit zu meinen; vielmehr ist es unser Aller unveränderlicher Vorsatz, sein königliches Regiment zu unterstützen und zu verteidigen, den Frieden zu erhalten und jeder Empörung nach Vermögen zu steuern. Diesem Vorsatz gemäß haben wir geschworen und schwören jetzt wieder, die Regierung heilig zu halten und ihrer mit Worten und Thaten zu schonen, deß Zeuge sei der allmächtige Gott!

»Weiter geloben und schwören wir, uns wechselsweis, Einer den Andern, zu allen Zeiten, an allen Orten, gegen welchen Angriff es auch sei, zu schützen und zu vertheidigen, angehend die Artikel, welche in diesem Compromisse verzeichnet sind. Wir verpflichten uns hiemit, daß keine Anklage unsrer Verfolger, mit welchem Namen sie auch ausgeschmückt sein möge, sie heiße Rebellion, Aufstand oder auch anders, die Kraft haben soll, unsern Eid gegen Den, der beschuldigt ist, aufzuheben oder uns unsers Versprechens gegen ihn zu entbinden. Keine Handlung, welche gegen die Inquisition gerichtet ist, kann den Namen der Empörung verdienen. Wer also um einer solchen Ursache willen in Verhaft genommen wird, dem verpflichten wir uns hier, nach unserm Vermögen zu helfen und durch jedes nur immer erlaubte Mittel seine Freiheit wieder zu verschaffen. Hier, wie in allen übrigen Regeln unsers Verhaltens, sonderlich aber gegen das Gericht der Inquisition, ergeben wir uns in das allgemeine Gutachten des Bundes, oder auch in das Urtheil Derer, welche wir einstimmig zu unsern Rathgebern und Führern ernennen werden.

»Zum Zeugniß dessen und zu Bestätigung dieses Bundes berufen wir uns auf den heiligen Namen des lebendigen Gottes, Schöpfers von Himmel und Erde und allem, was darinnen ist, der die Herzen prüft, die Gewissen und die Gedanken, und kennt die Reinigkeit der unsrigen. Wir bitten ihn um den Beistand seines heiligen Geistes, daß Glück und Ehre unser Vorhaben kröne, zur Verherrlichung seines Namens und unserm Vaterlande zum Segen und ewigen Frieden.«[137]

Dieser Compromiß wurde sogleich in mehrere Sprachen übersetzt und schnell durch alle Provinzen zerstreut. Jeder von den Verschworenen trieb, was er an Freunden, Verwandten, Anhängern und Dienstleuten hatte, zusammen, um dem Bunde schnell eine Masse zu geben. Große Gastmahle wurden gehalten, welche ganze Tage lang dauerten – unwiderstehliche Versuchungen für eine sinnliche, lüsterne Menschenart, bei der das tiefste Elend den Hang zum Wohlleben nicht hatte ersticken können. Wer sich da einfand, und Jeder war willkommen, wurde durch zuvorkommende Freundschaftsversicherungen mürbe gemacht, durch Wein erhitzt, durch das Beispiel fortgerissen und überwältigt durch das Feuer einer wilden Beredsamkeit. Vielen führte man die Hand zum Unterzeichnen, der Zweifelnde wurde gescholten, der Verzagte bedroht, der Treugesinnte überschrieen; Manche darunter wußten gar nicht, was es eigentlich war, worunter sie ihren Namen schrieben, und schäm-

---

[137] Burgund. 156. 159. Strada 118.

ten sich, erst lange darnach zu fragen. Der allgemeine Schwindel ließ keine Wahl übrig; Viele trieb bloßer Leichtsinn zu der Partei, eine glänzende Kameradschaft lockte die Geringen, den Furchtsamen gab die große Anzahl ein Herz. Man hatte die List gebraucht, die Namen und Siegel des Prinzen von *Oranien*, des Grafen von *Egmont*, von *Hoorn*, von *Megen* und Anderer fälschlich nachzumachen, ein Kunstgriff, der dem Bund viele Hunderte gewann. Besonders war es auf die Offiziere der Armee dabei abgesehen, um sich auf alle Fälle von dieser Seite zu decken, wenn es zu Gewaltthätigkeiten kommen sollte. Es glückte bei vielen, vorzüglich bei Subalternen, und Graf *Brederode* zog auf einen Fähndrich, der sich bedenken wollte, sogar den Degen. Menschen aus allen Klassen und Ständen unterzeichneten. Die Religion machte keinen Unterschied, katholische Priester selbst gesellten sich zu dem Bunde. Die Beweggründe waren nicht bei allen dieselben, aber ihr Vorwand war gleich. Den Katholiken war es bloß um Aufhebung der Inquisition und Milderung der Edikte zu thun, die Protestanten zielten auf eine uneingeschränkte Gewissensfreiheit. Einige verwegenere Köpfe führten nichts Geringeres im Schilde, als einen gänzlichen Umsturz der gegenwärtigen Regierung, und die Dürftigsten darunter gründeten niederträchtige Hoffnungen auf die allgemeine Zerrüttung.[138]

Ein Abschiedsmahl, welches um eben diese Zeit dem Grafen von *Schwarzenberg* und *Holle* in Breda und kurz darauf in Hoogstraaten gegeben wurde, zog Viele vom ersten Adel nach beiden Plätzen, unter denen sich schon mehrere befanden, die den Compromiß bereits unterschrieben hatten. Auch der Prinz von *Oranien*, die Grafen von *Egmont*, von *Hoorn* und von *Megen* fanden sich bei diesem Gastmahle ein, doch ohne Verabredung und ohne selbst einen Antheil an dem Bunde zu haben, obgleich einer von *Egmonts* eigenen Secretären und einige Dienstleute der Andern demselben öffentlich beigetreten waren. Bei diesem Gastmahle nun erklärten sich schon dreihundert für den Compromiß, und die Frage kam in Bewegung, ob man sich bewaffnet oder unbewaffnet mit einer Rede oder Bittschrift an die Oberstatthalterin wenden sollte. *Hoorn* und *Oranien* (*Egmont* wollte das Unternehmen auf keine Weise befördern) wurden dabei zu Richtern aufgerufen, welche für den Weg der Beschei-

---

[138] Strada 119. Burgund. 159–161.

denheit und Unterwerfung entschieden, eben dadurch aber der Beschuldigung Raum gaben, daß so das Unterfangen der Verschworen auf eine nicht sehr versteckte Weise in Schutz genommen hätten. Man beschloß also, unbewaffnet und mit einer Bittschrift einzukommen, und bestimmte einen Tag, wo man in Brüssel zusammentreffen wollte.[139]

Der erste Wink von dieser Verschwörung des Adels wurde der Statthalterin durch den Grafen von Megen gleich nach seiner Zurückkunft gegeben. »Es werde eine Unternehmung geschmiedet,« ließ er sich verlauten, »dreihundert vom Adel seien darein verwickelt, es gelte die Religion, die Theilnehmer halten sich durch einen Eidschwur verpflichtet, sie rechnen sehr auf auswärtigen Beistand, bald werde sie das Weitere erfahren.« Mehr sagte er ihr nicht, so nachdrücklich sie auch in ihn drang. »Ein Edelmann habe es ihm unter dem Siegel der Verschwiegenheit anvertraut, und er habe ihm sein Ehrenwort verpfändet.« Eigentlich war es wohl weniger diese Delicatesse der Ehre, als vielmehr der Widerwille gegen die Inquisition, um die er sich nicht gern ein Verdienst machen wollte, was ihn abhalten mochte, sich weiter zu erklären. Bald nach ihm überreichte Graf *Egmont* der Regentin eine Abschrift des Compromisses, wobei er ihr auch die Namen der Verschworen, bis auf einige wenige, nannte. Fast zu gleicher Zeit schrieb ihr der Prinz von *Oranien*: »es werde, wie er höre, eine Armee geworben, vierhundert Officiere seien bereits ernannt, und zwanzigtausend Mann würden mit nächstem unter den Waffen erscheinen.« So wurde das Gerücht durch immer neue Zusätze absichtlich übertrieben, und in jedem Munde vergrößerte sich die Gefahr.[140]

Die Oberstatthalterin, vom ersten Schrecken dieser Zeitung betäubt und durch nichts als ihre Furcht geleitet, ruft in aller Eile zusammen, wer aus dem Staatsrath so eben in Brüssel zugegen war, und ladet zugleich den Prinzen von *Oranien* nebst dem Grafen von *Hoorn* in einem dringenden Schreiben ein, ihre verlassenen Stellen im Senat wieder einzunehmen. Ehe diese noch ankommen, berathschlagt sie sich mit *Egmont*, *Megen* und *Barlaimont*, was in dieser mißlichen Lage zu beschließen sei. Die Frage war, ob man lieber

---

[139] Burgund. 150. 166.
[140] Hopper. 69. 70. Burgund. 166. 167.

gleich zu den Waffen greifen oder der Notwendigkeit weichen und den Verschworenen ihr Gesuch bewilligen, oder ob man sie durch Versprechungen und eine scheinbare Nachgiebigkeit so lange hinhalten solle, bis man Zeit gewonnen hätte, Verhaltungsregeln aus Spanien zu holen und sich mit Geld und Truppen zu versehen. Zu dem Ersten fehlte das nöthige Geld und das eben so nöthige Vertrauen in die Armee, die von den Verschworenen vielleicht schon gewonnen war. Das Zweite würde von dem König nimmermehr gebilligt werden und auch eher dazu dienen, den Trotz der Verbundenen zu erheben, als niederzuschlagen; da im Gegenteil eine wohlangebrachte Geschmeidigkeit und eine schnelle, unbedingte Vergebung des Geschehenen den Aufruhr vielleicht noch in der Wiege ersticken würde. Letztere Meinung wurde von *Megen* und *Egmont* behauptet, von *Barlaimont* aber bestritten, »Das Gerücht habe übertrieben«, sagte dieser, »unmöglich könne eine so furchtbare Waffenrüstung so geheim und mit solcher Geschwindigkeit vor sich gegangen sein. Ein Zusammenlauf etlicher schlechten Leute, von zwei oder drei Enthusiasten aufgehetzt, nichts weiter. Alles würde ruhen, wenn man einige Köpfe abgeschlagen hätte.« Die Oberstatthalterin beschließt, das Gutachten des versammelten Staatsraths zu erwarten; doch verhält sie sich in dieser Zwischenzeit nicht müßig. Die Festungswerke in den wichtigsten Plätzen werden besichtigt und, wo sie gelitten haben, wieder hergestellt; ihre Botschafter an fremden Höfen erhalten Befehl, ihre Wirksamkeit zu verdoppeln; Eilboten werden nach Spanien abgefertigt. Zugleich bemüht sie sich, das Gerücht von der nahen Ankunft des Königs aufs neue in Umlauf zu bringen und in ihrem äußerlichen Betragen die Festigkeit und den Gleichmuth zu zeigen, der den Angriff erwartet und nicht das Ansehen hat, ihm zu erliegen.[141]

Mit Ausgang des März, also vier volle Monate nach Abfassung des Compromisses, versammelte sich der ganze Staatsrath in Brüssel. Zugegen waren der Prinz von *Oranien*, der Herzog von *Arschot*, die Grafen von *Egmont*, von *Bergen*, von *Megen*, von *Aremberg*, von *Hoorn*, von *Hoogstraaten*, von *Barlaimont* und Andere, die Herren von *Montigny* und *Hachicourt*, alle Ritter vom goldnen Vließe, nebst dem Presidenten *Viglius*, dem Staatsrath *Bruxelles* und den übrigen

---

[141] Strada 120. Burgund. 168. 169.

Assessoren des geheimen Consiliums.[142] Hier brachte man schon verschiedene Briefe zum Vorschein, die von dem Plan der Verschwörung nähere Nachricht gaben. Die Extremität, worin die Oberstatthalterin sich befand, gab den Mißvergnügten eine Wichtigkeit, von der sie nicht unterließen jetzt Gebrauch zu machen und ihre lang unterdrückte Empfindlichkeit bei dieser Gelegenheit zur Sprache kommen zu lassen. Man erlaubte sich bittere Beschwerden gegen den Hof selbst und gegen die Regierung. »Erst neulich,« ließ sich der Prinz von *Oranien* heraus, »schickte der König vierzigtausend Goldgulden an die Königin von Schottland, um sie in ihren Unternehmungen gegen England zu unterstützen, – und seine Niederlande läßt er unter ihrer Schuldenlast erliegen. Aber der Unzeit dieser Subsidien und ihres schlechten Erfolgs[143] nicht einmal zu gedenken, warum weckt er den Zorn einer Königin gegen uns, die uns als Freundin so wichtig, als Feindin aber so fürchterlich ist?« Auch konnte der Prinz bei dieser Gelegenheit nicht umhin, auf den verborgenen Haß anzuspielen, den der König gegen die nassauische Familie und gegen ihn insbesondere hegen sollte. »Es ist am Tage,« sagte er, »daß er sich mit den Erbfeinden meines Hauses beratschlagt hat, mich, auf welche Art es sei, aus dem Wege zu schaffen, und daß er mit Ungeduld nur auf eine Veranlassung dazu wartet.« Sein Beispiel öffnete auch dem Grafen von *Hoorn* und noch vielen Andern den Mund, die sich mit leidenschaftlicher Heftigkeit über ihre eigenen Verdienste und den Undank des Königs verbreiteten. Die Regentin hatte Mühe, den Tumult zu stillen und die Aufmerksamkeit auf den eigentlichen Gegenstand der Sitzung zurückzuführen. Die Frage war, ob man die Verbundenen, von denen es nun bekannt war, daß sie sich mit einer Bittschrift an den Hof wenden würden, zulassen sollte, oder nicht? Der Herzog von *Arschot*, die Grafen von *Aremberg*, von *Megen* und *Barlaimont* verneinten es. »Wozu fünfhundert Menschen,« sagte der Letztere, »um eine kleine Schrift zu überreichen? Dieser Gegensatz der Demuth und des Trotzes bedeutet nichts Gutes. Laßt sie einen achtungswürdigen Mann aus ihrer Mitte, ohne Pomp, ohne Anmaßung zu uns schicken und auf diesem Wege ihr Anliegen vor uns bringen. Sonst verschließe man ihnen die Thore, oder beobachte sie, wenn man sie

---

[142] Hopper. 71. 72. Burg. 173.

[143] Das Geld war in die Hände der Königin Elisabeth gefallen.

doch einlassen will, auf das strengste und strafe die erste Kühnheit, deren sich einer von ihnen schuldig macht, mit dem Tode.« Der Graf von *Mansfeld*, dessen eigner Sohn unter den Verschwornen war, erklärte sich gegen ihre Partei, seinem Sohn hatte er mit Enterbung gedroht, wenn er dem Bund nicht entsagte. Auch die Grafen von *Megen* und *Aremberg* trugen Bedenken, die Bittschrift anzunehmen; der Prinz von *Oranien* aber, die Grafen von *Egmont*, von *Hoorn*, von *Hoogstraaten* und mehrere stimmten mit Nachdruck dafür.»Die Verbundenen,« erklärten sie, »wären ihnen als Menschen von Rechtschaffenheit und Ehre bekannt; ein großer Theil unter denselben stehe mit ihnen in Verhältnissen der Freundschaft und der Verwandtschaft, und sie getrauen sich, für ihre Betragen zu gewähren. Eine Bittschrift einzureichen, sei jedem Unterthan erlaubt; ohne Ungerechtigkeit könne man einer so ansehnlichen Gesellschaft ein Recht nicht verweigern, dessen sich der niedrigste Mensch im Staat zu erfreuen habe.« Man beschloß also, weil die meisten Stimmen für diese Meinung waren, die Verbundenen zuzulassen, vorausgesetzt, daß sie unbewaffnet erschienen und sich mit Bescheidenheit betrügen. Die Zänkereien der Rathsglieder hatten den größten Theil der Zeit weggenommen, daß man die fernere Beratschlagung auf eine zweite Sitzung verschieben mußte, die gleich den folgenden Tag eröffnet ward.[144]

Um den Hauptgegenstand nicht, wie gestern, unter unnützen Klagen zu verlieren, eilte die Regentin diesmal sogleich zum Ziele. »*Brederode*,« sagte sie, »wird, wie unsre Nachrichten lauten, im Namen des Bundes um Aufhebung der Inquisition und Milderung der Edikte bei uns einkommen. Das Urtheil meines Senats soll mich bestimmen, was ich ihm antworten soll; aber ehe Sie Ihre Meinungen vortragen, vergönnen Sie mir, etwas Weniges voranzuschicken. Man sagt mir, daß es Viele, auch selbst unter Ihnen, gebe, welche die Glaubensedikte des Kaisers, meines Vaters, mit öffentlichem Tadel angreifen und sie dem Volk als unmenschlich und barbarisch abschildern. Nun frage ich Sie selbst, Ritter des Vließes, Räthe Sr. Majestät und des Staats, ob Sie nicht selbst Ihre Stimmen zu diesen Edikten gegeben, ob die Stände des Reichs sie nicht als rechtskräftig anerkannt haben? Warum tadelt man jetzt, was man

---

[144] Strada 121. 122.

ehmals für Recht erklärte? Etwa darum, weil es jetzt mehr, als jemals, notwendig geworden? Seit wann ist die Inquisition in den Niederlanden etwas so Ungewöhnliches? Hat der Kaiser sie nicht schon vor sechzehn Jahren errichtet, und worin soll sie grausamer sein, als die Edikte? Wenn man zugibt, daß diese letzteren das Werk der Weisheit gewesen, wenn die allgemeine Beistimmung der Staaten sie geheiligt hat – warum diesen Widerwillen gegen jene, die doch weit menschlicher ist, als die Edikte, wenn diese nach dem Buchstaben beobachtet werden? Reden Sie jetzt frei, ich will Ihr Urtheil damit nicht befangen haben; aber Ihre Sache ist es, dahin zu sehen, daß nicht Leidenschaft es lenke.«[145]

Der Staatsrath war in zwei Meinungen getheilt, wie immer; aber die Wenigen, welche für die Inquisition und die buchstäbliche Vollstreckung der Edikte sprachen, wurden bei weitem von der Gegenpartei überstimmt, die der Prinz von *Oranien* anführte. »Wollte der Himmel,« fing er an, »man hätte meine Vorstellungen des Nachdenkens werth geachtet, so lange sie noch entfernte Befürchtungen waren, so würde man nie dahin gebracht worden sein, zu den äußersten Mitteln zu schreiten, so würden Menschen, die im Irrthum lebten, nicht durch eben die Maßregeln, die man anwendete, sie aus demselben herauszuführen, tiefer darein versunken sein. Wir alle, wie Sie sehen, stimmen in dem Hauptzwecke überein. Wir alle wollen die katholische Religion außer Gefahr wissen; kann dieses nicht ohne Hilfe der Inquisition bewerkstelligt werden, wohl, so bieten wir Gut und Blut zu ihren Diensten an; aber eben das ist es, wie Sie hören, worüber die Meisten unter uns ganz anders denken.

»Es gibt zweierlei Inquisitionen. Der einen maßt sich der römische Stuhl an, die andere ist schon seit undenklichen Zeiten von den Bischöfen ausgeübt worden. Die Macht des Vorurtheils und der Gewohnheit hat uns die letztere erträglich und leicht gemacht. Sie wird in den Niederlanden wenig Widerspruch finden, und die vermehrte Anzahl der Bischöfe wird sie hinreichend machen. Wozu denn also die erste, deren bloßer Name alle Gemüther in Aufruhr bringt? So viele Nationen entbehren ihrer, warum soll sie gerade *uns* aufgedrungen sein? Vor Luthern hat sie Niemand gekannt; der Kaiser war der Erstem der sie einführte; aber dies geschah zu einer

---

[145] Strada 123. 124.

Zeit, als an geistlichen Aufsehern Mangel war, die wenigen Bischöfe sich noch außerdem lässig zeigten und die Sinnlosigkeit der Klerisei sie von dem Richteramt ausschloß. Jetzt hat sich alles verändert; jetzt zählen wir eben so viele Bischöfe, als Provinzen sind. Warum soll die Regierungskunst nicht den Geist der Zeiten begleiten? Gelindigkeit brauchen wir, nicht Härte. Wir sehen den Widerwillen des Volks, den wir suchen müssen zu besänftigen, wenn er nicht in Empörung ausarten soll. Mit dem Tode *Pius' des Vierten* ist die Vollmacht der Inquisitoren zu Ende gegangen; der neue Papst hat noch keine Bestätigung geschickt, ohne die es doch sonst noch keiner gewagt hat, sein Amt auszuüben. Jetzt also ist die Zeit, wo man sie suspendieren kann, ohne Jemandes Rechte zu verletzen.

»Was ich von der Inquisition urtheile, gilt auch von den Edikten. Das Bedürfniß der Zeiten hat sie *erzwungen*, aber jene Zeiten sind ja vorbei. Eine so lange Erfahrung sollte uns endlich überwiesen haben, daß gegen Ketzerei kein Mittel weniger fruchtet, als Scheiterhaufen und Schwert. Welche unglaubliche Fortschritte hat nicht die neue Religion nur seit wenigen Jahren in den Provinzen gemacht, und wenn wir den Gründen dieser Vermehrung nachspüren, so werden wir sie in der glorreichen Standhaftigkeit Derer finden, die als ihre Schlachtopfer gefallen sind. Hingerissen von Mitleid und von Bewunderung, fängt man in der Stille an zu muthmaßen, daß es doch wohl Wahrheit sein möchte, was mit so unüberwindlichem Muthe behauptet wird. In Frankreich und England ließ man die Protestanten dieselbe Strenge erfahren, aber hat sie dort mehr als bei uns gefruchtet? Schon die ersten Christen berühmten sich, daß der Same ihrer Kirche Märtyrerblut gewesen. Kaiser *Julian*, der fürchterlichste Feind, den je das Christenthum erlebte, war von dieser Wahrheit durchdrungen. Ueberzeugt, daß Verfolgung den Enthusiasmus nur mehr anfeure, nahm er seine Zuflucht zum Lächerlichen und zum Spott und fand diese Waffen ungleich mächtiger als Gewalt. In dem griechischen Kaiserthum hatten sich zu verschiedenen Zeiten verschiedene Sekten erhoben, *Arius* unter *Constantin*, *Aëtius* unter dem *Constantius*, *Nestorius* unter dem *Theodos*; nirgends aber sieht man weder gegen diese Irrlehrer selbst, noch gegen ihre Schüler Strafen geübt, die denen gleich kämen, welche *unsre* Länder verheeren – und wo sind jetzt alle diese Sekten hin, die, ich möchte beinahe sagen, ein ganzer Weltkreis nicht zu fassen schien? Aber dies ist der Gang der Ketzerei. Uebersieht man sie mit Verachtung, so zerfällt sie in ihr Nichts. Es ist ein Eisen, das, wenn es ruhig liegt, rostet, und nur scharf wird durch Gebrauch. Man kehre die Augen von ihr, und sie wird ihren mächtigsten Reiz verlieren, den Zauber des Neuen und des Verbotenen. Warum wollen wir uns nicht mit Maßregeln begnügen, die von so großen Regenten bewährt gefunden worden? Beispiele können uns am sichersten leiten.

»Aber wozu Beispiele aus dem heidnischen Alterthum, da das glorreiche Muster *Karls des Fünften*, des größten der Könige, vor uns liegt, der endlich, besiegt von so vielen Erfahrungen, den blutigen Weg der Verfolgung verließ und viele Jahre vor seiner Thronentsagung zur Gelindigkeit überging. *Philipp* selbst, unser gnädigster Herr, schien sich ehmals zur Schonung zu neigen; die Rathschläge eines *Granvella* und seines Gleichen belehrten ihn eines andern; mit welchem Rechte, mögen sie mit sich selbst ausmachen. Mir aber hat von jeher geschienen, die Gesetze müssen sich den Sitten und die Maximen den Zeiten anschmiegen, wenn der Erfolg sie begünstigen soll. Zum Schlusse bringe ich Ihnen noch das genaue Verständniß in Erinnerung, das zwischen den Hugenotten und den flämischen Protestanten obwaltet. Wir wollen uns hüten, sie noch mehr aufzubringen, als sie es jetzt schon sein mögen. Wir wollen gegen *sie* nicht französische Katholiken sein, damit es ihnen ja nicht einfalle, die Hugenotten gegen *uns* zu spielen und wie diese ihr Vaterland in die Schrecken eines Bürgerkriegs zu werfen.«[146]

Nicht sowohl der Wahrheit und Unwiderlegbarkeit seiner Gründe, welche von der entscheidendsten Mehrheit im Senat unterstützt wurden, als vielmehr dem verfallenen Zustand der Kriegsmacht und der Erschöpfung des Schatzes, wodurch man verhindert war, das Gegentheil mit gewaffneter Hand durchzusetzen, hatte der Prinz von *Oranien* es zu danken, daß seine Vorstellungen diesmal nicht ganz ohne Wirkung blieben. Um wenigstens den ersten Sturm abzuwehren und die nöthige Zeit zu gewinnen, sich in eine bessere

---

[146] Burg. 174–180. Hopper. 72. Strada 123. 124. Es darf Niemand wundern, sagt Burgundius, ein hitziger Eiferer für die katholische Religion und die spanische Partei, daß aus der Rede dieses Prinzen so viel Kenntnis der Philosophie hervorleuchtet; er hatte sie aus dem Umgang mit Balduin geschöpft. 180.

Verfassung gegen sie zu setzen, kam man überein, den Verbundenen einen Theil ihrer Forderungen zuzugestehen. Es wurde beschlossen, die Strafbefehle des Kaisers zu mildern, wie er sie selbst
mildern würde, wenn er in jetzigen Tagen wieder auferstände – wie
er einst selbst, unter ähnlichen Umständen, sie zu mildern nicht
gegen seine Würde geachtet. Die Inquisition sollte, wo sie noch
nicht eingeführt sei, unterbleiben, wo sie es sei, auf einen gelindern
Fuß gesetzt werden, oder auch gänzlich ruhen, da die Inquisitoren
(so drückte man sich aus, um ja den Protestanten die kleine Lust
nicht zu gönnen, daß sie gefürchtet würden, oder daß man ihrem
Ansuchen Gerechtigkeit zugestünde) von dem neuen Papste noch
nicht bestätigt worden wären. Dem geheimen Consilium wurde der
Auftrag gegeben, diesen Schluß des Senats ohne Verzug auszuferti-
gen. So vorbereitet, erwartete man die Verschwörung.[147]

---

[147] Strada 124. 125.

Die Geusen.

Der Senat war noch nicht auseinander, als ganz Brüssel schon von der Nachricht erschallte, die Verbundenen näherten sich der Stadt. Sie bestanden nur aus zweihundert Pferden; aber das Gerücht vergrößerte ihre Zahl. Die Regentin, voll Bestürzung, wirft die Frage auf, ob man den Eintretenden die Thore schließen oder sich durch die Flucht retten sollte. Beides wird als entehrend verworfen; auch widerlegt der stille Einzug der Edeln bald die Furcht eines gewaltsamen Ueberfalls. Den ersten Morgen nach ihrer Ankunft versammeln sie sich im Kuilemburgischen Hause, wo ihnen *Brederode* einen zweiten Eid abfordert, des Inhalts, daß sie sich unter einander, mit Hintansetzung aller *andern Pflichten*, und mit den Waffen selbst, wenn es nöthig wäre, beizustehen gehalten sein sollten. Hier wurde ihnen auch ein Brief aus Spanien vorgezeigt, worin stand, daß ein gewisser Protestant, den sie alle kannten und schätzten, bei langsamem Feuer lebendig dort verbrannt worden sei. Nach diesen und ähnlichen Präliminarien ruft er Einen um den Andern mit Namen auf, ließ sie in ihren eigenen und in der Abwesenden Namen den neuen Eid ablegen und den alten erneuern. Gleich der folgende Tag, als der fünfte April 1566, wird zur Ueberreichung der Bittschrift angesetzt.[148]

Ihre Anzahl war jetzt zwischen drei- und vierhundert. Unter ihnen befanden sich viele Lehenleute des vornehmen Adels, wie auch verschiedene Bediente des Königs selbst und der Herzogin.[149] Den Grafen von *Nassau* und *Brederoden* an ihrer Spitze, traten sie gliederweise, immer vier und vier, ihren Zug nach dem Palaste an; ganz Brüssel folgte dem ungewöhnlichen Schauspiel in stillem Erstaunen. Es wurde hier Menschen gewahr, die kühn und trotzig genug auftraten, um nicht Supplikanten zu scheinen, von zwei Männern geführt, die man nicht gewohnt war bitten zu sehen; auf der andern Seite so viel Ordnung, so viel Demuth und bescheidene Stille, als sich mit keiner Rebellion zu vertragen pflegt. Die Oberstatthalterin empfängt den Zug, von allen ihren Räthen und den Rittern des Vließes umgeben. »Diese edeln Niederländer,« redet

---

148 Strada 126.

149 Hopper. 73.

Brederode sie mit Ehrerbietung an, »welche sich hier vor Ew. Hoheit versammeln, und noch weit mehrere, welche nächstens eintreffen sollen, wünschen Ihnen eine Bitte vorzutragen, von deren Wichtigkeit so wie von ihrer Demuth dieser feierliche Aufzug Sie überführen wird. Ich, als Wortführer der Gesellschaft, ersuche Sie, diese Bittschrift anzunehmen, die nichts enthält, was sich nicht mit dem Besten des Vaterlands und mit der Würde des Königs vertrüge.« –

»Wenn diese Bittschrift,« erwiderte *Margaretha*, »wirklich nichts enthält, was mit dem Wohl des Vaterlands und mit der Würde des Königs streitet, so ist kein Zweifel, daß sie gebilligt werden wird.« – »Sie hätten,« fuhr der Sprecher fort, »mit Unwillen und Bekümmerniß vernommen, daß man ihrer Verbindung verdächtige Absichten unterlege und ihnen bei Ihrer Hoheit nachtheilig zuvorgekommen sei; darum lägen sie Ihr an, ihnen die Urheber so schwerer Beschuldigungen zu nennen und solche anzuhalten, ihre Anklage in aller Form und öffentlich zu thun, damit Derjenige, welchen man schuldig finden würde, die verdiente Strafe leide.« – »Allerdings,« antwortete die Regentin, »könne man ihr nicht verdenken, wenn sie auf die nachtheiligen Gerüchte von den Absichten und Allianzen des Bundes für nöthig erachtet habe, die Statthalter der Provinzen aufmerksam darauf zu machen; aber nennen würde sie die Urheber dieser Nachrichten niemals; Staatsgeheimnisse zu verrathen,« setzte sie mit einer Miene des Unwillens hinzu, »könne mit keinem Rechte von ihr gefordert werden.« Nun beschied sie die Verbundenen auf den folgenden Tag, um die Antwort auf ihre Bittschrift abzuholen, worüber sie jetzt noch einmal mit den Rittern zu Rathe ging.[150]

»Nie,« lautete diese Bittschrift (die nach Einigen den berühmten *Balduin* zum Verfasser haben soll), »nie hätten sie es an der Treue gegen ihren König ermangeln lassen, und auch jetzt wären sie weit davon entfernt; doch wollten sie lieber die Ungnade ihres Herrn Gefahr laufen, als ihn noch länger in der Unwissenheit der übeln Folgen verharren lassen, womit die gewaltsame Einsetzung der Inquisition und die längere Beharrung auf den Edikten ihr Vaterland bedrohen. Lange Zeit hätten sie sich mit der Hoffnung beruhigt, eine allgemeine Staatenversammlung würde diesen Beschwerden abhelfen; jetzt aber, da auch diese Hoffnung erloschen sei, hiel-

---

[150] Hopper. 73. Strada 126. 127. Burg. 182. 183.

ten sie es für ihre Pflicht, die Statthalterin vor Schaden zu warnen. Sie bäten daher Ihre Hoheit, eine wohlgesinnte und wohlunterrichtete Person nach Madrid zu senden, die den König vermögen könnte, dem einstimmigen Verlangen der Nation gemäß die Inquisition aufzuheben, die Edikte abzuschaffen und statt ihrer auf einer allgemeinen Staatenversammlung neue und menschlichere verfassen zu lassen. Unterdessen aber, bis der König seine Entschließung kund gethan, möchte man die Edikte ruhen lassen und die Inquisition außer Wirksamkeit setzen. Gäbe man,« schlossen sie, »ihrem demüthigen Gesuch kein Gehör, so nehmen sie Gott, den König, die Regentin und alle ihre Räthe zu Zeugen, daß *sie* das Ihre gethan, wenn es unglücklich ginge.«[151]

Den folgenden Tag erschienen die Verbundenen in eben demselben Aufzug, aber in noch größerer Anzahl (die Grafen von *Bergen* und *Kuilemburg* waren mit ihrem Anhang unterdessen zu ihnen gestoßen), vor der Regentin, um ihre Resolution in Empfang zu nehmen. Sie war an den Rand der Bittschrift geschrieben und enthielt: »Die Inquisition und die Edikte ganz ruhen zu lassen, stehe nicht in ihrer Gewalt; doch wolle sie, dem Wunsche der Verbundenen gemäß, Einen aus dem Adel nach Spanien senden und ihr Gesuch bei dem Könige nach allen Kräften unterstützen. Einstweilen solle den Inquisitoren empfohlen werden, ihr Amt mit Mäßigung zu verwalten; dagegen aber erwarte sie von dem Bunde, daß er sich aller Gewalttätigkeiten enthalten und nichts gegen den katholischen Glauben unternehmen werde.« So wenig diese allgemeine und schwankende Zusage die Verbundenen befriedigte, so war sie doch alles, was sie mit irgend einem Schein von Wahrscheinlichkeit fürs erste hatten erwarten können. Die Gewährung oder Nichtgewährung der Bittschrift hatte mit dem eigentlichen Zweck des Bündnisses nichts zu schaffen. Genug für jetzt, daß es überhaupt nur errichtet war; daß nunmehr etwas vorhanden war, woran sich der Geist des Aufruhrs ins künftige festhalten, wodurch man die Regierung, so oft es nöthig war, in Furcht setzen konnte. Die Verbundenen handelten also ihrem Plane gemäß, daß sie sich mit dieser Antwort beruhigten und das Uebrige auf die Entscheidung des Königs ankommen ließen. Wie überhaupt das ganze Gaukelspiel dieser Bitt-

---

[151] Hopper. 74. Burg. 162. 166.

schrift nur erfunden gewesen war, die verwegeneren Plane des Bundes hinter dieser Supplikantengestalt so lange zu verbergen, bis er genugsam zu Kräften würde gekommen sein, sich in seinem wahren Lichte zu zeigen; so mußte ihnen weit mehr an der Haltbarkeit dieser Maske und weit mehr an einer günstigen Aufnahme der Bittschrift als an einer schnellen Gewährung liegen. Sie drangen daher in einer neuen Schrift, die sie drei Tage darauf übergaben, auf ein ausdrückliches Zeugniß der Regentin, *daß sie nichts als ihre Schuldigkeit gethan, und daß nur Diensteifer für den König sie geleitet habe.* Als die Herzogin einer Erklärung auswich. schickten sie noch von der Treppe Jemand an sie ab, der dieses Gesuch wiederholen sollte. »Die Zeit allein und ihr künftiges Betragen,« antwortete sie diesem, »würden ihrer Absichten Richter sein.«[152]

Gastmähler gaben dem Bund seinen Ursprung, und ein Gastmahl gab ihm Form und Vollendung. An dem nämlichen Tag, wo die zweite Bittschrift eingereicht wurde, traktirte *Brederode* die Verschworen im Kuilemburgischen Hause; gegen 300 Gäste waren zugegen; die Trunkenheit machte sie muthwillig, und ihre Bravour stieg mit ihrer Menge. Hier nun erinnerten sich Einige, daß sie den Grafen von *Barlaimont* der Regentin, die sich bei Ueberreichung der Bittschrift zu entfärben schien, auf französisch hatten zuflüstern hören: »Sie solle sich vor einem Haufen Bettler (Gueux) nicht fürchten.« Wirklich war auch der größte Theil unter ihnen durch eine schlechte Wirthschaft so weit herabgekommen, daß er diese Benennung nur zu sehr rechtfertigte. Weil man eben um einen Namen der Brüderschaft verlegen war, so haschte man diesen Ausdruck begierig auf, der das Vermessene des Unternehmens in Demuth versteckte, und der zugleich am wenigsten von der Wahrheit entfernte. Sogleich trank man einander unter diesem Namen zu, und: *es leben die Geusen!* wurde mit allgemeinem Geschrei des Beifalls gerufen. Nach aufgehobener Tafel erschien *Brederode* mit einer Tasche, wie die herumziehenden Pilger und Bettelmönche sie damals trugen, hing sie um den Hals, trank die Gesundheit der ganzen Tafel aus einem hölzernen Becher, dankte Allen für ihren Beitritt zum Bunde und versicherte hoch, daß er für Jeden unter ihnen bereit stehe, Gut und Blut zu wagen. Alle riefen mit lauter Stimme ein gleiches, der

---

[152] Hopper. §. 94. Strada 127.

Becher ging in der Runde herum, und ein Jedweder sprach, indem er ihn an den Mund setzte, dasselbe Gelübde nach. Nun empfing Einer nach dem Andern die Bettlertasche und hing sie an einem Nagel auf, den er sich zugeeignet hatte. Der Lärm, den dieses Possenspiel verursachte, zog den Prinzen von *Oranien*, die Grafen von *Egmont* und von *Hoorn*, die der Zufall so eben vorbeiführte, in das Haus, wo ihnen *Brederode*, als Wirth vom Hause, ungestüm zusetzte, zu bleiben und ein Glas mitzutrinken.[153] Die Ankunft dieser drei wichtigen Männer erneuerte den Jubel der Gäste, und ihre Freude fing an, bis zur Ausgelassenheit zu steigen. Viele wurden betrunken; Gäste und Aufwärter ohne Unterschied, Ernsthaftes und Possierliches, Sinnentaumel und Angelegenheit des Staats vermengten sich auf eine burleske Art mit einander, und die allgemeine Noth des Landes bereitete ein Bacchanal. Hierbei blieb es nicht allein; was man im Rausche beschlossen hatte, führte man nüchtern aus. Das Dasein seiner Beschützer mußte dem Volke versinnlicht und der Eifer der Partei durch ein *sichtbares Zeichen* in Athem erhalten werden; dazu war kein besseres Mittel, als diesen Namen der *Geusen* öffentlich zur Schau zu tragen und die Zeichen der Verbrüderung davon zu entlehnen. In wenig Tagen wimmelte die Stadt Brüssel von aschgrauen Kleidern, wie man sie an Bettelmönchen und Büßenden sah. Die ganze Familie mit dem Hausgesinde eines Verschwornen warf sich in diese Ordenstracht. Einige führten hölzerne Schüsseln mit dünnem Silberblech überzogen, eben solche Becher, oder auch Messer, den ganzen Hausrath der Bettlerzunft, an den Hüten, oder ließen sie an den Gürtel herunterhängen. Um den Hals hingen sie eine goldene oder silberne Münze, nachher der Geusenpfennig genannt, deren eine Seite das Brustbild des Königs zeigte, mit der Inschrift: *Dem Könige getreu.* Auf der andern sah man zwei zusammengefaltete Hände, die eine Provianttasche hielten, mit den Worten: *Bis zum Bettelsack.* Daher schreibt sich der Name der Geusen, den nachher in den Niederlanden alle Diejenigen trugen, wel-

---

153 »Aber,« versicherte nachher Egmont in seiner Verantwortungsschrift, »wir tranken nur ein einziges kleines Glas, und dabei schrieen sie: es lebe der König und es leben die Geusen! Es war dies zum ersten Mal, daß ich diese Benennung hörte, und gewiß, sie mißfiel mir. Aber die Zeiten waren so schlimm, daß man manches gegen seine Neigung mitmachen mußte, und ich glaubte eine unschuldige Handlung zu thun.« Procès criminels des Comtes d'Egmont etc. T. I. Egmonts Verantwortung.

che vom Papstthum abfielen und die Waffen gegen den König ergriffen.[154]

Ehe die Verbundenen auseinander gingen, um sich in den Provinzen zu zerstreuen, erschienen sie noch einmal vor der Herzogin, um sie in der Zwischenzeit, bis die Antwort des Königs aus Spanien anlangte, zu einem gelinden Verfahren gegen die Ketzer zu ermahnen, damit es mit dem Volk nicht aufs Aeußerste käme. Sollte aber, fügten sie hinzu, aus einem entgegengesetzten Betragen Schlimmes entstehen, so wollten sie als Leute angesehen sein, die ihre Pflicht gethan hätten.

Darauf erwiederte die Regentin: sie hoffe solche Maßregeln zu ergreifen, daß keine Unordnung vorfallen könnte; geschehe dieses aber dennoch, so würde sie es Niemand anders als den Verbundenen zuzuschreiben haben. Sie ermahne sie also ernstlich, auch *ihren* Verheißungen gleichfalls nachzukommen, vorzüglich aber keine neuen Mitglieder mehr in ihren Bund aufzunehmen, keine Privatzusammenkünfte mehr zu halten und überhaupt keine Neuerung anzufangen. Um sie einstweilen zu beruhigen, wurde dem Geheimschreiber *Berti* befohlen, ihnen die Briefe vorzuzeigen, worin man den Inquisitoren und weltlichen Richtern Mäßigung gegen alle Diejenigen empfahl, die ihre ketzerische Verschuldung durch kein bürgerliches Verbrechen erschwert haben würden. Vor ihrem Abzug aus Brüssel ernannten sie noch vier Vorsteher aus ihrer Mitte,[155] welche die Angelegenheiten des Bundes besorgen mußten, und noch überdies eigene Geschäftsverweser für jede Provinz. In Brüssel selbst wurden einige zurückgelassen, um auf alle Bewegungen des Hofs ein wachsames Auge zu haben. *Brederode, Kuilemburg* und *Bergen* verließen endlich die Stadt, von 550 Reitern begleitet, begrüßten sie noch einmal außerhalb den Mauern mit Musketenfeuer und schieden dann von einander, *Brederode* nach Antwerpen, die beiden Andern nach Geldern. Dem Ersten schickte die Regentin einen Eilboten nach Antwerpen voran, der den Magistrat dieser Stadt vor ihm warnen sollte; über tausend Menschen drängten sich um das Hotel, wo er abgestiegen war. Er zeigte sich, ein volles

---

[154] Hopper. §. 94. Strada 127–130. Burgund. 185. 187.

[155] Burgundius gibt zwölf solcher Vorsteher an, welche das Volk spottweise die zwölf Apostel genannt haben soll. 188.

Weinglas in der Hand, am Fenster. »Bürger von Antwerpen,« redete er sie an, »ich bin hier, mit Gefahr meiner Güter und meines Lebens, euch die Last der Inquisition abzunehmen. Wollt ihr diese Unternehmung mit mir theilen und zu eurem Führer mich erkennen, so nehmt die Gesundheit an, die ich euch hier zutrinke, und streckt zum Zeichen eures Beifalls die Hände empor.« Damit trank er, und alle Hände flogen unter lärmendem Jubelgeschrei in die Höhe. Nach dieser Heldenthat verließ er Antwerpen.[156]

Gleich nach Uebergebung der Bittschrift der Edeln hatte die Regentin durch den geheimen Rath eine neue Formel der Edikte entwerfen lassen, die zwischen den Mandaten des Königs und den Forderungen der Verbundenen gleichsam die Mitte halten sollte. Die Frage war nun, ob es rathsamer sei, diese Milderung oder *Moderation*, wie sie gewöhnlich genannt wurde, geradezu abkündigen zu lassen, oder sie dem König erst zur Genehmhaltung vorzulegen.[157] Der geheime Rath, der es für zu gewagt hielt, einen so wichtigen Schritt ohne Vorwissen, ja gegen die ausdrückliche Vorschrift des Monarchen zu thun, widersetzte sich dem Prinzen von *Oranien*, der für das Erste stimmte. Außerdem hatte man Grund, zu fürchten, daß die Nation mit dieser Moderation nicht einmal zufrieden sein werde, die ohne Zuziehung der Stände, worauf man doch eigentlich dringe, verfaßt sei. Um nun den Ständen ihre Bewilligung abzugewinnen oder vielmehr abzustehlen, bediente sich die Regentin des Kunstgriffs, eine Landschaft nach der andern *einzeln*, und diejenigen, welche die wenigste Freiheit hatten, wie Artois, Hennegau, Namur und Luxemburg, zuerst zu befragen, wodurch sie nicht nur vermied, daß eine der andern zur Widersetzlichkeit Muth machte, sondern auch noch so viel gewann, daß die freieren Provinzen, wie Flandern und Brabant, die man weidlich bis zuletzt aufsparte, sich durch das Beispiel der andern hinreißen ließen.[158] Zufolge eines äußerst gesetzwidrigen Verfahrens überraschte man die Bevollmächtigten der Städte, ehe sie sich noch an ihre Gemeinheiten wenden konnten, und legte ihnen über den ganzen Vorgang ein tiefes Stillschweigen auf. Dadurch erhielt die Regentin, daß einige Land-

---

[156] Strada 131.

[157] Hopper. §. 95.

[158] Grot. 22. Burgund. 196. 197 sq.

schaften die Moderation unbedingt, andere mit wenigen Zusätzen gelten ließen. Luxemburg und Namur unterschrieben sie ohne Bedenken. Die Stände von Artois machten noch den Zusatz. daß falsche Angeber dem Recht der Wiedervergeltung unterworfen sein sollten; die von Hennegau verlangten, daß statt Einziehung der Güter, die ihren Privilegien widerstreite, eine andere willkürliche Strafe eingeführt würde. Flandern forderte die gänzliche Aufhebung der Inquisition und wollte den Angeklagten das Recht, an ihre Provinz zu appellieren, gesichert haben. Brabants Stände ließen sich durch die Ränke des Hofs überlisten. Seeland, Holland, Utrecht, Geldern und Friesland, als welche durch die wichtigsten Privilegien geschützt waren und mit der meisten Eifersucht darüber wachten, wurden niemals um ihre Meinung befragt. Auch den Gerichtshöfen der Provinzen hatte man ein Bedenken über die neuentworfene Milderung abgefordert, aber es dürfte wohl nicht sehr günstig gelautet haben, weil es niemals nach Spanien kam.[159] Aus dem Hauptinhalt dieser *Milderung,* die ihren Namen doch in der That verdiente, läßt sich auf die Edikte selbst ein Schluß machen. »Die Schriftsteller der Sekten,« hieß es darin, »ihre Vorsteher und Lehrer, wie auch Die, welche einen von diesen beherbergten, ketzerische Zusammenkünfte beförderten und verhehlten, oder irgend sonst ein öffentliches Aergerniß gäben, sollten mit dem Galgen bestraft und ihre Güter (wo die Landesgesetze es nämlich erlaubten) eingezogen werden; schwüren sie aber ihre Irrthümer ab, so sollten sie mit der Strafe des Schwerts davon kommen und ihre Verlassenschaft ihrer Familie bleiben.« Eine grausame Schlinge für die elterliche Liebe! Leichten und bußfertigen Ketzern, hieß es ferner, könne Gnade widerfahren; unbußfertige sollten das Land räumen, jedoch ohne ihre Güter zu verlieren, es sei denn, daß sie sich durch Verführung Anderer dieses Vorrechts beraubten. Von dieser Wohlthat waren jedoch die *Wiedertäufer* ausgeschlossen, die, wenn sie sich nicht durch die gründlichste Buße loskauften, ihrer Güter verlustig erklärt und, wenn sie Relapsen, d. i. wiederabgefallene Ketzer wären, ohne Barmherzigkeit hingerichtet werden sollten.[160] Die mehrere Achtung für Leben und Eigenthum, die man in diesen Verordnungen wahrnimmt und leicht versucht werden möchte, einer anfan-

---

[159] A. G. d. v. N. III. 72.
[160] Burg. 190–193.

genden Sinnesänderung des spanischen Ministeriums zuzuschreiben, war nichts als ein nothgedrungener Schritt, den ihm die standhafte Widersetzlichkeit des Adels erpreßte. Auch war man in den Niederlanden von dieser *Moderation*, die im Grunde keinen einzigen *wesentlichen Mißbrauch* abstellte, so wenig erbaut, daß das Volk sie in seinem Unwillen anstatt *Moderation* (Milderung) *Moorderation*, d. i. Mörderung, nannte.[161]

Nachdem man auf diesem Wege den Ständen ihre Einwilligung dazu abgelockt hatte, wurde die Milderung dem Staatsrath vorgelegt und, von ihm unterschrieben, an den König nach Spanien gesendet, um nunmehr durch seine Genehmigung eine gesetzliche Kraft zu empfangen.[162]

Die Gesandtschaft nach Madrid, worüber man mit den Verschwornen übereingekommen war, wurde anfänglich dem Marquis von *Bergen*[163] aufgetragen, der sich aber aus einem nur zu gegründeten Mißtrauen in die gegenwärtige Disposition des Königs, und weil er sich mit diesem delicaten Geschäft allein nicht befassen wollte, einen Gehilfen ausbat. Er bekam ihn in dem Baron von *Montigny*, der schon ehedem zu demselben Geschäfte gebraucht worden war und es rühmlich beendigt hatte. Da sich aber während dieser Zeit die Umstände sogar sehr verändert hatten, und er wegen seiner zweiten Aufnahme in Madrid in gerechter Besorgniß war, so machte er seiner mehreren Sicherheit wegen mit der Herzogin aus, daß sie vorläufig darüber an den Monarchen schreiben möchte, unterdessen er mit seinem Gesellschafter langsam genug reisen würde, um von der Antwort des Königs noch unterwegs getroffen zu werden. Sein guter Genius, der ihn, wie es schien, von dem schrecklichen Schicksal, das in Madrid auf ihn wartete, zurückreißen wollte, störte seine Reise noch durch ein unvermuthetes Hinderniß, indem der Marquis von *Bergen* durch eine Wunde, die er beim Ballschlagen empfing, außer Stand gesetzt wurde, sie sogleich mit ihm anzutreten. Nichtsdestoweniger machte er sich, weil die Regentin ihm an-

---

[161] A. G. d. v. N. 72.

[162] Vigl. ad Hopper. VII. Brief.

[163] Dieser Marquis von Bergen ist von dem Grafen Wilhelm von Bergen zu unterscheiden, der von den Ersten gewesen war, die den Compromiß unterschrieben. Vigl. ad Hopper. II. Brief.

lag, zu eilen, allein auf den Weg, nicht aber, wie er hoffte, die Sache seines Volks in Spanien durchzusetzen, sondern dafür zu sterben.[164]

Die Stellung der Dinge hatte sich nunmehr so verändert und der Schritt, den der Adel gethan, einen völligen Bruch mit der Regierung so nahe herbeigebracht, daß es dem Prinzen von *Oranien* und seinen Freunden fortan unmöglich schien, das mittlere, schonende Verhältniß, das sie bis jetzt zwischen der Republik und dem Hofe beobachtet hatten, noch länger beizubehalten und so widersprechende Pflichten zu vereinigen. So viel Ueberwindung es ihnen bei ihrer Denkart schon kosten mußte, in diesem Streit nicht Partei zu nehmen; so sehr schon ihr natürlicher Freiheitssinn, ihre Vaterlandsliebe und ihre Begriffe von Duldung unter dem Zwange litten, den ihr Posten ihnen auferlegte: so sehr mußte das Mißtrauen *Philipps* gegen sie, die wenige Achtung, womit ihr Gutachten schon seit langer Zeit pflegte aufgenommen zu werden, und das zurücksetzende Betragen, das ihnen von der Herzogin widerfuhr, ihren Diensteifer erkälten und ihnen die Fortsetzung einer Rolle erschweren, die sie mit so vielem Widerwillen und so wenigem Danke spielten. Dazu kamen noch verschiedene Winke aus Spanien, welche den Unwillen des Königs über die Bittschrift des Adels und seine wenige Zufriedenheit mit ihrem eigenen Betragen bei dieser Gelegenheit außer Zweifel setzten und Maßregeln von ihm erwarten ließen, zu denen sie, als Stützen der vaterländischen Freiheit und größtenteils als Freunde oder Blutsverwandte der Verbundenen, nie würden die Hand bieten können.[165] Von dem Namen, den man in Spanien der Verbindung des Adels beilegte, hing es überhaupt nun ab, welche Partei sie künftig zu nehmen hatten. Hieß die Bittschrift Empörung, so blieb ihnen keine andere Wahl, als entweder mit dem Hofe *vor* der Zeit zu einer bedenklichen Erklärung zu kommen, oder Diejenigen feindlich behandeln zu helfen, deren Interesse auch das ihrige war und die nur aus ihrer Seele gehandelt hatten. Dieser mißlichen Alternative konnten sie nur durch eine gänzliche Zurückziehung von Geschäften ausweichen; ein Weg. den sie zum Theil schon einmal erwählt hatten und der unter den jetzigen Umständen mehr als eine bloße Nothhilfe war. Auf *sie* sah die ganze

---

[164] Strada 133. 134.

[165] Meteren 81.

Nation. Das unumschränkte Vertrauen in ihre Gesinnungen und die allgemeine Ehrfurcht gegen sie, die nahe an Anbetung grenzte, adelte die Sache, die sie zu der ihrigen machten, und richtete die zu Grunde, die sie verließen. Ihr Antheil an der Staatsverwaltung, wenn er auch mehr nicht als bloßer Name war, hielt die Gegenpartei im Zügel; so lange *sie* dem Senat noch beiwohnten, vermied man gewaltsame Wege, weil man noch etwas von dem Wege der Güte erwartete. Ihre Mißbilligung, selbst wenn sie ihnen auch nicht von Herzen ging, machte die Faktion muthlos und unsicher, die sich im Gegentheil in ihrer ganzen Stärke aufraffte, sobald sie, auch nur entfernt, auf einen so wichtigen Beifall rechnen durfte. Dieselben Maßregeln der Regierung, die, wenn sie durch ihre Hände gingen, eines günstigen Erfolgs gewiß waren, mußten ohne sie verdächtig und unnütz werden; selbst die Nachgiebigkeit des Königs, wenn sie nicht das Werk dieser Volksfreunde war, mußte den besten Theil ihrer Wirkung verfehlen. Außerdem, daß ihre Zurückziehung von Geschäften die Regentin zu einer Zeit von Rath entblößte, wo Rath ihr am unentbehrlichsten war, gab diese Zurückziehung noch zugleich einer Partei das Uebergewicht, die, von einer blinden Anhänglichkeit an den Hof geleitet und unbekannt mit den Eigenheiten des republikanischen Charakters, nicht unterlassen haben würde, das Uebel zu verschlimmern und die Erbitterung der Gemüther aufs Aeußerste zu treiben.

Alle diese Gründe, unter denen es Jedem freigestellt ist, nach seiner guten oder schlimmen Meinung von dem Prinzen, denjenigen herauszusuchen, der bei ihm vorgewaltet haben möchte, bewogen ihn jetzt, die Regentin im Stich zu lassen und sich aller Staatsgeschäfte zu begeben. Die Gelegenheit, diesen Vorsatz ins Werk zu richten, fand sich bald. Der Prinz hatte für die schleunige Bekanntmachung der neuveränderten Edikte gestimmt; die Statthalterin folgte dem Gutachten des geheimen Raths und sandte sie zuvor an den König. »Ich sehe nun deutlich,« brach er mit verstellter Heftigkeit aus, »daß allen Rathschlägen, die ich gebe, mißtraut wird. Der König bedarf keiner Diener, deren Treue er bezweifeln muß, und ferne sei es von mir, meinem Herrn Dienste aufzudringen, die ihm zuwider sind. Besser also für ihn und mich, ich entziehe mich dem gemeinen Wesen.«[166] Das Nämliche ungefähr äußerte der Graf von *Hoorn*; *Egmont* bat um Urlaub, die Bäder in Aachen zu gebrauchen, die der Arzt ihm verordnet habe, wiewohl er (heißt es in seiner Anklage) aussah wie die Gesundheit. Die Regentin, von den Folgen erschreckt, die dieser Schritt unvermeidlich herbeiführen mußte, redete scharf mit dem Prinzen. »Wenn weder meine Vorstellungen, noch das gemeine Beste so viel über Sie vermögen, Sie von diesem Vorsatz zurückzubringen, so sollten Sie wenigstens Ihres eigenen Rufes mehr schonen. *Ludwig von Nassau* ist Ihr Bruder. Er und Graf *Brederode*, die Häupter der Verschwörung, sind öffentlich Ihre Gäste gewesen. Die Bittschrift enthält dasselbe, wovon alle Ihre Vorstellungen im Staatsrath bisher gehandelt haben. Wenn Sie nun plötzlich die Sache Ihres Königs verlassen, wird es nicht allgemein heißen, daß Sie die Verschwörung begünstigen?« Es wird nicht gesagt, ob der Prinz diesmal wirklich aus dem Staatsrath getreten ist; ist er es aber, so muß er sich bald eines Andern besonnen haben, weil wir ihn kurz nachher wieder in öffentlichen Geschäften erblicken. *Egmont*, scheint es, ließ sich von den Vorstellungen der Regentin besiegen; *Hoorn* allein zog sich wirklich auf eines seiner Güter zurück, des Vorsatzes, weder Kaisern noch Königen mehr zu dienen.[167]

Unterdessen hatten sich die Geusen durch alle Provinzen zerstreut und, wo sie sich zeigten, die günstigsten Nachrichten von dem Erfolg ihres Unternehmens verbreitet. Ihren Versicherungen nach war für die Religionsfreiheit alles gewonnen, und diesen Glauben recht zu befestigen, halfen sie sich, wo die Wahrheit nicht ausreichte, mit Lügen. So zeigten sie zum Beispiel eine nachgemachte Schrift der Ritter des Vließes vor, worin diese feierlich erklärten, daß künftighin Niemand weder Gefängnis- noch Landesverweisung, noch den Tod, der Religion wegen, zu fürchten haben sollte, er hätte sich denn zugleich eines politischen Verbrechens schuldig gemacht, in welchem Fall gleichwohl die Verbundenen allein seine Richter sein würden; und dies sollte gelten, bis der König mit den Ständen des Reichs anders darüber verfügte. So sehr es sich die Ritter, auf die erste Nachricht von dem gespielten Betrug, angelegen sein ließen, die Nation aus ihrer Täuschung zu reißen, so

---

[166] Burgund. 189.

[167] Wo er drei Monate außer Thätigkeit blieb. Hoorns Anklage. 118.

wichtige Dienste hatte diese Erfindung der Faktion in dieser kurzen Zeit schon geleistet. Wenn es Wahrheiten gibt, deren Wirkung sich auf einen bloßen *Augenblick* einschränkt, so können Erdichtungen, die sich nur *diesen Augenblick* lang halten, gar leicht ihre Stelle vertreten. Außerdem, daß das ausgestreute Gerücht zwischen der Statthalterin und den Rittern Mißtrauen erweckte und den Muth der Protestanten durch neue Hoffnungen aufrichtete, spielte es Denen, welche über Neuerungen brüteten, einen Schein von Recht in die Hände, der, wenn sie auch selbst nicht daran glaubten, ihrem Verfahren zu einer Beschönigung diente. Wenn dieser fälschliche Wahn auch noch so bald widerrufen ward, so mußte er doch in dem kurzen Zeitraum, wo er Glauben fand, so viele Ausschweifungen veranlaßt, so viel Zügellosigkeit und Licenz eingeführt haben, daß der Rückzug unmöglich werden, daß man den Weg, den man einmal betreten, aus Gewohnheit sowohl als aus Verzweiflung fortzuwandeln sich genöthigt sehen mußte.[168] Gleich auf die erste Zeitung dieses glücklichen Erfolgs fanden sich die geflüchteten Protestanten in ihrer Heimath wieder ein, von der sie sich nur ungern geschieden hatten; die sich versteckt hatten, traten aus ihren Schlupfwinkeln heraus; die der neuen Religion bisher nur in ihren Herzen gehuldigt hatten, herzhaft gemacht durch diese Duldungsakte, schenken sich ihr jetzt öffentlich und laut.[169] Der Name der Geusen wurde hoch gerühmt in allen Provinzen; man nannte sie die Stützen der Religion und Freiheit; ihre Partei wuchs mit jedem Tage, und viele Kaufleute fingen an, ihre Insignien zu tragen. Diese letztern brachten auf dem Geusenpfennig noch die Veränderung an, daß sie zwei kreuzweis gelegte Wanderstäbe darauf setzten, gleichsam um anzudeuten, daß sie jeden Augenblick fertig und bereit stünden, um der Religion willen Haus und Herd zu verlassen. Die Errichtung des Geusenbundes hatte den Dingen eine ganz andere Gestalt gegeben. Das Murren der Unterthanen, ohnmächtig und verächtlich bis jetzt, weil es nur Geschrei der Einzelnen war, hatte sich nunmehr in Einen Körper furchtbar zusammengezogen und durch Vereinigung Kraft, Richtung und Stetigkeit gewonnen. Jeder aufrührerische Kopf sah sich jetzt als das Glied eines ehrwürdigen und furchtbaren Ganzen an und glaubte seine Verwegenheit zu *sichern*, indem er sie in

---

[168] Strada 132. 133.

[169] Grot. 22.

diesen Versammlungsplatz des *allgemeinen Unwillens* niederlegte. Ein wichtiger Gewinn für den Bund zu heißen, schmeichelte dem Eiteln; sich unbeobachtet und ungestraft in diesem großen Strome zu verlieren, lockte den Feigen. Das Gesicht, welches die Verschwörung der Nation zeigte, war demjenigen sehr ungleich, welches sie dem Hofe zugekehrt hatte. Wären ihre Absichten auch die lautersten gewesen, hätte sie es wirklich so gut mit dem Throne gemeint, als sie äußerlich scheinen wollte, so würde sich der große Haufen dennoch nur an das *Gesetzwidrige* ihres Verfahrens gehalten haben, und ihr besserer Zweck gar nicht für ihn vorhanden gewesen sein.

Oeffentliche Predigten.

Kein Zeitpunkt konnte den Hugenotten und den deutschen Protestanten günstiger sein, als dieser, einen Absatz ihrer gefährlichen Waare in den Niederlanden zu versuchen. Jetzt wimmelte es in jeder ansehnlichen Stadt von verdächtigen Ankömmlingen, verkappten Kundschaftern, von Ketzern aller Art und ihren Aposteln. Drei Religionsparteien waren es, die unter allen, welche von der herrschenden Kirche abwichen, erhebliche Fortschritte in den Provinzen gemacht hatten. Friesland und die angrenzenden Landschaften hatten die *Wiedertäufer* überschwemmt, die aber, als die Dürftigsten von allen, ohne Obrigkeit, ohne Verfassung, ohne Kriegsmacht, und noch überdies unter sich selbst im Streite, die wenigste Furcht erweckten. Von weit mehr Bedeutung waren die *Calvinisten*, welche die südlichen Provinzen und Flandern insbesondere inne hatten, an ihren Nachbarn, den Hugenotten, der Republik Gent, den schweizerischen Kantons und einem Theile von Deutschland mächtige Stützen fanden und deren Religion, wenige Abänderungen ausgenommen, in England auf dem Throne saß. Ihr Anhang war der zahlreichste von allen, besonders unter der Kaufmannschaft und den gemeinen Bürgern, und die aus Frankreich vertriebenen Hugenotten hatten ihm größtenteils die Entstehung gegeben. An Anzahl und Reichthum wichen ihnen die *Lutheraner*, denen aber ein desto größerer Anhang unter dem Adel Gewicht gab. Diese hatten vorzüglich den gleichen Theil der Niederlande, der an Deutschland grenzt, in Besitz; ihr Bekenntniß herrschte in einigen nordischen Reichen; die mächtigsten Reichsfürsten waren ihre Bundesgenossen, und die Religionsfreiheit dieses Landes, dem auch die Niederlande durch den burgundischen Vergleich angehörten, konnte mit dem besten Scheine des Rechts von ihnen geltend gemacht werden. In Antwerpen war der Zusammenfluß dieser drei Religionen, weil die Volksmenge sie hier verbarg und die Vermischung aller Nationen in dieser Stadt die Freiheit begünstigte. Diese drei Kirchen hatten nichts unter sich gemein, als einen gleich unauslöschlichen Haß gegen das Papstthum, gegen die Inquisition insbesondere und gegen die spanische Regierung, deren Werkzeug diese war; aber eben die Eifersucht, womit sie einander selbst wechselseitig bewachten, erhielt ihren Eifer in Uebung und verhinderte, daß die Gluth des Fanatismus bei ihnen verglimmte.[170]

Die Statthalterin hatte, in Erwartung, daß die entworfene *Moderation* statt haben würde, einstweilen, um die Geusen zu befriedigen, den Statthaltern und Obrigkeiten der Provinzen in den Proceduren gegen die Ketzer Mäßigung empfohlen; ein Auftrag, den der größte Theil von diesen, der das traurige Strafamt nur mit Widerwillen verwaltete, begierig befolgte und in seiner weitesten Bedeutung nahm. Die meisten von den vornehmsten Magistratspersonen waren der Inquisition und der spanischen Tyrannei von Herzen gram, und viele von ihnen sogar selbst einer oder der andern Religionspartei heimlich ergeben; die es auch nicht waren, gönnten ihren abgesagten Feinden, den Spaniern, doch die Lust nicht, ihre Landsleute mißhandelt zu sehen.[171] Sie verstanden also die Regentin absichtlich falsch und ließen die Inquisition, wie die Edikte, fast ganz in Verfall gerathen. Diese Nachsicht der Regierung, mit den glänzenden Vorspiegelungen der Geusen verbunden, lockte die Protestanten, die sich ohnehin zu sehr angehäuft hatten, um länger versteckt zu bleiben, aus ihrer Dunkelheit hervor. Bis jetzt hatte man sich mit stillen nächtlichen Versammlungen begnügt; nunmehr aber glaubte man sich zahlreich und gefürchtet genug, um diese Zusammenkünfte auch öffentlich wagen zu können. Diese Licenz nahm ihren ersten Anfang zwischen Oudenaarde und Gent und ergriff bald das ganze übrige Flandern. Ein gewisser *Hermann Stricker*, aus Oberyssel gebürtig, vorzeiten Mönch und dem Kloster entsprungen, ein verwegener Enthusiast von fähigem Geiste, imposanter Figur und fertiger Zunge, ist der Erste, der das Volk zu einer Predigt unter freien Himmel herausführt. Die Neuheit des Unternehmens versammelt einen Anhang von siebentausend Menschen um ihn her. Ein Richter der Gegend, der, herzhafter als klug, mit gezogenem Degen unter die Menge sprengt, den Prediger in ihrer Mitte zu verhaften, wird von dem Volk, das in Ermanglung anderer Waffen nach Steinen greift, so übel empfangen, daß er, von schweren Wunden dahingestreckt, noch froh ist, sein Leben durch Bitten

---

[170] Grot. 22. Strada 136. Burgund. 212.

[171] Grot. 29. Burgund. 203. 204.

zu retten.[172] Der erste gelungene Versuch macht zu dem zweiten Muth. In der Gegend von Aalst versammeln sie sich in noch größerer Menge wieder; jetzt aber sind sie schon mit Rappieren, Feuergewehr und Hellebarden versehen, stellen Posten aus und verrammeln die Zugänge durch Karren und Wagen. Wen der Zufall hier vorüberführt, muß, gern oder ungern, an dem Gottesdienst Theil nehmen, wozu besondere Aufpasser bestellt sind. An dem Eingang haben sich Buchhändler gelagert, welche den protestantischen Katechismus, Erbauungsschriften und Pasquille auf die Bischöfe feil bieten. Der Apostel *Hermann Stricker* läßt sich von einer Rednerbühne hören, die von Karren und Baumstämmen aus dem Stegreif aufgethürmt worden. Ein darüber gespanntes Segeltuch schützt ihn vor Sonne und Regen; das Volk stellt sich gegen die Windseite, um ja nichts von seiner Predigt zu verlieren, deren beste Würze die Schmähungen gegen das Papstthum sind. Man schöpft Wasser aus dem nächsten Fluß, um die neugebornen Kinder, ohne weitere Ceremonie, wie in den ersten Zeiten des Christentums, von ihm taufen zu lassen. Hier werden Sakramente auf calvinische Art empfangen, Brautpaare eingesegnet und Ehen zerrissen. Halb Gent war auf diese Art aus seinen Thoren gezogen; der Zug verbreitete sich immer weiter und weiter und hatte in kurzer Zeit ganz Ostflandern überschwemmt. Westflandern brachte ein anderer abgefallener Mönch, *Peter Dathen* ans Poperingen, gleichfalls in Bewegung; fünfzehntausend Menschen drängten sich aus Flecken und Dörfern zu seiner Predigt; ihre Anzahl macht sie beherzt genug, mit stürmender Hand in die Gefängnisse zu brechen, wo einige Wiedertäufer zum Märtyrertod aufgespart waren. Die Protestanten in Tournay wurden von einem gewissen *Ambrosius Ville*, einem französischen Calvinisten, zu gleichem Uebermuthe verhetzt. Sie dringen ebenfalls auf eine Losgebung ihrer Gefangenen und lassen sich öftere Drohungen entfallen, daß sie die Stadt den Franzosen übergeben würden. Diese war ganz von Garnison entblößt, die der Comman-

---

[172] Burgund. 213. 214. Diese unerhörte Brutalität eines einzelnen Menschen, mitten unter eine Schaar von siebentausend tollkühnen Menschen, die durch gemeinschaftliche Andacht noch mehr entzündet sind, zu dringen, um einen, den sie anbeten, vor ihren Augen zum Gefangenen zu machen, beweist mehr als alles, was man über diese Materie sagen kann, mit welch insolenter Verachtung die damaligen Katholiken auf die sogenannten Ketzer herabgesehen haben mögen, die sie als eine schlechtere Menschenart betrachteten.

dant, aus Furcht vor Verrätherei, in das Castell gezogen hatte, und welche sich noch außerdem weigerte, gegen ihre Mitbürger zu agieren. Die Sektierer gingen in ihrem Uebermuthe so weit daß sie eine eigene öffentliche Kirche innerhalb der Stadt für sich verlangten; da man ihnen diese versagte, traten sie in ein Bündniß mit Valenciennes und Antwerpen, um ihren Gottesdienst nach dem Beispiel der übrigen Städte mit öffentlicher Gewalt durchzusetzen. Diese drei Städte standen unter einander in dem genauesten Zusammenhang, und die protestantische Partei war in allen dreien gleich mächtig. Weil sich jedoch keine getraute, den Tumult anzufangen, so kamen sie überein, daß sie zu gleicher Zeit mit den öffentlichen Predigten ausbrechen wollten. *Brederodes* Erscheinung in Antwerpen machte ihnen endlich Muth. Sechzehntausend Menschen brachen an dem nämlichen Tag, wo dasselbe in Tournay und Valenciennes geschah, aus der Stadt hinaus, Weiber und Männer durcheinander; Mütter schleppten ihre ganz kleinen Kinder hinter sich her. Sie schlossen den Platz mit Wagen, die sie zusammenbanden, hinter welchen sich Gewaffnete versteckt hielten, um die Andacht gegen einen etwanigen Ueberfall zu decken. Die Prediger waren theils Deutsche, theils Hugenotten und redeten in wallonischer Sprache; manche darunter waren aus dem gemeinsten Pöbel, und Handwerker sogar fühlten sich zu diesem heiligen Werke berufen. Kein Ansehen der Obrigkeit, kein Gesetz, keines Häschers Erscheinung schreckte sie mehr. Viele zog bloße Neugier herbei, um doch zu hören, was für neue und seltsame Dinge diese fremden Ankömmlinge, die so viel Redens von sich gemacht, auskramen würden. Andere lockte der Wohlklang der Psalmen, die, wie es in Genf gebräuchlich war, in französischen Versen abgesungen wurden. Ein großer Theil wurde von diesen Predigten wie von lustigen Komödien angezogen, in welchen der Papst, die Väter der Trientischen Kirchenversammlung, das Fegfeuer und andere Dogmen der herrschenden Kirche auf eine possierliche Art heruntergemacht wurden. Je toller dieses zuging, desto mehr kitzelte es die Ohren der Gemeinde, und ein allgemeines Händeklatschen, wie im Schauspielhause, belohnte den Redner, der es den andern an abenteuerlicher Uebertreibung zuvorgethan hatte. Aber das Lächerliche, das in diesen Versammlungen auf die herrschende Kirche geworfen ward, ging demungeachtet in dem Gemüth der Zuhörer nicht ganz verloren, so wenig, als die wenigen Körner von Vernunft, die gelegentlich mit unterliefen; und Mancher, der hier nichts weniger als Wahrheit gesucht hatte, brachte sie vielleicht, ohne es selbst zu wissen, mit zurück.[173]

Diese Versammlungen wurden mehrere Tage wiederholt, und mit jeder wuchs die Vermessenheit der Sektierer, bis sie sich endlich sogar erlaubten, ihre Prediger nach vollbrachtem Gottesdienst mit einer Eskorte von gewaffneten Reitern im Triumph heimzuführen und so das Gesetz durch Gepränge zu verhöhnen. Der Stadtrath sendet einen Eilboten nach dem andern an die Herzogin, um sie zu einer persönlichen Ueberkunft und, wo möglich, zur Residenz in Antwerpen zu vermögen, als dem einzigen Mittel, den Trotz der Empörer zu zügeln und dem gänzlichen Verfall der Stadt vorzubeugen; denn die vornehmsten Kaufleute, vor Plünderung bang, stunden schon im Begriff, sie zu räumen. Furcht, das königliche Ansehen auf ein so gefährliches Spiel zu setzen, verbietet ihr zwar, diesem Begehren zu willfahren, aber an ihrer Statt wird der Graf von *Megen* dahin gesendet, um mit dem Magistrate wegen Einführung einer Garnison zu unterhandeln. Der aufrührische Pöbel, dem der Zweck seiner Ankunft nicht lange verborgen bleibt, sammelt sich unter tumultuarischem Geschrei um ihn herum. »Man kenne ihn als einen geschworenen Feind der Geusen,« wurde ihm zugeschrieen: »er bringe Knechtschaft und Inquisition, und er solle unverzüglich die Stadt verlassen.« Auch legte sich der Tumult nicht, bis *Megen* wieder aus den Thoren war. Nun reichten die Calvinisten dieser Stadt bei dem Magistrat eine Schrift ein, worin sie bewiesen, daß ihre große Menge es ihnen fernerhin unmöglich mache, sich in der Stille zu versammeln, und ein eignes Gotteshaus innerhalb der Stadt für sich begehrten. Der Stadtrath erneuert seine Vorstellungen an die Herzogin, daß sie der bedrängten Stadt doch durch ihre persönliche Gegenwart zu Hilfe kommen, oder ihr wenigstens den Prinzen von *Oranien* schicken möchte, als den Einzigen, für den das Volk noch einige Rücksicht habe, und der noch überdies der Stadt Antwerpen durch den Erbtitel eines Burggrafen von Antwerpen verpflichtet sei. Um das größere Uebel zu vermeiden, mußte sie in die zweite Forderung willigen und dem Prinzen, so schwer es ihr auch fiel, Antwerpen anvertrauen. Dieser, nachdem er sich lange

---

[173] Strada 132. Burgund. 220–232.

umsonst hatte bitten lassen, weil er einmal fest entschlossen schien, an den Staatsgeschäften ferner keinen Antheil zu nehmen, ergab sich endlich dem ernstlichen Zureden der Regentin und den ungestümen Wünschen des Volks. *Brederode* kam ihm eine halbe Meile von der Stadt mit großer Begleitung entgegen, und von beiden Seiten begrüßte man einander mit Abfeuerung von Pistolen. Antwerpen schien alle seine Einwohner ausgegossen zu haben, um seinen Erretter zu empfangen. Die ganze Heerstraße wimmelte von Menschen, die Dächer auf den Landhäusern waren abgedeckt, um mehr Zuschauer zu fassen; hinter Zäunen, aus Kirchhofmauern, aus Gräbern sogar wuchsen Menschen hervor. Die Zuneigung des Volks gegen den Prinzen zeigte sich hier in kindischen Ergießungen. »Die Geusen sollen leben!« schrie Jung und Alt ihm entgegen. – »Sehet hin,« schrieen Andere, »das ist Der, der uns Freiheit bringt!« – »Der ist's,« schrieen die Lutheraner, »der uns das Augsburgische Bekenntniß bringt!« – »Nun brauchen wir fortan keine Geusen mehr!« riefen Andere; »wir brauchen den mühsamen Weg nach Brüssel nicht mehr. Er allein ist uns alles!« Diejenigen, welche gar nichts zu sagen wußten, machten ihrer ausgelassenen Freude in Psalmen Luft, die sie tumultuarisch um ihn her anstimmten. Er indessen verlor seinen Ernst nicht, winkte Stillschweigen um sich her und rief endlich, da ihm Niemand gehorchen wollte, zwischen Unwillen und Rührung: »Bei Gott,« rief er, »sie sollten zusehen, was sie thäten, es würde sie einmal reuen, was sie jetzt gethan.«[174] Das Jauchzen mehrte sich, als er in die Stadt selbst eingeritten war. Gleich das erste Besprechen des Prinzen mit den Häuptern der verschiedenen Religionsparteien, die er einzeln zu sich kommen ließ und befragte, belehrte ihn, daß die Hauptquelle des Uebels in dem gegenseitigen Mißtrauen der Parteien unter einander und in dem Argwohn der Bürger gegen die Absichten der Regierung zu suchen sei, und daß sein erstes Geschäft also sein müsse, die Gemüther zu versichern. Den Reformierten, als den mächtigsten an Anzahl, suchte er durch Ueberredung und List die Waffen aus den Händen zu winden, welches ihm endlich mit vieler Mühe gelang. Da aber bald darauf einige Wagen mit Kriegsmunition in Mecheln geladen wurden und der Drossaard von Brabant sich in dem Gebiet von Antwerpen öfters mit Bewaffneten sehen ließ, so fürchteten die Calvinisten, bei ihrem

---

[174] Strada 138. 139. Burg. 233. 234.

Gottesdienst feindlich gestört zu werden, und lagen dem Prinzen an, ihnen innerhalb der Mauern einen Platz zu ihren Predigten einzuräumen, wo sie vor einem Ueberfall sicher sein köunten.[175] Es gelang ihm noch einmal, sie zu vertrösten, und seine Gegenwart hielt den Ausbruch des Tumults, sogar während des Fests von Mariä Himmelfahrt, das eine Menge Volks nach der Stadt gezogen und wovon man alles befürchtet hatte, glücklich zurück. Das Marienbild wurde mit dem gewöhnlichen Gepräng unangefochten herumgetragen; einige Schimpfwort und ein ganz stilles Murmeln von Götzendienst war alles, was sich der unkatholische Pöbel gegen die Procession herausnahm.[176]

(1566.) Indem die Regentin aus einer Provinz nach der andern die traurigsten Zeitungen von dem Uebermuthe der Protestanten erhält und für Antwerpen zittert, das sie in *Oraniens* gefährlichen Händen zu lassen gezwungen ist, wird sie von einer andern Seite her in nicht geringes Schrecken gesetzt. Gleich auf die ersten Nachrichten von den öffentlichen Predigten hatte sie den Bund aufgerufen, seine Zusage jetzt zu erfüllen und ihr zu Wiederherstellung der Ordnung hilfreiche Hand zu leisten. Diesen Vorwand gebrauchte Graf *Brederode*, eine Generalversammlung des ganzen Bundes auszuschreiben, wozu kein gefährlicherer Zeitpunkt als der jetzige hätte gewählt werden können. Eine so prahlerische Ausstellung der innern Kräfte des Bundes, dessen Dasein und Schutz allein den protestantischen Pöbel ermuntert haben konnte, so weit zu gehen, als er gegangen war, mußte jetzt in eben dem Grade die Zuversicht der Sektierer erheben, als sie den Muth der Regentin darniederschlug. Der Convent kam in einer Lüttischischen Stadt, St. Truyen, zu Stande, wohin sich *Brederode* und *Ludwig* von *Nassau* an der Spitze von zweitausend Verbundenen geworfen hatten. Da ihnen das lange Ausbleiben der königlichen Antwort aus Madrid von dorther nicht viel Gutes zu weissagen schien, so achteten sie auf alle Fälle für rathsam, einen Sicherheitsbrief für ihre Personen von der Herzogin zu erpressen. Diejenigen unter ihnen, die sich einer unreinen Sympathie mit dem protestantischen Pöbel bewußt waren, betrachteten seine Ausgelassenheit als ein günstiges Ereigniß für den Bund; das

---

[175] Meurs. Guil. Aur. Libr. I. 10. 11.

[176] Meteren 83. Burgund. 234.

scheinbare Glück Derer, zu deren Gemeinschaft sie sich herabsetzten, verführte sie, ihren Ton zu ändern; ihr vorhin ruhmwürdiger Eifer fing an, in Insolenz und Trotz auszuarten. Viele meinten, man sollte die allgemeine Verwirrung und die Verlegenheit der Herzogin nutzen, einen kühneren Ton annehmen und Forderung auf Forderung häufen. Die katholischen Mitglieder des Bundes, unter denen viele im Herzen noch sehr königlich dachten und mehr durch Gelegenheit und Beispiel zu einem Antheil an dem Bunde hingerissen worden, als aus innerm Trieb dazu getreten waren, hörten hier zu ihrem nicht geringen Erstaunen eine allgemeine Religionsfreiheit in Vorschlag bringen und wurden jetzt mit Schrecken gewahr, in welch ein gefährliches Unternehmen sie sich übereilter Weise verwickelt hatten. Gleich auf diese Entdeckung trat der junge Graf *Mansfeld* zurück; und eine innere Zwietracht fing jetzt schon an, das Werk der Eile zu untergraben und die Fugen des Bundes unvermerkt aufzulösen.[177]

Graf von *Egmont* und *Wilhelm* von *Oranien* werden von der Regentin bevollmächtigt, mit den Verbundenen zu unterhandeln. Zwölf von den Letztern, unter denen *Ludwig* von *Nassau*, *Brederode* und *Kuilemburg* waren, besprachen sich mit ihnen in Duffle, einem Dorf ohnweit Mecheln. »Wozu dieser neue Schritt?« ließ ihnen die Regentin durch den Mund dieser Beiden entbieten. »Man hat Gesandte nach Spanien von mir gefordert; ich habe sie dahin gesendet. Man hat die Edikte und Inquisition allzu streng gefunden; ich habe beide gemildert. Man hat auf eine allgemeine Versammlung der Reichsstände angetragen; ich habe diese Bitte vor den König gebracht, weil ich sie aus eigner Gewalt nicht bewilligen durfte. Was hab' ich denn nun unwissender Weise noch unterlassen oder gethan, was diese Zusammenkunft in St. Truyen nothwendig machte? Ist es vielleicht Furcht vor dem Zorn des Königs und seinen Folgen, was die Verbundenen beunruhigt? Die Beleidigung ist groß, aber größer ist seine Gnade. Wo bleibt nun das Versprechen des Bundes, keine Unruhen unter dem Volke zu erregen? Wo jene prächtig tönenden Worte, daß man bereit sein würde, lieber zu meinen Füßen zu sterben, als dem König etwas von seinen Rechten zu vergeben? Schon nehmen sich die Neuerer Dinge heraus, die sehr nah an Auf-

---

[177] Burgund. 235. Strada 140.

ruhr grenzen und die Republik zum Verderben führen; und der Bund ist's, auf den sie sich dabei berufen. Wenn er dieses mit Stillschweigen duldet, so klagt er sich als Mitschuldigen ihres Frevels an; wenn er es redlich mit seinem König meint, so kann er bei dieser Ausgelassenheit des Pöbels nicht unthätig feiern. Aber er selbst geht ja dem rasenden Pöbel durch sein gefährliches Beispiel voran, schließt Bündnisse mit den Feinden des Vaterlands und bekräftigt diese schlimmen Gerüchte durch seine jetzige strafbare Versammlung.«[178]

Der Bund verantwortete sich dagegen förmlich in einer Schrift, welche er durch drei deputierte Mitglieder im Staatsrath zu Brüssel einreichen läßt. »Alles,« lautete diese, »was Ihre Hoheit in Rücksicht auf unsre Bittschrift gethan, haben wir mit dem lebhaftesten Danke empfunden; auch können wir über keine Neuerung Klage führen, welche in dieser Zeit, Ihrem Versprechen zuwider, irgendwo gemacht worden wäre; aber wenn wir demungeachtet jetzt noch immer und aller Orten her in Erfahrung bringen und mit eigenen Augen uns überzeugen, daß man unsre Mitbürger um der Religion willen vor Gericht schleppt und zum Tode führt, so müssen wir nothwendig daraus schließen, daß die Befehle Ihrer Hoheit von den Gerichtshöfen zum mindesten sehr wenig geachtet werden. Was der Bund seinerseits versprochen, hat er redlich erfüllt, auch den öffentlichen Predigten hat er nach Vermögen zu steuern gesucht; aber freilich ist es kein Wunder, wenn die so lange Verzögerung einer Antwort aus Madrid die Gemüther mit Argwohn erfüllt und die getäuschte Hoffnung einer allgemeinen Staatenversammlung sie wenig geneigt macht, fernern Versicherungen zu glauben. Nie hat sich der Bund mit den Feinden des Landes verbunden; auch nie eine Versuchung dazu gefehlt. Sollten sich französische Waffen in den Provinzen sehen lassen, so werden wir, die Verbundenen, als die Ersten zu Pferde sitzen, sie daraus zu vertreiben; aber wir wollen aufrichtig gegen Ew. Hoheit sein. Wir glaubten Zeichen Ihres Unwillens gegen uns in Ihrem Gesichte zu lesen; wir sehen Menschen im ausschließenden Besitz Ihrer Gnade, die durch Ihren Haß gegen uns berüchtigt sind. Täglich müssen wir hören, daß vor der Gemeinschaft mit uns, wie vor Verpesteten, gewarnt wird, daß man

---

[178] Meteren 84. Burg. 238. 239.

uns die Ankunft des Königs wie den Anbruch eines Gerichtstags verkündigt – was ist natürlicher, als daß der Argwohn gegen uns auch den unsrigen endlich erweckte? daß der Vorwurf der Majestätsverletzung, womit man unsre Verbindung zu schwärzen bemüht ist, daß die Kriegsrüstungen des Herzogs von Savoyen und anderer Fürsten, die, wie das Gerücht sagt, uns gelten sollen, die Unterhandlungen des Königs mit dem französischen Hof, um einer spanischen Armee, die nach den Niederlanden bestimmt sein soll, den Durchzug durch dieses Reich auszuwirken, und dergleichen Vorfälle mehr uns aufgefordert haben, auf unsre Selbstverteidigung zu denken und uns durch eine Verbindung mit unsern auswärtigen Freunden zu verstärken? Auf ein allgemeines, unstetes und schwankendes Gerede beschuldigt man uns eines Antheils an dieser Zügellosigkeit des protestantischen Pöbels; aber wen klagt das allgemeine Gerede nicht an? Wahr ist es allerdings, daß auch unter uns Protestanten sich befinden, denen eine Duldung der Religionen das willkommenste Geschenk sein würde; aber auch sie haben niemals vergessen, was sie ihrem Herrn schuldig sind. Furcht vor dem Zorne des Königs ist es nicht, was uns aufgefordert hat, diese Versammlung zu halten. Der König ist gut, und wir wollen hoffen, daß er gerecht ist. Es kann also nicht Verzeihung sein, was wir bei ihm suchen, und eben so wenig kann es *Vergessenheit* sein, was wir uns über Handlungen erbitten, die unter den Verdiensten, so wir uns um Se. Majestät erworben, nicht die unbeträchtlichsten sind. Wahr ist es wieder, daß sich Abgeordnete der Lutheraner und Calvinisten in St. Truyen bei uns eingefunden; ja, noch mehr, sie haben uns eine Bittschrift übergeben, die wir an Ew. Hoheit hier beilegen. Sie erbieten sich darin, die Waffen bei ihren Predigten niederzulegen, wenn der Bund ihnen Sicherheit leisten und sich für eine allgemeine Versammlung der Stände verbürgen wolle. Beides haben wir geglaubt ihnen zusagen zu müssen, aber unsre Versicherung allein hat keine Kraft, wenn sie nicht zugleich von Ew. Hoheit und einigen Ihrer vornehmsten Räthe bestätigt wird. Unter diesen kann Niemand von dem Zustand unserer Sachen so gut unterrichtet sein und es so redlich mit uns meinen, als der Prinz von *Oranien* und die Grafen von *Hoorn* und von *Egmont.* Diese Drei nehmen wir mit Freuden als Mittler an, wenn man ihnen dazu die nöthige Vollmacht gibt und uns Versicherung leistet, daß ohne ihr Wissen keine Truppen geworben und keine Befehlshaber darüber ernannt werden sollen.

Diese Sicherheit verlangen wir indessen nur auf einen gegebenen Zeitraum, nach dessen Verstreichung es bei dem Könige stehen wird, ob er sie aufheben oder bestätigen will. Geschieht das Erste, so ist es der Billigkeit gemäß, daß man uns einen Termin setze, unsere Personen und Güter in Sicherheit zu bringen; drei Wochen werden dazu genug sein. Endlich und letztens machen wir uns auch unsrerseits anheischig, ohne Zuziehung jener drei Mittelspersonen nichts Neues zu unternehmen.«[179]

Eine so kühne Sprache konnte der Bund nicht führen, wenn er nicht einen mächtigen Rückhalt hatte und sich auf einen gründlichen Schutz verließ; aber die Regentin sah sich eben so wenig im Stand, ihm die verlangten Punkte zu bewilligen, als sie unfähig war, ihm Ernst entgegenzusetzen. In Brüssel, das jetzt von den meisten Staatsräthen, die entweder nach ihren Provinzen abgegangen oder unter irgend einem andern Vorwand sich den Geschäften entzogen hatten, verlassen war, sowohl von Rath, als von Geld entblößt, dessen Mangel sie nöthigte, die Großmuth der Geistlichkeit anzusprechen und, da auch dieses Mittel nicht zureichte, ihre Zuflucht zu einem Lotto zu nehmen, abhängig von Befehlen aus Spanien, die immer erwartet wurden und immer nicht kamen, sah sie sich endlich zu der erniedrigenden Auskunft gebracht, mit den Verbundenen in St. Truyen den Vertrag einzugehen, daß sie noch vier und zwanzig Tage lang auf die Resolution des Königs warten wollten, bevor sie einen weiteren Schritt unternähmen. Auffallend war es freilich, daß der König immer noch fortfuhr, mit einer entscheidenden Antwort auf die Bittschrift znrückzuhalten, ungeachtet man allgemein wußte, daß er weit jüngere Schreiben beantwortet hatte und die Regentin deßwegen auf das nachdrücklichste in ihn drang. Auch hatte sie sogleich nach dem Ausbruch der öffentlichen Predigten den Marquis von *Bergen* dem Baron von *Montigny* nachgesandt, der, als ein Augenzeuge dieser neuen Begebenheiten, ihren schriftlichen Bericht desto lebhafter unterstützen und den König um so rascher bestimmen sollte.[180]

---

[179] Meteren 84. 85. Strada 141 sq. Burgund. 240–251. Meursil Guil. Aur. L. I. 11. 12.

[180] Hopper. §. 117. Burgund. 252. 262.

(1566.) Unterdessen war der niederländische Gesandte, *Florenz von Montigny*, in Madrid eingetroffen, wo ihm auf das anständigste begegnet ward. Der Inhalt seiner Instruktion war die Abschaffung der Inquisition und Milderung der Plakate; die Vermehrung des Staatsraths und Aufhebung der zwei übrigen Curien; das Verlangen der Nation nach einer allgemeinen Staatenversammlung und das Ansuchen der Regentin um die persönliche Ueberkunft des Königs. Weil dieser aber immer nur Zeit zu gewinnen suchte, so wurde *Montigny* bis auf die Ankunft seines Gehilfen vertröstet, ohne welchen der König keinen endlichen Schluß fassen wollte. Der Flamänder indessen hatte jeden Tag und zu jeder ihm beliebigen Stunde Audienz bei dem König, der ihm auch jedes Mal die Depeschen der Herzogin und deren Beantwortung mitzutheilen Befehl gab. Oefters wurde er auch in das Conseil der niederländischen Angelegenheiten gezogen, wo er nie unterließ, den König auf eine Generalversammlung der Staaten, als auf das einzige Mittel, den bisherigen Verwirrungen zu begegnen, und welches alle übrigen entbehrlich machen würde, hinzuweisen. So bewies er ihm auch, daß nur eine allgemeine und uneingeschränkt Vergebung alles Vergangenen das *Mißtrauen* würde tilgen können, das bei allen diesen Beschwerden zum Grunde läge und jeder noch so gut gewählten Maßregel ewig entgegenarbeiten würde. Auf seine gründliche Kenntniß der Dinge und eine genaue Bekanntschaft mit dem Charakter seiner Landsleute wagte er es, dem König für ihre unverbrüchliche Treue zu bürgen, sobald er sie durch ein gerades Verfahren von der Redlichkeit seiner Absichten überführt haben würde, da er ihm im Gegentheil, von eben dieser Kenntniß geleitet, alle Hoffnung dazu absprach, so lange sie nicht von der Furcht geheilt würden, das Ziel seiner Unterdrückung zu sein und dem Neide der spanischen Großen zum Opfer zu dienen. Sein Gehilfe erschien endlich, und der Inhalt ihrer Gesandtschaft wurde wiederholten Beratschlagungen unterworfen.[181]

(1566.) Der König war damals im *Busch* zu Segovien, wo er auch seinen Staatsrath versammelte. Beisitzer waren: der Herzog von *Alba; Don Gomez de Figueroa*, Graf von Feria; Don *Antonio von Toledo*, Großcommendator vom Orden St. Johannes; Don *Johann Manriquez*

---

[181] Hopper. 98. 99. 103.

von Lara, Oberhofmeister der Königin; *Ruy Gomez*, Prinz von Eboli und Graf von Melito; *Ludwig von Quixada*, Oberstallmeister des Prinzen; *Karl Tyssenacque*, Präsident des niederländischen Conseils; der Staatsrath und Siegelbewahrer *Hopper*[182] und der Staatsrath von *Corteville*.[183] Mehrere Tage wurde die Sitzung fortgesetzt; beide Abgesandte wohnten ihr bei, aber der König war nicht selbst zugegen. Hier nun wurde das Betragen des niederländischen Adels von spanischen Augen beleuchtet; man verfolgte es Schritt vor Schritt bis zu seiner entlegensten Quelle; brachte Vorfälle mit einander in Zusammenhang, die nie keinen gehabt hatten, und einen reifen, weitaussehenden Plan in Ereignisse, die der Augenblick geboren. Alle diese verschiedenen Vorgänge und Versuche des Adels, die nur der Zufall an einander gereiht und der natürlichste Lauf der Dinge so und nicht anders gelenkt hatte, sollten aus dem überdachten Entwurfe gesponnen sein, eine allgemeine Religionsfreiheit einzuführen und das Steuer der Gewalt in die Hände des Adels zu bringen. Der erste Schritt dazu, hieß es, war die gewaltsame Wegdrängung des Ministers *Granvella*, an welchem man nichts zu tadeln finden konnte, als daß er im Besitz einer Macht war, die man lieber selbst ausgeübt hätte. Den zweiten Schritt that man durch die Absendung des Grafen von *Egmont* nach Spanien, der auf Abschaffung der Inquisition und Milderung der Strafbefehle dringen und den König zu einer Erweiterung des Staatsraths vermögen sollte. Da aber dieses auf einem so bescheidenen Wege nicht zu erschleichen gewesen, so versuchte man es durch einen dritten und herzhafteren Schritt, durch eine förmliche Verschwörung, den Geusenbund, von dem Hof zu ertrotzen. Ein vierter Schritt zu dem nämlichen Ziele ist diese neue Gesandtschaft, wo man endlich ungescheut die Larve abwirft und durch die unsinnigen Vorschläge, die man dem König zu thun sich nicht entblödet, deutlich an den Tag legt, wohin alle jene vorhergegangenen Schritte gezielt haben. Oder, fuhr man fort, kann die Abschaffung der Inquisition zu etwas Geringerem als zu einer vollkommenen Glaubensfreiheit führen? Geht mit ihr nicht das Steuer der Gewissen verloren? Führt diese vorgeschlagene *Moderation* nicht eine gänzliche Straflosigkeit aller Ketzereien ein? Was

---

[182] Aus dessen Mémoires, als einer mithandelnden Person, die Resultate dieser Sitzung genommen sind.

[183] Hopper. §. 111.

ist dieses Projekt von Erweiterung des Staatsraths und von Unterdrückung der zwei übrigen Curien anders als ein völliger Umguß der Staatsregierung zu Gunsten des Adels? ein General-Gouvernement für alle Provinzen der Niederlande? Ist diese Zusammenrottung der Ketzer bei den öffentlichen Predigten nicht schon bereits die dritte Verbindung, die aus den nämlichen Absichten unternommen wird, da die Ligue der Großen im Staatsrath und der Bund der Geusen nicht wirksam genug geschienen haben?[184]

Welches aber auch die Quellen dieses Uebels sein mochten, so gestand man ein, daß es darum nicht weniger bedenklich und dringend sei. Die ungesäumte persönliche Ankunft des Königs in Brüssel war allerdings das souveräne Mittel, es schnell und gründlich zu heben. Da es aber schon spät im Jahre war und die Zurüstungen zu dieser Reise die so kurze Zeit vor dem Winter ganz hinwegnehmen mußten; da sowohl die stürmische Jahrszeit, als die Gefahr von den französischen und englischen Schiffen, die den Ocean unsicher machten, den nördlichen Weg, als den kürzesten von beiden, nicht zu nehmen erlaubten; da die Rebellen selbst unterdessen von der Insel Walcheren Besitz nehmen und dem König die Landung streitig machen konnten: so war vor dem Frühling nicht an diese Reise zu denken, und man mußte sich in Ermanglung des einzigen gründlichen Mittels mit einer mittlern Auskunft begnügen. Man kam also überein, dem Könige vorzutragen: *erstlich*: daß er die päpstliche Inquisition aus den Provinzen zurücknehmen und es bei der bischöflichen bewenden lassen möchte; *zweitens*, daß ein neuer Plan zu Milderung der Plakate entworfen würde, wobei die Würde der Religion und des Königs mehr als in der eingesandten Moderation geschont wäre; *drittens*, daß er der Oberstatthalterin Vollmacht ertheilen möchte, allen Denjenigen, welche nicht schon etwas Verdammliches begangen oder bereits gerichtlich verurtheilt seien, doch mit Ausnahme der Prediger und ihrer Hehler, Gnade angedeihen zu lassen, damit die Gemüther versichert und kein Weg der Menschlichkeit unversucht gelassen würde. Alle Liguen, Verbrüderungen, öffentlichen Zusammenkünfte und Predigten müßten fortan, bei strenger Ahndung, untersagt sein; würde dennoch dagegen gehandelt, so sollte die Oberstatthalterin sich der ordinären Trup-

---

[184] Hopper. §. 104.

pen und Besatzungen zur gewaltsamer Unterwerfung der Widerspänstigen zu bedienen, auch im Nothfall neue Truppen zu werben und die Befehlshaber über dieselben nach ihrem Gutdünken zu ernennen, Freiheit haben. Endlich würde es wohlgethan sein, wenn Se. Majestät den vornehmsten Städten, Prälaten und den Häuptern des Adels, einigen eigenhändig und allen in einem gnädigen Tone, schrieben, um ihren Diensteifer zu beleben.[185]

Sobald dem König diese Resolution seines Staatsraths vorgelegt worden, war sein Erstes, daß er an den vornehmsten Plätzen des Königreichs und auch in den Niederlanden öffentliche Umgänge und Gebete anzustellen Befehl gab, um die göttliche Leitung bei seinem Entschluß zu erflehen. Er erschien in eigner Person im Staatsrath, um diese Resolution zu genehmigen und sogleich ausfertigen zu lassen. Den allgemeinen Reichstag erklärte er für unnütz und verweigerte ihn ganz; verpflichtete sich aber, einige deutsche Regimenter in seinem Solde zu behalten und ihnen, damit sie desto eifriger dienten, die alten Rückstände zu bezahlen. Der Regentin befahl er in einem Privatschreiben, sich unter der Hand und im Stillen kriegerisch zu rüsten; dreitausend Mann Reiterei und zehntausend Mann Fußgänger sollte sie in Deutschland zusammenziehen lassen, wozu er sie mit den nötigen Briefen versah und ihr eine Summe von dreihunderttausend Goldgulden übermachte.[186] Er begleitete diese Resolution mit mehreren Handschreiben an einzelne Privatpersonen und Städte, worin er ihnen in sehr gnädigen Ausdrücken für ihren bewiesenen guten Eifer dankte und sie auch fürs künftige dazu aufforderte. Ungeachtet er über den wichtigsten Punkt, worauf jetzt die Nation hauptsächlich gestellt war, über die Zusammenberufung der Staaten, unerbittlich blieb, ungeachtet diese eingeschränkte und zweideutige Begnadigung so gut als gar keine war und viel zu sehr von der Willkür abhing, als daß sie die Gemüther hätte versichern können; ungeachtet er endlich auch die entworfene *Moderation* als zu gelinde verwarf, über deren Härte man sich doch beklagte – so hatte er diesmal doch zu Gunsten der Nation einen ungewöhnlichen Schritt gethan: er hatte ihr die päpstliche Inquisition aufgeopfert und nur die bischöfliche gelassen,

---

[185] Hopper. §. 109. 110. 112. 113.
[186] Hopper. §. 118. 124. Burg. 288.

woran sie gewöhnt war. Sie hatte in dem spanischen Conseil billigere Richter gefunden, als wahrscheinlicherweise zu hoffen gewesen war. Ob diese weise Nachgiebigkeit zu einer andern Zeit und unter andern Umständen die erwartete Wirkung gethan haben würde, bleibt dahin gestellt. Jetzt kam sie zu spät; als (1566) die königlichen Briefe in Brüssel anlangten, war die Bilderstürmerei ausgebrochen.

Viertes Buch.

Der Bildersturm.

Die Triebfedern dieser außerordentlichen Begebenheit sind offenbar nicht so weit herzuholen, als viele Geschichtschreiber sich Mühe geben. Möglich allerdings und sehr wahrscheinlich, daß die französischen Protestanten emsig daran arbeiteten, in den Niederlanden eine Pflanzschule für ihre Religion zu unterhalten, und eine gütliche Vergleichung ihrer dortigen Glaubensbrüder mit dem König von Spanien durch jedes Mittel zu verhindern strebten, um diesem unversöhnlichen Feind ihrer Partei in seinem eigenen Lande zu thun zu geben; sehr natürlich also, daß ihre Unterhändler in den Provinzen nicht unterlassen haben werden, die unterdrückten Religionsverwandten zu verwegenen Hoffnungen zu ermuntern, ihre Erbitterung gegen die herrschende Kirche auf alle Arten zu nähren, den Druck, worunter sie seufzten, zu übertreiben und sie dadurch unvermerkt zu Unthaten fortzureißen. Möglich, daß es auch unter den Verbundenen Viele gab, die ihrer eignen verlornen Rache dadurch aufzuhelfen meinten, wenn sie die Zahl ihrer Mitschuldigen vermehrten; die die Rechtmäßigkeit ihres Bundes nicht anders retten zu können glaubten, als wenn sie die unglücklichen Folgen wirklich herbeiriefen, wovor sie den König gewarnt hatten, und die in dem allgemeinen Verbrechen ihr eignes zu verhüllen hofften. Daß aber die Bilderstürmerei die Frucht eines überlegten Planes gewesen, der aus dem Convent zu St. Truyen verabredet worden, daß in einer solennen Versammlung so vieler Edlen und Tapfern, unter denen noch bei weitem der größere Theil dem Papstthum anhing. ein Rasender sich hätte erdreisten sollen, den Entwurf zu einer offenbaren Schandthat zu geben, die nicht sowohl eine abgesonderte Religionspartei kränkte, als vielmehr alle Achtung für Religion überhaupt und alle Sittlichkeit mit Füßen trat, und die nur in dem schlammichten Schooß einer verworfenen Pöbelseele empfangen werden konnte, wäre schon allein darum nicht glaublich, weil diese wüthende That in ihrer Entstehung zu rasch, in ihrer Ausführung zu leidenschaftlich, zu ungeheuer erscheint, um nicht die Geburt *des* Augenblicks gewesen zu sein, in welchem sie ans Licht trat, und weil sie aus den Umständen, die ihr vorhergingen, so natürlich fließt, daß es so tiefer Nachsuchungen nicht bedarf, um ihre Entstehung zu erklären.

Eine rohe zahlreiche Menge, zusammengeflossen aus dem untersten Pöbel, viehisch durch viehische Behandlung, von Mordbefehlen, die in jeder Stadt auf sie lauern, von Grenze zu Grenze herumgescheucht und bis zur Verzweiflung gehetzt, genöthigt, ihre Andacht zu stehlen, ein allgemein geheiligtes Menschenrecht gleich einem Werke der Finsterniß zu verheimlichen – vor ihren Augen vielleicht die stolz aufsteigenden Gotteshäuser der triumphierenden Kirche, wo ihre übermüthigen Brüder in bequemer und üppiger Andacht sich pflegen; sie selbst herausgedrängt aus den Mauern, vielleicht durch die schwächere Anzahl herausgedrängt, hier im wilden Wald, unter brennender Mittagshitze, in schimpflicher Heimlichkeit, dem nämlichen Gott zu dienen – hinausgestoßen aus der bürgerlichen Gesellschaft in den Stand der Natur, und in einem schrecklichen Augenblick an die Rechte dieses Standes erinnert! Je überlegener ihre Zahl, desto unnatürlicher ist dieses Schicksal; mit Verwunderung nehmen sie es wahr. Freier Himmel, bereit liegende Waffen, Wahnsinn im Gehirne und im Herzen Erbitterung kommen dem Wink eines fanatischen Redners zu Hilfe; die Gelegenheit ruft, keine Verabredung ist nöthig, wo alle Augen dasselbe sagen; der Entschluß ist geboren, noch ehe das Wort ausgesprochen wird; zu einer Unthat bereit, Keiner weiß es noch deutlich zu welcher, rennt dieser wüthende Trupp auseinander. Der lachende Wohlstand der feindlichen Religion kränkt ihre Armuth, die Pracht jener Tempel spricht ihrem landflüchtigen Glauben Hohn; jedes aufgestellte Kreuz an den Landstraßen, jedes Heiligenbild, worauf sie stoßen, ist ein Siegesmal, das über sie errichtet ist, und jedes muß von ihren rächerischen Händen fallen. Fanatismus gibt dem Gräuel seine Entstehung, aber niedrige Leidenschaften, denen sich hier eine reiche Befriedigung aufthut, bringen ihn zur Vollendung.

(1566.) Der Anfang des Bildersturms geschah in Westflandern und Artois, in den Landschaften zwischen dem Lys und dem Meere. Eine rasende Rotte von Handwerkern, Schiffern und Bauern, mit öffentlichen Dirnen, Bettlern und Raubgesindel untermischt, etwa dreihundert an der Zahl, mit Keulen, Aexten, Hämmern, Leitern und Strängen versehen, nur wenige darunter mit Feuergewehr und Dolchen bewaffnet, werfen sich, von fanatischer Wuth begeistert, in die Flecken und Dörfer bei St. Omer, sprengen die Pforten der Kirchen und Klöster, die sie verschlossen finden, mit Gewalt, stürzen die Altäre, zerbrechen die Bilder der Heiligen und treten sie mit Füßen. Erhitzter durch diese verdammliche That und durch neuen Zulauf verstärkt, dringen sie geraden Wegs nach Ypern vor, wo sie auf einen starken Anhang von Calvinisten zu rechnen haben. Unaufgehalten brechen sie dort in die Hauptkirche ein; die Wände werden mit Leitern erstiegen, die Gemälde mit Hämmern zerschlagen, Kanzeln und Kirchenstühle mit Aexten zerhauen, die Altäre ihrer Zierrathen entkleidet und die heiligen Gefäße gestohlen. Dieses Beispiel wird sogleich in Menin, Comines, Verrich, Lille und Oudenaarde nachgeahmt; dieselbe Wuth ergreift in wenig Tagen ganz Flandern. Eben, als die ersten Zeitungen davon einliefen, wimmelte Antwerpen von einer Menge Volks ohne Heimath, die das Fest von Maria Himmelfahrt in dieser Stadt zusammengedrängt hatte. Kaum hält die Gegenwart des Prinzen von *Oranien* die ausgelassene Bande noch im Zügel, die es ihren Brüdern in St. Omer nachzumachen brennt; aber ein Befehl des Hofs, der ihn eilfertig nach Brüssel ruft, wo die Regentin eben ihren Staatsrath versammelt, um ihm die königlichen Briefe vorzulegen, gibt Antwerpen dem Muthwillen dieser Bande preis. Seine Entfernung ist die Losung zum Tumult. Vor der Ausgelassenheit des Pöbels bange, die sich gleich in den ersten Tagen in spöttischen Anspielungen äußerte, hatte man das Marienbild nach wenigen Umgängen auf den Chor geflüchtet, ohne es, wie sonst, in der Mitte der Kirche aufzurichten. Dies veranlaßte etliche muthwillige Buben aus dem Volke, ihm dort einen Besuch zu geben und es spöttisch zu fragen, warum es sich neulich so bald absentiert habe? Andere stiegen auf die Kanzel, wo sie dem Prediger nachäfften und die Papisten zum Wettkampf herausforderten. Ein katholischer Schiffer, den dieser Spaß verdroß, wollte sie von da herunterreißen, und es kam auf dem Predigtstuhl zu Schlägen. Aehnliche Auftritte geschahen am folgenden Abend. Die Anzahl mehrte sich, und Viele kamen schon mit verdächtigen Werkzeugen und heimlichen Waffen versehen. Endlich fällt es Einem bei, *es leben die Geusen!* zu rufen; gleich ruft die ganze Rotte es nach, und das Marienbild wird aufgefordert, dasselbe zu thun. Die wenigen Katholiken, die da waren und die Hoffnung aufgaben, gegen diese Tollkühnen etwas auszurichten, verlassen die Kirche, nachdem sie alle Thore, bis auf eines, verschlossen haben. Sobald man sich allein sieht, wird in Vorschlag gebracht, einen von den Psalmen nach der neuen Melodie anzustimmen, die von der Regierung verboten sind. Noch während dem Singen werfen sich Alle, wie auf ein gegebenes Signal, wüthend auf das Marienbild, durchstechen es mit Schwertern und Dolchen und schlagen ihm das Haupt ab; Huren und Diebe reißen die großen Kerzen von den Altären und leuchten zu dem Werk. Die schöne Orgel der Kirche, ein Meisterstück damaliger Kunst, wird zertrümmert, alte Gemälde ausgelöscht, alle Statuen zerschmettert. Ein gekreuzigter Christus in Lebensgröße, der zwischen den zwei Schächern dem Hochaltar gegenüber aufgestellt war, ein altes und sehr werth gehaltenes Stück, wird mit Strängen zur Erde gerissen und mit Beilen zerschlagen, indem man die beiden Mörder zu seiner Seite ehrerbietig schont. Die Hostien streut man auf den Boden und tritt sie mit Füßen; in dem Nachtmahlwein, den man von ungefähr da findet, wird die Gesundheit der Geusen getrunken; mit dem heiligen Oele werden die Schuhe gerieben. Gräber selbst werden durchwühlt, die halbverwesten Leichen hervorgerissen und mit Füßen getreten. Alles dies geschah in so wunderbarer Ordnung, als hätte man einander die Rollen vorher zugetheilt; Jeder arbeitete seinem Nachbar dabei in die Hände; keiner, so halsbrechend auch dieses Geschäft war, nahm Schaden, ungeachtet der dicken Finsterniß, ungeachtet die größten Lasten um und neben ihnen fielen, und Manche auf den obersten Sprossen der Leitern handgemein wurden. Ohngeachtet der vielen Kerzen, welche ihnen zu ihrem Bubenstück leuchteten, wurde kein Einziger erkannt. Mit unglaublicher Geschwindigkeit ward die That vollendet; eine Anzahl von höchstens hundert Menschen verwüstete in wenigen Stunden einen Tempel von siebenzig Altären, nach der Peterskirche in Rom einen der größten und prächtigsten in der Christenheit.

Bei der Hauptkirche blieb es nicht allein; mit Fackeln und Kerzen, die man daraus entwendet, macht man sich noch in der Mitternacht auf, den übrigen Kirchen, Klöstern und Kapellen ein ähnliches Schicksal zu bereiten. Die Rotten mehren sich mit jeder neuen Schandthat, und durch die Gelegenheit werden Diebe gelockt. Man nimmt mit, was man findet, Gefäße, Altartücher, Geld, Gewänder; in den Kellern der Klöster berauscht man sich aufs neue; die Mönche und Nonnen lassen alles im Stich, um der letzten Beschimpfung zu entfliehen. Der dumpfe Tumult dieses Vorgangs hatte die Bürger aus dem ersten Schlafe geschreckt; aber die Nacht machte die Gefahr schrecklicher, als sie wirklich war, und anstatt seinen Kirchen zu Hilfe zu eilen, verschanzte man sich in seinen Häusern und erwartete mit ungewissem Entsetzen den Tag. Die aufgehende Sonne zeigte endlich die geschehene Verwüstung – aber das Werk der Nacht war mit ihr nicht geendigt. Einige Kirchen und Klöster sind noch verschont geblieben; auch diese trifft ein ähnliches Schicksal; drei Tage dauert dieser Gräuel. Besorgt endlich, daß dieses rasende Gesinde, wenn es nichts Heiliges mehr zu zerstören fände, einen ähnlichen Angriff auf das Profane thun und ihren Waarengewölben gefährlich werden möchte, zugleich muthiger gemacht durch die entdeckte geringe Anzahl des Feindes, wagen es die reicheren Bürger, sich bewaffnet vor ihren Hausthüren zu zeigen. Alle Thore der Stadt werden verschlossen, ein einziges ausgenommen, durch welches die Bilderstürmer brechen, um in den angrenzenden Gegenden denselben Gräuel zu erneuern. Während dieser ganzen Zeit hat es die Obrigkeit nur ein einziges Mal gewagt, sich ihrer Gewalt zu bedienen; so sehr wurde sie durch die Uebermacht der Calvinisten in Furcht gehalten, von denen, wie man glaubte, das Raubgesindel gedungen war. Der Schaden, den diese Verwüstung anrichtete, war unermeßlich; bei der Marienkirche allein wird er auf vierhunderttausend Goldgulden angegeben. Viele schätzbare Werke der Kunst wurden bei dieser Gelegenheit vernichtet; viele kostbare Handschriften, viele Denkmäler, wichtig für Geschichte und Diplomatik, gingen dabei verloren. Der Magistrat gab sogleich Befehl, die geraubten Sachen bei Lebensstrafe wieder einzuliefern, wobei ihm die reformierten Prediger, die für ihre Religionspartei erröetheten, nachdrücklich beistanden. Vieles wurde auf diese Art gerettet, und die Anführer des Gesindels, entweder weil weniger die Raubsucht als Fanatismus und Rache sie beseelten, oder weil sie von fremder Hand geleitet wurden, beschlossen, um diese Ausschweifung künftig zu verhüten, fortan bandenweis und in besserer Ordnung zu stürmen.[187]

---

[187] Meteren 86. Strada 145–147. Burgund. 294. 295. 300. Hopper. §. 126. Meurs. Guil. Auriac. L. II. 13. 14.

Die Stadt Gent zitterte indessen vor einem ähnlichen Schicksal. Gleich auf die erste Nachricht der Bilderstürmerei in Antwerpen hatte sich der Magistrat dieser Stadt mit den vornehmsten Bürgern durch einen Eid verbunden, die Tempelschänder gewaltsam zurückzutreiben; als man diesen Eid auch dem Volk verlegte, waren die Stimmen getheilt, und Viele erklärten gerade heraus, daß sie gar nicht geneigt wären, ein so gottesdienstliches Werk zu verhindern. Bei so gestalten Sachen fanden es die katholischen Geistlichen rathsam, die besten Kostbarkeiten der Kirchen in die Citadelle zu flüchten, und einigen Familien wurde erlaubt, was ihre Vorfahren darein geschenkt hatten, gleichfalls in Sicherheit zu bringen. Mittlerweile waren alle Ceremonien eingestellt, die Gerichte machten einen Stillstand, wie in einer eroberten Stadt, man zitterte in Erwartung dessen, was kommen sollte. Endlich wagt es eine tolldreiste Rotte, mit dem unverschämten Antrag an den Gouverneur der Stadt zu deputieren: »Es sei ihnen,« sagten sie, »von ihren Obern anbefohlen, nach dem Beispiel der andern Städte die Bilder ans den Kirchen zu nehmen. Widersetzte man sich ihnen nicht, so sollte es ruhig und ohne Schaden vor sich gehen; im Gegentheil aber würden sie stürmen;« ja sie gingen in ihrer Frechheit so weit, die Hilfe der Gerichtsdiener dabei zu verlangen. Anfangs erstarrte der Gouverneur über diese Anmuthung; nachdem er aber in Ueberlegung gezogen, daß die Ausschweifungen durch das Ansehen der Gesetze vielleicht mehr im Zaum gehalten werden könnten, so trug er kein Bedenken, ihnen die Häscher zu bewilligen.

In Tournay wurden die Kirchen, Angesichts der Garnison, die man nicht dahin bringen konnte, gegen die Bilderstürmer zu ziehen, ihrer Zierrathen entkleidet. Da es diesen hinterbracht worden war, daß man die goldenen und silbernen Gefäße mit dem übrigen Kirchenschmuck unter die Erde vergraben, so durchwühlten sie den ganzen Boden der Kirche, und bei dieser Gelegenheit kam der Leichnam des Herzogs *Adolph* von Geldern wieder ans Tageslicht, der einst an der Spitze der aufrührerischen Genter im Treffen geblieben und in Tournay beigesetzt war. Dieser *Adolph* hatte seinen Vater mit Krieg überzogen und den überwundenen Greis einige Meilen weit barfuß zum Gefängniß geschleppt; ihm selbst aber hatte *Karl der Kühne* von Burgund Gleiches mit Gleichem vergolten. Jetzt, nach einem halben Jahrhundert, rächte das Schicksal ein Verbrechen gegen die Natur durch ein andres gegen die Religion; der Fanatismus mußte das Heilige entweihen, um eines Vatermörders Gebeine noch einmal dem Fluch preiszugeben.[188]

Mit den Bilderstürmern aus Tournay verbanden sich andere aus Valenciennes, um alle Klöster des umliegenden Gebiets zu verwüsten, wobei eine kostbare Bibliothek, an welcher seit vielen Jahrhunderten gesammelt worden, in den Flammen zu Grunde ging. Auch ins Brabantische drang dieses verderbliche Beispiel. Mecheln, Herzogenbusch, Breda und Bergen op Zoom erlitten das nämliche Schicksal. Nur die Provinzen Namur und Luxemburg nebst einem Theile von Artois und von Hennegau hatten das Glück, sich von diesen Schandthaten rein zu erhalten. In einem Zeitraum von vier oder fünf Tagen waren in Brabant und Flandern allein vierhundert Kirchen verwüstet.[189]

Von der nämlichen Raserei, die den südlichen Theil der Niederlande durchlief, wurde bald auch der Norden ergriffen. Die holländischen Städte Amsterdam, Leyden und Gravenhaag hatten die Wahl, ihre Kirchen entweder freiwillig ihres Schmucks zu berauben, oder ihn mit gewaltsamer Hand daraus weggerissen zu sehen. Delft, Haarlem, Gouda und Rotterdam entgingen durch die Entschlossenheit ihres Magistrats der Verwüstung. Dieselben Gewalttätigkeiten wurden auch auf den Seeländischen Inseln verübt; die Stadt Utrecht, einige Plätze in Oberyssel und Gröningen erlitten die nämlichen Stürme. Friesland bewahrte der Graf von *Aremberg* und Geldern der Graf von *Megen* vor einem ähnlichen Schicksal.[190]

Das Gerücht dieser Unordnungen, das aus allen Provinzen vergrößert einlief, verbreitete den Schrecken in Brüssel, wo die Oberstatthalterin eben eine außerordentliche Sitzung des Staatsraths veranstaltet hatte. Die Schwärme der Bilderstürmer dringen schon weit ins Brabantische vor und drohen sogar der Hauptstadt, wo ihnen ein starker Anhang gewiß ist, hier unter den Augen der Majestät denselben Gräuel zu erneuern. Die Regentin, für ihre eigene Person in Furcht, die sie selbst im Herzen des Landes, im Kreis der

---

[188] Burgund. 315. 316.

[189] Meteren 85. 87. Strada 149.

[190] Burgund. 318, 319. Meurs. Guil. Auriac. L. II. 15.

Statthalter und Ritter nicht sicher glaubt, ist schon im Begriffe, nach Mons in Hennegau zu flüchten, welche Stadt ihr der Herzog von *Arschot* zu einem Zufluchtsort aufgehoben, um nicht, in die Willkür der Bilderstürmer gegeben, zu unanständigen Bedingungen gezwungen zu werden. Umsonst, daß die Ritter Leben und Blut für ihre Sicherheit verpfänden und ihr auf das dringendste anliegen, sie durch eine so schimpfliche Flucht doch der Schande nicht auszusetzen, als hätte es ihnen an Muth oder Eifer gefehlt, ihre Fürstin zu schützen; umsonst, daß die Stadt Brüssel selbst es ihr nahe legt, sie in dieser Extremität nicht zu verlassen; daß ihr der Staatsrath nachdrückliche Vorstellungen macht, durch einen so zaghaften Schritt die Insolenz der Rebellen nicht noch mehr aufzumuntern – sie beharrt unbeweglich auf diesem verzweifelten Entschluß, da noch Boten über Boten kamen, ihr zu melden, daß die Bilderstürmer gegen die Hauptstadt im Anzug seien. Sie giebt Befehl, alles zu ihrer Flucht bereit zu halten, die mit frühem Morgen in der Stille vor sich gehen sollte. Mit Anbruch des Tages steht der Greis *Viglius* vor ihr, den sie, den Großen zu Gefallen, schon lange Zeit zu vernachlässigen gewohnt war. Er will wissen, was diese Zurüstung bedeute, worauf sie ihm endlich gesteht, daß sie fliehen wolle, und daß er wohl thun würde, wenn er sich selbst mit zu retten suchte. »Zwei Jahre sind es nun,« sagte ihr der Greis, »daß Sie dieses Ausgangs der Dinge gewärtig sein konnten. Weil ich freier gesprochen habe als Ihre Höflinge, so haben Sie mir Ihr fürstliches Ohr verschlossen, das nur verderblichen Anschlägen geöffnet war.« Die Regentin räumt ein, daß sie gefehlt habe und durch einen Schein von Rechtschaffenheit geblendet worden sei; jetzt aber dränge sie die Noth. Sind Sie gesonnen,« versetzte *Viglius* hierauf, »auf den königlichen Mandaten mit Beharrlichkeit zu bestehen?« – »Das bin ich,« antwortete ihm die Herzogin. »So nehmen Sie Ihre Zuflucht zu dem großen Geheimniß der Regentenkunst, zur Verstellung, und schließen Sie sich scheinbar an die Fürsten an, bis Sie mit ihrer Hilfe diesen Sturm zurückgeschlagen haben. Zeigen Sie ihnen ein Zutrauen, wovon Sie im Herzen weit entfernt sind. Lassen Sie sie einen Eid ablegen, daß sie mit Ihnen gemeine Sache machen wollen, diesen Unordnungen zu begegnen. Denjenigen, die sich bereitwillig dazu finden lassen, vertrauen Sie sich als Ihren Freunden; aber die Andern hüten Sie sich, ja durch Geringschätzung abzuschrecken.« *Viglius* hielt sie noch lange durch Worte hin, bis die Fürsten kamen, von denen er wußte, daß sie die Flucht der Regentin keineswegs zugeben würden. Als sie erschienen, entfernte er sich in der Stille, um dem Stadtrath den Befehl zu ertheilen, daß er die Thore schließen und allem, was zum Hofe gehörte, den Ausgang versagen sollte. Dieser letzte Schritt richtete mehr aus, als alle Vorstellungen gethan hatten. Die Regentin, die sich in ihrer eigenen Residenz gefangen sah, ergab sich nun dem Zureden ihres Adels, der sich anheischig machte, bis auf den letzten Blutstropfen bei ihr auszuharren. Sie machte den Grafen von *Mansfeld* zum Befehlshaber der Stadt, vermehrte in der Eile die Besatzung und bewaffnete ihren ganzen Hof.[191]

Jetzt wurde Staatsrath gehalten, dessen endlicher Schluß dahin ging, der Notwendigkeit nachzugeben, die Predigten an den Orten, wo sie bereits angefangen, zu gestatten, die Aufhebung der päpstlichen Inquisition öffentlich bekannt zu machen, die alten Edikte gegen die Ketzer für abgeschafft zu erklären und vor allen Dingen dem verbundenen Adel die verlangte Sicherheit ohne Einschränkung zu bewilligen. Sogleich werden der Prinz von *Oranien*, die Grafen von *Egmont*, von *Hoorn* nebst einigen Andern dazu ernannt, mit den Deputierten des Bundes deßwegen zu unterhandeln. Dieser wird feierlich und in den unzweideutigsten Ausdrücken von aller Verantwortung wegen der eingereichten Bittschrift freigesprochen und allen königlichen Beamten und Obrigkeiten anbefohlen, dieser Versicherung nachzuleben und keinem der Verbundenen, weder jetzt noch in künftigen Zeiten, um jener Bittschrift willen etwas anzuhaben. Dagegen verpflichten sich die Verbundenen in einem Reverse, getreue Diener Sr. Majestät zu sein, zu Wiederherstellung der Ruhe und Bestrafung der Bilderstürmer nach allen Kräften beizutragen, das Volk zur Niederlegung der Waffen zu vermögen und dem König gegen innere und äußere Feinde thätige Hilfe zu leisten. Versicherung und Gegenversicherung wurden in Form von Instrumenten aufgesetzt und von den Bevollmächtigten beider Theile unterzeichnet, der Sicherheitsbrief noch besonders eigenhändig von der Herzogin signiert und mit ihrem Siegel versehen. Nach einem schweren Kampf und mit weinenden Augen hatte die Regentin diesen schmerzlichen Schritt gethan, und mit Zittern gestand sie ihn

---

[191] Burgund. 330. 331. Hopper. §. 128. Vita Vigl. 48.

dem König. Sie wälzte alle Schuld auf die Großen, die sie in Brüssel wie gefangen gehalten und gewaltsam dazu hingerissen hätten. Besonders beschwerte sie sich bitter über den Prinzen von *Oranien*.[192]

Dieses Geschäft berichtigt, eilen alle Statthalter nach ihren Provinzen; *Egmont* nach Flandern, *Oranien* nach Antwerpen. Hier hatten die Protestanten die verwüsteten Kirchen wie eine Sache, die dem ersten Finder gehört, in Besitz genommen und sich nach Kriegsgebrauch darin festgesetzt. Der Prinz gibt sie ihren rechtmäßigen Besitzern wieder, veranstaltet ihre Ausbesserung und stellt den katholischen Gottesdienst wieder darin her. Drei von den Bilderstürmern, die man habhaft geworden, büßen ihre Tollkühnheit mit dem Strang, einige Aufrührer werden verwiesen, viele andere stehen Züchtigungen aus. Darauf versammelt er vier Deputierte von jeder Sprache oder, wie man sie nannte, den Nationen und kommt mit ihnen überein, daß ihnen, weil der herannahende Winter die Predigten im freien Felde fortan unmöglich machte, drei Plätze innerhalb der Stadt eingeräumt werden sollten, wo sie entweder neue Kirchen bauen oder auch Privathäuser dazu einrichten könnten. Darin sollten sie jeden Sonn- und Festtag, und immer zu derselben Stunde, ihren Gottesdienst halten; jeder andere Tag aber sollte ihnen zu diesem Gebrauch untersagt sein. Fiele kein Festtag in die Woche, so sollte ihnen der Mittwoch dafür gelten. Mehr als zwei Geistliche sollte keine Religionspartei unterhalten, und diese müßten geborne Niederländer sein, oder wenigstens von irgend einer angesehenen Stadt in den Provinzen das Bürgerrecht empfangen haben. Alle sollten einen Eid ablegen, der Obrigkeit der Stadt und dem Prinzen von *Oranien* in bürgerlichen Dingen unterthan zu sein. Alle Auflagen sollten sie gleich den übrigen Bürgern tragen. Niemand sollte bewaffnet zur Predigt kommen, ein Schwert aber sollte erlaubt sein. Kein Prediger sollte die herrschende Religion auf der Kanzel anfechten, noch sich auf Controverspunkte einlassen, ausgenommen, was die Lehre selbst unvermeidlich machte und was die Sitten anbeträfe. Außerhalb des ihnen angewiesenen Bezirks sollte kein Psalm von ihnen gesungen werden. Zu der Wahl ihrer

---

[192] Meteren 88. 89. 90. Hopper. §. 128. 129–134. Burgund. 333–337. Meurs. L. II. 16. 17.

Prediger, Vorsteher und Diaconen so wie zu allen ihren übrigen Consistorialversammlungen sollte jederzeit eine obrigkeitliche Person gezogen werden, die dem Prinzen und dem Magistrat von dem, was darin abgemacht worden, Bericht abstattete. Uebrigens sollten sie sich desselben Schutzes wie die herrschende Religion zu erfreuen haben. Diese Einrichtung sollte Bestand haben, bis der König, mit Zuziehung der Staaten, es anders beschließen würde; dann aber Jedem freistehen, mit seiner Familie und seinen Gütern das Land zu räumen.

Von Antwerpen eilte der Prinz nach Holland, Seeland und Utrecht, um dort zu Wiederherstellung der Ruhe ähnliche Einrichtungen zu treffen; Antwerpen aber wurde während seiner Abwesenheit der Aufsicht des Grafen von *Hoogstraaten* anvertraut, der ein sanfter Mann war und, unbeschadet seiner erklärten Anhänglichkeit an den Bund, es nie an Treue gegen den König hatte ermangeln lassen. Es ist sichtbar, daß der Prinz bei diesem Vertrage seine Vollmacht weit überschritten und im Dienst des Königs nicht anders als wie ein souveräner Herr gehandelt hat. Aber er führte zu seiner Entschädigung an, daß es dem Magistrat weit leichter sein würde, diese zahlreiche und mächtige Sekte zu bewachen, wenn er sich selbst in ihren Gottesdienst mischte, und wenn dieser unter seinen Augen vor sich ginge, als wenn die Sektierer im Felde sich selbst überlassen wären.[193]

Strenger betrug sich der Graf von *Megen* in Geldern, wo er die protestantische Sekte ganz unterdrückte und alle ihre Prediger vertrieb. In Brüssel bediente sich die Regentin des Vortheils, den ihre Gegenwart ihr gab, die öffentlichen Predigten sogar außer der Stadt zu verhindern. Als deßhalb der Graf von *Nassau* sie im Namen der Verbundenen an den gemachten Vertrag erinnerte und die Frage an sie that, ob die Stadt Brüssel weniger Rechte hätte als die übrigen Städte? so antwortete sie: wenn in Brüssel vor dem Vertrage schon öffentliche Predigten gehalten worden, so sei es ihr Werk nicht, wenn sie jetzt nicht mehr statt fänden. Zugleich aber ließ sie unter der Hand der Bürgerschaft bedeuten, daß dem Ersten, der es wagen

---

[193] Meteren 91. Burgund. 349–354. Strada 153. Hopper. §. 136. Meurs Guil. Auriac. L. I. 17. 18.

würde, einer öffentlichen Predigt beizuwohnen, der Galgen gewiß sei. So erhielt sie wenigstens die Residenz sich getreu.[194]

Schwerer hielt es, Tournay zu beruhigen, welches Geschäft, an Montignys Statt, zu dessen Gouvernement die Stadt gehörte, dem Grafen von *Hoorn* übertragen war. *Hoorn* befahl den Protestanten, sogleich die Kirchen zu räumen und sich außer den Mauern mit einem Gotteshaus zu begnügen. Dawider wandten ihre Prediger ein, die Kirchen seien zum Gebrauch des Volks errichtet, das Volk aber sei nicht, wo die Väter, sondern wo der größere Theil sei. Verjage man sie aus den katholischen Kirchen, so sei es billig, daß man ihnen das Geld schaffe, eigne zu bauen. Darauf antwortete der Magistrat, wenn auch die Partei der Katholiken die schwächere sei, so sei sie zuverlässig die bessere. Kirchen zu bauen, sollte ihnen unverwehrt sein; hoffentlich aber würden sie der Stadt nach dem Schaden, den diese bereits von ihren würdigen Glaubensbrüdern, den Bilderstürmern, erlitten, nicht zumuthen, sich ihrer Kirchen wegen noch in Unkosten zu setzen. Nach langem Gezänke von beiden Selten wußten die Protestanten doch im Besitz einiger Kirchen zu bleiben, die sie zu mehrerer Sicherheit mit Wache besetzten.[195] Auch in Valenciennes wollten sich die Protestanten den Bedingungen nicht fügen, die ihnen durch *Philipp v. St. Aldegonde*, Herrn von Noircarmes, dem in Abwesenheit des Marquis von *Bergen* die Statthalterschaft darüber übertragen war, angeboten wurden. Ein reformierter Prediger, *la Grange*, ein Franzose von Geburt, verhetzte die Gemüther, die er durch die Gewalt seiner Beredsamkeit unumschränkt beherrschte, auf eigenen Kirchen innerhalb der Stadt zu bestehen und im Verweigerungsfall mit einer Uebergabe der Stadt an die Hugenotten zu drohen. Die überlegene Anzahl der Calvinisten und ihr Einverständniß mit den Hugenotten verboten dem Gouverneur, etwas Gewaltsames gegen sie zu unternehmen.[196]

Auch der Graf von *Egmont* bezwang jetzt die ihm natürliche Weichherzigkeit, um dem König seinen Eifer zu beweisen. Er brachte Besatzung in die Stadt Gent und ließ einige von den schlimmsten Aufrührern am Leben strafen. Die Kirchen wurden wieder geöffnet,

---

[194] Burgund. 345. 346. 354.

[195] Burgund. 356. 357.

[196] Burgund. 359 sq.

der katholische Gottesdienst erneuert, und alle Ausländer erhielten Befehl, die ganze Provinz zu räumen. Den Calvinisten, aber nur diesen, wurde außerhalb der Stadt ein Platz eingeräumt, sich ein Gotteshaus zu bauen; dagegen mußten sie sich zum strengsten Gehorsam gegen die Stadtobrigkeit und zu thätiger Mitwirkung bei den Prozeduren gegen die Bilderstürmer verpflichten; ähnliche Einrichtungen wurden von ihm durch ganz Flandern und Artois getroffen. Einer von seinen Edelleuten und ein Anhänger des Bundes, *Johann Cassembrot*, Herr von Beckerzeel, verfolgte die Bilderstürmer an der Spitze einiger bündischen Reiter, überfiel einen Schwarm von ihnen, der eben im Begriff war, eine Stadt in Hennegau zu überrumpeln, bei Grammont in Flandern und bekam ihrer dreißig gefangen, wovon auf der Stelle zweiundzwanzig aufgehängt, die übrigen aber aus dem Lande gepeitscht wurden.[197]

Dienste von dieser Wichtigkeit, sollte man denken, hätten es nicht verdient, mit der Ungnade des Königs belohnt zu werden; was *Oranien*, *Egmont* und *Hoorn* bei dieser Gelegenheit leisteten, zeugte wenigstens von eben so viel Eifer und schlug eben so glücklich aus, als was *Noircarmes*, *Megen* und *Aremberg* vollführten, welchen der König seine Dankbarkeit in Worten und Thaten zu erkennen gab. Aber dieser Eifer, diese Dienste kamen zu spät. Zu laut hatten sie bereits gegen seine Edikte gesprochen, zu heftig seinen Maßregeln widerstritten, zu sehr hatten sie ihn in der Person seines Ministers Granvella beleidigt, als daß noch Raum zur Vergebung gewesen wäre. Keine Zeit, keine Reue, kein noch so vollwichtiger Ersatz konnte diese Verschuldungen aus dem Gemüthe ihres Herrn vertilgen.

---

[197] Meteren 91. 92. Burgund. 340–343.

(1566.) *Philipp* lag eben krank in Segovien, als die Nachrichten von der Bilderstürmerei und dem mit den Unkatholischen eingegangenen Vergleich bei ihm einliefen. Die Regentin erneuerte zugleich ihre dringende Bitte um seine persönliche Ueberkunft, von welcher auch alle Briefe handelten, die der Präsident *Viglius* mit seinem Freunde *Hopperus* um diese Zeit wechselte. Auch von den niederländischen Großen legten viele, als z. B. *Egmont, Mansfeld, Megen, Aremberg, Noircarmes* und *Barlaimont*, besondere Schreiben an ihn bei, worin sie ihm von dem Zustande ihrer Provinzen Bericht abstatteten und ihre allda getroffenen Einrichtungen mit den besten Gründen zu schmücken suchten. Um eben diese Zeit langte auch ein Schreiben vom Kaiser an, der ihn zu einem gelinden Verfahren gegen seine niederländischen Unterthanen ermahnte und sich dabei zum Mittler erbot. Er hatte auch deswegen unmittelbar an die Regentin selbst nach Brüssel geschrieben und an die Häupter des Adels besondere Briefe beigelegt, die aber nie übergeben wurden. Des ersten Unwillens mächtig, welchen diese verhaßte Begebenheit bei ihm rege machte, übergab es der König seinem Conseil, sich über diesen neuen Vorfall zu berathen.

Granvellas Partei, die in demselben die Oberhand hatte, wollte zwischen dem Betragen des niederländischen Adels und den Ausschweifungen der Tempelschänder einen sehr genauen Zusammenhang bemerkt haben, der aus der Aehnlichkeit ihrer beiderseitigen Forderungen und vorzüglich aus der Zeit erhelle, in welcher letztere ihren Ausbruch genommen. Noch in demselben Monat, merkten sie an, wo der Adel seine drei Punkte eingereicht, habe die Bilderstürmerei angefangen; am Abend desselben Tages, an welchem *Oranien* die Stadt Antwerpen verlassen, seien auch die Kirchen verwüstet worden. Während des ganzen Tumults habe sich kein Finger zu Ergreifung der Waffen gehoben; alle Mittel, deren man sich bedient, seien zum Vortheil der Sekten gewesen, alle andern hingegen unterlassen worden, die zu Aufrechthaltung des reinen Glaubens abzielen. Viele von den Bilderstürmern, hieß es weiter, sagten aus, daß sie alles mit Wissen und Bewilligung der Fürsten gethan; und nichts war natürlicher, als daß jene Nichtswürdigen ein Verbrechen, das sie auf eigene Rechnung unternommen, mit großen Namen zu beschönigen suchten. Auch eine Schrift brachte man zum Vorschein, worin der vornehme Adel den Geusen seine Dienste versprach, die Versammlung der Generalstaaten durchzusetzen, welche jener aber hartnäckig verleugnete. Man wollte überhaupt *vier* verschiedene Zusammenrottierungen in den Niederlanden bemerkt haben, welche alle mehr oder minder genau in einander griffen und alle auf den nämlichen Zweck hinarbeiteten. *Eine* davon sollten jene *verworfenen Rotten* sein, welche die Kirchen verwüstet; eine *zweite* die verschiedenen *Sekten*, welche jene zu der Schandthat gedungen; die *Geusen*, die sich zu Beschützern der Sekten aufgeworfen, sollten die *dritte*, und die *vierte* der *vornehme Adel* ausmachen, der den Geusen durch Lehensverhältnisse, Verwandtschaft und Freundschaft zugethan sei. Alles war demzufolge von gleicher Verderbniß angesteckt und alles ohne Unterschied schuldig. Die Regierung hatte es nicht bloß mit einigen getrennten Gliedern zu thun; sie hatte mit dem Ganzen zu kämpfen. Wenn man aber in Erwägung zog, daß das Volk nur der verführte Theil und die Aufmunterung zur Empörung von oben herunter gekommen war, so wurde man geneigt, den bisherigen Plan zu ändern, der in mehrerer Rücksicht fehlerhaft schien. Dadurch, daß man alle Klassen ohne Unterschied drückte und dem gemeinen Volke eben so viel Strenge als dem Adel Geringschätzung bewies, hatte man beide gezwungen, einander zu suchen; man hatte dem letztern eine Partei und dem ersten Anführer gegeben. Ein ungleiches Verfahren gegen beide war ein unfehlbares Mittel, sie zu trennen; der Pöbel, stets furchtsam und träge, wenn die äußerste Noth ihn nicht aufschreckt, würde seine angebeteten Beschützer sehr bald im Stiche lassen und ihr Schicksal als eine verdiente Strafe betrachten lernen, sobald er es nicht mehr mit ihnen theilte. Man trug demnach bei dem König darauf an, den großen Haufen künftig mit mehr Schonung zu behandeln und alle Schärfe gegen die Häupter der Faktion zu kehren. Um jedoch nicht den Schein einer schimpflichen Nachgiebigkeit zu haben, fand man für gut, die Fürsprache des Kaisers dabei zum Vorwande zu nehmen, welche allein, und nicht die Gerechtigkeit ihrer Forderungen, den König dahin vermocht habe, sie seinen niederländischen Unterthanen als ein großmüthiges Geschenk zu bewilligen.[198]

---

[198] Burgund. 363. 364. Hopper. §. 138. 139. 140. §. 152. 153.

Die Frage wegen der persönlichen Hinreise des Königs kam jetzt abermals zurück, und alle Bedenklichkeiten, welche ehemals dabei gefunden worden, schienen gegen die jetzige dringende Notwendigkeit zu verschwinden. »Jetzt,« ließen sich *Tyssenacque* und *Hopperus* heraus, »sei die Angelegenheit wirklich vorhanden, an welche der König, laut seiner eigenen Erklärung, die er ehemals dem Grafen von *Egmont* gethan, tausend Leben zu wagen bereit sei. Die einzige Stadt Gent zu beruhigen, habe sich *Karl der Fünfte* einer beschwerlichen und gefahrvollen Landreise durch feindliches Gebiet unterzogen; um einer einzigen Stadt willen, und jetzt gelte es die Ruhe, vielleicht sogar den Besitz aller vereinigten Provinzen.«[199] Dieser Meinung waren die Meisten, und die Reise des Königs wurde als eine Sache angesehen, die er schlechterdings nicht mehr umgehen könne.

Die Frage war nun, mit wie vieler oder weniger Begleitung er sie antreten sollte? und hierüber waren der Prinz von *Eboli* und der Graf von *Figueroa* mit dem Herzog von *Alba* verschiedener Meinung, wie der Privatvortheil eines Jeden dabei verschieden war. Reiste der König an der Spitze einer Armee, so war Herzog von *Alba* der Unentbehrliche, der im Gegentheil bei einer friedlichen Beilegung, wo man seiner weniger bedurfte, seinen Nebenbuhlern das Feld räumen mußte. »Eine Armee,« erklärte *Figueroa*, den die Reihe zuerst traf, zu reden, »würde die Fürsten, durch deren Gebiet man sie führte, beunruhigen, vielleicht gar einen Widerstand von ihnen zu erfahren haben; die Provinzen aber, zu deren Beruhigung sie bestimmt wäre, unnöthig belästigen und zu den Beschwerden, welche diese bisher so weit gebracht, eine neue hinzufügen. Sie würde alle Unterthanen auf gleiche Art drücken, da im Gegentheil eine friedlich ausgeübte Gerechtigkeit den Unschuldigen von dem Schuldigen unterscheide. Das Ungewöhnliche und Gewaltsame eines solchen Schritts würde die Häupter der Faktion in Versuchung führen, ihr bisheriges Betragen, woran Muthwille und Leichtsinn den größten Antheil gehabt, von einer ernsthaftern Seite zu sehen und nun erst mit Plan und Zusammenhang fortzuführen; der Gedanke, den König so weit gebracht zu haben, würde sie in eine Verzweiflung stürzen, worin sie das Aeußerste unternehmen

---

[199] Hopper. §. 142. Burgund. 366.

würden. Stelle sich der König den Rebellen *gewaffnet* entgegen, so begebe er sich des wichtigsten Vortheils, den er über sie habe, seiner *landesherrlichen Würde*, die ihn um so mächtiger schirme, je mehr er zeige, daß er auf sie allein sich verlasse. Er setze sich dadurch gleichsam in Einen Rang mit den Rebellen, die auch ihrerseits nicht verlegen sein würden, eine Armee aufzubringen, da ihnen der allgemeine Haß gegen spanische Heere bei der Nation vorarbeite. Der König vertausche auf diese Art die gewisse Ueberlegenheit, die ihm sein Verhältniß als Landesfürst gewähre, gegen den ungewissen Ausgang kriegerischer Unternehmungen, die, auf welche Seite auch der Erfolg falle, nothwendig einen Theil seiner eigenen Unterthanen zu Grunde richten müssen. Das Gerücht seiner gewaffneten Ankunft würde ihm frühe genug in den Provinzen voraneilen, um Allen, die sich einer schlimmen Sache bewußt wären, hinreichende Zeit zu verschaffen, sich in Vertheidigungsstand zu setzen und sowohl ihre innern als auswärtigen Hilfsquellen wirken zu lassen. Hierbei würde ihnen die allgemeine Furcht große Dienste leisten; die Ungewißheit, wem es eigentlich gelte, würde auch den minder Schuldigen zu dem großen Haufen der Rebellen hinüberziehen und ihm Feinde erzwingen, die es ohne das niemals würden geworden sein. Wüßte man ihn aber ohne eine solche fürchterliche Begleitung im Anzug, wäre seine Erscheinung weniger die eines Blutrichters, als eines zürnenden Vaters, so würde der Muth aller Guten steigen und die Schlimmen in ihrer eigenen Sicherheit verderben. Sie würden sich überreden, das Geschehene für weniger bedeutend zu halten, weil es dem König nicht wichtig genug geschienen, deßwegen einen gewaltsamen Schritt zu thun. Sie würden sich hüten, durch offenbare Gewalttätigkeiten eine Sache ganz zu verschlimmern, die vielleicht noch zu retten sei. Auf diesem stillen friedlichen Wege würde also gerade das erhalten, was auf dem andern unrettbar verloren ginge; der treue Unterthan würde auf keine Art mit dem strafwürdigen Rebellen vermengt; auf diesen allein würde das ganze Gewicht seines Zorns fallen. Nicht einmal zu gedenken, daß man dadurch zugleich einem ungeheuren Aufwand entginge, den der Transport einer spanischen Armee nach diesen entlegenen Gegenden der Krone verursachen würde.«[200]

---

[200] Burgund. 386. 387.

»Aber,« hub der Herzog von *Alba* an, »kann das Ungemach einiger wenigen Bürger in Anschlag kommen, wenn das Ganze in Gefahr schwebt? Weil einige Treugesinnte übel dabei fahren, sollen darum die Aufrührer nicht gezüchtigt werden? Das Vergehen war allgemein, warum soll die Strafe es nicht sein? Was die Rebellen durch ihre Thaten, haben die Uebrigen durch ihr Unterlassen verschuldet. Wessen Schuld ist es, als die ihrige, daß es jenen so weit gelungen ist? Warum haben sie ihrem Beginnen nicht frühzeitiger widerstanden? Noch, sagt man, sind die Umstände so verzweifelt nicht, daß sie dieses gewaltsame Mittel rechtfertigten – aber wer steht uns dafür, daß sie es bei der Ankunft des Königs nicht sein werden, da nach jeglichem Berichte der Regentin alles mit schnellen Schritten zur Verschlimmerung eilt? Soll man es darauf wagen, daß der Monarch erst beim Eintritt in die Provinzen gewahr werde, wie nothwendig ihm eine Kriegsmacht gewesen? Es ist nur allzu gegründet, daß sich die Rebellen eines auswärtigen Beistandes versichert haben, der ihnen auf den ersten Wink zu Gebote steht; ist es aber dann Zeit, auf eine Kriegsrüstung zu denken, wenn der Feind über die Grenzen hereinbricht? Soll man es darauf ankommen lassen, sich mit den nächsten, den besten niederländischen Truppen behelfen zu müssen, auf deren Treue so wenig zu rechnen ist? und kommt endlich die Regentin selbst nicht immer darauf zurück, daß nur der Mangel einer gehörigen Kriegsmacht sie bisher gehindert habe, den Edikten Kraft zu geben und die Fortschritte der Rebellen zu hemmen? Nur eine wohldisciplinierte und gefürchtete Armee kann diesen die Hoffnung ganz abschneiden, sich gegen ihren rechtmäßigen Oberherrn zu behaupten, und nur die gewisse Aussicht ihres Verderbens ihre Forderungen herabstimmen. Ohne eine hinreichende Kriegsmacht kann der König ohnehin seine Person nicht in feindliche Länder wagen, ohne sie kann er mit seinen rebellischen Unterthanen keine Verträge eingehen, die seiner Würde gemäß sind.«[201]

(1566.) Das Ansehen des Redners gab seinen Gründen das Uebergewicht, und die Frage war jetzt nur, wie bald der König die Reise antreten und was für einen Weg er nehmen sollte. Da die Reise keineswegs auf dem Ocean für ihn zu wagen war, so blieb ihm kei-

---

[201] Burgund. 381–390.

ne andere Wahl, als entweder durch die Engen bei Trient über Deutschland dahin zu gehen, oder von Savoyen aus die apenninischen Alpen zu durchbrechen. Auf dem ersten Wege hatte er von den deutschen Protestanten zu fürchten, denen der Zweck seiner Reise nicht gleichgültig sein konnte; und über die Apenninen war in dieser späten Jahreszeit kein Durchgang zu wagen. Außerdem mußten die nöthigen Galeeren erst aus Italien geholt und ausgebessert werden, welches mehrere Monate kosten konnte. Da endlich auch die Versammlung der Cortes von Castilien, wovon er nicht wohl wegbleiben konnte, auf den December bereits ausgeschrieben war, so konnte die Reise vor dem Frühjahr nicht unternommen werden.[202]

Indessen drang die Regentin auf eine entscheidende Resolution, wie sie sich aus gegenwärtigem Bedrängnisse ziehen sollte, ohne dem königlichen Ansehen zu viel dabei zu vergeben; und etwas mußte nothwendig geschehen, ehe der König die Unruhen durch seine persönliche Gegenwart beizulegen unternahm. Es wurden demnach zwei verschiedene Schreiben an die Herzogin erlassen, ein öffentliches, das sie den Ständen und den Rathsversammlungen vorlegen durfte; und ein geheimes, das für sie allein bestimmt war. In dem ersten kündigte er ihr seine Wiedergenesung und die glückliche Geburt der Infantin *Clara Isabella Eugenia*, nachheriger Erzherzogin *Albert von Oesterreich* und Fürstin der Niederlande, an. Er erklärte ihr seinen nunmehr festen Entschluß, die Niederlande in Person zu besuchen, wozu er bereits die nöthigen Zurüstungen mache. Die Ständeversammlung verwarf er wie das vorige Mal; des Vergleichs, den sie mit den Protestanten und mit dem Bunde eingegangen war, geschah in diesem Briefe gar keine Erwähnung, weil er es noch nicht rathsam fand, ihn entscheidend zu verwerfen, und noch viel weniger Lust hatte, ihn für gültig zu erklären. Dagegen befahl er ihr, das Heer zu verstärken, neue Regimenter aus Deutschland zusammenzuziehen und den Widerspänstigen Gewalt entgegensetzen. Uebrigens, schloß er, verlasse er sich auf die Treue des vornehmen Adels, worunter er Viele kenne, die es aufrichtig mit ihrer Religion und ihrem König meinten. In dem geheimen Schreiben wurde ihr noch einmal anbefohlen, die Staatenversammlung

---

[202] Hopper. §§. 154. 155. Burgund. 390-392.

nach allen Kräften zu hintertreiben; dann aber, wenn ihr die allgemeine Stimme doch zu mächtig werden sollte und sie der Gewalt würde nachgeben müssen, es wenigstens so vorsichtig einzurichten, daß seiner Würde nichts vergeben und seine Einwilligung darein Niemand kund würde.[203]

(1566.) Während dem, daß man sich in Spanien über diese Sache beratschlagte, machten die Protestanten in den Niederlanden von den Vorrechten, die man ihnen gezwungener Weise bewilligt hatte, den weitesten Gebrauch. Der Bau der Kirchen kam, wo er ihnen verstattet war, mit unglaublicher Schnelligkeit zu Stande; Jung und Alt, der Adel wie die Geringen halfen Steine zutragen; Frauen opferten sogar ihren Schmuck auf, um das Werk zu beschleunigen. Beide Religionsparteien errichteten in mehreren Städten eigene Consistorien und einen eigenen Kirchenrath, wozu in Antwerpen der Anfang gemacht war, und setzten ihren Gottesdienst auf einen gesetzmäßigen Fuß. Man trug auch darauf an, Gelder in einen gemeinschaftlichen Fond zusammenzuschießen, um gegen unerwartete Fälle, welche die protestantische Kirche im Ganzen angingen, sogleich die nöthigen Mittel zur Hand zu haben. In Antwerpen wurde dem Grafen von *Hoogstraaten* von den Calvinisten dieser Stadt eine Schrift übergeben, worin sie sich anheischig machten, für die freie Uebung ihrer Religion durch alle niederländischen Provinzen drei Millionen Thaler zu erlegen. Von dieser Schrift gingen viele Copien in den Niederlanden herum; um die Uebrigen anzulocken, hatten sich Viele mit prahlerischen Summen unterschrieben. Ueber dieses ausschweifende Anerbieten sind von den Feinden der Reformierten verschiedene Auslegungen gemacht worden, welche alle einigen Schein für sich haben. Unter dem Vorwand nämlich, die nöthigen Summen zu Erfüllung dieses Versprechens zusammenzubringen, hoffte man, wie Einige glaubten, mit desto weniger Verdacht die Beisteuern einzutreiben, deren man zu einem kriegerischen Widerstande jetzt benöthigt war; und wenn sich die Nation nun doch einmal, sei es *für* oder *gegen* die Regentin, in Unkosten setzen sollte, so war zu erwarten, daß sie sich weit leichter dazu verstehen würde, zu Erhaltung des Friedens, als zu einem unterdrückenden und verheerenden Krieg beizutragen. Andere sahen in

---

[203] Meteren 92. Hopper. §§. 144. 145. 146. Burgund. 369. 370.

diesem Anerbieten weiter nichts, als eine temporäre Ausflucht der Protestanten, ein Blendwerk, wodurch sie den Hof einige Augenblicke lang unschlüssig zu machen gesucht haben sollen, bis sie Kräfte genug gesammelt, ihm die Stirne zu bieten. Andere erklärten es geradezu für eine Großsprecherei, um die Regentin dadurch in Furcht zu jagen und den Muth der Partei durch die Eröffnung so reicher Hilfsquellen zu erheben. Was auch der wahre Grund von diesem Anerbieten gewesen sei, so gewannen seine Urheber dadurch wenig; die Beisteuern flossen sehr sparsam ein, und der Hof beantwortete den Antrag mit stillschweigender Verachtung.[204]

Aber der Exceß der Bilderstürmerei, weit entfernt, die Sache des Bundes zu befördern und die Protestanten emporzubringen, hatte beiden einen unersetzlichen Schaden gethan. Der Anblick ihrer zerstörten Kirchen, die, nach *Viglius'* Ausdruck, Viehställen ähnlicher sahen als Gotteshäusern, entrüstete alle Katholiken und am meisten ihre Geistlichkeit. Alle, die von dieser Religion dazu getreten waren, verließen jetzt den Bund, der die Ausschweifungen der Bilderstürmer, wenn auch nicht absichtlich angestiftet und befördert, doch unstreitig von ferne veranlaßt hatte. Die Intoleranz der Calvinisten, die an den Plätzen, wo ihre Partei die herrschende war, die Katholiken aufs grausamste bedrückten, riß diese vollends aus ihrer bisherigen Verblendung, und sie gaben es auf, sich einer Partei anzunehmen, von welcher, wenn sie die Oberhand behielte, für ihre eigene Religion so viel zu befürchten stand. So verlor der Bund viele seiner besten Glieder; die Freunde und Beförderer, die er bisher unter den gutgesinnten Bürgern gefunden, verließen ihn, und sein Ansehen in der Republik fing merklich an zu sinken. Die Strenge, mit der einige seiner Mitglieder, um sich der Regentin gefällig zu bezeigen und den Verdacht eines Verständnisses mit den Uebelgesinnten zu entfernen, gegen die Bilderstürmer verfuhren, schadete ihm bei dem Volke, das jene in Schutz nahm, und er war in Gefahr, es mit beiden Parteien zugleich zu verderben.

Von dieser Veränderung hatte die Regentin nicht sobald Nachricht erhalten, als sie den Plan entwarf, allmählich den ganzen Bund zu trennen oder wenigstens durch innere Spaltungen zu entkräften. Sie bediente sich zu dem Ende der Privatbriefe, die der König an

---

[204] Strada 163. Burgund. 374. 375. A. G. d. v. N. III. Th. 93.

einige aus dem Adel an sie beigeschlossen, mit völliger Freiheit, sie nach Gutbefinden zu gebrauchen. Diese Briefe, welche von Wohlgewogenheit überflossen, wurden Denen, für welche sie bestimmt waren , mit absichtlich verunglückter Heimlichkeit zugestellt, so daß jederzeit einer oder der andere von Denen, welche nichts dergleichen erhielten, einen Wink davon bekam; und zu mehrerer Verbreitung des Mißtrauens trug man Sorge, daß zahlreiche Abschriften davon herumgingen. Dieser Kunstgriff erreichte seinen Zweck. Viele aus dem Bunde fingen an, in die Sündhaftigkeit Derer, denen man so glänzende Versprechungen gemacht, ein Mißtrauen zu setzen; aus Furcht, von ihren wichtigsten Beschützern im Stiche gelassen zu werden, ergriffen sie mit Begierde die Bedingungen, die ihnen von der Statthalterin angeboten wurden, und drängten sich zu einer baldigen Versöhnung mit dem Hofe. Das allgemeine Gerücht von der nahen Ankunft des Königs, welches die Regentin aller Orten zu verbreiten Sorge trug, leistete ihr dabei große Dienste; Viele, die sich von dieser königlichen Erscheinung nicht viel Gutes versprachen, besannen sich nicht lange, eine Gnade anzunehmen, die ihnen vielleicht zum letztenmal angeboten ward.[205]

Von Denen, welche dergleichen Privatschreiben bekamen, waren auch *Egmont* und der Prinz von *Oranien*. Beide hatten sich bei dem Könige über die übeln Nachreden beschwert, womit man in Spanien ihren guten Namen zu brandmarken und ihre Absichten verdächtig zu machen suchte; *Egmont* besonders hatte mit der redlichen Einfalt, die ihm eigen war, den Monarchen aufgefordert, ihm doch nur anzudeuten, was er eigentlich wolle, ihm die Handlungsart zu bestimmen, wodurch man ihm gefällig werden und seinen Diensteifer darthun könnte. Seine Verleumder, ließ ihm der König durch den Präsidenten von *Tyssenacque* zurückschreiben, könne er durch nichts besser widerlegen, als durch die vollkommenste Unterwerfung unter die königlichen Befehle, welche so klar und bestimmt abgefaßt seien, daß es keiner neuen Auslegung und keines besondern Auftrags mehr bedürfe. Dem Souverän komme es zu, zu beratschlagen, zu prüfen und zu verordnen; dem Willen des Souveräns unbedingt nachzuleben, gebühre dem Unterthan; in seinem Gehorsam bestehe dessen Ehre. Es stehe einem Gliede nicht gut an,

---

[205] Thuan. II. 507. Strada 164. 165. Meteren 93.

sich für weiser zuhalten, als sein Haupt. Allerdings gebe man ihm Schuld , daß er nicht alles gethan habe, was in seinen Kräften gestanden, um der Ausgelassenheit der Sektierer zu steuern; aber auch noch jetzt stehe es in seiner Gewalt, das Versäumte einzubringen, bis zur wirklichen Ankunft des Königs wenigstens Ruhe und Ordnung erhalten zu helfen.

Wenn man den Grafen von *Egmont* wie ein ungehorsames Kind mit Verweisen strafte, so behandelte man ihn, wie man ihn kannte; gegen seinen Freund mußte man Kunst und Betrug zu Hilfe rufen. Auch *Oranien* hatte in seinem Briefe des schlimmen Verdachts erwähnt, den der König in seine Treue und Ergebenheit setze, aber nicht in der eiteln Hoffnung, wie *Egmont*, ihm diesen Verdacht zu benehmen, wovon er längst zurückgekommen war, sondern um von dieser Beschwerde den Uebergang auf die Bitte zu nehmen, daß er ihn seiner Aemter entlassen möchte. Oft schon hatte er diese Bitte an die Regentin gethan, stets aber unter den stärksten Betheuerungen ihrer Achtung eine abschlägige Antwort von ihr erhalten. Auch der König, an den er sich endlich unmittelbar mit diesem Anliegen gewendet, ertheilte ihm jetzt die nämliche Antwort, die mit eben so starken Versicherungen seiner Zufriedenheit und Dankbarkeit ausgeschmückt war. Besonders bezeugte er ihm über die Dienste, die er ihm kürzlich in Antwerpen geleistet, seine höchste Zufriedenheit, beklagte es sehr, daß die Privatumstände des Prinzen (von denen der letztere einen Hauptvorwand genommen, seine Entlassung zu verlangen) so sehr verfallen sein sollten, endigte aber mit der Erklärung, daß es ihm unmöglich sei, einen Diener von seiner Wichtigkeit in einem Zeitpunkte zu entbehren, wo die Zahl der Guten eher einer Vermehrung als einer Verminderung bedürfe. Er habe geglaubt, setzte er hinzu, der Prinz hege eine bessere Meinung von ihm, als daß er ihn der Schwachheit fähig halten sollte, dem grundlosen Geschwätz gewisser Menschen zu glauben, die es mit dem Prinzen und mit ihm selbst übel meinten. Um ihm zugleich einen Beweis seiner Aufrichtigkeit zu geben, beklagte er sich im Vertrauen bei ihm über seinen Bruder, den Grafen von *Nassau*, bat sich in dieser Sache zum Schein seinen Rath aus und äußerte zuletzt seinen

Wunsch, den Grafen eine Zeit lang aus den Niederlanden entfernt zu wissen.[206]

Aber *Philipp* hatte es hier mit einem Kopfe zu thun, der ihm an Schlauheit überlegen war. Der Prinz von *Oranien* hielt ihn und sein geheimes Conseil in Madrid und Segovien schon lange Zeit durch ein Heer von Spionen bewacht, die ihm alles hinterbrachten, was dort Merkwürdiges verhandelt ward. Der Hof dieses heimlichsten von allen Despoten war seiner List und seinem Gelde zugänglich geworden; auf diesem Wege hatte er manche Briefe, welche die Regentin ingeheim nach Madrid geschrieben, mit ihrer eigenen Handschrift erhalten und in Brüssel unter ihren Augen gleichsam im Triumph circuliren lassen, daß sie selbst, die mit Erstaunen hier in Jedermanns Händen sah, was sie so gut aufgehoben glaubte, dem König anlag, ihre Depeschen ins künftige sogleich zu vernichten. *Wilhelms* Wachsamkeit schränkte sich nicht bloß auf den spanischen Hof ein; bis nach Frankreich und noch weiter hatte er seine Kundschafter gestellt, und Einige beschuldigen ihn sogar, daß die Wege, auf welchen er zu seinen Erkundigungen gelangte, nicht immer die unschuldigsten gewesen. Aber den wichtigsten Aufschluß gab ihm ein aufgefangener Brief des spanischen Botschafters in Frankreich, *Franz von Alava*, an die Herzogin, worin sich dieser über die schöne Gelegenheit verbreitete, welche durch die Verschuldung des niederländischen Volks dem König jetzt gegeben sei, eine willkürliche Gewalt in diesem Lande zu gründen. Darum rieth er ihr an, den Adel jetzt durch eben die Künste zu hintergehen, deren er sich bis jetzt gegen sie bedient, und ihn durch glatte Worte und ein verbindliches Betragen sicher zu machen. Der König, schloß er, der die Edelleute als die verborgenen Triebfedern aller bisherigen Unruhen kenne, würde sie zu seiner Zeit wohl zu finden wissen, so wie die Beiden, die er bereits in Spanien habe und die ihm nicht mehr entwischen würden; und er habe geschworen, ein Beispiel an ihnen zu geben, worüber die ganze Christenheit sich entsetzen solle, müßte er auch alle seine Erbländer daran wagen. Diese schlimme Entdeckung empfing durch die Briefe, welche *Bergen* und *Montigny* aus Spanien schrieben, und worin sie über die zurücksetzende Begeg-

---

[206] Hopper. §. 149. Burgund. 397. Apologie de Guillaume Pr. d'Orange als Beilage.

nung der Grandezza und das veränderte Betragen des Monarchen gegen sie bittere Beschwerden führten, die höchste Glaubwürdigkeit; und *Oranien* erkannte nun vollkommen, was er von den schönen Versicherungen des Königs zu halten habe.[207]

(1566.) Den Brief des Ministers *Alava*, nebst einigen andern, die aus Spanien datiert waren und von der nahen gewaffneten Ankunft des Königs und seinen schlimmen Absichten wider die Edeln umständliche Nachricht gaben, legte der Prinz seinem Bruder, dem Grafen *Ludwig* von *Nassau*, dem Grafen von *Egmont*, von *Hoorn* und von *Hoogstraaten* bei einer Zusammenkunft zu Dendermonde in Flandern vor, wohin sich diese fünf Ritter begeben hatten, gemeinschaftlich miteinander die nöthigen Maßregeln zu ihrer Sicherheit zu treffen. Graf *Ludwig*, der nur seinem Unwillen Gehör gab, behauptete tolldreist, daß man ohne Zeitverlust zu den Waffen greifen und sich einiger fester Plätze versichern müsse. Dem König müsse man, es koste auch, was es wolle, den gewaffneten Eingang in die Provinzen versagen. Man müsse die Schweiz, die protestantischen Fürsten Deutschlands und die Hugenotten unter die Waffen bringen, daß sie ihm den Durchzug durch ihr Gebiet erschwerten und, wenn er sich dem ungeachtet durch alle diese Hindernisse hindurchschlüge, ihn an der Grenze des Landes mit einer Armee empfangen. Er nehme es auf sich, in Frankreich, der Schweiz und in Deutschland ein Schutzbündniß zu negociiren und aus letzterem Reiche viertausend Reiter nebst einer verhältnismäßigen Anzahl Fußvolk zusammenzubringen; an einem Vorwand fehle es nicht, das nöthige Geld einzutreiben, und die reformierten Kaufleute würden ihn, wie er sich versichert hielt, nicht im Stiche lassen. Aber *Wilhelm*, vorsichtiger und weiser, erklärte sich gegen diesen Vorschlag, der bei der Ausführung unendliche Schwierigkeiten finden und noch durch nichts würde gerechtfertigt werden können. Die Inquisition, stellte er vor, sei in der That aufgehoben, die Placate beinahe ganz in Vergessenheit gekommen und eine billige Glaubensfreiheit verstattet. Bis jetzt also fehle es ihnen an einem gültigen Grund, diesen feindlichen Weg einzuschlagen; indessen zweifle er nicht, daß man ihnen zeitig genug einen darreichen werde. Seine Meinung also sei, diesen gelassen zu erwarten, unterdessen aber auf

---

[207] Reidan. 3. Thuan. 507. Burgund. 401. Meteren 94. Strada 160.

alles ein wachsames Auge zu haben und dem Volke von der drohenden Gefahr einen Wink zu geben, damit es bereit sei, zu handeln, wenn die Umstände es verlangten.

Wären alle Diejenigen, welche die Versammlung ausmachten, dem Gutachten des Prinzen von *Oranien* beigetreten, so ist kein Zweifel, daß eine so mächtige Ligue, furchtbar durch die Macht und das Ansehen ihrer Glieder, den Absichten des Königs Hindernisse hätte entgegensetzen können, die ihn gezwungen haben würden, seinen ganzen Plan aufzugeben. Aber der Muth der versammelten Ritter wurde gar sehr durch die Erklärung niedergeschlagen, womit der Graf von *Egmont* sie überraschte. »Lieber,« sagte er, »mag alles über mich kommen, als daß ich das Glück so verwegen versuchen sollte. Das Geschwätz des Spaniers *Alava* rührt mich wenig, – wie sollte dieser Mensch dazu kommen, in das verschlossene Gemüth seines Herrn zu schauen und seine Geheimnisse zu entziffern? Die Nachrichten, welche uns *Montigny* gibt, beweisen weiter nichts, als daß der König eine sehr zweideutige Meinung von unserm Diensteifer hegt und Ursache zu haben glaubt, ein Mißtrauen in unsere Treue zu setzen; und dazu, däucht mir, hätten wir ihm nur allzuviel Anlaß gegeben. Auch ist es mein ernstlicher Vorsatz, durch Verdoppelung meines Eifers seine Meinung von mir zu verbessern und durch mein künftiges Verhalten, wo möglich, den Verdacht auszulöschen, den meine bisherigen Handlungen auf mich geworfen haben mögen. Und wie sollte ich mich auch aus den Armen meiner zahlreichen und hilfsbedürftigen Familie reißen, um mich an fremden Höfen als einen Landflüchtigen herumzutragen, eine Last für Jeden, der mich aufnimmt, Jedes Sklave, der sich herablassen will, mir unter die Arme zu greifen, ein Knecht von Ausländern, um einem leidlichen Zwang in meiner Heimath zu entgehen? Nimmermehr kann der Monarch ungütig an einem Diener handeln, der ihm sonst lieb und theuer war und der sich ein gegründetes Recht auf seine Dankbarkeit erworben. Nimmermehr wird man mich überreden, daß Er, der für sein niederländisches Volk so billige, so gnädige Gesinnungen gehegt und so nachdrücklich, so heilig mir betheuert hat, jetzt so despotische Anschläge dagegen schmieden soll. Haben wir dem Lande nur erst seine vorige Ruhe wiedergegeben, die Rebellen gezüchtigt, den katholischen Gottesdienst wieder hergestellt, so glauben Sie mir, daß man von keinen spanischen

Truppen mehr hören wird; und dies ist es, wozu ich Sie alle durch meinen Rath und durch mein Beispiel jetzt auffordere, und wozu auch bereits die meisten unsrer Brüder sich neigen. Ich meines Theils fürchte nichts von dem Zorne des Monarchen. Mein Gewissen spricht mich frei; mein Schicksal steht bei seiner Gerechtigkeit und seiner Gnade.[208]

Umsonst bemühten sich *Nassau*, *Hoorn* und *Oranien*, seine Standhaftigkeit zu erschüttern und ihm über die nahe unausbleibliche Gefahr die Augen zu öffnen. *Egmont* war dem König wirklich ergeben; das Andenken seiner Wohlthaten und des verbindlichen Betragens, womit er sie begleitet hatte, lebte noch in seinem Gedächtniß. Die Aufmerksamkeiten, wodurch er ihn vor allen seinen Freunden ausgezeichnet, hatten ihre Wirkung nicht verfehlt. Mehr aus falscher Scham, als aus Parteigeist, hatte er gegen ihn die Sache seiner Landsleute verfochten; mehr aus Temperament und natürlicher Herzensgüte, als aus geprüften Grundsätzen, die harten Maßregeln der Regierung bekämpft. Die Liebe der Nation, die ihn als ihren Abgott verehrte, riß seinen Ehrgeiz hin. Zu eitel, einem Namen zu entsagen, der ihm so angenehm klang, hatte er doch etwas thun müssen, ihn zu verdienen; aber ein einziger Blick auf seine Familie, ein harter Name, unter welchem man ihm sein Betragen zeigte, eine bedenkliche Folge, die man daraus zog, der bloße Klang von Verbrechen schreckte ihn aus diesem Selbstbetrug auf und scheuchte ihn eilfertig zu seiner Pflicht zurück.

Oraniens ganzer Plan scheiterte, als *Egmont* zurücktrat. *Egmont* hatte die Herzen des Volks und das ganze Zutrauen der Armee, ohne die es schlechterdings unmöglich war, etwas Nachdrückliches zu unternehmen. Man hatte so gewiß auf ihn gerechnet; seine unerwartete Erklärung machte die ganze Zusammenkunft fruchtlos. Man ging auseinander, ohne nur etwas beschlossen zu haben. Alle, die in Dendermonde zusammengekommen waren, wurden im Staatsrath zu Brüssel erwartet; aber nur Egmont verfügte sich dahin. Die Regentin wollte ihn über den Inhalt der gehabten Unterredung ausforschen, aber sie brachte weiter nichts aus ihm heraus, als den Brief des *Alava*, den er in Abschrift mitgenommen hatte und unter den bittersten Vorwürfen ihr vorlegte. Anfangs entfärbte sie

---

[208] Thuan. 507. Burgund. 405. 406. Meteren 95.

sich darüber, aber sie faßte sich bald und erklärte ihn dreistweg für untergeschoben. »Wie kann,« sagte sie, »dieser Brief wirklich von *Alava* herrühren, da ich doch keinen vermisse und Derjenige, der ihn aufgefangen haben will, die andern Briefe gewiß nicht geschont haben würde? Ja, da mir auch nicht ein einziges Paket noch gefehlt hat und auch kein Bote ausgeblieben ist? Und wie läßt es sich denken, daß der König einen *Alava* zum Herrn eines Geheimnisses gemacht haben sollte, das er mir selbst nicht einmal würde preisgegeben haben?«[209]

[209] Burgund. 408. Meteren 95. Grot. 23.

Bürgerlicher Krieg.

(1566.) Unterdessen eilte die Regentin, den Vortheil zu benutzen, den ihr die Trennung unter dem Adel gab, um den Fall des Bundes, der schon durch innere Zwietracht wankte, zu vollenden. Sie zog ohne Zeitverlust Truppen aus Deutschland, die Herzog *Erich* von *Braunschweig* für sie in Bereitschaft hielt, verstärkte die Reiterei und errichtete fünf Regimenter Wallonen, worüber die Grafen von *Mansfeld,* von *Megen,* von *Aremberg* und Andere den Oberbefehl bekamen. Auch dem Prinzen von *Oranien* mußten, um ihn nicht aufs empfindlichste zu beleidigen, Truppen anvertraut werden, und um so mehr, da die Provinzen, denen er als Statthalter vorstand, ihrer am nöthigsten bedurften; aber man gebrauchte die Vorsicht, ihm einen Obersten, mit Namen *Walderfinger,* an die Seite zugeben, der alle seine Schritte bewachte und seine Maßregeln, wenn sie gefährlich zu werden schienen, rückgängig machen konnte. Dem Grafen von *Egmont* steuerte die Geistlichkeit in Flandern vierzigtausend Goldgulden bei, um fünfzehnhundert Mann zu unterhalten, davon er einen Theil in die bedenklichsten Plätze verteilte. Jeder Statthalter mußte seine Kriegsmacht verstärken und sich mit Munition versehen. Alle diese Zurüstungen, welche aller Orten und mit Nachdruck gemacht wurden, ließen keinen Zweifel mehr übrig, welchen Weg die Statthalterin künftig einschlagen werde.

Ihrer Überlegenheit versichert und dieses mächtigen Beistands gewiß, wagt sie es nun, ihr bisheriges Betragen zu ändern und mit den Rebellen eine ganz andere Sprache zu reden. Sie wagt es, die Bewilligungen, welche sie den Protestanten nur in der Angst und aus Nothwendigkeit ertheilt, auf eine ganz willkürliche Art auszulegen und alle Freiheiten, die sie ihnen stillschweigend eingeräumt, auf die bloße Vergünstigung der Predigten einzuschränken. Alle ihre übrigen Religionsübungen und Gebräuche, die sich doch, wenn jene gestattet wurden, von selbst zu verstehen schienen, wurden durch neue Mandate für unerlaubt erklärt und gegen die Uebertreter als gegen Beleidiger der Majestät verfahren. Man vergönnte den Protestanten, anders als die herrschende Kirche von dem Abendmahle zu denken, aber es anders zu genießen, war Frevel; ihre Art, zu taufen, zu trauen, zu begraben wurde bei angedrohten Todesstrafen untersagt. Es war grausamer Spott, ihnen die Religion zu erlauben und die Ausübung zu versagen; aber dieser unedle Kunstgriff, ihres gegebenen Worts wieder los zu werden, war der Zaghaftigkeit würdig, mit der sie es sich hatte abdringen lassen. Von den geringsten Neuerungen, von den unbedeutendsten Uebertretungen nahm sie Anlaß, die Predigten zu stören; mehrern von den Prädicanten wurde unter dem Vorwande, daß sie ihr Amt an einem andern Platz, als der ihnen angewiesen worden, verwaltet, der Proceß gemacht und einige von ihnen sogar aufgehängt. Sie erklärte bei mehreren Gelegenheiten laut, daß die Verbundenen ihre Furcht gemißbraucht, und daß sie sich durch einen Vertrag, den man ihr durch Drohungen ausgepreßt, nicht für gebunden halte.[210]

Unter allen niederländischen Städten, welche sich des bilderstürmerischen Aufruhrs theilhaftig machten, hatte die Regentin für die Stadt Valenciennes in Hennegau am meisten gezittert. In keiner von allen war die Partei der Calvinisten so mächtig, als in dieser, und der Geist des Aufruhrs, durch den sich die Provinz Hennegau vor allen übrigen stets ausgezeichnet hatte, schien hier einheimisch zu wohnen.[211] Die Nähe Frankreichs, dem es sowohl durch Sprache als durch Sitten noch weit näher als den Niederlanden angehörte, war Ursache gewesen, daß man diese Stadt von jeher mit größerer Gelindigkeit, aber auch mit mehr Vorsicht regierte, wodurch sie nur desto mehr ihre Wichtigkeit fühlen lernte. Schon bei dem letzten Aufstand der Tempelschänder hatte wenig gefehlt, daß sie sich nicht den Hugenotten auslieferte, mit denen sie das genaueste Verständniß unterhielt, und die geringste Veranlassung konnte diese Gefahr erneuern. Daher war unter allen niederländischen Städten Valenciennes die erste, welcher die Regentin eine verstärkte Besatzung zudachte, sobald sie in die Verfassung gesetzt war, sie ihr zu geben. *Philipp* von *Noircarmes*, Herr von St. Aldegonde, Statthalter von Hennegau an der Stelle des abwesenden Marquis von *Bergen*, hatte diesen Auftrag erhalten und erschien an der Spitze eines Kriegsheers vor ihren Mauern. Aus der Stadt kamen ihm von Seiten des Magistrats Deputierte entgegen, sich die Besatzung zu verbitten, weil die protestantische Bürgerschaft, als der überlegene Theil,

---

[210] Meteren 93. 94. Thuan. 507. Strada 166. Meurs. Guil. Auriac. 21.

[211] Es war ein Sprichwort in Hennegau und ist es vielleicht noch, die Provinz stehe nur unter Gott und unter der Sonne. Strada 174.

sich dawider erklärt habe. *Noircarmes* machte ihnen den Willen der Regentin kund und ließ sie zwischen Besatzung und Belagerung wählen. Mehr als vier Schwadronen Reiter und sechs Compagnien Fußvolk sollten der Stadt nicht aufgedrungen werden; darüber wolle er ihr seinen eigenen Sohn zum Geisel geben. Als diese Bedingungen dem Magistrate vorgelegt wurden, der für sich sehr geneigt war, sie zu ergreifen, erschien der Prediger *Peregrine le Grange* an der Spitze seines Anhangs, der Apostel und Abgott seines Volks, dem es darum zu thun sein mußte, eine Unterwerfung zu verhindern, von der er das Opfer werden würde, und verhetzte durch die Gewalt seiner Beredsamkeit das Volk, die Bedingungen auszuschlagen. Als man *Noircarmes* diese Antwort zurückbringt, läßt er die Gesandten, gegen alle Gesetze des Völkerrechts, in Fesseln schlagen und führt sie gefangen mit sich fort; doch muß er sie, auf der Regentin Geheiß, bald wieder frei geben. Die Regentin, durch geheime Befehle aus Madrid zu möglichster Schonung angehalten, läßt sie noch mehrmalen auffordern, die ihr zugedachte Garnison einzunehmen; da sie aber hartnäckig auf ihrer Weigerung besteht, so wird sie durch eine öffentliche Akte für eine Rebellin erklärt, und *Noircarmes* erhält Befehl, sie förmlich zu belagern. Allen übrigen Provinzen wird verboten, dieser aufrührerischen Stadt mit Rath, Geld oder Waffen beizustehen. Alle ihre Güter sind dem Fiscus zugesprochen. Um ihr den Krieg zu zeigen, ehe er ihn wirklich anfing, und zu vernünftigem Nachdenken Zeit zu lassen, zog *Noircarmes* aus ganz Hennegau und Cambray Truppen zusammen (1566), nahm St. Amand in Besitz und legte Garnison in alle nächstliegenden Plätze. Das Verfahren gegen Valenciennes ließ alle übrigen Städte, die in gleichem Falle waren, auf das Schicksal schließen, welches ihnen selbst zugedacht war, und setzte sogleich den ganzen Bund in Bewegung. Ein geusisches Heer, zwischen drei und viertausend Mann, das aus landflüchtigem Gesindel und den überbliebenen Rotten der Bilderstürmer in der Eile zusammengerafft worden, erscheint in dem Gebiete von Tournay und Lille, um sich dieser beiden Städte zu versichern und den Feind vor Valenciennes zu beunruhigen. Der Gouverneur von Lille hat das Glück, ein Detachement davon, das im Einverständniß mit den Protestanten dieser Stadt einen Anschlag gemacht hat, sich ihrer zu bemächtigen, in die Flucht zu schlagen und seine Stadt zu behaupten. Zu der nämlichen Zeit wird das geusische Heer, das bei Launoy unnütz die Zeit verdirbt, von *Noircarmes* überfallen und beinahe ganz aufgerieben. Die Wenigen, welche sich mit verzweifelter Tapferkeit durchgeschlagen, werfen sich in die Stadt Tournay, die von dem Sieger sogleich aufgefordert wird, ihre Thore zu öffnen und Besatzung einzunehmen. Ihr schneller Gehorsam bereitet ihr ein leichteres Schicksal. *Noircarmes* begnügt sich, das protestantische Consistorium darin auszuüben, die Prediger zu verweisen, die Anführer der Rebellen zur Strafe zu ziehen und den katholischen Gottesdienst, den er beinahe ganz unterdrückt findet, wieder herzustellen. Nachdem er ihr einen sichern Katholiken zum Gouverneur gegeben und eine hinreichende Besatzung darin zurückgelassen, rückt er mit seinem siegenden Heer wieder vor Valenciennes, um die Belagerung fortzusetzen.

Diese Stadt, auf ihre Befestigung trotzig, schickte sich lebhaft zur Vertheidigung an, fest entschlossen, es aufs Aeußerste kommen zu lassen. Man hatte nicht versäumt, sich mit Kriegsmunition und Lebensmitteln auf eine lange Belagerung zu versehen; alles, was nur die Waffen tragen konnte, die Handwerker selbst nicht ausgeschlossen, wurde Soldat; die Häuser vor der Stadt, und vorzüglich die Klöster, riß man nieder, damit der Belagerer sich ihrer nicht gegen die Stadt bediente. Die wenigen Anhänger der Krone schwiegen, von der Menge unterdrückt; kein Katholike durfte es wagen, sich zu rühren. Anarchie und Aufruhr waren an die Stelle der guten Ordnung getreten, und der Fanatismus eines tollkühnen Priesters gab Gesetze. Die Mannschaft war zahlreich, ihr Muth verzweifelt, fest ihr Vertrauen auf Entsatz und ihr Haß gegen die katholische Religion aufs Aeußerste gestiegen. Viele hatten keine Gnade zu erwarten, Alle verabscheuten das gemeinschaftliche Joch einer befehlshaberischen Besatzung. Noch einmal versuchte es *Noircarmes*, dessen Heer durch die Hilfsvölker, welche ihm von allen Orten her zuströmten, furchtbar gewachsen und mit allen Erfordernissen einer langen Blokade reichlich versehen war, die Stadt durch Güte zu bewegen, aber vergebens. Er ließ also die Laufgräben eröffnen und schickte sich an, die Stadt einzuschließen.[212]

---

[212] Burgund. 379. 411–418. Meteren 98. 99. Strada 176. Vigl. ad Hipper. Epist. 2. 21.

Die Lage der Protestanten hatte sich unterdessen in eben dem Grade verschlimmert, als die Regentin zu Kräften gekommen war. Der Bund des Adels war allmählich bis auf den dritten Theil geschmolzen. Einige seiner wichtigsten Beschützer, wie der Graf von *Egmont*, waren wieder zu dem König übergegangen; die Geldbeiträge, worauf man so sicher gerechnet hatte, fielen sehr sparsam aus; der Eifer der Partei fing merklich an zu erkalten, und mit der gelinden Jahrszeit mußten nun auch die öffentlichen Predigten aufhören, die ihn bis jetzt in Uebung erhalten hatten. Alles dies zusammen bewog die unterliegende Partei, ihre Forderungen mäßiger einzurichten und, ehe sie das Aeußerste wagte, alle unschuldigen Mittel vorher zu versuchen. In einer Generalsynode der Protestanten, die zu dem Ende in Antwerpen gehalten wird, und welcher auch einige von den Verbundenen beiwohnen, wird beschlossen, an die Regentin zu deputieren, ihr dieser Wortbrüchigkeit wegen Vorstellungen zu thun und sie an ihren Vertrag zu erinnern. *Brederode* übernimmt diesen Auftrag, muß sich aber auf eine harte und schimpfliche Art abgewiesen und von Brüssel selbst ausgeschlossen sehen. Er nimmt seine Zuflucht zu einem schriftlichen Aufsatze, worin er sich im Namen des ganzen Bundes beklagt, daß ihn die Herzogin im Angesicht aller Protestanten, die auf des Bundes Bürgschaft die Waffen niedergelegt, durch ihre Wortbrüchigkeit Lügen strafe und alles, was die Verbundenen Gutes gestiftet, durch Zurücknahme ihrer Bewilligungen wieder zunichte mache; daß sie den Bund in den Augen des Volks herabzuwürdigen gesucht, Zwietracht unter seinen Gliedern erregt und viele unter ihnen als Verbrecher habe verfolgen lassen. Er lag ihr an, ihre neuen Verordnungen zu widerrufen, durch welche den Protestanten ihre freie Religionsübung benommen sei, vor allen Dingen aber die Belagerung von Valenciennes anzuheben, die neugeworbenen Truppen abzudanken, unter welcher Bedingung ihr der Bund allein für die allgemeine Ruhe Sicherheit leisten könne.

Hierauf antwortete die Regentin in einem Tone, der von ihrer bisherigen Mäßigung sehr verschieden war: »Wer diese Verbundenen sind, die sich in dieser Schrift an mich wenden, ist mir in der That ein Geheimniß. Die Verbundenen, mit denen ich zu thun hatte, sind, wie ich nicht anders weiß, auseinander gegangen. Alle wenigstens können an dieser Klagschrift nicht Theil haben, denn ich selbst kenne Viele, die, in allen ihren Forderungen befriedigt, zu ihren Pflichten zurückgetreten sind. Wer es aber auch sei, der sich hier ohne Fug und Recht und ohne Namen an mich wendet, so hat er meinen Worten wenigstens eine sehr falsche Auslegung gegeben, wenn er daraus folgert, daß ich den Protestanten Religionsfreiheit zugesichert habe. Niemand kann es unbekannt sein, wie schwer es mir schon geworden ist, die Predigten an den Orten zuzugeben, wo sie sich selbst eingeführt haben, und dieses kann doch wohl nicht für eine bewilligte Glaubensfreiheit gelten? Mir hätte es einfallen sollen, diese gesetzwidrigen Consistorien in Schutz zu nehmen, diesen Staat im Staate zu dulden? Ich hätte mich so weit vergessen können, einer verwerflichen Sekte diese gesetzliche Würde einzuräumen, alle Ordnung in der Kirche und in der Republik umzukehren und meine heilige Religion so abscheulich zu lästern? Haltet euch an Den, der euch diese Erlaubniß gegeben hat; mit mir aber müßt ihr nicht rechten. Ihr beschuldigt mich, daß ich den Vertrag verletzt habe, der euch Straflosigkeit und Sicherheit gewährte? Das Vergangene hab' ich euch erlassen, nicht aber, was ihr künftig begehen würdet. Eure Bittschrift vom vorigen April sollte keinem von euch Nachtheil bringen, und das hat sie, meines Wissens, auch nicht gethan; aber wer sich neuerdings gegen die Majestät des Königs vergangen, mag die Folgen seines Frevels tragen. Endlich, wie könnt *ihr* euch unterstehen, mir einen Vertrag in Erinnerung zu bringen, den ihr zuerst gebrochen habt? Auf wessen Anstiften wurden die Kirchen geplündert, die Bilder der Heiligen gestürzt und die Städte zur Rebellion hingerissen? Wer hat Bündnisse mit fremden Mächten errichtet, unerlaubte Werbungen angestellt und von den Unterthanen des Königs gesetzwidrige Steuern eingetrieben? Deßwegen habe ich Truppen zusammengezogen, deßwegen die Edikte geschärft. Wer mir anliegt, die Waffen wieder niederzulegen, kann es nimmermehr gut mit seinem Vaterlande und dem Könige meinen; und wenn ihr euch selbst liebt, so sehet zu, daß ihr eure eigenen Handlungen entschuldigt, anstatt die meinigen zu richten.[213]

Alle Hoffnung der Verbundenen zu einer gütlichen Beilegung sank mit dieser hochtönenden Erklärung. Ohne sich eines mächti-

[213] Thuan. 523. 524. Strada 167. 168. Burgund. 433. 434. 435. Meteren 96. 97.

gen Rückhalts bewußt zu sein, konnte die Regentin eine solche Sprache nicht führen. Eine Armee stand im Felde, der Feind vor Valenciennes, der Kern des Bundes war abgefallen, und die Regentin forderte eine unbedingte Unterwerfung. Ihre Sache war jetzt so schlimm, daß eine offenbare Widersetzung sie nicht schlimmer machen konnte. Lieferten sie sich ihrem aufgebrachten Herrn wehrlos in die Hände, so war ihr Untergang gewiß; aber der Weg der Waffen konnte ihn wenigstens noch zweifelhaft machen; also wählten sie das letzte und fingen mit Ernst an, zu ihrer Vertheidigung zu schreiten. Um sich ein Recht auf den Beistand der deutschen Protestanten zu erwerben, wollte *Ludwig* von *Nassau* die Städte Amsterdam, Antwerpen, Tournay und Valenciennes bereden, der Augsburgischen Confession beizutreten und sich auf diese Weise enger an ihre Religion anzuschließen; ein Vorschlag, der nie in Erfüllung kam, weil der Religionshaß der Calvinisten gegen ihre evangelischen Brüder den Abscheu wo möglich noch überstieg, den sie gegen das Papstthum trugen. *Nassau* fing nun an, in Frankreich, in der Pfalz und in Sachsen ernstlich wegen Subsidien zu unterhandeln. Der Graf von Bergen befestigte seine Schlösser; *Brederode* warf sich mit einem kleinen Heere in seine feste Stadt Viane an dem Leck, über welche er sich Souveränetätsrechte anmaßte, und die er eilig in Vertheidigungsstand setzte, um hier eine Verstärkung von dem Bunde und den Ausgang von *Nassaus* Unterhandlungen abzuwarten. Die Fahne des Kriegs war nun aufgesteckt; überall rührte man die Trommel; aller Orten sah man Truppen marschieren, wurde Geld eingetrieben, wurden Soldaten geworben. Die Unterhändler beider Theile begegneten sich oft in demselben Platze, und kaum hatten die Einnehmer und Werber der Regentin eine Stadt geräumt, so mußte sie von den Mäklern des Bundes dieselbe Gewaltthätigkeit leiden.[214]

(1566.) Von Valenciennes richtete die Regentin ihre Aufmerksamkeit auf Herzogenbusch, in welcher Stadt die Bilderstürmer neue Ausschweifungen begangen und die Partei der Protestanten zu einer starken Ueberlegenheit gelangt war. Um die Bürgerschaft auf einem friedlichen Wege zur Annahme einer Besatzung zu vermögen, schickte sie den Kanzler *Scheiff* von Brabant mit einem Raths-

---

[214] Thuan. 524. Strada 169. A. G. d. v. N. XXII. Bd. 95. Vigl. ad Hopper. Epist. 3.

herrn *Merode* von Petersheim, den sie zum Gouverneur der Stadt bestimmt hatte, als Gesandte dahin, welche sich auf eine gute Art derselben versichern und der Bürgerschaft einen neuen Eid des Gehorsams abfordern sollten. Zugleich wurde der Graf von *Megen*, der in der Nähe mit einem Corps stand, befehligt, gegen die Stadt anzurücken, um den Auftrag beider Gesandten zu unterstützen und sogleich Besatzung darein werfen zu können. Aber *Brederode*, der in Viane davon Nachricht bekam, schickte eine seiner Kreaturen, einen gewissen *Anton* von *Bomberg*, einen hitzigen Calvinisten, der aber für einen braven Soldaten bekannt war, dahin, um den Muth seiner Partei in dieser Stadt aufzurichten und die Anschläge der Regentin zu hintertreiben. Diesem *Bomberg* gelang es, die Briefe, welche der Kanzler von der Herzogin mitgebracht, in seine Gewalt zu bekommen und falsche unterzuschieben, die durch ihre harte und gebieterische Sprache die Bürgerschaft aufbrachten. Zugleich wußte er die beiden Gesandten der Herzogin in Verdacht zu bringen, als ob sie schlimme Anschläge auf die Stadt hätten, welches ihm so gut bei dem Pöbel glückte, daß dieser sich in toller Wuth an den Gesandten selbst vergriff und sie gefangen setzte. Er selbst stellte sich an der Spitze von achthundert Mann, die ihn zu ihrem Anführer gemacht, dem Grafen von *Megen* entgegen, der in Schlachtordnung gegen die Stadt anrückte, und empfing ihn mit grobem Geschütz so übel, daß *Megen* unverrichteter Dinge zurückweichen mußte. Die Regentin ließ nachher ihre Gesandten durch einen Gerichtsdiener zurückfordern und im Verweigerungsfall mit einer Belagerung drohen; aber *Bomberg* besetzte mit seinem Anhange das Rathhaus und zwang den Magistrat, ihm die Schlüssel der Stadt auszuliefern. Der Gerichtsdiener wurde mit Spott abgewiesen und der Regentin durch ihn geantwortet, daß man es auf *Brederodes* Befehl würde ankommen lassen, was mit den Gefangenen zu verfügen sei. Der Herold, der außen vor der Stadt hielt, erschien nunmehr, ihr den Krieg anzukündigen, welches aber der Kanzler noch hintertrieb.[215]

Nach dem vereitelten Versuche auf Herzogenbusch warf sich der Graf von *Megen* in Utrecht, um einem Anschlag zuvorzukommen, den Graf *Brederode* auf eben diese Stadt ausführen wollte. Diese,

---

[215] Thuan. 525. Strada 170. Burgund. 423. 424. 427. 428. Vigl. ad. Hopper. Epist. 6.

welche von dem Heere der Verbundenen, das nicht weit davon bei Viane campierte, viel zu leiden hatte, nahm ihn mit offenen Armen als ihren Beschützer auf und bequemte sich zu allen Veränderungen, die er in ihrem Gottesdienst machte. Er ließ dann sogleich an dem Ufer des Leck eine Schanze aufwerfen, von wo aus er Viane bestreichen konnte. *Brederode*, der nicht Lust hatte, ihn in dieser Stadt zu erwarten, verließ mit dem besten Theil seines Heeres diesen Waffenplatz und eilte nach Amsterdam.[216]

So unnütz auch der Prinz von *Oranien* während dieser Bewegungen in Antwerpen seine Zeit zu verlieren schien, so geschäftig war er in dieser anscheinenden Ruhe. Auf sein Angeben hatte der Bund geworben und *Brederode* seine Schlösser befestigt, wozu er ihm selbst drei Kanonen schenkte, die er zu Utrecht hatte gießen lassen. Sein Auge wachte über alle Bewegungen des Hofs, und der Bund wurde durch ihn vor jedem Anschlag gewarnt, der auf diese oder jene Stadt gemacht wurde. Aber seine Hauptangelegenheit schien zu sein, die vornehmsten Plätze seiner Statthalterschaft in seine Gewalt zu bekommen, zu welchem Ende er *Brederodens* Anschlag auf Utrecht und Amsterdam im Stillen nach allen Kräften zu befördern gesucht hatte.[217]

Der wichtigste Platz war die seeländische Insel Walcheren, wo man eine Landung des Königs vermuthete; und diese zu überrumpeln, wurde jetzt ein Anschlag von ihm entworfen, dessen Ausführung einer aus dem verbundenen Adel, ein vertrauter Freund des Prinzen von Oranien, *Johann* von *Marnix*, Herr von Thoulouse, *Philipps* von *St. Aldegonde* Bruder, über sich nahm (1567). Thoulouse unterhielt mit dem gewesenen Amtmann von Middelburg, *Peter Haak*, ein geheimes Verständniß, welches ihm Gelegenheit verschaffen sollte, in Middelburg und Vließingen Besatzung zu werfen; aber die Werbung, welche für dieses Unternehmen in Antwerpen angestellt wurde, konnte so still nicht vor sich gehen, daß der Magistrat nicht Verdacht schöpfte. Um nun diesen zu beruhigen und seinen Anschlag zugleich zu befördern, ließ der Prinz allen fremden Soldaten und andern Ausländern, die nicht in Diensten des Staats wären oder sonst Geschäfte trieben, öffentlich durch den Herold verkün-

---

[216] A. G. d. v. N. 98. 99. Strada 170. Vigl. ad Hopper. 5. Brief.

[217] Grotius 23.

digen, daß sie ungesäumt die Stadt räumen sollten. Er hätte sich, sagen seine Gegner, durch Schließung der Thore aller dieser verdächtigen Soldaten leicht bemächtigen können, aber er jagte sie aus der Stadt, um sie desto schneller an den Ort ihrer Bestimmung zu treiben. Sie wurden dann sogleich auf der Schelde eingeschifft und bis vor Rammekens gefahren; da man aber durch das Marktschiff von Antwerpen, welches kurz vor ihnen einlief, in Vließingen schon vor ihrem Anschlage gewarnt war, so versagte man ihnen hier den Eingang in den Hafen. Die nämliche Schwierigkeit fanden sie bei Arnemuiden, ohnweit Middelburg, in welcher Stadt sich die Unkatholischen vergebens bemühten, zu ihrem Vortheil einen Aufstand zu erregen. *Thoulouse* ließ also unverrichteter Dinge seine Schiffe drehen und segelte wieder rückwärts die Schelde bis nach Osterweel, eine Viertelmeile von Antwerpen, hinunter, wo er sein Volk aussetzte und am Ufer ein Lager schlug, des Vorsatzes, sich hier von Antwerpen aus zu verstärken und den Muth seiner Partei, die von dem Magistrat unterdrückt wurde, durch seine Nähe frisch zu erhalten. Durch Vorschub der reformierten Geistlichen, die in der Stadt Werbersdienste für ihn verrichteten, wuchs mit jedem Tage sein kleines Heer, daß er zuletzt anfing, den Antwerpern fürchterlich zu werden, deren ganzes Gebiet er verwüstete. Der aufgebrachte Magistrat wollte ihn hier mit der Stadtmiliz überfallen lassen, welches aber der Prinz von *Oranien*, unter dem Vorwande, daß man die Stadt jetzt nicht von Soldaten entblößen dürfe, zu verhindern wußte.

Unterdessen hatte die Regentin in der Eile ein kleines Heer gegen ihn aufgebracht, welches unter Anführung *Philipps* von *Launoy* in starken Märschen von Brüssel aus gegen ihn anrückte. Zugleich wußte der Graf von *Megen* das geusische Heer bei Viane so gut einzuschließen und zu beschäftigen, daß es weder von diesen Bewegungen hören, noch seinen Bundsverwandten zu Hilfe eilen konnte. *Launoy* überfiel die zerstreuten Haufen, welche auf Plünderung ausgegangen waren, unversehens und richtete sie in einem schrecklichen Blutbade zu Grunde. *Thoulouse* warf sich mit dem kleinen Ueberrest seiner Truppen in ein Landhaus, das ihm zum Hauptquartier gedient hatte, und wehrte sich lange mit dem Muthe eines Verzweifelnden, bis *Launoy*, der ihn auf keine andere Art herauszutreiben vermochte, Feuer in das Haus werfen ließ. Die Wenigen, welche dem Feuer entkamen, stürzten in das Schwert des Feindes oder fanden in der Schelde ihren Tod. *Thoulouse* selbst wollte lieber in den Flammen sterben, als in die Hände des Siegers fallen. Dieser Sieg, der über tausend von den Feinden aufrieb, war für den Ueberwinder wohlfeil genug erkauft, denn er vermißte nicht mehr als zwei Mann in seinem ganzen Heere. Dreihundert, welche sich lebendig ergaben, wurden, weil man von Antwerpen aus einen Ausfall befürchtete, ohne Barmherzigkeit sogleich niedergestochen.[218]

Ehe die Schlacht anging, ahnete man in Antwerpen nichts von dem Angriff. Der Prinz von *Oranien*, welcher frühzeitig davon benachrichtigt worden war, hatte die Vorsicht gebraucht, die Brücke, welche die Stadt mit Osterweel verbindet, den Tag zuvor abbrechen zu lassen, damit, wie er vorgab, die Calvinisten der Stadt nicht versucht werden möchten, sich zu dem Heere des *Thoulouse* zu schlagen, wahrscheinlicher aber, damit die Katholiken dem geusischen Feldherrn nicht in den Rücken fielen, oder auch *Launoy*, wenn er Sieger würde, nicht in die Stadt eindränge. Aus eben diesem Grunde wurden auf seinen Befehl auch die Thore verschlossen, und die Einwohner, welche von allen diesen Anstalten nichts begriffen, schwebten ungewiß zwischen Neugierde und Furcht, bis der Schall des Geschützes von Osterweel her ihnen ankündigte, was dort vorgehen mochte. Mit lärmendem Gedränge rennt jetzt alles nach den Wällen und auf die Mauern, wo sich ihnen, als der Wind den Pulverrauch von den schlagenden Heeren zertheilte, das ganze Schauspiel einer Schlacht darbietet. Beide Heere waren der Stadt so nahe, daß man ihre Fahnen unterscheiden und die Stimmen der Ueberwinder wie der Ueberwundenen deutlich auseinander erkennen konnte. Schrecklicher als selbst die Schlacht war der Anblick, den diese Stadt jetzt gab. Jedes von den schlagenden Heeren hatte seinen Anhang und seinen Feind auf den Mauern. Alles, was unten vorging, erweckte hier oben Frohlocken und Entsetzen; der Ausgang des Treffens schien das Schicksal jedes Zuschauers zu entscheiden. Jede Bewegung aus dem Schlachtfelde konnte man in den Gesichtern der Antwerper abgemalt lesen; Niederlage und Triumph, das Schrecken der Unterliegenden, die Wuth der Sieger. Hier

---

[218] Meteren 97. 98. Burgund. 440. 441. Strada 171. 172. Thuan. L. 41.

ein schmerzhaftes eitles Bestreben, den Sinkenden zu halten, den Fliehenden zum Stehen zu bewegen; dort eine gleich vergebliche Begier, ihn einzuholen. ihn aufzureiben, zu vertilgen. Jetzt fliehen die Geusen, und zehntausend glückliche Menschen sind gemacht; *Thoulouses* letzter Zufluchtsort steht in Flammen, und zwanzigtausend Bürger von Antwerpen sterben den Feuertod mit ihm.

Aber bald macht die Erstarrung des ersten Schreckens der wüthenden Begierde, zu helfen, der Rache Platz. Laut schreiend, die Hände ringend und mit aufgelöstem Haar stürzt die Wittwe des geschlagenen Feldherrn durch die Haufen, um Rache, um Erbarmen zu flehen. Aufgereizt von *Hermann*, ihrem Apostel, greifen die Calvinisten zu den Waffen, entschlossen, ihre Brüder zu rächen oder mit ihnen umzukommen; gedankenlos, ohne Plan, ohne Führer, durch nichts als ihren Schmerz, ihren Wahnsinn geleitet, stürzen sie dem rothen Thore zu, das zum Schlachtfelde hinausführt; aber kein Ausweg! das Thor ist gesperrt, und die vordersten Haufen werfen sich auf die hintersten zurück. Tausend sammeln sich zu Tausenden, auf der Meerbrücke wird ein schreckliches Gedränge. Wir sind verrathen, wir sind gefangen, schreien alle. Verderben über die Papisten, Verderben über Den, der uns verrathen hat! Ein dumpfes aufruhrverkündendes Murmeln durchläuft den ganzen Haufen. Man fängt an, zu argwohnen, daß alles Bisherige von den Katholiken angestellt gewesen, die Calvinisten zu verderben. Ihre Vertheidiger habe man aufgerieben, jetzt würde man über die Wehrlosen selbst herfallen. Mit unglückseliger Behendigkeit verbreitet sich dieser Argwohn durch ganz Antwerpen. Jetzt glaubt man über das Vergangene Licht zu haben und fürchtet etwas noch Schlimmeres im Hinterhalte; ein schreckliches Mißtrauen bemächtigt sich aller Gemüther. Jede Partei fürchtet von der andern; Jeder sieht in seinem Nachbar seinen Feind; das Geheimniß vermehrt diese Furcht und dieses Entsetzen, ein schrecklicher Zustand für eine so menschenreiche Stadt, wo jeder zufällige Zusammenlauf sogleich zum Tumulte, jeder hingeworfene Einfall zum Gerüchte, jeder kleine Funken zur lohen Flamme wird und durch die starke Reibung sich alle Leidenschaften heftiger entzünden. Alles, was reformiert heißt, kommt auf dieses Gerücht in Bewegung. Fünfzehntausend von dieser Partei setzen sich in Besitz der Meerbrücke und pflanzen schweres Geschütz auf dieselbe, das gewaltsam aus dem Zeughause genommen wird; auf einer andern Brücke geschieht dasselbe; ihre Menge macht sie furchtbar, die Stadt ist in ihren Händen; um einer eingebildeten Gefahr zu entgehen, führen sie ganz Antwerpen an den Rand des Verderbens.

Gleich beim Anfange des Tumults war der Prinz von *Oranien* der Meerbrücke zugeeilt, wo er sich herzhaft durch die wüthenden Haufen schlug, Friede gebot und um Gehör flehte. Auf der andern Brücke versuchte der Graf von *Hoogstraaten*, von dem Bürgermeister *Strahlen* begleitet, dasselbe; weil es ihm aber sowohl an Ansehen als an Beredsamkeit mangelte, so wies er den tollen Haufen, der ihm selbst zu mächtig wurde, an den Prinzen, auf welchen jetzt ganz Antwerpen heranstürmte. Das Thor, suchte er ihnen begreiflich zu machen, wäre aus keiner andern Ursache geschlossen worden, als um den Sieger, wer er auch sei, von der Stadt abzuhalten, die sonst ein Raub der Soldaten würde geworden sein. Umsonst, diese rasenden Rotten hören ihn nicht, und einer der Verwegensten darunter wagt es sogar, sein Feuergewehr auf ihn anzuschlagen und ihn einen Verräther zu schelten. Mit tumultuarischem Geschrei fordern sie ihm die Schlüssel zum rothen Thore ab, die er sich endlich gezwungen sieht in die Hand des Predigers Hermann zu geben. Aber, setzte er mit glücklicher Geistesgegenwart hinzu, sie sollten zusehen, was sie thäten; in der Vorstadt warteten sechshundert feindliche Reiter, sie zu empfangen. Diese Erfindung, welche Noth und Angst ihm eingaben, war von der Wahrheit nicht so sehr entfernt, als er vielleicht selbst glauben mochte; denn der siegende Feldherr hatte nicht sobald den Tumult in Antwerpen vernommen, als er seine ganze Reiterei aufsitzen ließ, um unter Vergünstigung desselben in die Stadt einzubrechen. Ich wenigstens, fuhr der Prinz von *Oranien* fort, werde mich bei Zeiten in Sicherheit bringen, und Reue wird sich Derjenige ersparen, der meinem Beispiel folgt. Diese Worte, zu ihrer Zeit gesagt und zugleich von frischer That begleitet, waren von Wirkung. Die ihm zunächst standen, folgten, und so die Nächsten an diesen wieder, daß endlich die Wenigen, die schon vorausgeeilt, als sie Niemand nachkommen sahen, die Lust verloren, es mit den sechshundert Reitern allein aufzunehmen. Alles setzte sich nun wieder auf der Meerbrücke, wo man Wachen und

Vorposten aufstellte und eine tumultuarische Nacht unter den Waffen durchwachte.[219]

Der Stadt Antwerpen drohte jetzt das schrecklichste Blutbad und eine gänzliche Plünderung. In dieser dringenden Noth versammelt *Oranien* einen außerordentlichen Senat, wozu die rechtschaffensten Bürger aus den vier Nationen gezogen werden. Wenn man den Uebermuth der Calvinisten niederschlagen wolle, sagte er, so müsse man ebenfalls ein Heer gegen sie aufstellen, das bereit sei, sie zu empfangen. Es wurde also beschlossen, die katholischen Einwohner der Stadt, Inländer, Italiener und Spanier eilig unter die Waffen zu bringen und wo möglich auch die Lutheraner noch zu der Partei zu ziehen. Die Herrschsucht der Calvinisten, die, auf ihren Reichthum stolz und trotzig auf ihre überwiegende Anzahl, jeder andern Religionspartei mit Verachtung begegneten, hatte schon längst die Lutheraner zu ihren Feinden gemacht, und die Erbitterung dieser beiden protestantischen Kirchen gegen einander war von einer unversöhnlichern Art, als der Haß, in welchem sie sich gegen die herrschende Kirche vereinigten. Von dieser gegenseitigen Eifersucht hatte der Magistrat den wesentlichen Nutzen gezogen, eine Partei durch die andere, vorzüglich aber die Reformierten, zu beschränken, von deren Wachsthum das Meiste zu fürchten war. Aus diesem Grunde hatte er die Lutheraner, als den schwächern Theil und die Friedfertigsten von beiden, stillschweigend in seinen Schutz genommen und ihnen sogar geistliche Lehrer aus Deutschland verschrieben, die jenen wechselseitigen Haß durch Controverspredigten in steter Uebung erhalten mußten. Die Lutheraner ließ er in dem Wahn, daß der König von ihrem Religionsbekenntniß billiger denke, und ermahnte sie, ja ihre gute Sache nicht durch ein Verständniß mit den Reformierten zu beflecken. Es hielt also nicht gar schwer, zwischen den Katholiken und Lutheranern eine Vereinigung für den Augenblick zu Stande zu bringen, da es darauf ankam, so verhaßte Nebenbuhler zu unterdrücken. Mit Anbruch des Tages stellte sich den Calvinisten ein Heer entgegen, das dem ihrigen weit überlegen war. An der Spitze dieses Heers fing die Beredsamkeit *Oraniens* an, eine weit größere Kraft zu gewinnen und einen weit leichtern Eingang zu finden. Die Calvinisten, obgleich im Besitze der

---

[219] Burgund. 444–447. Strada 172.

Waffen und des Geschützes, durch die überlegene Anzahl ihrer Feinde in Schrecken gesetzt, machten den Anfang, Gesandte zu schicken und einen friedlichen Vergleich anzutragen, der durch *Oraniens* Kunst zu allgemeiner Zufriedenheit geschlossen ward. Sogleich nach Bekanntmachung desselben legten die Spanier und Italiener in der Stadt ihre Waffen nieder. Ihnen folgten die Reformierten und diesen die Katholiken; am allerletzten thaten es die Lutheraner.[220]

Zwei Tage und zwei Nächte hatte Antwerpen in diesem fürchterlichen Zustande verharret. Schon waren von den Katholiken Pulvertonnen unter die Meerbrücke gebracht, um das ganze Heer der Reformierten, das sie besetzt hatte, in die Luft zu sprengen; eben das war an andern Orten von den letzten gegen die Katholiken geschehen.[221] Der Untergang der Stadt hing an einem einzigen Augenblick, und *Oraniens* Besonnenheit war es, was ihn verhütete.

(1567.) Noch lag *Noircarmes* mit seinem Heere Wallonen vor Valenciennes, das in festem Vertrauen auf geusischen Schutz gegen alle Vorstellungen der Regentin fortfuhr, unbeweglich zu bleiben und jeden Gedanken von Uebergabe zu verwerfen. Ein ausdrücklicher Befehl des Hofes verbot dem feindlichen Feldherrn, mit Nachdruck zu handeln, ehe er sich mit frischen Truppen ans Deutschland verstärkt haben würde. Der König, sei es aus Schonung oder Furcht, verabscheute den gewaltsamen Weg eines Sturms, wobei nicht vermieden werden könnte, den Unschuldigen in das Schicksal des Schuldigen zu verflechten und den treugesinnten Unterthan wie einen Feind zu behandeln. Da aber mit jedem Tage der Trotz der Belagerten stieg, die, durch die Unthätigkeit des Feinde kühner gemacht, sich sogar vermaßen, ihn durch öftere Ausfälle zu beunruhigen, einige Klöster vor der Stadt in Brand zu stecken und mit Beute heimzukehren; da die Zeit, die man unnütz vor dieser Stadt verlor, von den Rebellen und ihren Bundesgenossen besser benutzt werden konnte, so lag *Noircarmes* der Herzogin an, ihm die Erlaubniß zu Stürmung dieser Stadt bei dem Könige auszuwirken. Schneller, als man es je von ihm gewohnt war, kam die Antwort zurück: noch möchte man sich begnügen, bloß die Maschinen zu dem

---

[220] Thuan. 526. 527. Burgund. 448–451. Strada 173. Meteren 97. 98.
[221] Meteren 97.

Sturme zuzurichten und, ehe man ihn wirklich anfinge, erst eine Zeitlang den Schrecken davon wirken zu lassen; wenn auch dann die Uebergabe nicht erfolgte, so erlaube er den Sturm, doch mit möglichster Schonung jedes Lebens. Ehe die Regentin zu diesem äußersten Mittel schritt, bevollmächtigte sie den Grafen von *Egmont*, nebst dem Herzog von *Arschot*, mit den Rebellen noch einmal in Güte zu unterhandeln. Beide besprechen sich mit den Deputierten der Stadt und unterlassen nichts, sie aus ihrer bisherigen Verblendung zu reißen. Sie entdecken ihnen, daß *Thoulouse* geschlagen und mit ihm die ganze Stütze der Belagerten gefallen sei; daß der Graf von *Megen* das geusische Heer von der Stadt abgeschnitten, und daß sie sich allein durch die Nachsicht des Königs so lange gehalten. Sie bieten ihnen eine gänzliche Vergebung des Vergangenen an. Jedem soll es freistehen, seine Unschuld, vor welchem Tribunal er wolle, zu verteidigen; Jedem, der es nicht wolle, vergönnt sein, innerhalb vierzehn Tagen mit allen seinen Habseligkeiten die Stadt zu verlassen. Man verlange nichts, als daß sie Besatzung einnähmen. Diesen Vorschlag zu überdenken, wurde ihnen auf drei Tage Waffenstillstand bewilligt. Als die Deputierten nach der Stadt zurückkehrten, fanden sie ihre Mitbürger weniger als jemals zu einem Vergleiche geneigt weil sich unterdessen falsche Gerüchte von einer neuen Truppenwerbung der Geusen darin verbreitet hatten. *Thoulouse*, behauptete man, habe obgesiegt, und ein mächtiges Heer sei im Anzuge, die Stadt zu entsetzen. Diese Zuversicht ging so weit, daß man sich sogar erlaubte, den Stillstand zu brechen und Feuer auf die Belagerer zu geben. Endlich brachte es der Magistrat mit vieler Mühe noch dahin, daß man zwölf von den Rathsherren mit folgenden Bedingungen in das Lager schickte. Das Edikt, durch welches Valenciennes des Verbrechens der beleidigten Majestät angeklagt und zum Feinde erklärt worden, sollte widerrufen, die gerichtlich eingezogenen Güter zurückgegeben und die Gefangenen von beiden Theilen wieder auf freien Fuß gestellt werden. Die Besatzung sollte die Stadt nicht eher betreten, als bis Jeder, der es für gut fände, sich und seine Güter erst in Sicherheit gebracht; sie sollte sich verbindlich machen, die Einwohner in keinem Stücke zu belästigen, und der König die Unkosten davon tragen.

Noircarmes antwortete auf diese Bedingungen mit Entrüstung und war im Begriff, die Abgeordneten zu mißhandeln. Wenn sie nicht gekommen wären, redete er die Abgeordneten an, ihm die Stadt zu übergeben, so sollten sie auf der Stelle zurückwandern oder gewärtig sein, daß er sie, die Hände auf den Rücken gebunden, wieder heimschickte. Sie wälzten die Schuld auf die Halsstarrigkeit der Reformierten und baten ihn flehentlich, sie im Lager zu behalten, weil sie mit ihren rebellischen Mitbürgern nichts mehr zu thun haben und in ihr Schicksal nicht mit vermengt sein wollten. Sie umfaßten sogar *Egmonts* Kniee, sich seine Fürsprache zu erwerben, aber *Noircarmes* blieb gegen ihre Bitten taub, und der Anblick der Ketten, die man herbeibrachte, trieb sie ungern nach Valenciennes zurück. Die Notwendigkeit war es, nicht Härte, was dem feindlichen Feldherrn dieses strenge Betragen auferlegte. Das Zurückhalten der Gesandten hatte ihm schon ehemals einen Verweis von der Herzogin zugezogen; ihr jetziges Ausbleiben würde man in der Stadt nicht ermangelt haben der nämlichen Ursache, wie das erstere, zuzuschreiben. Auch durfte er die Stadt nicht von dem kleinen Ueberreste gutdenkender Bürger entblößen, noch zugeben, daß ein blinder, tollkühner Haufe Herr ihres Schicksals würde. *Egmont* war über den schlechten Erfolg seiner Gesandtschaft so sehr entrüstet, daß er in der folgenden Nacht selbst die Stadt umritt, ihre Festungswerke recognoscierte und sehr zufrieden heimkehrte, als er sich überzeugt hatte, daß sie nicht länger haltbar sei.[222]

Valenciennes streckt sich von einer sanften Erhöhung in einer geraden und gleichen Ebene hin und genießt einer eben so festen als lieblichen Lage. Auf der einen Seite von der Schelde und einem kleinern Flusse umfangen, auf der andern durch tiefe Gräben, starke Mauern und Thürme beschützt, scheint es jedem Angriffe trotzen zu können. Aber *Noircarmes* hatte einige Stellen im Stadtgraben bemerkt, die man nachlässigerweise mit dem übrigen Boden hatte gleich werden lassen, und diese benutzte er. Er zieht alle zerstreuten Corps, wodurch er die Stadt bisher eingeschlossen gehalten, zusammen und erobert in einer stürmischen Nacht die Bergische Vorstadt, ohne einen Mann zu verlieren. Darauf vertheilt er die Stadt unter den Grafen von *Bossu,* den jungen Grafen *Karl von Mansfeld* und den jüngern *Barlaimont;* einer von seinen Obersten nähert sich mit möglichster Schnelligkeit ihren Mauern, von welchen der

---

[222] Thuan. 528. Strada 178. Burgund. 466.

Feind durch ein fürchterliches Feuer vertrieben wird. Dicht vor der Stadt, und dem Thor gegenüber, wird unter den Augen der Belagerten und mit sehr wenigem Verlust, in gleicher Höhe mit den Festungswerken, eine Batterie aufgeworfen, von welcher einundzwanzig Geschütze die Stadt vier Stunden lang mit ununterbrochener Kanonade bestürmen. Der Nikolausthurm, auf welchen die Belagerten einiges Geschütz gepflanzt, ist von den ersten, welche stürzen, und Viele finden unter seinen Trümmern ihren Tod. Auf alle hervorragenden Gebäude wird Geschütz gerichtet und eine schreckliche Niederlage unter den Einwohnern gemacht. In wenigen Stunden sind ihre wichtigsten Werke zerstört und an dem Thore selbst eine so starke Bresche geschossen, daß die Belagerten, an ihrer Rettung verzweifelnd, eilig zwei Trompeter absenden, um Gehör anzusuchen. Dieses wird bewilligt, mit dem Sturme aber ununterbrochen fortgefahren. Desto mehr fördern sich die Gesandten, den Vergleich abzuschließen, um die Stadt auf eben die Bedingungen zu übergeben, welche sie zwei Tage vorher verworfen hat; aber die Umstände hatten sich jetzt verändert, und von Bedingungen wollte der Sieger nichts mehr hören. Das unausgesetzte Feuer ließ ihnen keine Zeit, die Mauern auszubessern, die den ganzen Stadtgraben mit ihren Trümmern anfüllten und dem Feind überall Wege bahnten, durch die Bresche einzudringen. Ihres gänzlichen Untergangs gewiß, übergeben sie mit Tagesanbruch die Stadt auf Gnade und Ungnade, nachdem der Sturm ohne Unterbrechung sechsunddreißig Stunden gedauert und dreitausend Bomben in die Stadt geworfen worden. Unter strenger Mannszucht führt *Noircarmes* sein siegendes Heer ein, von einer Schaar Weiber und kleiner Kinder empfangen, welche ihm grüne Zweige entgegentragen und seine Barmherzigkeit anflehen. Sogleich werden alle Bürger entwaffnet, der Gouverneur der Stadt und sein Sohn enthauptet; sechsunddreißig der schlimmsten Rebellen, unter denen auch *le Grange* und *Guido de Bresse*, ein anderer reformierter Prediger, sich befinden, büßen ihre Halsstarrigkeit mit dem Strange, alle obrigkeitlichen Personen verlieren ihre Aemter und die Stadt alle ihre Privilegien. Der katholische Gottesdienst wird sogleich in seiner ganzen Würde wiederhergestellt und der protestantische vernichtet; der Bischof von *Arras* muß seine Residenz in die Stadt verlegen und für den künftigen Gehorsam derselben haftet eine starke Besatzung.[223]

(1567.) Der Uebergang von Valenciennes, auf welchen Platz Aller Augen gerichtet gewesen, war allen übrigen Städten, die sich auf eine ähnliche Weise vergangen, eine Schreckenspost und brachte die Waffen der Regentin nicht wenig in Ansehen. *Noircarmes* verfolgte seinen Sieg und rückte sogleich vor Mastricht, das sich ihm ohne Schwertstreich ergab und Besatzung empfing. Von da marschierte er nach Tornhut, die Städte Herzogenbusch und Antwerpen durch seine Nähe in Furcht zu setzen. Seine Ankunft erschreckte die geusische Partei, welche unter *Bombergs* Anführung den Magistrat noch immer unter ihrem Zwange gehalten, so sehr, daß sie mit ihrem Anführer eilig die Stadt räumte. *Noircarmes* wurde ohne Widerstand aufgenommen, die Gesandten der Herzogin sogleich in Freiheit gesetzt und eine starke Besatzung darein geworfen. Auch Cambray öffnete seinem Erzbischof, den die herrschende Partei der Reformierten aus seinem Sitze vertrieben gehabt, unter freudigem Zuruf die Thore wieder; und er verdiente diesen Triumph, weil er seinen Einzug nicht mit Blut befleckte. Auch die Städte Gent, Ypern und Oudenarde unterwarfen sich und empfingen Besatzung. Geldern hatte der Graf von *Megen* beinahe ganz von den Rebellen gereinigt und zum Gehorsam zurückgebracht; das Nämliche war dem Grafen von *Aremberg* in Friesland und Gröningen gelungen, jedoch etwas später und mit größerer Schwierigkeit, weil seinem Betragen Gleichheit und Beharrlichkeit fehlte, weil diese streitbaren Republikaner strenger auf ihre Privilegien hielten und auf ihre Befestigung trotzten.[224] Aus allen Provinzen, Holland ausgenommen, wird der Anhang der Rebellen vertrieben, alles weicht den siegreichen Waffen der Herzogin. Der Muth der Aufrührer sank dahin, und nichts blieb ihnen mehr übrig, als Flucht oder unbedingte Unterwerfung.[225]

---

223 Thuan. 528. 529. Meteren 98. 99. Strada 178–180. Burgund. 462–465.

224 Vigl. ad Hopper. Epist. 1. 21.

225 Burgund. 466. 473–475.

Abdankung Wilhelms von Oranien.

Schon seit Errichtung des Geusenbundes, merklicher aber noch seit dem Ausbruche der Bilderstürmerei, hatte in den Provinzen der Geist der Widersetzlichkeit und der Trennung unter hohen und niedern Ständen so sehr überhand genommen, hatten sich die Parteien so ineinander verwirret, daß die Regentin Mühe hatte, ihre Anhänger und Werkzeuge zu erkennen, und zuletzt kaum mehr wußte, in welchen Händen sie eigentlich war. Das Unterscheidungszeichen der Verdächtigen und Treuen war allmählich verloren gegangen, und die Grenzscheiden zwischen beiden weniger merklich geworden. Durch die Abänderungen, die sie zum Vortheil der Protestanten in den Gesetzen hatte vornehmen müssen und welche meistens nur Nothmittel und Geburten des Augenblicks waren, hatte sie den Gesetzen selbst ihre Bestimmtheit, ihre bindende Kraft genommen und der Willkür eines Jeden, der sie auszulegen hatte, freies Spiel gegeben. So geschah es denn endlich, daß unter der Menge und Mannigfaltigkeit der Auslegungen der Sinn der Gesetze verschwand und der Zweck des Gesetzgebers hintergangen wurde; daß bei dem genauen Zusammenhange, der zwischen Protestanten und Katholiken, zwischen Geusen und Royalisten obwaltete und ihr Interesse nicht selten gemeinschaftlich machte, letztere die Hinterthür benutzten, die ihnen durch das Schwankende in den Gesetzen offen gelassen war, und der Strenge ihrer Aufträge durch künstliche Distinktionen entwischten. Ihren Gedanken nach war es genug, kein erklärter Rebell, keiner von den Geusen oder Ketzern zu sein, um sich befugt zu glauben, seine Amtspflicht nach Gutbefinden zu modeln und seinem Gehorsam gegen den König die willkürlichsten Grenzen zu setzen. Ohne dafür verantwortlich zu sein, waren die Statthalter, die hohen und niedern Beamten, die Stadtobrigkeiten und Befehlshaber der Truppen in ihrem Dienste sehr nachlässig geworden und übten im Vertrauen auf diese Straflosigkeit eine schädliche Indulgenz gegen die Rebellen und ihren Anhang aus, die alle Maßregeln der Regentin unkräftig machte. Diese Unzuverlässigkeit so vieler wichtigen Menschen im Staate hatte die nachteilige Folge, daß die unruhigen Köpfe auf einen weit stärkern Schutz rechneten, als sie wirklich Ursache dazu hatten, weil sie Jeden, der die Partei des Hofes nur laulich nahm, zu der ihrigen zählten. Da dieser Wahn sie unternehmender machte, so war es nicht viel anders, als wenn er wirklich gegründet gewesen wäre, und die *ungewissen* Vasallen wurden dadurch beinahe eben so schädlich, als die *erklärten* Feinde des Königs. ohne daß man sich einer gleichen Schärfe gegen sie hätte bedienen dürfen. Dies war vorzüglich der Fall mit dem Prinzen von *Oranien*, dem Grafen von *Egmont*, von *Bergen*, von *Hoogstraaten*, von *Hoorn* und mit mehreren von dem höheren Adel. Die Statthalterin sah die Nothwendigkeit ein, diese zweideutigen Unterthanen zu einer Erklärung zu bringen, um entweder den Rebellen ihre eingebildete Stütze zu rauben oder die Feinde des Königs zu entlarven. Dies war jetzt um so dringender, da sie eine Armee ins Feld stellen mußte und sich gezwungen sah, mehreren unter ihnen Truppen anzuvertrauen. Sie ließ zu diesem Ende einen Eid aufsetzen, durch welchen man sich anheischig machte, den römisch-katholischen Glauben befördern, die Bilderstürmer verfolgen und Ketzereien aller Art nach bestem Vermögen ausrotten zu helfen. Man verband sich dadurch, jeden Feind des Königs als seinen eigenen zu behandeln und sich gegen jeden, ohne Unterschied, den die Regentin in des Königs Namen benennen würde, gebrauchen zu lassen. Durch diesen Eid hoffte sie nicht sowohl, die Gemüther zu erforschen, und noch weniger, sie zu binden; aber er sollte ihr zu einem rechtlichen Vorwande dienen, die Verdächtigen zu entfernen, ihnen eine Gewalt, die sie mißbrauchen konnten, aus den Händen zu winden, wenn sie sich weigerten, ihn zu schwören, und sie zur Strafe zu ziehen, wenn sie ihn brächen. Dieser Eid wurde allen Rittern des Vließes, allen hohen und niedern Staatsbedienten, allen Beamten und Obrigkeiten, allen Offizieren der Armee, Allen ohne Unterschied, denen in der Republik etwas anvertraut war, von Seiten des Hofs abgefordert. Der Graf von *Mansfeld* war der Erste, der ihn im Staatsrath zu Brüssel öffentlich leistete; seinem Beispiel folgte der Herzog von *Arschot*, der Graf von *Egmont*, die Grafen von *Megen* und *Barlaimont; Hoogstraaten* und *Hoorn* suchten ihn auf eine feine Art abzulehnen. Ersterer war über einen Beweis des Mißtrauens noch empfindlich, den ihm die Regentin vor kurzem bei Gelegenheit seiner Statthalterschaft von Mecheln gegeben. Unter dem Vorwande, daß Mecheln seinen Statthalter nicht länger missen könne, Antwerpen aber der Gegenwart des Grafen nicht weniger benöthigt sei, hatte sie ihm jene Provinz entzogen und an einen Andern vergeben, der ihr sicherer war. *Hoogstraaten* erklärte ihr seinen Dank, daß sie ihn einer seiner Bürden habe entledigen wollen, und setzte hinzu, daß sie seine Verbindlichkeit vollkommen machen würde, wenn sie ihn auch von der andern befreite. Noch immer lebte der Graf von *Hoorn*, seinem Vorsatze getreu, auf einem seiner Güter in der festen Stadt Weerdt in gänzlicher Abgeschiedenheit von Geschäften. Weil er aus dem Dienste des Staats herausgetreten war und der Republik wie dem Könige nichts mehr schuldig zu sein glaubte, so verweigerte er den Eid, den man ihm endlich auch scheint erlassen zu haben.[226]

Dem Grafen von *Brederode* wurde die Wahl gelassen, entweder den verlangten Eid abzulegen, oder sich des Oberbefehls über die Schwadron zu begeben, die ihm anvertraut war. Nach vielen vergeblichen Ausflüchten, die er davon hernahm, daß er kein öffentliches Amt in der Republik bekleide, entschloß er sich endlich zu dem letztern und entging dadurch einem Meineid.[227]

Umsonst hatte man versucht, den Prinzen von *Oranien* zu diesem Eide zu vermögen, der bei dem Verdacht, der längst auf ihm haftete, mehr als jeder Andere dieser Reinigung zu bedürfen schien und wegen der großen Gewalt, die man in seine Hände zu geben gezwungen war, mit dem größten Scheine des Rechts dazu angehalten werden konnte. Gegen ihn konnte man nicht mit der lakonischen Kürze, wie gegen einen *Brederode* oder Seinesgleichen, verfahren, und mit der freiwilligen Verzichtleistung auf alle seine Aemter, wozu er sich erbot, war der Regentin nicht gedient, die wohl voraussah, wie gefährlich ihr dieser Mann erst alsdann werden würde, wenn er sich unabhängig wissen und seine wahren Gesinnungen durch keinen äußerlichen Anstand und keine Pflicht mehr gebunden glauben würde. Aber bei dem Prinzen von *Oranien* war es schon seit jener Beratschlagung in Dendermonde unwiderruflich beschlossen, aus dem Dienst des Königs von Spanien zu treten und bis auf bessere Tage aus dem Lande selbst zu entweichen. Eine sehr niederschlagende Erfahrung hatte ihn gelehrt, wie unsicher die Hoffnungen sind, die man gezwungen ist auf den großen Haufen zu gründen, und wie bald dieser viel versprechende Eifer dahin ist, wenn Thaten von ihm gefordert werden. Eine Armee stand im Felde, und eine weit stärkere näherte sich, wie er wußte, unter Herzog

---

[226] Meteren 99. Strada 180 sq. Grot. 24.

[227] Burgund. 421. 422.

Albas Befehlen – die Zeit der Vorstellungen war vorbei, nur an der Spitze eines Heers konnte man hoffen, vorteilhafte Verträge mit der Regentin zu schließen und dem spanischen Feldherrn den Eintritt in das Land zu versagen. Aber woher dieses Heer nehmen, da ihm das nöthige Geld, die Seele aller Unternehmungen, fehlte, da die Protestanten ihre prahlerischen Versprechungen zurücknahmen und ihn in diesem dringenden Bedürfniß im Stiche ließen?[228] Eifersucht und Religionshaß trennten noch dazu beide protestantische Kirchen und arbeiteten jeder heilsamen Vereinigung gegen den gemeinschaftlichen Feind ihres Glaubens entgegen. Die Abneigung der Reformierten vor dem Augsburgischen Bekenntniß hatte alle protestantischen Fürsten Deutschlands gegen sie aufgebracht, daß nunmehr auch an den mächtigen Schutz dieses Reichs nicht mehr zu denken war. Mit dem Grafen von *Egmont* war das treffliche Heer Wallonen verloren, das mit blinder Ergebenheit dem Glück seines Feldherrn folgte, der es bei St. Quentin und Gravelingen siegen gelehrt hatte. Die Gewalttätigkeiten, welche die Bilderstürmer an Kirchen und Klöstern verübt, hatten die zahlreiche, begüterte und mächtige Klasse der katholischen Klerisei von dem Bunde wiederum abgewandt, für den sie, vor diesem unglücklichen Zwischenfalle, schon zur Hälfte gewonnen war, und dem Bunde selbst wußte die Regentin mit jedem Tage mehrere seiner Mitglieder durch List zu entreißen.

Alle diese Betrachtungen zusammengenommen bewogen den Prinzen, ein Vorhaben, dem der jetzige Zeitlauf nicht hold war, auf eine glücklichere Stunde zurückzulegen und ein Land zu verlassen, wo sein längeres Verweilen nichts mehr gntmachen konnte, ihm selbst aber ein gewisses Verderben bereitete. Ueber die Gesinnungen *Philipps* gegen ihn konnte er nach so vielen eingezogenen Erkundigungen, so vielen Proben seines Mißtrauens, so vielen War-

---

[228] Wie wacker der Wille und wie schlecht die Erfüllung war, erhellt unter andern aus folgendem Beispiel. In Amsterdam hatten einige Freunde der Nationalfreiheit, Katholiken sowohl als Lutheraner, feierlich angelobt, den hundertsten Pfennig ihrer Güter in eine Kommunkasse zusammenzuschießen, bis eine Summe von eilftausend Gulden beisammen wäre, die zum Dienst der gemeinen Sache verbraucht werden sollte. Eine Kiste, mit einer Spalte im Deckel und durch drei Schlösser verwahrt, bestimmte man zur Einhebung dieser Gelder. Als man sie nach abgelaufenem Termine eröffnete, entdeckte sich ein Schatz von – 700 Gulden,. welche man der Wirthin des Grafen von Brederode auf Abschlag seiner nicht bezahlten Zeche überließ. A. G. d. v. N III. Bd.

nungen aus Madrid nicht mehr zweifelhaft sein. Wäre er es auch gewesen, so würde ihn die furchtbare Armee, die in Spanien ausgerüstet wurde und nicht den König, wie man fälschlich verbreitete, sondern, wie er besser wußte, den Herzog von *Alba*, den Mann, der ihm am meisten widerstund und den er am meisten zu fürchten Ursache hatte, zum Führer haben sollte, sehr bald aus seiner Ungewißheit gerissen haben. Der Prinz hatte zu tief in den Menschencharakter und zu tief in *Philipps* Seele gesehen, um an eine aufrichtige Versöhnung mit diesem Fürsten zu glauben, von dem er einmal gefürchtet worden war. Auch beurtheilte er sein eigenes Betragen zu richtig, um, wie sein Freund *Egmont*, bei dem König auf einen Dank zu rechnen, den er nicht bei ihm gesäet hatte. Er konnte also keine anderen, als feindselige Gesinnungen von ihm erwarten, und die Klugheit rieth ihm an, sich dem wirklichen Ausbruche derselben durch eine zeitige Flucht zu entziehen. Den neuen Eid, den man von ihm forderte, hatte er bis jetzt hartnäckig verleugnet, und alle schriftlichen Ermahnungen der Regentin waren fruchtlos gewesen. Endlich sandte sie ihren geheimen Secretär *Berti* nach Antwerpen zu ihm, der ihm nachdrücklich ins Gewissen reden und alle übeln Folgen zu Gemüthe führen sollte, die ein so rascher Austritt aus dem königlichen Dienste für das Land sowohl, als für seinen eigenen guten Namen, nach sich ziehen würde. Schon die Verweigerung des verlangten Eides, ließ sie ihm durch ihren Gesandten sagen, habe einen Schatten auf seine Ehre geworfen und der allgemeinen Stimme, die ihn eines Verständnisses mit den Rebellen bezichtige, einen Schein von Wahrheit gegeben, den diese gewaltsame Abdankung zur völligen Gewißheit erheben würde. Auch gebühre es nur dem Herrn, seinen Diener zu entlassen, nicht aber dem Diener, seinen Herrn aufzugeben. Der Geschäftsträger der Regentin fand den Prinzen in seinem Palaste zu Antwerpen schon ganz, wie es schien, dem öffentlichen Dienste abgestorben und in Privatgeschäfte vergraben. Er habe sich geweigert, antwortete er ihm in *Hoogstraatens* Beisein, den verlangten Eid abzulegen, weil er sich nicht zu entsinnen wisse, daß je ein Antrag von dieser Art an einen Statthalter vor ihm ergangen sei; weil er sich dem Könige schon Einmal für immer verpflichtet habe, durch diesen neuen Eid also stillschweigend eingestehen würde, daß er den ersten gebrochen habe. Er habe sich geweigert, ihn abzulegen, weil ein älterer Eid ihm gebiete, die Rechte und Privilegien des Landes zu schützen, er aber nicht wissen könne, ob dieser neue Eid ihm nicht Handlungen auferlege, die jenem ersten entgegenlaufen; weil in diesem neuen Eide, der ihm zur Pflicht mache, gegen Jeden ohne Unterschied, den man ihm nennen würde, zu dienen, nicht einmal der Kaiser, sein Lehnsherr, ausgenommen sei, den er doch, als sein Vasall, nicht bekriegen dürfe. Er habe sich geweigert, ihn zu leisten, weil ihm dieser Eid auflegen könnte, seine Freunde und Verwandten, seine eigenen Söhne, ja seine Gemahlin selbst, die eine Lutheranerin sei, zur Schlachtbank zu führen. Laut diesem Eides würde er sich allem unterziehen müssen, was dem Könige einfiele ihm zuzumuthen; aber der König könnte ihm ja Dinge zumuthen, wovor ihm schaudre, und die Härte, womit man jetzt und immer gegen die Protestanten verfahren, habe schon längst seine Empfindung empört. Dieser Eid widerstreite seinem Menschengefühl, und er könne ihn nicht ablegen. Am Schlusse entfuhr ihm der Name des Herzogs von *Alba*, mit einem Merkmal von Bitterkeit, und gleich darauf schwieg er stille.[229]

Alle diese Einwendungen wurden Punkt für Punkt von *Berti* beantwortet. Man habe noch keinem Statthalter vor ihm einen solchen Eid abgefordert, weil sich die Provinzen noch niemals in einem ähnlichen Falle befunden. Man verlange diesen Eid nicht, weil die Statthalter den ersten gebrochen, sondern um ihnen jenen ersten Eid lebhafter ins Gedächtniß zu bringen und in dieser dringenden Lage ihre Thätigkeit anzufrischen. Dieser Eid würde ihm nichts auferlegen, was die Rechte und Privilegien des Landes kränke, denn der König habe diese Privilegien und Rechte so gut als der Prinz von *Oranien* beschworen. In diesem Eide sei ja weder von einem Kriege gegen den Kaiser, noch gegen irgend einen Fürsten aus des Prinzen Verwandtschaft die Rede, und gerne würde man ihn, wenn er sich ja daran stieße, durch eine eigene Clausel ausdrücklich davon freisprechen. Mit Aufträgen, die seinem Menschengefühl widerstritten, würde man ihn zu verschonen wissen, und keine Gewalt auf Erden würde ihn nöthigen können, gegen Gattin oder gegen Kinder zu handeln. *Berti* wollte nun zu dem letzten Punkte, der den Herzog von *Alba* betraf, übergehen, als ihn der Prinz, der diesen Artikel nicht gern beleuchtet haben wollte, unterbrach. »Der König würde

---

[229] Burgund. 456–458. Strada 182. 183.

nach den Niederlanden kommen,« sagte er, »und er kenne den König. Der König würde es nimmermehr dulden, daß einer von seinen
Dienern eine Lutheranerin zur Gemahlin habe, und darum habe er
beschlossen, sich mit seiner ganzen Familie freiwillig zu verbannen,
ehe er sich diesem Loose aus Zwang unterwerfen müsse. Doch,«
schloß er, »würde er sich, wo er auch sein möge, stets als ein Unterthan des Königs betragen.« Man sieht, wie *weit* der Prinz die
Beweggründe zu dieser Flucht herholte, um den einzigen nicht zu
berühren, der ihn wirklich dazu bestimmte.[230]

Noch hoffte *Berti*, von *Egmonts* Beredsamkeit vielleicht zu erhalten, was er aufgab durch die seinige zu bewirken. Er brachte eine
Zusammenkunft mit dem Letztern in Vorschlag (1567), wozu sich
der Prinz um so bereitwilliger finden ließ, da er selbst Verlangen
trug, seinen Freund *Egmont* vor seinem Abschied noch einmal zu
umarmen und den Verblendeten, wo möglich, von seinem gewissen
Untergange zurückzureißen. Diese merkwürdige Zusammenkunft,
die letzte, welche zwischen beiden Freunden gehalten wurde, ging
in Villebroeck, einem Dorf an der Rupel, zwischen Brüssel und
Antwerpen, vor sich; mit dem geheimen Sekretär *Berti* war auch der
junge Graf von *Mansfeld* dabei zugegen. Die Reformierten, deren
letzte Hoffnung auf dem Ausschlag dieser Unterredung beruhte,
hatten Mittel gefunden, den Inhalt derselben durch einen Spion zu
erfahren, der sich in dem Schornstein des Zimmers versteckt hielt,
wo sie vor sich ging.[231] Alle Drei bestürmten hier den Entschluß des
Prinzen mit vereinigter Beredsamkeit, jedoch ohne ihn zum Wanken zu bringen. »Es wird dir deine Güter kosten, *Oranien*, wenn du
auf diesem Vorsatze bestehst,« sagte endlich der Prinz von *Gaure*,
indem er ihm seitwärts zu einem Fenster folgte. »Und dir dein Leben, *Egmont*, wo du den deinigen nicht änderst,« versetzte jener.
»Mir wenigstens wird es Trost sein in jedem Schicksale, daß ich
dem Vaterlande und meinen Freunden mit Rath und That habe
nahe sein wollen in der Stunde der Noth; du wirst Freunde und
Vaterland in *ein* Verderben mit dir hinabziehen.« Und jetzt ermahnte er ihn noch einmal dringender, als er je vorher gethan, sich einem
Volke wiederzuschenken, das sein Arm allein noch zu retten ver

---

[230] Burgund. 456. 458. Stgrada 182. 183.
[231] Meteren.

möge; wo nicht, um seiner selbst willen wenigstens dem Gewitter auszuweichen, das aus Spanien her gegen ihn im Anzuge sei.

Aber alle noch so lichtvollen Gründe, die eine weitsehende Klugheit ihm an die Hand gab, mit aller Lebendigkeit, mit allem Feuer vorgetragen, das nur immer die zärtliche Bekümmerniß der Freundschaft ihnen einhauchen konnte, vermochten nicht, die unglückselige Zuversicht zu zerstören, welche *Egmonts* guten Verstand noch gebunden hielt. *Oraniens* Warnung kam aus einer trübsinnigen verzagenden Seele, und für Egmont lachte noch die Welt. Herauszutreten aus dem Schooße des Ueberflusses, des Wohllebens und der Pracht, worin er zum Jüngling und zum Manne geworden war, von allen den tausendfachen Gemächlichkeiten des Lebens zu scheiden, um derentwillen allein es Werth für ihn besaß, und dies alles, um einem Uebel zu entgehen, das sein leichter Muth noch so weit hinausrückte – nein, das war kein Opfer, das von *Egmont* zu verlangen war. Aber auch minder weichlich, als er war, mit welchem Herzen hätte er eine von langem Glücksstande verzärtelte Fürstentochter, eine liebende Gattin und Kinder, an denen seine Seele hing, mit Entbehrungen bekannt machen sollen, an welchen sein eigener Muth verzagte, die eine erhabene Philosophie allein der Sinnlichkeit abgewinnen kann. »Nimmermehr wirst du mich bereden, *Oranien*,« sagte *Egmont*, »die Dinge in diesem trüben Lichte zu sehen, worin sie deiner traurigen Klugheit erscheinen. Wenn ich es erst dahin gebracht haben werde, die öffentlichen Predigten abzustellen, die Bilderstürmer zu züchtigen, die Rebellen zu Boden zu treten und den Provinzen ihre vorige Ruhe wieder zu schenken – was kann der König mir anhaben? Der König ist gütig und gerecht, ich habe mir Ansprüche auf seine Dankbarkeit erworben, und ich darf nicht vergessen, was ich mir selbst schuldig bin.« – »Wohlan,« rief *Oranien* mit Unwillen und innerem Leiden, »so wage es denn auf diese königliche Dankbarkeit! Aber mir sagt eine traurige Ahnung – und gebe der Himmel, daß sie mich betrüge! – daß du die Brücke sein werdest, *Egmont*, über welche die Spanier in das Land setzen, und die sie abbrechen werden, wenn sie darüber sind.« Er zog ihn, nachdem er dieses gesagt hatte, mit Innigkeit zu sich, drückte ihn feurig und fest in die Arme. Lange, als wär's für das ganze übrige Leben, hielt er die Augen auf ihn geheftet; Thränen entfielen ihm – sie sahen einander nicht wieder.[232]

Gleich den folgenden Tag schrieb *Oranien* der Regentin den Abschiedsbrief, worin er sie seiner ewigen Achtung versicherte und ihr nochmals anlag, seinen jetzigen Schritt aufs beste zu deuten; dann ging er mit seinen drei Brüdern und seiner ganzen Familie nach seiner Stadt Breda ab, wo er nur so lange verweilte, als nöthig war, um noch einige Privatgeschäfte in Ordnung zu bringen. Sein ältester Prinz, *Philipp Wilhelm*, allein blieb auf der hohen Schule zu Löwen zurück, weil er ihn unter dem Schutze der brabantischen Freiheiten und den Vorrechten der Akademie hinlänglich sicher glaubte; eine Unvorsichtigkeit, die, wenn sie wirklich nicht absichtlich war, mit dem richtigen Urtheile kaum zu vereinigen ist, das er in so viel andern Fällen von dem Gemüthscharakter seines Gegners gefällt hatte. In Breda wandten sich die Häupter der Calvinisten noch einmal mit der Frage an ihn, ob noch Hoffnung für sie wäre, oder ob alles unrettbar verloren sei? – »Er habe ihnen ehemals den Rath gegeben,« antwortete der Prinz, »und komme jetzt abermals darauf zurück, daß sie dem Augsburgischen Bekenntnisse beitreten sollten; dann wäre ihnen Hilfe aus Deutschland gewiß. Wollten sie sich aber dazu noch immer nicht verstehen, so sollten sie ihm sechsmalhunderttausend Gulden schaffen, oder auch mehr, wenn sie könnten.« – »Das Erste,« erwiderten sie, »streite mit ihrer Ueberzeugung und ihrem Gewissen; zu dem Gelde aber könne vielleicht Rath werden, wenn er sie nur wissen lassen wollte, wozu er solches gebrauchen würde.« – »Ja,« rief er mit Verdrusse, »wenn ich das wissen lassen muß, so ist es aus mit dem Gebrauche.« Sogleich brach er das ganze Gespräch ab und entließ bald darauf die Gesandten. Es wurde ihm vorgeworfen, daß er sein Vermögen verschwendet und seiner drückenden Schulden wegen Neuerungen begünstiget habe; aber er versicherte, daß er noch sechstausend Gulden jährlicher Renten genieße. Doch ließ er sich vor seiner Abreise von den Staaten von Holland noch zwanzigtausend Gulden vorschießen, wofür er ihnen einige Herrschaften verpfändete. Man konnte sich nicht überreden, daß er so ganz ohne Widerstand der Nothwendigkeit unterlegen und aller fernern Versuche sich begeben habe; aber was er im Stillen

---

[232] Thuan. 527. Strada 183. Meteren 95. Burg. 470. 471. Meurs. 28.

mit sich herumtrug, wußte Niemand; Niemand hatte in seiner Seele gelesen. Es fragten ihn Einige, wie er sich ins künftige gegen den König von Spanien zu verhalten gedächte. »Ruhig,« war seine Antwort, »es sei denn, daß er sich an meiner Ehre oder meinen Gütern vergreife.« Gleich darauf verließ er die Niederlande, um sich in seiner Geburtsstadt Dillenburg im Nassauischen zur Ruhe zu begeben; viele Hunderte, sowohl von seinen Dienern, als Freiwillige, begleiteten ihn nach Deutschland; bald folgten ihm die Grafen von *Hoogstraten*, von *Kuilemburg*, von *Bergen*, die lieber eine selbstgewählte Verbannung mit ihm theilen, als einem ungewissen Schicksal leichtsinnig entgegentreten wollten. Die Nation sah ihren guten Engel mit ihm weichen; Viele hatten ihn angebetet, Alle hatten ihn verehrt. Mit ihm sank der Protestanten letzte Stütze; dennoch hofften sie von diesem entflohenen Manne mehr, als von Allen miteinander, die zurückgeblieben waren. Die Katholiken selbst sahen ihn nicht ohne Schmerz entweichen. Auch für sie hatte er sich der Tyrannei entgegengestellt; nicht selten hatte er sie gegen ihre eigene Kirche in Schutz genommen; viele unter ihnen hatte er dem blutdürstigen Eifer der Sekten entrissen. Wenige arme Seelen unter den Calvinisten, denen die angetragene Verbindung mit den Augsburgischen Confessionsverwandten ein Aergerniß gegeben, feierten mit stillen Dankopfern den Tag, wo der Feind von ihnen gewichen war[233] (1567).

---

[233] Meteren 100. Meurs. Guil. Auriac. 34. Reidan. 5. Grot. 26.

Verfall und Zerstreuung des Geusenbundes.

Gleich nach genommenem Abschied von seinem Freunde eilte der Prinz von *Gaure* nach Brüssel zurück, um an dem Hof der Regentin die Belohnung für seine Standhaftigkeit in Empfang zu nehmen und dort im Hofgewühl und im Sonnenscheine seines Glücks die wenigen Wolken zu zerstreuen, die *Oraniens* ernste Warnung über sein Gemüth gezogen hatte. Die Flucht des letztern überließ ihm allein jetzt den Schauplatz. Jetzt hatte er in der Republik keinen Nebenbuhler mehr, der seinen Ruhm verdunkelte. Mit gedoppeltem Eifer fuhr er nunmehr fort, um eine hinfällige Fürstengunst zu buhlen, über die er doch so weit erhaben war. Ganz Brüssel mußte seine Freude mit ihm theilen. Er stellte prächtige Gastmähler und öffentliche Feste an, denen die Regentin selbst öfters beiwohnte, um jede Spur des Mißtrauens aus seiner Seele zu vertilgen. Nicht zufrieden, den verlangten Eid abgelegt zu haben, that er es den Andächtigsten an Andacht, an Eifer den Eifrigsten zuvor, den protestantischen Glauben zu vertilgen und die widerspänstigen Städte Flanderns durch die Waffen zu unterwerfen. Dem Grafen von *Hoogstraaten*, seinem alten Freund, wie auch dem ganzen Ueberrest der Geusen kündigte er auf ewig seine Freundschaft auf, wenn sie sich länger bedenken würden, in den Schooß der Kirche zurückzutreten und sich mit ihrem König zu versöhnen. Alle vertrauten Briefe, welche beide Theile von einander in Händen hatten, wurden ausgewechselt und der Bruch zwischen beiden durch diesen letzten Schritt unheilbar und öffentlich gemacht. *Egmonts* Abfall und die Flucht des Prinzen von *Oranien* zerstörte die letzte Hoffnung der Protestanten und löste den ganzen Geusenbund auf. Einer drängte sich dem Andern an Bereitwilligkeit, an Ungeduld vor, den Compromiß abzuschwören und den neuen Eid zu leisten, den man ihm vorlegte. Vergebens schrieen die protestantischen Kaufleute über diese Wortbrüchigkeit des Adels; ihre schwache Stimme wurde nicht mehr gehört, und verloren waren alle Summen, die sie an das Unternehmen des Bundes gewendet hatten.[234]

Die wichtigsten Plätze waren unterworfen und hatten Besatzung; die Aufrührer flohen, oder starben durch des Henkers Hand; in den

---

[234] Strada 184. Burgund. 472.

Provinzen war kein Retter mehr vorhanden, alles wich dem Glück der Regentin, und ihr siegreiches Heer war im Anzug gegen Antwerpen. Nach einem schweren hartnäckigen Kampfe hatte sich endlich diese Stadt von den schlimmsten Köpfen gereinigt; *Hermann* und sein Anhang waren entflohen; ihre innern Stürme hatten ausgetobt. Die Gemüther fingen allmählich an, sich zu sammeln und, von keinem wüthenden Schwärmer mehr verhetzt, bessern Rathschlägen Raum zu geben. Der wohlhabende Bürger sehnte sich ernstlich nach Frieden, um den Handel und die Gewerbe wieder aufleben zu sehen, die durch die lange Anarchie schwer gelitten hatten. *Albas* gefürchtete Annäherung wirkte Wunder; um den Drangsalen zuvorzukommen, die eine spanische Armee über das Land verhängen würde, eilte man, in die gelinde Hand der Herzogin zu fallen. Von freien Stücken sandte man Bevollmächtigte nach Brüssel, ihr den Vergleich anzutragen und ihre Bedingungen zu hören. So angenehm die Regentin von diesem freiwilligen Schritt überrascht wurde, so wenig ließ sie sich von ihrer Freude übereilen. Sie erklärte, daß sie von nichts hören könne, noch wolle, bevor die Stadt Besatzung eingenommen hätte. Auch dieses fand keinen Widerspruch mehr, und der Graf von *Mansfeld* zog den Tag darauf mit sechzehn Fahnen in Schlachtordnung ein. Jetzt wurde ein feierlicher Vertrag zwischen der Stadt und der Herzogin errichtet, durch welchen jene sich anheischig machte, den reformierten Gottesdienst ganz aufzuheben, alle Prediger dieser Kirche zu verbannen, die römisch-katholische Religion in ihre vorige Würde wieder einzusetzen, die verwüsteten Kirchen in ihrem ganzen Schmuck wieder herzustellen, die alten Edikte wie vorher zu handhaben, den neuen Eid, den die andern Städte geschworen, gleichfalls zu leisten und Alle, welche die Majestät des Königs beleidigt, die Waffen ergriffen und an Entweihung der Kirchen Antheil gehabt, in die Hände der Gerechtigkeit zu liefern. Dagegen machte sich die Regentin verbindlich, alles Vergangene zu vergessen und für die Verbrecher selbst bei dem Könige fürzubitten. Allen Denen, welche, ihrer Begnadigung ungewiß, die Verbannung vorziehen würden, sollte ein Monat bewilligt sein, ihr Vermögen in Geld zu verwandeln und ihre Personen in Sicherheit zu bringen; doch mit Ausschließung aller Derer, welche etwas Verdammliches gethan und durch das Vorige schon von selbst ausgenommen wären. Gleich nach Abschließung dieses Vertrags wurde allen reformierten und lutherischen Predigern in

Antwerpen und dem ganzen umliegenden Gebiet durch den Herold verkündigt, innerhalb einundzwanzig Stunden das Land zu räumen. Alle Straßen, alle Thore waren jetzt von Flüchtlingen vollgedrängt, die ihrem Gott zu Ehren ihr Liebstes verließen und für ihren verfolgten Glauben einen glücklichern Himmelsstrich suchten. Dort nahmen Männer von ihren Weibern, Väter von ihren Kindern ein ewiges Lebewohl; hier führten sie sie mit sich von dannen. Ganz Antwerpen glich einem Trauerhause; wo man hin blickte, bot sich ein rührendes Schauspiel der schmerzlichsten Trennung dar. Alle protestantischen Kirchen waren versiegelt, die ganze Religion war nicht mehr. Der zehnte April (1567) war der Tag, wo ihre Prediger auszogen. Als sie sich noch einmal im Stadthause zeigten, um sich bei dem Magistrat zu beurlauben, widerstunden sie ihren Thränen nicht mehr und ergossen sich in die bittersten Klagen. Man habe sie aufgeopfert, schrieen sie, liederlich habe man sie verlassen. Aber eine Zeit werde kommen, wo Antwerpen schwer genug für diese Niederträchtigkeit büßen würde. Am bittersten beschwerten sich die lutherischen Geistlichen, die der Magistrat selbst in das Land gerufen, um gegen die Calvinisten zu predigen. Unter der falschen Vorspiegelung, daß der König ihrer Religion nicht ungewogen sei, hatte man sie in ein Bündniß wider die Calvinisten verflochten und letztere durch ihre Beihilfe unterdrückt; jetzt, da man ihrer nicht mehr bedurfte, ließ man beide in einem gemeinschaftlichen Schicksal ihre Thorheit beweinen.[235]

Wenige Tage darauf hielt die Regentin einen prangenden Einzug in Antwerpen, von tausend wallonischen Reitern, von allen Rittern des goldenen Vließes, allen Statthaltern und Räthen, von ihrem ganzen Hof und einer großen Menge obrigkeitlicher Personen begleitet, mit dem ganzen Pomp einer Siegerin. Ihr erster Besuch war in der Kathedralkirche, die von der Bilderstürmerei noch überall klägliche Spuren trug und ihrer Andacht die bittersten Thränen kostete. Gleich darauf werden auf öffentlichem Markte vier Rebellen hingerichtet, die man auf der Flucht eingeholt hatte. Alle Kinder, welche die Taufe auf protestantische Weise empfangen, müssen sie von katholischen Priestern noch einmal erhalten; alle Schulen

[235] Meurs. 33. 34. Thuan. 527. Reidan. 5. Strada 187. 188. Meteren 99. 100. Burgund. 477. 478.

der Ketzer werden aufgehoben, alle ihre Kirchen dem Erdboden gleich gemacht. Beinahe alle niederländischen Städte folgten dem Beispiele von Antwerpen, und aus allen mußten die protestantischen Prediger entweichen. Mit Ende des Aprils waren alle katholischen Kirchen wieder herrlicher als jemals geschmückt, alle protestantischen Gotteshäuser niedergerissen und jeder fremde Gottesdienst bis auf die geringste Spur aus allen siebenzehn Provinzen vertrieben. Der gemeine Haufe, der in seiner Neigung gewöhnlich dem *Glücke* folgt, zeigte sich jetzt eben so geschäftig, den Fall der Unglücklichen zu beschleunigen, als er kurz vorher wüthend für sie gestritten hatte; ein schönes Gotteshaus, das die Calvinisten in Gent errichtet, verschwand in weniger als einer Stunde. Aus den Balken der abgebrochenen Kirchen wurden Galgen für Diejenigen erbaut, die sich an den katholischen Kirchen vergriffen hatten. Alle Hochgerichte waren von Leichnamen, alle Kerker von Todesopfern, alle Landstraßen von Flüchtlingen angefüllt. Keine Stadt war so klein, worin in diesem mörderischen Jahre nicht zwischen fünfzig und dreihundert wären zum Tode geführt worden, diejenigen nicht einmal gerechnet, welche auf offnem Lande den Drossaarten in Hände fielen und als Raubgesindel ohne Schonung und ohne weiteres Verhör sogleich aufgeknüpft wurden.[236]

Die Regentin war noch in Antwerpen, als aus Brandenburg, Sachsen, Hessen, Württemberg und Baden Gesandte sich meldeten, welche für ihre flüchtigen Glaubensbrüder eine Fürbitte bei ihr einzulegen kamen. Die verjagten Prediger der Augsburgischen Confession hatten den Religionsfrieden der Deutschen reklamiert, dessen auch Brabant als ein Reichsstand theilhaftig wäre, und sich in den Schutz dieser Fürsten begeben. Die Erscheinung der fremden Minister beunruhigte die Regentin, und vergeblich suchte sie ihren Eintritt in die Stadt zu verhüten; doch gelang es ihr, sie unter dem Schein von Ehrenbezeugungen so scharf bewachen zu lassen, daß für die Ruhe der Stadt nichts von ihnen zu befürchten war. Aus dem hohen Tone, den sie so sehr zur Unzeit gegen die Herzogin annahmen, möchte man beinahe schließen, daß es ihnen mit ihrer Forderung wenig Ernst gewesen sei. Billig, sagten sie, sollte das Augsburgische Bekenntniß, als das einzige, welches den Sinn des

---

[236] Thuan. 529. Strada 178. Meteren 99. 100. Burgund. 482. 483.

Evangeliums erreiche, in den Niederlanden das herrschende sein; aber äußerst unnatürlich und unerlaubt sei es, die Anhänger desselben durch so grausame Edikte zu verfolgen. Man ersuche also die Regentin im Namen der Religion, die ihr anvertrauten Völker nicht mit solcher Härte zu behandeln. Ein Eingang von dieser Art, antwortete diese durch den Mund ihres deutschen Ministers, des Grafen von *Starhemberg*, verdiene gar keine Antwort. Aus dem Antheil, welchen die deutschen Fürsten an den niederländischen Flüchtlingen genommen, sei es klar, daß sie den Briefen Sr. Majestät, worin der Aufschluß über sein Verfahren enthalten sei, weit weniger Glauben schenkten, als dem Anbringen einiger Nichtswürdigen, die ihrer Thaten Gedächtniß in so vielen zerstörten Kirchen gestiftet. Sie möchten es dem König in Spanien überlassen, das Beste seiner Völker zu besorgen, und der unrühmlichen Mühe entsagen, den Geist der Unruhen in fremden Ländern zu nähren. Die Gesandten verließen Antwerpen in wenigen Tagen wieder, ohne etwas ausgerichtet zu haben; nur der sächsische Minister that der Regentin ingeheim die Erklärung, daß sich sein Herr diesem Schritt aus Zwang unterzogen und dem österreichischen Hause aufrichtig zugethan sei.[237] Die deutschen Gesandten hatten Antwerpen noch nicht verlassen, als eine Nachricht aus Holland den Triumph der Regentin vollkommen machte

Der Graf von *Brederode* hatte seine Stadt Viane und alle seine neuen Festungswerke, aus Furcht vor dem Grafen von *Megen*, im Stiche gelassen und sich mit Hilfe der Unkatholischen in die Stadt Amsterdam geworfen, wo seine Gegenwart den Magistrat, der kaum vorher einen innern Aufstand mit Mühe gestillt hatte, äußerst beunruhigte, den Muth der Protestanten aber aufs neue belebte. Täglich vergrößerte sich hier sein Anhang, und aus Utrecht, Friesland und Gröningen strömten ihm viele Edelleute zu, welche *Megens* und *Arembergs* siegreiche Waffen von dort verjagt hatten. Unter allerlei Verkleidung fanden sie Mittel, sich in die Stadt anzuschleichen, wo sie sich um die Person ihres Anführers versammelten und ihm zu einer starken Leibwache dienten. Die Oberstatthalterin, vor einem neuen Aufstande in Sorgen, sandte deßwegen einen ihrer geheimen Sekretäre, *Jakob de la Torre*, an den Rath von Amsterdam und ließ

---

[237] Strada 188. Burgund. 487–489.

ihm befehlen, sich, auf welche Art es auch sei, des Grafen von Brederode zu entledigen. Weder der Magistrat, noch *de la Torre* selbst, der ihm in Person den Willen der Herzogin kund machte, vermochten etwas bei ihm auszurichten; letzterer wurde sogar von einigen Edelleuten aus *Brederodes* Gefolge in seinem Zimmer überfallen und alle seine Briefschaften ihm entrissen. Vielleicht wäre es sogar um sein Leben selbst geschehen gewesen, wenn er nicht Mittel gefunden hätte, eilig aus ihren Händen zu entwischen. Noch einen ganzen Monat nach diesem Vorfall hing *Brederode*, ein ohnmächtiges Idol der Protestanten und eine Last der Katholiken, in Amsterdam, ohne viel mehr zu thun, als seine Wirthsrechnung zu vergrößern; während dem daß sein in *Viane* zurückgelassenes braves Heer, durch viele Flüchtlinge ans den mittäglichen Provinzen verstärkt, dem Grafen von *Megen* genug zu thun gab, um ihn zu hindern, die Protestanten auf ihrer Flucht zu beunruhigen. Endlich entschließt sich auch *Brederode*, nach dem Beispiel *Oraniens*, der Notwendigkeit zu weichen und eine Sache aufzugeben, die nicht mehr zu retten war. Er entdeckte dem Stadtrath seinen Wunsch, Amsterdam zu verlassen, wenn man ihn durch den Vorschuß einer mäßigen Summe dazu in den Stand setzen wolle. Um seiner los zu werden, eilte man, ihm dieses Geld zu schaffen, und einige Bankiers streckten es auf Bürgschaft des Stadtraths vor. Er verließ dann noch in derselben Nacht Amsterdam und wurde von einem mit Geschütz versehenen Fahrzeuge bis in das Vlie geleitet, von wo aus er glücklich nach Emden entkam. Das Schicksal behandelte ihn gelinder, als den größten Theil Derer, die er in sein tollkühnes Unternehmen verwickelt hatte; er starb das Jahr nachher, 1568, auf einem seiner Schlösser in Deutschland an den Folgen einer Völlerei, worauf er zuletzt soll gefallen sein, um seinen Gram zu zerstreuen. Ein schöneres Loos fiel seiner Wittwe, einer geborgen Gräfin von *Mörs*, welche *Friedrich der Dritte*, Kurfürst von der Pfalz, zu seiner Gemahlin machte. Die Sache der Protestanten verlor durch *Brederodes* Hintritt nur wenig; das Werk, das er angefangen, starb nicht mit ihm, so wie es auch nicht durch ihn gelebt hatte.[238]

Das kleine Heer, das er durch seine schimpfliche Flucht sich selbst überließ, war muthig und tapfer und hatte einige entschlos-

---

[238] Meteren 100. Vigl. Vit. N. CV. A. G. d. v. N. 104.

sene Anführer. Es war entlassen, sobald Derjenige floh, der es zu bezahlen hatte; aber sein guter Muth und der Hunger hielt es noch eine Zeitlang beisammen. Einige rückten, unter Anführung *Dietrichs von Battenburg*, vor Amsterdam, in Hoffnung, diese Stadt zu berennen; aber der Graf von *Megen*, der mit dreizehn Fahnen vortrefflicher Truppen zum Entsatz herbeieilte, nöthigte sie, diesem Anschlag zu entsagen. Sie begnügten sich damit, die umliegenden Klöster zu plündern, wobei besonders die Abtei zu Egmont sehr hart mitgenommen wurde, und brachen alsdann nach Waaterland auf, wo sie sich, der vielen Sümpfe wegen, vor weitern Verfolgungen sicher glaubten. Aber auch dahin folgte ihnen Graf von *Megen* und nöthigte sie, ihre Rettung eilig auf der Südersee zu suchen. Die Gebrüder von *Battenburg*, nebst einigen friesischen Edelleuten, *Beima* und *Galama*, warfen sich mit hundert und zwanzig Soldaten und der in den Klöstern gemachten Beute bei der Stadt Hoorn auf ein Schiff, um nach Friesland überzusetzen, fielen aber durch die Treulosigkeit des Steuermanns, der das Schiff bei Harlingen auf eine Sandbank führte, einem Arembergischen Hauptmann in die Hände, der alle lebendig gefangen bekam. Dem gemeinen Volke unter der Mannschaft wurde durch den Grafen von *Aremberg* sogleich das Urtheil gesprochen; die dabei befindlichen Edelleute schickte er der Regentin zu, welche sieben von ihnen enthaupten ließ. Sieben andere von dem edelsten Geblüt, unter denen die Gebrüder *Battenburg* und einige Friesen sich befanden, alle noch in der Blüthe der Jugend, wurden dem Herzog von *Alba* aufgespart, um den Antritt seiner Verwaltung sogleich durch eine That verherrlichen zu können, die seiner würdig wäre. Glücklicher waren die vier übrigen Schiffe, die von Medemblick unter Segel gegangen und durch den Grafen von *Megen* in kleinen Fahrzeugen verfolgt wurden. Ein widriger Wind hatte sie von ihrer Fahrt verschlagen und an die Küste von Geldern getrieben, wo sie wohlbehalten ans Land stiegen; sie gingen bei Heusen über den Rhein und entkamen glücklich ins Clevische, wo sie ihre Fahnen zerrissen und auseinander gingen. Einige Geschwader, die sich über der Plünderung der Klöster verspätet hatten, ereilte der Graf von *Megen* in Nord-Holland und bekam sie gänzlich in seine Gewalt, vereinigte sich darauf mit *Noircarmes* und gab Amsterdam Besatzung. Drei Fahnen Kriegsvolk, den letzten Ueberrest der geusischen Armee, überfiel Herzog *Erich von Braunschweig* bei Viane, wo sie sich einer Schanze bemächtigen wollten, schlug sie aufs Haupt und bekam ihren Anführer *Rennesse* gefangen, der bald nachher auf dem Schlosse Freudenburg in Utrecht enthauptet ward. Als darauf Herzog *Erich* in Viane einrückte, fand er nichts mehr, als todte Straßen und eine menschenleere Stadt; Einwohner und Besatzung hatten sie im ersten Schrecken verlassen. Er ließ sogleich die Festungswerke schleifen, Mauern und Thore abbrechen und machte diesen Waffenplatz der Geusen zum Dorfe.[239] Die ersten Stifter des Bundes hatten sich auseinander verloren; *Brederode* und *Ludwig* von *Nassau* waren nach Deutschland geflohen und die Grafen von *Hoogstraaten, Bergen* und *Kuilemburg* ihrem Beispiel gefolgt; *Mansfeld* war abgefallen; die Gebrüder *Battenburg* erwarteten im Gefängnisse ein schimpfliches Schicksal, und *Thoulouse* hatte einen ehrenvollen Tod auf dem Schlachtfelde gefunden. Welche von den Verbundenen dem Schwert des Feindes und des Henkers entronnen waren, hatten auch nichts als ihr Leben gerettet, und so sahen sie endlich mit einer schrecklichen Wahrheit den Namen an sich erfüllt, den sie zur Schau getragen hatten.

(1567.) So ein unrühmliches Ende nahm dieser lobenswürdige Bund, der in der ersten Zeit seines Werdens so schöne Hoffnungen von sich erweckt und das Ansehen gehabt hatte, ein mächtiger Damm gegen die Unterdrückung zu werden. Einigkeit war seine Stärke; Mißtrauen und innere Zwietracht sein Untergang. Viele seltene und schöne Tugenden hat er ans Licht gebracht und entwickelt; aber ihm mangelten die zwei unentbehrlichsten von allen, Mäßigung und Klugheit, ohne welche alle Unternehmungen umschlagen, alle Früchte des mühsamsten Fleißes verderben. Wären seine Zwecke so rein gewesen, als er sie angab, oder auch nur so rein geblieben, als sie bei seiner Gründung wirklich waren, so hätte er den Zufällen getrotzt, die ihn frühzeitig untergruben, und auch unglücklich würde er ein ruhmvolles Andenken in der Geschichte verdienen. Aber es leuchtet allzu klar in die Augen, daß der verbundene Adel an dem Unsinn der Bilderstürmer einen nähern Antheil hatte oder nahm, als sich mit der Würde und Unschuld seines Zwecks vertrug, und Viele unter ihm haben augenscheinlich ihre eigene gute Sache mit dem rasenden Beginnen dieser nichtswürdi-

---

[239] Meteren 100. 101. Thuan. 530. Burgund. 490–492. Strada 189. Meurs 31. Vigl. ad Hopper. Epistol. 34. A. G. d. v. N. 105.

gen Rotte verwechselt. Die Einschränkung der Inquisition und eine etwas menschlichere Form der Edikte war eine von den wohlthätigen Wirkungen des Bundes; aber der Tod so vieler Tausende, die in dieser Unternehmung verdarben, die Entblößung des Landes von so vielen trefflichen Bürgern, die ihren Fleiß in eine andere Weltgegend trugen, die Herbeirufung des Herzogs von *Alba* und die Wiederkehr der spanischen Waffen in die Provinzen waren wohl ein zu theurer Preis für diese vorübergehende Erleichterung. Manchen Guten und Friedliebenden im Volke, der ohne diese gefährliche Gelegenheit die Versuchung nie gekannt haben würde, erhitzte der Name dieses Bundes zu strafbaren Unternehmungen, deren glückliche Beendigung er ihn hoffen ließ, und stürzte ihn ins Verderben, weil er diese Hoffnungen nicht erfüllte. Aber es kann nicht geleugnet werden, daß er Vieles von dem, was er schlimm gemacht, durch einen gründlichen Nutzen wieder vergütete. Durch diesen Bund wurden die Individuen einander näher gebracht und aus einer zaghaften Selbstsucht herausgerissen; durch ihn wurde ein wohlthätiger Gemeingeist unter dem niederländischen Volke wieder gangbar, der unter dem bisherigen Drucke der Monarchie beinahe gänzlich erloschen war, und zwischen den getrennten Gliedern der Nation eine Vereinigung eingeleitet, deren Schwierigkeit allein Despoten so keck macht. Zwar verunglückte der Versuch, und die zu flüchtig geknüpften Bande lösten sich wieder; aber an mißlingenden Versuchen lernte die Nation das dauerhafte Band endlich finden, das der Vergänglichkeit trotzen sollte.

Die Vernichtung des geusischen Heeres brachte nun auch die holländischen Städte zu ihrem vorigen Gehorsam zurück, und in den Provinzen war kein einziger Platz mehr, der sich den Waffen der Regentin nicht unterworfen hätte; aber die zunehmende Auswanderung Eingeborener und Fremder drohte dem Lande mit einer verderblichen Erschöpfung. In Amsterdam war die Menge der Fliehenden so groß, daß es an Fahrzeugen gebrach, sie über die Nord- und Südersee zu bringen, und diese blühende Handelsstadt sah dem gänzlichen Verfall ihres Wohlstandes entgegen.[240] Erschreckt von dieser allgemeinen Flucht, eilte die Regentin, ermunternde Briefe an alle Städte zu schreiben und den sinkenden Muth der

---

[240] A. G. d. v. N. 105.

Bürger durch schöne Verheißungen aufzurichten. Allen, die dem König und der Kirche gutwillig schwören würden, sagte sie in seinem Namen eine gänzliche Begnadigung zu und lud durch öffentliche Blätter die Fliehenden ein, im Vertrauen auf diese königliche Huld wieder umzukehren. Sie versprach der Nation, sie von dem spanischen Kriegsheere zu befreien, wenn es auch schon an der Grenze stände; ja sie ging so weit, sich entfallen zu lassen, daß man noch wohl Mittel finden könnte, diesem Heer den Eingang in die Provinzen mit Gewalt zu versagen, weil sie gar nicht gesonnen sei, einem Andern den Ruhm eines Friedens abzutreten, den sie so mühsam errungen habe. Wenige kehrten aus Treu und Glauben zurück, und diese Wenigen haben es in der Folge bereut; viele Tausende waren schon voraus, und mehrere Tausende folgten. Deutschland und England waren von niederländischen Flüchtlingen angefüllt, die, wo sie sich auch niederließen, ihre Gewohnheiten und Sitten, bis selbst auf die Kleidertracht, beibehielten, weil es ihnen doch zu schwer war, ihrem Vaterlande ganz abzusterben und selbst von der Hoffnung einer Wiederkehr zu scheiden. Wenige brachten noch einige Trümmer ihres vorigen Glücksstandes mit sich; bei weitem der größte Theil bettelte sich dahin und schenkte seinem neuen Vaterlande nichts, als seinen Kunstfleiß, nützliche Hände und rechtschaffene Bürger.[241]

Und nun eilte die Regentin, dem König eine Botschaft zu hinterbringen, mit der sie ihn während ihrer ganzen Verwaltung noch nicht hatte erfreuen können. Sie verkündigte ihm, daß es ihr gelungen sei, allen niederländischen Provinzen die Ruhe wieder zu schenken, und daß sie sich stark genug glaube, sie darin zu erhalten. Die Sekten seien ausgerottet, und der römisch-katholische Gottesdienst prange in seinem vorigen Glanze; die Rebellen haben ihre verdienten Strafen empfangen oder erwarten sie noch im Gefängniß; die Städte seien ihr durch hinlängliche Besatzung versichert. Jetzt also bedürfe es keiner spanischen Truppen mehr in den Niederlanden, und nichts sei mehr übrig, was ihren Eintritt rechtfertigen könnte. Ihre Ankunft würde die Ordnung und Ruhe wieder zerstören, welche zu gründen ihr so viel Kunst gekostet habe, dem

---

[241] Meteren 101. Meurs. 35. Burgund. 486. Vigl. ad. Hopper. Epist. 5. Ep. 34. Grot. 26.

Handel und den Gewerben die Erholung erschweren, deren beide so bedürftig seien, und, indem sie den Bürger in neue Unkosten stürze, ihn zugleich des einzigen Mittels zur Herbeischaffung derselben berauben. Schon das bloße Gerücht von Ankunft des spanischen Heers habe das Land von vielen tausend nützlichen Bürgern entblößt; seine wirkliche Erscheinung würde es gänzlich zur Einöde machen. Da kein Feind mehr zu bezwingen und keine Rebellion mehr zu dämpfen sei, so könnte man zu diesem Heer keinen andern Grund ausfinden, als daß es zur Züchtigung heranziehe; unter dieser Voraussetzung aber würde es keinen sehr ehrenvollen Einzug halten. Nicht mehr durch die Notwendigkeit entschuldigt, würde dieses gewaltsame Mittel nur den verhaßten Schein der Unterdrückung haben, die Gemüther aufs neue erbittern, die Protestanten aufs äußerste treiben und ihre auswärtigen Glaubensbrüder zu ihrem Schutze bewaffnen. Sie habe der Nation in seinem Namen Zusage gethan, daß sie von dem fremden Kriegsheere befreit sein sollte, und dieser Bedingung vorzüglich danke sie jetzt den Frieden; sie stehe ihm also nicht für seine Dauer, wenn er sie Lügen strafe. Ihn selbst, ihren Herrn und König, würden die Niederlande mit allen Zeichen der Zuneigung und Ehrerbietung empfangen; aber er möchte als Vater und nicht als strafender König kommen. Er möchte kommen, sich der Ruhe zu freuen, die sie dem Lande geschenkt, aber nicht, sie aufs neue zu stören.[242]

---

[242] Strada 197.

Albas Rüstung und Zug nach den Niederlanden.

Aber im Conseil zu Madrid war es anders beschlossen. Der Minister *Granvella*, welcher auch abwesend durch seine Anhänger im spanischen Ministerium herrschte, der Cardinal Großinquisitor *Spinosa* und der Herzog von *Alba*, jeder von seinem Haß, seinem Verfolgungsgeist oder seinem Privatvortheil geleitet, hatten die gelindern Rathschläge des Prinzen *Ruy Gomes von Eboli*, des Grafen von *Feria* und des königlichen Beichtvaters *Fresneda* überstimmt.[243] Der Tumult sei für jetzt zwar gestillt, behaupteten sie, aber nur, weil das Gerücht von der gewaffneten Ankunft des Königs die Rebellen in Schrecken gesetzt habe; der Furcht allein, nicht der Reue danke man diese Ruhe, um die es bald wieder geschehen sein würde, wenn man sie von jener befreite. Da die Vergehungen des niederländischen Volks dem König eine so schöne und erwünschte Gelegenheit darboten, seine despotischen Absichten mit einem Scheine von Recht auszuführen, so war diese ruhige Beilegung, woraus die Regentin sich ein Verdienst machte, von seinem eigentlich Zweck sehr weit entlegen, der kein anderer war, als den Provinzen unter einem gesetzmäßigen Vorwande Freiheiten zu entreißen, die seinem herrschsüchtigen Geiste schon längst ein Anstoß gewesen waren.

Bis jetzt hatte er den allgemeinen Wahn, daß er die Provinzen in Person besuchen würde, mit der undurchdringlichsten Verstellung unterhalten, so entfernt er vielleicht immer davon gewesen war. Reisen überhaupt schienen sich mit dem maschinenmäßigen Takt seines geordneten Lebens, mit der Beschränkung und dem stillen Gang seines Geistes nicht wohl vertragen zu können, der von der Mannigfaltigkeit und Neuheit der Erscheinungen, die von außen her auf ihn eindrangen, allzu leicht auf eine unangenehme Art zerstreut und darniedergedrückt war. Die Schwierigkeiten und Gefahren, womit besonders *diese* Reise begleitet war, mußten also seine natürliche Verzagtheit und Weichlichkeit um so mehr abschrecken, je weniger er, der nur gewohnt war, aus sich herauszuwirken und die Menschen seinen Maximen, nicht seine Maximen den Menschen anzupassen, den Nutzen und die Nothwendigkeit davon einsehen

---

[243] Strada 193 sq.

konnte. Da es ihm überdies unmöglich war, seine Person auch nur einen Augenblick von seiner königlichen Würde zu trennen, die kein Fürst der Welt so knechtisch und pedantisch hütete, wie er, so waren die Weitläufigkeiten, die er in Gedanken unumgänglich mit einer solchen Reise verband, und der Aufwand, den sie aus eben diesem Grunde verursachen mußte, schon für sich allein hinreichend, ihn davon zurückzuschrecken, daß man gar nicht nöthig hat, den Einfluß seines Günstlings *Ruy Gomes*, der es gern gesehen haben soll, seinen Nebenbuhler, den Herzog von *Alba*, von der Person des Königs zu entfernen, dabei zu Hülfe zu rufen. Aber so wenig es ihm auch mit dieser Reise ein Ernst war, so nothwendig fand er es doch, den Schrecken derselben wirken zu lassen, um eine gefährliche Vereinigung der unruhigen Köpfe zu verhindern, um den Muth der Treugesinnten aufrecht zu erhalten und die fernern Fortschritte der Rebellen zu hemmen.

Um die Verstellung aufs äußerste zu treiben, hatte er die weitläuftigsten und lautesten Anstalten zu dieser Reise getroffen und alles beobachtet, was in einem solchen Falle nur immer erforderlich war. Er hatte Schiffe auszurüsten befohlen, Offiziere angestellt und sein ganzes Gefolge bestimmt. Alle fremden Höfe wurden durch seine Gesandten von diesem Vorhaben benachrichtigt, um ihnen durch diese kriegerischen Vorkehrungen keinen Verdacht zu geben. Bei dem König von Frankreich ließ er für sich und seine Begleitung um einen freien Durchzug durch dieses Reich ansuchen und den Herzog von *Savoyen* um Rath fragen, welcher von beiden Wegen vorzuziehen sei. Von allen Städten und festen Plätzen, durch die ihn irgend nur sein Weg führen konnte, ließ er ein Verzeichniß aufsetzen und ihre Entfernungen von einander aufs genaueste bestimmen. Der ganze Strich Landes von Savoyen bis Burgund sollte aufgenommen und eine eigene Karte davon entworfen werden, wozu er sich von dem Herzog die nöthigen Künstler und Feldmesser ausbat. Er trieb den Betrug so weit, daß er der Regentin Befehl gab, wenigstens acht Fahrzeuge in Seeland bereit zuhalten, um sie ihm sogleich entgegenschicken zu können, wenn sie hören würde, daß er von Spanien abgesegelt sei. Und wirklich ließ sie diese Schiffe auch ausrüsten und in allen Kirchen Gebete anstellen, daß seine Seereise glücklich sein möchte, obgleich Manche sich in der Stille vermerken ließen, daß Se. Majestät in ihrem Zimmer zu Madrid von Seestürmen nicht viel zu befahren haben würden. Er spielte diese Rolle so meisterlich, daß die niederländischen Gesandten in Madrid, *Bergen* und *Montigny*, welche alles bis jetzt nur für ein Gaukelspiel gehalten, endlich selbst anfingen, darüber unruhig zu werden, und auch ihre Freunde in Brüssel mit dieser Furcht ansteckten. Ein Tertianfieber, welches ihn um diese Zeit in Segovien befiel, oder auch nur von ihm geheuchelt wurde, reichte ihm einen scheinbaren Vorwand dar, die Ausführung dieser Reise zu verschieben, während daß die Ausrüstung dazu mit allem Nachdruck betrieben ward. Als ihm endlich die dringenden und wiederholten Bestürmungen seiner Schwester eine bestimmte Erklärung abnöthigten, machte er aus, daß der Herzog von *Alba* mit der Armee vorangehen sollte, um die Wege von Rebellen zu reinigen und seiner eigenen königlichen Ankunft mehr Glanz zu geben. Noch durfte er es nicht wagen, den Herzog als seinen eigentlichen Stellvertreter anzukündigen, weil nicht zu hoffen war, daß der niederländische Adel eine Mäßigung, die er dem Souverän nicht versagen konnte, auch auf einen seiner Diener würde ausgedehnt haben, den die ganze Nation als einen Barbaren kannte und als einen Fremdling und Feind ihrer Verfassung verabscheute. Und in der That hielt der allgemeine und noch lange nach *Albas* wirklichem Eintritt fortwährende Glaube, daß der König selbst ihm bald nachkommen würde, den Ausbruch von Gewaltthätigkeiten zurück, die der Herzog bei der grausamen Eröffnung seiner Statthalterschaft gewiß würde zu erfahren gehabt haben.[244]

Die spanische Geistlichkeit und die Inquisition besonders steuerte dem König zu dieser niederländischen Expedition reichlich, wie zu einem heiligen Kriege, bei. Durch ganz Spanien wurde mit allem Eifer geworben. Seine Vicekönige und Statthalter von Sardinien, Sicilien, Neapel und Mailand erhielten Befehl, den Kern ihrer italienischen und spanischen Trnppen aus den Besatzungen zusammenzuziehen und nach dem gemeinschaftlichen Versammlungsplatze im genuesischen Gebiete abzusenden, wo der Herzog von *Alba* sie übernehmen und gegen spanische Rekruten, die er mitbrächte, einwechseln würde. Der Regentin wurde zu gleicher Zeit anbefohlen, noch einige deutsche Regimenter Fußvolk unter den Befehlen der Grafen von *Eberstein*, *Schauenburg* und *Lodrona* in Luxemburg, wie

---

[244] Strada 193. 200. Meteren 103.

auch einige Geschwader leichter Reiter in der Grafschaft Burgund bereit zu halten, damit sich der spanische Feldherr sogleich bei seinem Eintritt in die Provinzen damit verstärken könnte. Dem Grafen *Barlaimont* wurde aufgetragen, die eintretende Armee mit Proviant zu versorgen, und der Statthalterin eine Summe von zweimalhunderttausend Goldgulden ausgezahlt, um diese neuen Unkosten sowohl als den Aufwand für ihre eigene Armee davon zu bestreiten.[245]

Als sich unterdessen der französische Hof, unter dem Vorwande einer von den Hugenotten zu fürchtenden Gefahr, den Durchzug der ganzen spanischen Armee verbeten hatte, wandte sich *Philipp* an die Herzoge von Savoyen und Lothringen, die in zu großer Abhängigkeit von ihm standen, um ihm dieses Gesuch abzuschlagen. Ersterer machte bloß die Bedingung, zweitausend Fußgänger und eine Schwadron Reiter auf des Königs Unkosten halten zu dürfen, um das Land vor dem Ungemach zu schützen, dem es während des Durchzugs der spanischen Armee ausgesetzt sein möchte. Zugleich übernahm er es, die Armee mit dem nöthigen Proviant zu versorgen.[246]

Das Gerücht von diesem Durchmarsche brachte die Hugenotten, die Genfer, die Schweizer und Graubündter in Bewegung. Der Prinz von *Condé* und der Admiral von *Coligny* lagen *Karln dem Neunten* an, einen so glücklichen Zeitpunkt nicht zu verabsäumen, wo es in seiner Gewalt stünde, dem Erbfeinde Frankreichs eine tödtliche Wunde zu versetzen. Mit Hilfe der Schweizer, der Genfer und seiner eigenen protestantischen Unterthanen würde es ihm etwas Leichtes sein, die Auswahl der spanischen Truppen in den engen Pässen des Alpengebirges aufzureiben, wobei sie ihn mit einer Armee von fünfzigtausend Hugenotten zu unterstützen versprachen. Dieses Anerbieten aber, dessen gefährliche Absicht nicht zu verkennen war, wurde von *Karln dem Neunten* unter einem anständigen Vorwand abgelehnt, und er selbst nahm es über sich, für die Sicherheit seines Reichs bei diesem Durchmarsche zu sorgen. Er brachte auch eilfertig Truppen auf, die französischen Grenzen zu decken; dasselbe thaten auch die Republiken Genf, Bern, Zürich

---

[245] Meteren 104. Burgund. 412. Strada 106.

[246] Strada 198. 199.

und Graubündten, alle bereit, den fürchterlichen Feind ihrer Religion und Freiheit mit der herzhaftesten Gegenwehr zu empfangen.[247]

Am 5. Mai 1567 ging der Herzog mit dreißig Galeeren, die *Andreas Doria* und Herzog *Cosmus* von *Florenz* dazu hergeschafft hatten, zu Carthagena unter Segel und landete innerhalb acht Tagen in Genua, wo er die für ihn bestimmten vier Regimenter in Empfang nahm. Aber ein dreitägiges Fieber, wovon er gleich nach seiner Ankunft ergriffen wurde, nöthigte ihn, einige Tage unthätig in der Lombardei zu liegen – eine Verzögerung, welche von den benachbarten Mächten zu ihrer Vertheidigung benutzt wurde. Sobald er sich wieder hergestellt sah, hielt er bei der Stadt Asti in Montferrat eine Heerschau über alle seine Truppen, die tapferer als zahlreich waren und nicht viel über zehntausend Mann, Reiterei und Fußvolk, betrugen. Er wollte sich auf einem so langen und gefährlichen Zug nicht mit unnützem Troß beschweren, der nur seinen Marsch verzögerte und die Schwierigkeiten des Unterhalts vermehrte; diese zehntausend Veteranen sollten gleichsam nur der feste Kern einer größern Armee sein, die er nach Maßgabe der Umstände und der Zeit in den Niederlanden selbst leicht würde zusammenziehen können.

Aber so klein dieses Heer war, so auserlesen war es. Es bestand aus den Ueberresten jener siegreichen Legionen, an deren Spitze *Karl der Fünfte* Europa zittern gemacht hatte; mordlustige, undurchbrechliche Schaaren, in denen der alte makedonische Phalanx wieder auferstanden, rasch und gelenkig durch eine lang geübte Kunst, gegen alle Elemente gehärtet, auf das Glück ihres Führers stolz und keck durch eine lange Erfahrung von Siegen, fürchterlich durch Ungebundenheit, fürchterlicher noch durch Ordnung, mit allen Begierden des wärmeren Himmels auf ein mildes, gesegnetes Land losgelassen und unerbittlich gegen einen Feind, den die Kirche verfluchte. Dieser fanatischen Mordbegier, diesem Ruhmdurst und angestammten Muth kam eine rohe Sinnlichkeit zu Hilfe, das stärkste und zuverlässigste Band, an welchem der spanische Heerführer diese rohen Banden führte. Mit absichtlicher Indulgenz ließ er Schwelgerei und Wollust unter dem Heere einreißen. Unter seinem stillschweigenden Schutze zogen italienische Freudenmädchen

---

[247] Strada 196. Burgund. 497.

hinter den Fahnen her; selbst auf dem Zuge über den Apennin, wo die Kostbarkeit des Lebensunterhalts ihn nöthigte, seine Armee auf die möglich kleinste Zahl einzuschränken, wollte er lieber einige Regimenter weniger haben, als diese Werkzeuge der Wollust dahinten lassen.[248] Aber so sehr er von der einen Seite die Sitten seiner Soldaten aufzulösen beflissen war, so sehr preßte er sie von der andern durch eine übertriebene Mannszucht wieder zusammen, wovon nur der Sieg eine Ausnahme machte und die Schlacht eine Erleichterung war. Hierin brachte er den Ausspruch des atheniensischen Feldherrn *Iphikrates* in Ausübung, der dem wollüstigen, gierigen Soldaten den Vorzug der Tapferkeit zugestand. Je schmerzhafter die Begierden unter dem langen Zwang zusammengehalten worden, desto wüthender mußten sie durch die einzige Pforte brechen, die ihnen offen gelassen ward.

Das ganze Fußvolk, ungefähr neuntausend Köpfe stark und größtentheils Spanier, vertheilte der Herzog in vier Brigaden, denen er vier Spanier als Befehlshaber vorsetzte. *Alphons von Ulloa* führte die neapolitanische Brigade, die unter neunzehn Fahnen dreitausend zweihundert dreißig Mann ausmachte; *Sancho von Lodoño* die mailändische, zweitausend zweihundert Mann unter zehn Fahnen; die sicilianische Brigade zu eben so viel Fahnen und eintausend sechshundert Mann commandierte *Julian Romero*, ein erfahrner Kriegsmann, der schon ehedem auf niederländischem Boden gefochten,[249] und *Gonsalo* von *Bracamonte* die sardinische, die durch drei Fahnen neu mitgebrachter Rekruten mit der vorigen gleichzählig gemacht wurde. Jeder Fahne wurden noch außerdem fünfzehn spanische Musketiers zugegeben. Die Reiterei, nicht über zwölfhundert Pferde

---

[248] Der bacchantische Aufzug dieses Heeres contrastirte seltsam genug mit dem finstern Ernst und der vorgeschützten Heiligkeit seines Zweckes. Die Anzahl dieser öffentlichen Dirnen war so übermäßig groß, daß sie notgedrungen selbst darauf verfielen, eine eigene Disciplin unter sich einzuführen Sie stellten sich unter besondre Fahnen, zogen in Reihen und Gliedern in wunderbarer soldatischer Ordnung hinter jedem Bataillon daher und sonderten sich mit strenger Etikette nach Rang und Gehalt, in Befehlshabersh***, Hauptmannsh***, reiche und arme Soldatenh***, wie ihnen das Loos gefallen war und ihre Ansprüche stiegen oder fielen. Meteren 104.

[249] Derselbe, unter dessen Befehlen eines von den spanischen Regimentern gestanden, worüber sieben Jahre vorher von den Generalstaaten so viel Streit erhoben worden.

stark, bestand aus drei italienischen, zwei albanischen und sieben spanischen leichten und schwergeharnischten Geschwadern, worüber die beiden Söhne des Herzogs, *Ferdinand* und *Friedrich von Toledo*, den Oberbefehl führten. Feldmarschall war *Chiappin Vitelli*, Marquis von Cetona, ein berühmter Officier, mit welchem *Cosmus von Florenz* den König von Spanien beschenkt hatte, und *Gabriel Serbellon* General des Geschützes. Von dem Herzoge von Savoyen wurde ihm ein erfahrner Kriegsbaumeister, *Franz Paciotto*, aus Urbino überlassen, der ihm in den Niederlanden bei Erbauung neuer Festungen nützlich werden sollte. Seinen Fahnen folgte noch eine große Anzahl Freiwilliger und die Auswahl des spanischen Adels, wovon der größte Theil unter *Karl dem Fünften* in Deutschland, Italien und vor Tunis gefochten; *Christoph Mondragone*, einer der zehen spanischen Helden, die unweit Mühlberg, den Degen zwischen den Zähnen, über die Elbe geschwommen und unter feindlichem Kugelregen von dem entgegengesetzten Ufer die Kähne herübergezogen, aus denen der Kaiser nachher eine Schiffbrücke schlug; *Sancho von Avila*, den *Alba* selbst zum Soldaten erzogen, *Camillo von Monte*, *Franz Ferdugo*, *Karl Davila*, *Nicolaus Basta* und *Graf Martinengo* – alle von edlem Feuer begeistert, unter einem so trefflichen Führer ihre kriegerische Laufbahn zu eröffnen, oder einen bereits erfochtenen Ruhm durch diesen glorreichen Feldzug zu krönen.[250]

Nach geschehener Musterung rückte die Armee, in drei Haufen vertheilt, über den Berg Cenis, desselben Weges, den achtzehn Jahrhunderte vorher *Hannibal* soll gegangen sein. Der Herzog selbst führte den Vortrab, *Ferdinand von Toledo*, dem er den Obersten *Lodoño* an die Seite gab, das Mittel, und den Nachtrab der Marquis von *Cetona*. Voran schickte er den Proviantmeister *Franz von Ibarra*, nebst dem General *Serbellon*, der Armee Bahn zu machen und den Mundvorrath in den Standquartieren bereit zu halten. Wo der Vortrab des Morgens aufbrach, rückte Abends das Mittel ein, welches am folgenden Tage dem Nachtrabe wieder Platz machte. So durchwanderte das Kriegsheer in mäßigen Tagereisen die savoyischen Alpen, und mit dem vierzehnten Marsch war dieser gefährliche Durchgang vollendet. Eine beobachtende französische Armee begleitete es seitwärts längs der Grenze von Dauphiné und dem Laufe

---

[250] Strada 200. 201. Burgund. 393. Meteren 104.

der Rhone und zur Rechten die alliirte Armee der Genfer, an denen es in einer Nähe von sieben Meilen vorbeikam; beide Heere ganz unthätig und nur darauf bedacht, ihre Grenze zu decken. Wie es auf den steilen abschüssigen Felsen bergauf und bergunter klimmte, über die reißende Isère setzte, oder sich Mann für Mann durch enge Felsenbrüche wand, hätte eine Handvoll Menschen hingereicht, seinen ganzen Marsch aufzuhalten und es rückwärts ins Gebirge zu treiben. Hier aber war es ohne Rettung verloren, weil auf jeglichem Lagerplatz immer nur auf einen einzigen Tag und für ein einziges Drittheil Proviant bestellt war. Aber eine unnatürliche Ehrfurcht und Furcht vor dem spanischen Namen schien die Augen der Feinde gebunden zu haben, daß sie ihren Vortheil nicht wahrnahmen, oder es wenigstens nicht wagten, ihn zu benutzen. Um sie ja nicht daran zu erinnern, eilte der spanische Feldherr, sich mit möglichster Stille durch diesen gefährlichen Paß zu stehlen, überzeugt, daß es um ihn geschehen sein würde, sobald er beleidigte; während des ganzen Marsches wurde die strengste Mannszucht beobachtet, nicht eine einzige Bauernhütte, nicht ein einziger Acker litt Gewalt;[251] und nie ist vielleicht seit Menschengedenken eine so zahlreiche Armee einen so weiten Weg in so trefflicher Ordnung geführt worden. Ein schrecklicher Glücksstern leitete dieses zum Mord gesandte Heer wohlbehalten durch alle Gefahren, und schwer dürfte es zu bestimmen sein, ob die Klugheit seines Führers, oder die Verblendung seiner Feinde mehr unsere Verwunderung verdienen.[252]

In der Franche Comté stießen vier neugeworbene Geschwader burgundischer Reiter zu der Hauptarmee und drei deutsche Regimenter Fußvolk in Luxemburg, welche die Grafen von *Eberstein*, *Schauenburg* und *Lodrona* dem Herzoge zuführten. Aus Thionville, wo er einige Tage rastete, ließ er die Oberstatthalterin durch *Franz von Ibarra* begrüßen, dem zugleich aufgetragen war, wegen Einquar-

---

[251] Einmal nur wagten es drei Reiter, am Eingang von Lothringen, einige Hämmel aus einer Heerde wegzutreiben, wovon der Herzog nicht sobald Nachricht bekam, als er dem Eigenthümer das Geraubte wieder zurückschickte und die Thäter zum Strange verurtheilte. Dieses Urtheil wurde auf die Fürbitte des lothringischen Generals, der ihn an der Grenze zu begrüßen gekommen war, nur an einem von den Dreien vollzogen, den das Loos aus der Trommel traf. Strada 202.

[252] Burgund. 496. 497. Strada l. c.

tierung der Truppen Abrede mit ihr zu nehmen. Von ihrer Seite erschienen *Noircarmes* und *Barlaimont* im spanischen Lager, dem Herzog zu seiner Ankunft Glück zu wünschen und ihm die gewöhnlichen Ehrenbezeugungen zu erweisen. Zugleich mußten sie ihm die königliche Vollmacht abfordern, die er ihnen aber nur zum Theil vorzeigte. Ihnen folgten ganze Schaaren aus dem flämischen Adel, die nicht genug eilen zu können glaubten, die Gunst des neuen Statthalters zu gewinnen, oder eine Rache, die gegen sie im Anzuge war, durch eine zeitige Unterwerfung zu versöhnen. Als unter diesen auch der Graf von *Egmont* herannahte, zeigte ihn Herzog *Alba* den Umstehenden.» *Es kommt ein großer Ketzer,*« rief er laut genug, daß *Egmont* es hörte, der bei diesen Worten betreten stille stand und die Farbe veränderte. Als aber der Herzog, seine Unbesonnenheit zu verbessern, mit erheitertem Gesicht auf ihn zuging und ihn mit einer Umarmung freundlich begrüßte, schämte sich der Flamänder seiner Furcht und spottete dieses warnenden Winks durch eine leichtsinnige Deutung. Er besiegelte diese neue Freundschaft mit einem Geschenk von zwei trefflichen Pferden, das mit herablassender Grandezza empfangen ward.[253]

Auf die Versicherung der Regentin, daß die Provinzen einer vollkommenen Ruhe genössen und von keiner Seite Widersetzung zu fürchten sei, ließ der Herzog einige deutsche Regimenter, die bis jetzt Wartgeld gezogen, auseinander gehen. Dreitausend sechshundert Mann wurden unter *Lodronas* Befehlen in Antwerpen einquartiert, woraus die wallonische Garnison, der man nicht recht traute, sogleich abziehen mußte; eine verhältnißmäßig starke Besatzung warf man in Gent und in andere wichtige Plätze. *Alba* selbst rückte mit der mailändischen Brigade nach Brüssel vor, wohin ihn ein glänzendes Gefolge vom ersten Adel des Landes begleitete.[254]

Hier, wie in allen übrigen Städten der Niederlande, waren ihm Angst und Schrecken vorangeeilt, und wer sich nur irgend einer Schuld bewußt war, oder wer sich auch keiner bewußt war, sah diesem Einzug mit einer Bangigkeit wie dem Anbruch eines Gerichtstags entgegen. Wer nur irgend von Familie, Gütern und Vaterland sich losreißen konnte, floh oder war geflohen. Die Annäherung

---

[253] Meteren 105. Meurs. 37. Strada 202. Watson. Tom. II. p. 9.
[254] Strada 203.

der spanischen Armee hatte die Provinzen, nach der Oberstatthalterin eigenem Bericht, schon um hunderttausend Bürger entvölkert, und diese allgemeine Flucht dauerte noch unausgesetzt fort.[255] Aber die Ankunft des spanischen Generals konnte den Niederländern nicht verhaßter sein, als sie der Regentin kränkend und niederschlagend war. Endlich, nach vielen sorgenvollen Jahren, hatte sie angefangen, die Süßigkeit der Ruhe und einer unbestrittenen Herrschaft zu kosten, die das ersehnte Ziel ihrer achtjährigen Verwaltung gewesen und bisher immer ein eitler Wunsch geblieben war. Diese Frucht ihres ängstlichen Fleißes, ihrer Sorgen und Nachtwachen sollte ihr jetzt durch einen Fremdling entrissen werden, der, *auf einmal* in den Besitz aller Vortheile gesetzt, die sie den Umständen nur mit *langsamer* Kunst abgewinnen konnte, den Preis der Schnelligkeit leicht über sie davon tragen und mit rascheren Erfolgen über ihr gründliches, aber weniger schimmerndes Verdienst triumphieren würde. Seit dem Abzuge des Ministers *Granvella* hatte sie den ganzen Reiz der Unabhängigkeit gekostet, und die schmeichlerische Huldigung des Adels, der ihr den Schein der Herrschaft desto mehr zu genießen gab, je mehr er ihr von dem Wesen derselben entzog, hatte ihre Eitelkeit allmählich zu einem solchen Grade verwöhnt, daß sie endlich auch ihren redlichsten Diener, den Staatsrath *Viglius*, der nichts als Wahrheit für sie hatte, durch Kälte von sich entfremdete. Jetzt sollte ihr auf einmal ein Aufseher ihrer Handlungen, ein Theilhaber ihrer Gewalt an die Seite gesetzt, wo nicht gar ein Herr aufgedrungen werden, von dessen stolzem, störrigem und gebieterischem Geist, den keine Hofsprache milderte, ihrer Eigenliebe die tödlichsten Kränkungen bevorstanden. Vergebens hatte sie, um seine Ankunft zu hintertreiben, alle Gründe der Staatskunst aufgeboten, dem Könige vorstellen lassen und vorgestellt, daß der gänzliche Ruin des niederländischen Handels die unausbleibliche Folge dieser spanischen Einquartierung sein würde; vergebens hatte sie sich auf den bereits wiederhergestellten Frieden des Landes und auf ihre eigenen Verdienste um diesen Frieden berufen, die sie zu einem bessern Danke berechtigten, als die Früchte ihrer Bemühungen einem fremden Ankömmling abzutreten und alles von ihr gestiftete Gute durch ein entgegengesetztes Verfahren wieder vernichtet zu sehen. Selbst nachdem

---

255 Strada l. c.

der Herzog schon den Berg Cenis herüber war, hatte sie noch einen Versuch gemacht, ihn wenigstens zu einer Verminderung seines Heers zu bewegen, aber auch diesen fruchtlos, wie alle vorigen, weil sich der Herzog auf seinen Auftrag stützte. Mit dem empfindlichsten Verdrusse sah sie jetzt seiner Annäherung entgegen, und Thränen gekränkter Eigenliebe mischten sich unter die, welche sie dem Vaterlande weinte.[256]

Der 22. August 1567 war der Tag, an welchem der Herzog *Alba* an den Thoren von Brüssel erschien. Sein Heer wurde sogleich in den Vorstädten in Besatzung gelegt, und er selbst ließ sein erstes Geschäft sein, gegen die Schwester seines Königs die Pflicht der Ehrerbietung zu beobachten. Sie empfing ihn als eine Kranke, entweder weil die erlittene Kränkung sie wirklich so sehr angegriffen hatte, oder wahrscheinlicher, weil sie dieses Mittel erwählte, seinem Hochmuth weh zu thun und seinen Triumph in etwas zu schmälern. Er übergab ihr Briefe vom Könige, die er aus Spanien für sie mitgebracht, und legte ihr eine Abschrift seiner eigenen Bestallung vor, worin ihm der Oberbefehl über die ganze niederländische Kriegsmacht übergeben war, der Regentin also, wie es schien, die Verwaltung der bürgerlichen Dinge, nach wie vor, anheimgestellt blieb. Sobald er sich aber mit ihr allein sah, brachte er eine neue Commission zum Vorschein, die von der vorhergehenden ganz verschieden lautete. Zufolge dieser neuen Commission war ihm Macht verliehen, nach eigenem Gutdünken Krieg zu führen, Festungen zu bauen, die Statthalter der Provinzen, die Befehlshaber der Städte und die übrigen königlichen Beamten nach Gefallen zu ernennen und abzusetzen, über die vergangenen Unruhen Nachforschung zu thun, ihre Urheber zu bestrafen und die Treugebliebenen zu belohnen. Eine Vollmacht von diesem Umfange, die ihn beinahe einem Souverän gleich machte und diejenige weit übertraf, womit sie selbst versehen worden war, bestürzte die Regentin aufs äußerste, und es ward ihr schwer, ihre Empfindlichkeit zu verbergen. Sie fragte den Herzog, ob er nicht vielleicht noch eine *dritte* Commission oder besondere Befehle im Rückhalte hätte, die noch weiter gingen und bestimmter abgefaßt wären, welches er nicht undeutlich bejahte, aber dabei zu erkennen gab, daß es für heute zu weitläuftig

---

[256] Meteren 104. Burgund. 407. Strada 200. Vigl. ad Hopper. IV. V. XXX. Brief.

sein dürfte und nach Zeit und Gelegenheit besser würde geschehen können. Gleich in den ersten Tagen seiner Ankunft ließ er den Rathsversammlungen und Ständen eine Copie jener ersten Instruktion vorlegen und beförderte sie zum Druck, um sie schneller in Jedermanns Hände zu bringen. Weil die Statthalterin den Palast inne hatte, bezog er einstweilen das Kuilemburgische Haus, dasselbe, worin die Geusenverbrüderung ihren Namen empfangen hatte, und vor welchem jetzt durch einen wunderbaren Wechsel der Dinge die spanische Tyrannei ihre Zeichen aufpflanzte.[257]

Eine todte Stille herrschte jetzt in Brüssel, die nur zuweilen das ungewohnte Geräusch der Waffen unterbrach. Der Herzog war wenige Stunden in der Stadt, als sich seine Begleiter, gleich losgelassenen Spürhunden, nach allen Gegenden zerstreuten. Ueberall fremde Gesichter, menschenleere Straßen, alle Häuser verriegelt, alle Spiele eingestellt, alle öffentlichen Plätze verlassen, die ganze Residenz wie eine Landschaft, welche die Pest hinter sich liegen ließ. Ohne, wie sonst, gesprächig beisammen zu verweilen, eilten Bekannte an Bekannten vorüber; man förderte seine Schritte, sobald ein Spanier in den Straßen erschien. Jedes Geräusch jagte Schrecken ein, als pochte schon ein Gerichtsdiener an der Pforte; der Adel hielt sich bang erwartend in seinen Häusern; man vermied, sich öffentlich zu zeigen, um dem Gedächtniß des neuen Statthalters nicht zu Hilfe zu kommen. Beide Nationen schienen ihren Charakter umgetauscht zu haben, der Spanier war jetzt der Redselige und der Brabanter der Stumme; Mißtrauen und Furcht hatten den Geist des Muthwillens und der Fröhlichkeit verscheucht, eine gezwungene Gravität sogar das Mienenspiel gebunden. Jede nächste Minute fürchtete man den niederfallenden Streich. Seitdem die Stadt den spanischen Heerführer in ihren Mauern hatte, erging es ihr wie Einem, der einen Giftbecher ausgeleert und mit bebender Angst jetzt und jetzt die tödtliche Wirkung erwartet.

Diese allgemeine Spannung der Gemüther ließ den Herzog zur Vollstreckung seiner Anschläge eilen, ehe man ihnen durch eine zeitige Flucht zuvorkäme. Sein Erstes mußte sein, sich der verdächtigsten Großen zu versichern, um der Faktion für ein und allemal ihre Häupter und dem Volke, dessen Freiheit unterdrückt werden

---

[257] Strada 203. Meteren 105. Meurs. Guil. Auriac. L. IV. 38.

sollte, seine Stützen zu entreißen. Durch eine verstellte Freundlichkeit war es ihm gelungen, ihre erste Furcht einzuschläfern und den Grafen von *Egmont* besonders in seine ganze vorige Sicherheit zurückzuwerfen, wobei er sich auf eine geschickte Art seiner Söhne, *Ferdinand* und *Friedrich Toledo*, bediente, deren Geselligkeit und Jugend sich leichter mit dem flämischen Charakter vermischten. Durch dieses kluge Betragen erlangte er, daß auch der Graf von *Hoorn*, der es bis jetzt für rathsamer gehalten, den ersten Begrüßungen von weitem zuzusehen, von dem guten Glücke seines Freundes verführt, nach Brüssel gelockt wurde. Einige aus dem Adel, an deren Spitze Graf *Egmont* sich befand, fingen sogar an, zu ihrer vorigen lustigen Lebensart zurückzukehren, doch nur mit halbem Herzen und ohne viele Nachahmer zu finden. Das Kuilemburgische Haus war unaufhörlich von einer zahlreichen Welt belagert, die sich dort um die Person des neuen Statthalters herumdrängte und auf einem Gesichte, das Furcht und Unruhe spannten, eine geborgte Munterkeit schimmern ließ; *Egmont* besonders gab sich das Ansehen, mit leichtem Muthe in diesem Hause aus- und einzugehen, bewirthete die Söhne des Herzogs und ließ sich wieder von ihnen bewirthen. Mittlerweile überlegte der Herzog, daß eine so schöne Gelegenheit zu Vollstreckung seines Anschlags nicht zum zweiten Male wiederkommen dürfte und eine einzige Unvorsichtigkeit genug sei, diese Sicherheit zu zerstören, die ihm beide Schlachtopfer von selbst in die Hände lieferte; doch sollte auch noch *Hoogstraaten*, als der dritte Mann, in derselben Schlinge gefangen werden, den er deßwegen unter einem scheinbaren Vorwande von Geschäften nach der Hauptstadt rief. Zu der nämlichen Zeit, wo er selbst sich in Brüssel der drei Grafen versichern wollte, sollte der Oberste von *Lodrona* in Antwerpen den Bürgermeister *Strahlen*, einen genauen Freund des Prinzen von *Oranien* und der im Verdacht war, die Calvinisten begünstigt zu haben, ein anderer den geheimen Sekretär und Edelmann des Grafen von *Egmont, Johann Casembrot von Beckerzeel*, zugleich mit einigen Schreibern des Grafen von *Hoorn* in Verhaft nehmen und sich ihrer Papiere bemächtigen.

Als der Tag erschienen, der zur Ausführung dieses Anschlags bestimmt war, ließ er alle Staatsräthe und Ritter, als ob er sich über die Staatsangelegenheiten mit ihnen besprechen müßte, zu sich entbieten, bei welcher Gelegenheit von Seiten der Niederländer der Herzog von *Arschot,* die Grafen von *Mansfeld,* der von *Barlaimont,* von *Aremberg* und von spanischer Seite, außer den Söhnen des Herzogs, *Vitelli,* Serbellon *und Ibarra* zugegen waren. Dem jungen Grafen von *Mansfeld,* der gleichfalls bei dieser Versammlung erschien, winkte sein Vater, daß er sich eiligst wieder unsichtbar machte und durch eine schnelle Flucht dem Verderben entging, das über ihn, als einen ehemaligen Theilhaber des Geusenbundes, verhängt war. Der Herzog suchte die Beratschlagung mit Fleiß in die Länge zu ziehen, um die Couriere aus Antwerpen zuvor abzuwarten, die ihm von der Verhaftnehmung der Uebrigen Nachricht bringen sollten. Um dieses mit desto weniger Verdacht zu thun, mußte der Kriegsbaumeister *Paciotto* bei der Beratschlagung mit zugegen sein und ihm die Risse zu einigen Festungen vorlegen. Endlich ward ihm hinterbracht, daß *Lodronas* Anschlag glücklich von Statten gegangen sei, worauf er die Unterredung mit guter Art abbrach und die Staatsräthe von sich ließ. Und nun wollte sich Graf *Egmont* nach den Zimmern *Don Ferdinands* begeben, um ein angefangenes Spiel mit ihm fortzusetzen, als ihm der Hauptmann von der Leibwache des Herzogs, *Sancho von Avila,* in den Weg trat und im Namen des Königs den Degen abforderte. Zugleich sah er sich von einer Schaar spanischer Soldaten umringt, die der Abrede gemäß plötzlich aus dem Hintergrunde hervortraten. Dieser höchst unerwartete Streich griff ihn so heftig an, daß er auf einige Augenblicke Sprache und Besinnung verlor; doch faßte er sich bald wieder und nahm seinen Degen mit gelaßnem Anstand von der Seite. »Dieser Stahl,« sagte er, indem er ihn in des Spaniers Hände gab, »hat die Sache des Königs schon einigemal nicht ohne Glück vertheidigt.« Zur nämlichen Zeit bemächtigte sich ein anderer spanischer Officier des Grafen von *Hoorn,* der ohne alle Ahnung der Gefahr so eben nach Hause kehren wollte. *Hoorns* erste Frage war nach Graf *Egmont.* Als man ihm antwortete, daß seinem Freunde in eben dem Augenblicke dasselbe begegne, ergab er sich ohne Widerstand. »Von ihm habe ich mich leiten lassen!« rief er aus, »es ist billig, daß ich *ein* Schicksal mit ihm theile.« Beide Grafen wurden in verschiedenen Zimmern in Verwahrung gebracht. Indem dieses innen vorging, war die ganze Garnison ausgerückt und stand vor dem Kuilemburgischen Haus unter dem Gewehre. Niemand wußte, was drinnen vorgegangen war; ein geheimnißvolles Schrecken durchlief ganz Brüssel, bis endlich das Gerücht diese unglückliche Begebenheit verbreitete. Sie ergriff alle Einwohner, als ob sie jedem unter ihnen selbst widerfahren wäre; bei vielen überwog der Unwille über *Egmonts* Verblendung das Mitleid mit seinem Schicksal; alle frohlockten, daß *Oranien* entronnen sei. Auch soll die erste Frage des Cardinals *Granvella*, als man ihm in Rom diese Botschaft brachte, gewesen sein, ob man den *Schweigenden* auch habe. Da man ihm dieses verneinte, schüttelte er den Kopf: »Man hat also gar nichts,« sagte er, »weil man den Schweigenden entwischen ließ.« Besser meinte es das Schicksal mit dem Grafen von *Hoogstraaten,* den das Gerücht dieses Vorfalls unterwegs nach Brüssel noch erreichte, weil er krankheitshalber war genöthigt worden, langsamer zu reisen. Er kehrte eilends um und entrann glücklich dem Verderben.[258]

Gleich nach seiner Gefangennehmung wurde dem Grafen von *Egmont* ein Handschreiben an den Befehlshaber der Citadelle von Gent abgedrungen, worin er diesem anbefehlen mußte, dem spanischen Obristen *Alphons von Ulloa* die Festung zu übergeben. Beide Grafen wurden alsdann, nachdem sie einige Wochen lang in Brüssel, jeder an einem besondern Orte, gefangen gesessen, unter einer Bedeckung von dreitausend spanischen Soldaten nach Gent abgeführt, wo sie weit in das folgende Jahr hinein in Verwahrung blieben. Zugleich hatte man sich aller ihrer Briefschaften bemächtigt. Viele aus dem ersten Adel, die sich von der verstellten Freundlichkeit des Herzogs von *Alba* hatten bethören lassen, zu bleiben, erlitten das nämliche Schicksal; und an Denjenigen, welche bereits vor des Herzogs Ankunft mit den Waffen in der Hand gefangen worden, wurde nunmehr ohne längern Aufschub das letzte Urtheil vollzogen. Auf das Gerücht von *Egmonts* Verhaftung ergriffen abermals gegen zwanzigtausend Einwohner den Wanderstab, außer den hunderttausend, die sich bereits in Sicherheit gebracht und die Ankunft des spanischen Feldherrn nicht hatten erwarten wollen. Niemand schätzte sich mehr sicher, nachdem sogar auf ein so edles Leben ein Angriff geschehen war;[259] aber Viele fanden Ursache, es

---

[258] Meteren 108. Strada 204. 205. Meurs. Guil. Auriac. 39. A. G. d. v. N. III. Bd. 112.

[259] Ein großer Theil dieser Flüchtlinge half die Armee der Hugenotten verstärken, die von dem Durchzug der spanischen Armee durch Lothringen einen Vorwand genommen hatten, ihre Macht zusammenzuziehen, und Karln den Neunten jetzt aufs äußerste bedrängten. Aus diesem Grunde glaubte der franzö-

zu bereuen, daß sie diesen heilsamen Entschluß so weit hinausge-
schoben hatten; denn mit jedem Tage wurde ihnen die Flucht
schwerer gemacht, weil der Herzog alle Häfen sperren ließ und auf
die Wanderung Todesstrafe setzte. Jetzt pries man die Bettler glücklich, welche Vaterland und Güter in Stich gelassen, um nichts als
Athem und Freiheit zu retten.[260]

---

sische Hof ein Recht zu haben, bei der Regentin der Niederlande auf Subsidien
zu dringen. Die Hugenotten, führte er an, hätten den Marsch der spanischen
Armee als eine Folge der Verabredung angesehen, die zwischen beiden Höfen in
Bayonne gegen sie geschlossen worden sei, und wären dadurch aus ihrem
Schlummer geweckt worden. Von Rechtswegen komme es also dem spanischen
Hofe zu, den französischen Monarchen aus einer Bedrängnis ziehen zu helfen, in
welche dieser nur durch den Marsch der Spanier geraten sei. Alba ließ auch
wirklich den Grafen von Aremberg mit einem ansehnlichen Heere zu der Armee
der Königin Mutter in Frankreich stoßen und erbot sich sogar, es in eigner Person zu befeligen, welches Letztere man sich aber verbat. Strada 206. Thuan.
541.

[260] Meurs. Guil. Auriac. 40. Thuan. 539. Meteren 108. A. G. d. v. N. 113.

Albas erste Anordnungen und Abzug der Herzogin von Parma.

Albas erster Schritt, sobald er sich der verdächtigsten Großen versichert hatte, war, die Inquisition in ihr voriges Ansehen wieder einzusetzen, die Schlüsse der Trientischen Kirchenversammlung wieder geltend zu machen, die Moderation aufzuheben und die Plakate gegen die Ketzer auf ihre ganze vorige Strenge zurückzuführen.[261] Der Inquisitionshof in Spanien hatte die gesammte niederländische Nation, Katholiken und Irrgläubige, Treugesinnte und Rebellen ohne Unterschied, diese, weil sie sich durch Thaten, jene, weil sie sich durch Unterlassen vergangen, einige Wenige ausgenommen, die man namentlich anzugeben sich vorbehielt, der *beleidigten Majestät im höchsten Grade schuldig* erkannt, und dieses Urtheil hatte der König durch eine öffentliche Sentenz bestätigt. Er erklärte sich zugleich aller seiner Versprechungen quitt und aller Verträge entlassen, welche die Oberstatthalterin in seinem Namen mit dem niederländischen Volke eingegangen; und *Gnade* war alle Gerechtigkeit, die es künftig von ihm zu erwarten hatte. Alle, die zu Vertreibung des Ministers *Granvella* beigetragen, an der Bittschrift des verbundenen Adels Antheil gehabt, oder auch nur Gutes davon gesprochen; Alle, die gegen die Trientischen Schlüsse, gegen die Glaubensedikte, oder gegen die Einsetzung der Bischöfe mit einer Supplik eingekommen; Alle, die das öffentliche Predigen zugelassen, oder nur schwach gehindert; Alle, die die Insignien der Geusen getragen, Geusenlieder gesungen oder sonst auf irgend eine Weise ihre Freude darüber an den Tag gelegt; Alle, die einen unkatholischen Prediger beherbergt oder verheimlicht, calvinischen Begräbnissen beigewohnt, oder auch nur von ihren heimlichen Zusammenkünften gewußt und sie verschwiegen; Alle, die von den Privilegien des Landes Einwendungen hergenommen; Alle endlich, die sich geäußert, daß man Gott mehr gehorchen müsse als den Menschen – Alle, ohne Unterschied, seien in die Strafe verfallen, die das Gesetz auf Majestätsverletzung und Hochverrath lege, und diese Strafe solle ohne Schonung oder Gnade, ohne Rücksicht auf Rang, Geschlecht oder Alter, der Nachwelt zum Beispiel und zum

---

[261] Meurs. Guil. Auriac. 38. Meteren 105.

Schrecken für alle künftigen Zeiten, nach der Vorschrift, die man geben würde, an den Schuldigen vollzogen werden.[262] Nach dieser Angabe war kein *Reiner* mehr in allen Provinzen, und der neue Statthalter hatte ein schreckliches Auslesen unter der ganzen Nation. Alle *Güter* und alle *Lehen* waren *sein*, und wer eines von beiden, oder gar beides rettete, empfing es von seiner *Großmuth* und *Menschlichkeit* zum Geschenk.

Durch diesen eben so fein ausgesonnenen, als abscheulichen Kunstgriff wurde die Nation entwaffnet und eine Vereinigung der Gemüther unmöglich gemacht. Weil es nämlich bloß von des Herzogs Willkür abhing, an wem er das Urtheil vollstrecken lassen wollte, das über Alle ohne Ausnahme gefällt war, so hielt jeder Einzelne sich stille, um, wo möglich, der Aufmerksamkeit des Statthalters zu entwischen und die Todeswahl ja nicht auf sich zu lenken; so stand Jeder, mit dem es ihm gefiel eine Ausnahme zu machen, gewissermaßen in seiner Schuld und hatte ihm für seine Person eine Verbindlichkeit, die dem Werth des Lebens und des Eigenthums gleichkam. Da dieses Strafgericht aber bei weitem nur an der kleinern Hälfte der Nation vollstreckt werden konnte, so hatte er sich also natürlicherweise der größeren durch die stärksten Bande der Furcht und der Dankbarkeit versichert; und für *Einen*, den er zum Schlachtopfer aussuchte, waren zehn Andere gewonnen, die er vorüberging. Auch blieb er unter Strömen Bluts, die er fließen ließ, im ruhigen Besitz seiner Herrschaft, so lange er dieser Staatskunst getreu blieb, und verscherzte diesen Vortheil nicht eher, als bis ihn Geldmangel zwang, der Nation eine Last aufzulegen, die Jeden ohne Ausnahme drückte.[263]

Um aber nun diesem blutigen Geschäfte, das sich täglich unter seinem Händen häufte, mehr gewachsen zu sein und aus Mangel der Werkzeuge ja kein Opfer zu verlieren; um auf der andern Seite sein Verfahren von den Ständen unabhängig zu machen, mit deren Privilegien es so sehr im Widerspruche stand, und die ihm überhaupt viel zu menschlich dachten, setzte er einen außerordentlichen Justizhof von zwölf Kriminalrichtern nieder, der über die vergangenen Unruhen erkennen und nach dem Buchstaben der gegebenen

---

[262] Meteren 107.

[263] Thuan. II. 540. A. G. d. v. N. III. 115.

Vorschrift Urtheil sprechen sollte. Schon die Einsetzung dieses Gerichtshofs war eine Verletzung der Landesfreiheiten, welche ausdrücklich mit sich brachten, daß kein Bürger außerhalb seiner Provinz gerichtet werden dürfte; aber er machte die Gewaltthätigkeit vollkommen, indem er, gegen die heiligsten Privilegien des Landes, auch den erklärten Feinden der niederländischen Freiheit, seinen Spaniern, Sitz und Stimme darin gab. Präsident dieses Gerichtshofs war *er* selbst und nach ihm ein gewisser Licentiat *Vargas*, ein Spanier von Geburt, den sein eigenes Vaterland wie eine Pestbeule ausgestoßen, wo er an einem seiner Mündel Nothzucht verübt hatte, ein schamloser, verhärteter Bösewicht, in dessen Gemüth sich Geiz, Wollust und Blutbegier um die Oberherrschaft stritten, über dessen Nichtswürdigkeit endlich die Geschichtschreiber beider Parteien mit einander einstimmig sind.[264] Die vornehmsten Beisitzer waren der Graf von *Aremberg, Philipp von Noircarmes* und *Karl von Barlaimont*, die jedoch niemals darin erschienen sind; *Hadrian Nicolai*, Kanzler von Geldern; *Jacob Mertens* und *Peter Asset*, Präsidenten von Artois und Flandern; *Jacob Hesselts* und *Johann de la Porte*, Räthe von Gent; *Ludwig del Rio*, Doktor der Theologie und eingeborener Spanier; *Johann du Bois*, Oberanwalt des Königs, und *de la Torre*, Schreiber des Gerichts. Auf *Viglius'* Vorstellungen wurde der geheime Rath mit einem Antheil an diesem Gerichte verschont; auch aus dem großen Rathe zu Mecheln wurde Niemand dazu gezogen. Die Stimmen der Mitglieder waren nur *rathgebend*, nicht *beschließend*, welches letztere sich der Herzog allein vorbehielt. Für die Sitzungen war keine besondere Zeit bestimmt; die Räthe versammelten sich des Mittags, so oft es der Herzog für gut fand. Aber schon nach Ablauf des dritten Monats fing dieser an, bei den Sitzungen seltner zu werden und seinem Liebling *Vargas* zuletzt seinen ganzen Platz abzutreten, den dieser mit so abscheulicher Würdigkeit besetzte, daß in kurzer Zeit alle übrigen Mitglieder, der Schandtaten müde, wovon sie Augenzeugen und Gehilfen sein mußten, bis auf den spanischen Doktor *del Rio* und den Sekretär *de la Torre* aus den Ver-

[264] Dignum belgico carcinomate cultrum nennt ihn Meurs. Guil. Auriac. 38. Vigl. ad Hopper. XLV. LXVIII. LXXXI. Brief. Meteren 105.

sammlungen wegblieb en.[265]   Es empört die Empfindung, wenn man liest, wie das Leben der Edelsten und Besten in die Hände spanischer Lotterbuben gegeben war, und wie nah es dabei war, daß sie selbst die Heiligthümer der Nation, ihre Privilegien und Patente, durchwühlt, Siegel erbrochen und die geheimsten Contracte zwischen dem Landesherrn und den Ständen profanirt und preisgegeben hätten.[266]

Von dem Rath der Zwölfe, der, seiner Bestimmung nach, *der Rath der Unruhen* genannt wurde, seines Verfahrens wegen aber unter dem Namen des Bluthraths, den die aufgebrachte Nation ihm beilegte, allgemeiner bekannt ist, fand keine Revision der Processe, keine Appellation statt. Seine Urtheile waren unwiderruflich und durch keine andere Autorität gebunden. Kein Gericht des Landes durfte über Rechtsfälle erkennen, welche die letzte Empörung betrafen, so daß beinahe alle andern Justizhöfe ruhten. Der große Rath zu Mecheln war so gut als nicht mehr; das Ansehen des Staatsraths fiel gänzlich, daß sogar seine Sitzungen eingingen. Selten geschah es, daß sich der Herzog mit einigen Gliedern des letztern über Staatsgeschäfte besprach, und wenn es auch je zuweilen dazu kam, so war es in seinem Kabinet, in einer Privatunterredung, ohne eine rechtliche Form dabei zu beobachten. Kein Privilegium, kein noch so sorgfältig besiegelter Freibrief kam vor dem Rath der Unruhen in Anschlag[267]   Alle Urkunden und Contracte mußten ihm vorgelegt

---

[265] Wie man denn auch wirklich oft die Sentenzen gegen die angesehensten Männer, z. B. das Todesurtheil über den Bürgermeister Strahlen von Antwerpen, nur von Vargas, del Rio und de la Torre unterzeichnet fand. Meteren 105.

[266] Meteren 106. Zu einem Beispiel, mit welchem fühllosen Leichtsinn die wichtigsten Dinge, selbst Entscheidungen über Leben und Tod, in diesem Blutrath behandelt worden, mag dienen, was von dem Rath Hesselts erzählt wird. Er pflegte nämlich mehrentheils in der Versammlung zu schlafen und, wenn die Reihe an ihn kam, seine Stimme zu einem Todesurtheil zu geben, noch schlaftrunken aufzuschreien: Ad Patibulum! Ad Patibulum! So geläufig war dieses Wort seiner Zunge geworden. Von diesem Hesselts ist noch merkwürdig, daß ihm seine Gattin, eine Nichte des Präsidenten Viglius, in den Ehepakten ausdrücklich vorgeschrieben hatte, das traurige Amt eines königlichen Anwalts niederzulegen, das ihn der ganzen Nation verhaßt machte. Vigl. ad Hopper. LXVII. Brief. A. G. d. v. N. 114.

[267] In einem schlechten Latein richtete Vargas die niederländische Freiheit zu Grunde. Non curamus vestros privilegios, antwortete er einem, der die Freihei-

werden und oft die gewalttätigste Auslegung und Aenderung leiden. Ließ der Herzog eine Sentenz ausfertigen, die von den Ständen Brabants Widerspruch zu fürchten hatte, so galt sie ohne das brabantische Siegel. In die heiligsten Rechte der Personen wurden Eingriffe gethan, und eine beispiellose Despotie drang sich sogar in den Kreis des häuslichen Lebens. Weil die Unkatholischen und Rebellen bisher durch Heirathsverbindungen mit den ersten Familien des Landes ihren Anhang so sehr zu verstärken gewußt hatten, so gab der Herzog ein Mandat, das allen Niederländern, weß Standes und Würden sie auch sein möchten, bei Strafe an Leib und Gut untersagte, ohne vorhergeschehene Anfrage bei ihm und ohne seine Bewilligung eine Heirath zu schließen.[268]

Alle, die der Rath der Unruhen vorzuladen für gut fand, mußten vor diesem Tribunale erscheinen, die Geistlichkeit wie die Laien, die ehrwürdigsten Häupter der Senate, wie der Bilderstürmer verworfenes Gesindel. Wer nicht erschien, wie auch fast Niemand that, war des Landes verwiesen und alle seine Güter dem Fiscus heimgefallen; verloren aber war ohne Rettung, wer sich stellte, oder den man sonst habhaft werden konnte. Zwanzig, Vierzig, oft Fünfzig wurden aus *einer* Stadt zugleich vorgefordert, und die Reichsten waren dem Donnerstrahl immer die Nächsten. Geringere Bürger, die nichts besaßen, was ihnen Vaterland und Herd hätte lieb machen können, wurden ohne vorhergegangene Citation überrascht und verhaftet. Manche angesehene Kaufleute, die über ein Vermögen von sechzig bis hunderttausend Gulden zu gebieten gehabt hatten, sah man hier wie gemeines Gesindel, mit auf den Rücken gebundenen Händen, an einem Pferdeschweif zu der Richtstätte schleifen, in Valenciennes zu *einer* Zeit fünf und fünfzig Häupter abschlagen. Alle Gefängnisse, deren der Herzog gleich beim Antritt seiner Verwaltung eine große Menge hatte neu erbauen lassen, waren von Delinquenten vollgepreßt; Hängen, Köpfen, Viertheilen, Verbrennen waren die hergebrachten und ordentlichen Verrichtungen des Tages; weit seltner schon hörte man von Galeerenstrafe und Verweisung, denn fast keine Verschuldung war, die man für Todesstrafe zu leicht geachtet hätte. Unermeßliche Summen fielen dadurch in den Fiscus,

---

ten der hohen Schule zu Löwen gegen ihn geltend machen wollte. A. G. d. v. N. 117.

[268] Meteren 106. 107. Thuan. 540.

die aber den Golddurst des neuen Statthalters und seiner Gehilfen viel mehr reizten, als löschten. Sein rasender Entwurf schien zu sein, die ganze Nation zum Bettler zu machen und alle Reichthümer des Landes in des Königs und seiner Diener Hände zu spielen. Der jährliche Ertrag dieser Confiscationen wurde den Einkünften eines Königreichs vom ersten Range gleich geschätzt; man soll sie dem Monarchen, nach einer ganz unglaublichen Angabe, auf zwanzig Millionen Thaler berechnet haben. Aber dieses Verfahren war desto unmenschlicher, da es gerade die ruhigsten Unterthanen und die rechtgläubigsten Katholiken, denen man nicht einmal Leides thun wollte, oft am härtesten traf; denn mit Einziehung der Güter sahen sich alle Gläubiger getäuscht, die darauf zu fordern gehabt hatten; alle Hospitäler und öffentlichen Stiftungen, die davon unterhalten worden, gingen ein, und die Armuth, die sonst einen Nothpfennig davon gezogen, mußte diese einzige Nahrungsquelle für sich vertrocknet sehen. Welche es unternahmen, ihr gegründetes Recht an diese Güter vor dem Rath der Zwölfe zu verfolgen (denn kein anderer Gerichtshof durfte sich mit diesen Untersuchungen befassen), verzehrten sich in langwierigen kostbaren Rechtshändeln und waren Bettler, ehe sie das Ende davon erlebten.[269] Von einer solchen Umkehrung der Gesetze, solchen Gewalttätigkeiten gegen das Eigenthum, einer solchen Verschleuderung des Menschenlebens kann die Geschichte gebildeter Staaten schwerlich mehr als noch ein einziges Beispiel aufweisen; aber *Cinna, Sulla* und *Marius* traten in das eroberte Rom als beleidigte Sieger und übten wenigstens ohne Hülle, was der niederländische Statthalter unter dem ehrwürdigen Schleier der Gesetze vollführte.

Bis zum Ablauf dieses 1567sten Jahres hatte man noch an die persönliche Ankunft des Königs geglaubt, und die Besten aus dem Volke hatten sich auf diese letzte Instanz vertröstet. Noch immer lagen Schiffe, die er ausdrücklich zu diesem Zweck hatte ausrüsten lassen, im Hafen vor Vließingen bereit, ihm auf den ersten Wink entgegenzusegeln; und bloß allein, weil er in ihren Mauern residieren sollte, hatte sich die Stadt Brüssel zu einer spanischen Besatzung verstanden. Aber auch diese Hoffnung erlosch allmählich ganz, da der König diese Reise von einem Vierteljahr aufs andere hinaus-

---

[269] Meteren 109.

schob und der neue Regent sehr bald anfing, eine Vollmacht sehen zu lassen, die weniger einen Vorläufer der Majestät, als einen souveränen Minister ankündigte, der sie ganz überflüssig machte. Um die Noth der Provinzen vollkommen zu machen, mußte nun auch in der Person der Regentin ihr letzter guter Engel von ihnen scheiden.[270]

Schon seit der Zeit nämlich, wo ihr die ausgedehnte Vollmacht des Herzogs über das Ende ihrer Herrschaft keinen Zweifel mehr übrig ließ, hatte *Margaretha* den Entschluß gefaßt, auch dem Namen derselben zu entsagen. Einen lachenden Erben im Besitz einer Hoheit zu sehen, die ihr durch einen neunjährigen Genuß zum Bedürfniß geworden war, einem Andern die Herrlichkeit, den Ruhm, den Schimmer, die Anbetung und alle Aufmerksamkeiten, die das gewöhnliche Gefolge der höchsten Gewalt sind, zuwandern zu sehen und *verloren* zu fühlen, was sie *besessen* zu haben nie vergessen konnte, war mehr, als eine Frauenseele zu verschmerzen im Stande ist; aber Herzog *Alba* war vollends nicht dazu gemacht, durch einen schonenden Gebrauch seiner neuerlangten Hoheit ihr die Trennung davon weniger fühlbar zu machen. Die allgemeine Ordnung selbst, die durch diese doppelte Herrschaft in Gefahr gerieth, schien ihr diesen Schritt aufzulegen. Viele Provinzstatthalter weigerten sich, ohne ein ausdrückliches Mandat von Hofe, Befehle vom Herzog anzunehmen und ihn als Mitregenten zu erkennen.

Der schnelle Umtausch ihrer Pole hatte bei den Höflingen nicht so gelassen, so unmerklich abgehen können, daß die Herzogin die Veränderung nicht aufs bitterste empfand. Selbst die Wenigen, die, wie z. B. der Staatsrath *Viglius*, standhaft bei ihr aushielten, thaten es weniger aus Anhänglichkeit an ihre Person, als aus Verdruß, sich Anfängern und Fremdlingen nachgesetzt zu sehen, und weil sie zu stolz dachten, unter dem neuen Regenten ihre Lehrjahre zu wiederholen.[271] Bei weitem der größte Theil konnte bei allen Bestrebungen, die Mitte zwischen beiden zu halten, die unterscheidende Huldigung nicht verbergen, die er der aufgehenden Sonne vor der sinkenden zollte, und der königliche Palast in Brüssel ward immer öder und stiller, je mehr sich das Gedränge im Kuilemburgischen

---

[270] Vigl. ad Hopper. XLV. Brief.
[271] Vigl. ad Hopper. XXIII. XL. XLIV. u. XLV. Brief.

Hause vermehrte. Aber, was die Empfindlichkeit der Herzogin zudem äußersten Grade reizte, war *Hoorns* und *Egmonts* Verhaftung, die ohne ihr Wissen, und als wäre *sie* gar nicht in der Welt gewesen, eigenmächtig von dem Herzog beschlossen und ausgeführt ward. Zwar bemühte sich *Alba*, sie sogleich nach geschehener That durch die Erklärung zu beruhigen, daß man diesen Anschlag ans keinem andern Grunde vor ihr geheim gehalten, als um bei einem so verhaßten Geschäfte ihren Namen zu schonen; aber eine Delikatesse konnte die Wunde nicht zuschließen, die ihrem Stolze geschlagen war. Um auf einmal allen ähnlichen Kränkungen zu entgehen, von denen die gegenwärtige wahrscheinlich nur ein Vorbote war, schickte sie ihren Geheimschreiber, *Macchiavell*, an den Hof ihres Bruders ab, ihre Entlassung von der Regentschaft dort mit allem Ernst zu betreiben. Sie wurde ihr ohne Schwierigkeit, doch mit allen Merkmalen seiner höchsten Achtung bewilligt; er setze, drückte er sich aus, seinen eigenen und der Provinzen Vortheil hintan, um seine Schwester zu verbinden. Ein Geschenk von dreißigtausend Thalern begleitete diese Bewilligung, und zwanzigtausend wurden ihr zum jährlichen Gehalte angewiesen.[272] Zugleich folgte ein Diplom für den Herzog von *Alba*, das ihn an ihrer Statt zum Oberstatthalter der sämmtlichen Niederlande mit unumschränkter Vollmacht erklärte.[273]

Gar gerne hätte *Margaretha* gesehen, daß ihr vergönnt worden wäre, ihre Statthalterschaft vor einer solennen Ständeversammlung niederzulegen: ein Wunsch, den sie dem König nicht undeutlich zu erkennen gab, aber nicht die Freude hatte, in Erfüllung gebracht zu sehen. Ueberhaupt mochte sie das Feierliche lieben, und das Bei-

---

[272] Der ihr aber nicht sehr gewissenhaft scheint ausbezahlt worden zu sein, wenn man anders einer Broschüre trauen darf, die noch bei ihren Lebzeiten im Druck herauskam. (Sie führt den Titel: Discours sur la Blessure de Monseigneur Prince d'Orange, 1582, ohne Druckort, und steht in der kurfürstlichen Bibliothek zu Dresden.) Sie schmachte, heißt es hier, zu Namur im Elend, so schlecht unterstützt von ihrem Sohne (dem damaligen Gouverneur der Niederlande), daß ihr Sekretär, Aldobrandin, selbst ihren dasigen Aufenthalt ein Exilium nenne. Aber, heißt es weiter, was konnte sie auch von einem Sohne Besseres erwarten, der ihr, als er sie noch sehr jung in Brüssel besuchte, hinter dem Rücken ein Schnippchen schlug?

[273] Strada 206. 207. 208. Meurs. Guil. Auriac. 40. Thuan. 539. Vigl. ad Hopper. XL. XLI. XLIV. Brief.

spiel des Kaisers, ihres Vaters, der in eben dieser Stadt das außerordentliche Schauspiel seiner Kronabdankung gegeben, schien unendlich viel Anlockendes für sie zu haben. Da es nun doch einmal von der höchsten Gewalt geschieden sein mußte, so war ihr wenigstens der Wunsch nicht zu verargen, diesen Schritt mit möglichstem Glanz zu thun; und da ihr außerdem nicht entging, wie sehr der allgemeine Haß gegen den Herzog sie selbst in Vortheil gesetzt hatte, so sah sie einem so schmeichelhaften, so rührenden Auftritt entgegen. So gerne hätte sie die Thränen der Niederländer um die gute Beherrscherin fließen sehen, so gerne auch die ihrigen dazu geweint, und sanfter wäre sie unter dem allgemeinen Beileid vom Throne gestiegen. So wenig sie während ihrer neunjährigen Verwaltung auch gethan, das allgemeine Wohlwollen zu verdienen, als das Glück sie noch umlächelte und die Zufriedenheit ihres Herrn alle ihre Wünsche begrenzte, so viel Werth hatte es jetzt für sie erlangt, da es das Einzige war, was ihr für den Fehlschlag ihrer übrigen Hoffnungen einigen Ersatz geben konnte, und gerne hätte sie sich überredet, daß sie ein freiwilliges Opfer ihres guten Herzens und ihrer zu menschlichen Gesinnung für die Niederländer geworden sei. Da der Monarch weit davon entfernt war, eine Zusammenrottung der Nation Gefahr zu laufen, um eine Grille seiner Schwester zu befriedigen, so mußte sie sich mit einem schriftlichen Abschiede von den Ständen begnügen, in welchem sie ihre ganze Verwaltung durchlief, alle Schwierigkeiten, mit denen sie zu kämpfen gehabt, alle Uebel, die sie durch ihre Gewandtheit verhütet, nicht ohne Ruhmredigkeit aufzählte und endlich damit schloß, daß sie ein *geendigtes* Werk verlasse und ihrem Nachfolger nichts als die Bestrafung der Verbrecher zu übermachen habe. Dasselbe mußte auch der König zu wiederholten Malen von ihr hören, und nichts wurde gespart, dem Ruhm vorzubeugen, den die glücklichen Erfolge des Herzogs ihm unverdienterweise erwerben möchten. Ihr eigenes Verdienst legte sie als etwas Entschiedenes, aber zugleich als eine Last, die ihre Bescheidenheit drückte, zu den Füßen des Königs nieder.[274]

Die unbefangene Nachwelt dürfte gleichwohl Bedenken tragen, dieses gefällige Urtheil ohne Einschränkung zu unterschreiben;

---

[274] Meurs. Guil. Auriac. 40. Strada 207. 208.

selbst wenn die vereinigte Stimme ihrer Zeitgenossen, wenn das Zeugniß der Niederlande selbst dafür spräche, so würde einem Dritten das Recht nicht benommen sein, es noch einer genauern Prüfung zu unterwerfen. Das leicht bewegliche Gemüth des Volks ist nur allzusehr geneigt, einen Fehler *weniger* für eine Tugend *mehr* anzuschreiben und unter dem Druck eines gegenwärtigen Uebels das überstandene zu loben. Die ganze Verabscheuungskraft der Niederländer schien sich an dem spanischen Namen erschöpft zu haben; die Regentin als Urheberin eines Uebels anklagen, hieß dem König und seinen Ministern Flüche entziehen, die man ihnen lieber allein und vollständig gönnte; und Herzog *Albas* Regiment in den Niederlanden war der rechte Standpunkt wohl nicht, das Verdienst seiner Vorgängerin zu prüfen. Das Unternehmen war allerdings nicht leicht, den Erwartungen des Monarchen zu entsprechen, ohne gegen die Rechte des niederländischen Volks und die Pflichten der Menschlichkeit anzustoßen; aber im Kampfe mit diesen zwei widersprechenden Pflichten hat *Margaretha* keine von beiden erfüllt und der Nation augenscheinlich zu *viel* geschadet, um dem König *so wenig* zu nützen. Wahr ist's, sie unterdrückte endlich den protestantischen Anhang, aber der zufällige Ausbruch der Bilderstürmerei that ihr dabei größere Dienste, als ihre ganze Politik. Durch ihre Feinheit trennte sie zwar den Bund des Adels, aber erst nachdem durch seine innere Zwietracht der tödtliche Streich schon an seiner Wurzel geschehen war. Woran sie viele Jahre ihre ganze Staatskunst fruchtlos erschöpft hatte, brachte eine einzige Truppenwerbung zu Stande, die ihr von Madrid aus befohlen wurde. Sie übergab dem Herzog ein beruhigtes Land; aber nicht zu leugnen ist es, daß die Furcht vor seiner Ankunft das Beste dabei gethan hatte. Durch ihre Berichte führte sie das Conseil in Spanien irre, weil sie ihm niemals die Krankheit, nur die Zufälle, nie den Geist und die Sprache der Nation, nur die Unarten der Parteien bekannt machte; ihre fehlerhafte Verwaltung riß das Volk zu Verbrechen hin, weil sie *erbitterte*, ohne genugsam zu *schrecken*; sie führte den verderblichen Herzog von Alba über das Land herbei, weil sie den König auf den Glauben gebracht hatte, daß die Unruhen in den Provinzen weniger der Härte seiner Verordnungen, als der Unzuverlässigkeit des Werkzeugs, dem er die Vollstreckung derselben anvertraut hatte, beizumessen seien. *Margaretha* besaß Geschicklichkeit und Geist, eine gelernte Staatskunst auf einen regelmäßigen Fall mit Feinheit anzuwenden, aber ihr fehlte der schöpferische Sinn, für einen neuen und außerordentlichen Fall eine neue Maxime zu erfinden, oder eine alte mit Weisheit zu *übertreten*. In einem Lande, wo die feinste Staatskunst *Redlichkeit* war, hatte sie den unglücklichen Einfall, ihre hinterlistige italienische Politik zu üben, und säete dadurch ein verderbliches Mißtrauen in die Gemüther. Die Nachgiebigkeit, die man ihr so freigebig zum Verdienste anrechnet, hatte der herzhafte Widerstand der Nation ihrer Schwäche und Zaghaftigkeit abgepreßt; nie hat sie sich aus selbstgebornem Entschlusse über den Buchstaben der königlichen Befehle erhoben, nie den barbarischen Sinn ihres Auftrags aus eigener schöner Menschlichkeit mißverstanden. Selbst die wenigen Bewilligungen, wozu die Noth sie zwang, gab sie mit unsicherer zurückgezogener Hand, als hätte sie gefürchtet, *zu viel* zu geben, und sie verlor die Frucht ihrer Wohlthaten, weil sie mit filziger Genauigkeit daran stümmelte. Was sie zu wenig war in ihrem ganzen übrigen Leben, war sie zu viel auf dem Throne – eine Frau. Es stand bei ihr, nach *Granvellas* Vertreibung die Wohlthäterin des niederländischen Volks zu werden, und sie ist es nicht geworden. Ihr höchstes Gut war das Wohlgefallen ihres Königs, ihr höchstes Unglück seine Mißbilligung; bei allen Vorzügen ihres Geistes bleibt sie ein gemeines Geschöpf, weil ihrem Herzen der Adel fehlte. Mit vieler Mäßigung übte sie eine traurige Gewalt und befleckte durch keine willkürliche Grausamkeit ihre Regierung; ja, hätte es bei ihr gestanden, sie würde immer menschlich gehandelt haben. Spät nachher, als ihr Abgott, *Philipp der Zweite*, ihrer lange vergessen hatte, hielt das niederländische Volk ihr Gedächtniß noch in Ehren; aber sie war der Gloire bei weitem nicht werth, die ihres Nachfolgers Unmenschlichkeit um sie verbreitete. Sie verließ Brüssel gegen Ende des Christmonats 1567 und wurde von dem Herzog bis an die Grenze Brabants geleitet, der sie hier unter dem Schutz des Grafen von *Mansfeld* verließ, um desto schneller nach der Hauptstadt zurückzukehren und sich dem niederländischen Volke nunmehr als alleinigen Regenten zu zeigen.

Beilagen.

I. Proceß und Hinrichtung der Grafen von Egmont und von Hoorn.[275]

Beide Grafen wurden einige Wochen nach ihrer Verhaftung unter einer Eskorte von dreitausend spanischen Soldaten nach Gent geschafft, wo sie länger als acht Monate in der Citadelle verwahrt wurden. Ihr Proceß wurde in aller Form von dem Rath der Zwölfe, den der Herzog zu Untersuchungen über die vergangenen Unruhen in Brüssel niedergesetzt hatte, vorgenommen, und der Generalprokurator *Johann du Bois* mußte die Anklage aufsetzen. Die, welche gegen *Egmont* gerichtet war, enthielt neunzig verschiedene Klagpunkte, und sechzig die andere, welche den Grafen von *Hoorn* anging. Es würde zu weitläufig sein, sie hier anzuführen; auch sind oben schon einige Muster davon gegeben worden. Jede noch so unschuldige Handlung, jede Unterlassung wurde aus dem Gesichtspunkte betrachte, den man gleich im Eingange festgesetzt hatte, »daß beide Grafen, in Verbindung mit dem Prinzen von *Oranien*, getrachtet haben sollten, das königliche Ansehen in den Niederlanden über den Haufen zu werfen und sich selbst die Regierung des Landes in die Hände zu spielen.« *Granvellas* Vertreibung, *Egmonts* Absendung nach Madrid, die Conföderation der Geusen, die Bewilligungen, welche sie in ihren Statthalterschaften den Protestanten ertheilt – alles dieses mußte nun in Hinsicht auf jenen Plan geschehen sein, alles Zusammenhang haben. Die nichtsbedeutendsten Kleinigkeiten wurden dadurch wichtig, und eine vergiftete die andere. Nachdem man zur Vorsorge die meisten Artikel schon einzeln als Verbrechen beleidigter Majestät behandelt hatte, so konnte man um so leichter aus allen zusammen dieses Unheil herausbringen.

Jedem der beiden Gefangenen wurde die Anklage zugeschickt, mit dem Bedeuten, binnen fünf Tagen darauf zu antworten. Nachdem sie dieses gethan, erlaubte man ihnen, Defensoren und Prokuratoren anzunehmen, denen freier Zutritt zu ihnen verstattet wurde. Da sie des Verbrechens der beleidigten Majestät angeklagt waren,

---

[275] Dieser Aufsatz erschien zuerst im 8ten Hefte der Thalia.

so war es keinem ihrer Freunde erlaubt, sie zu sehen. Graf *Egmont* bediente sich eines Herrn von *Landas* und einiger geschickten Rechtsgelehrten aus Brüssel.

Ihr erster Schritt war, gegen das Gericht zu protestieren, das über sie sprechen sollte, da sie als Ritter des goldnen Vließes nur von dem König selbst, als dem Großmeister dieses Ordens, gerichtet werden könnten. Aber diese Protestation wurde verworfen und darauf gedrungen, daß sie ihre Zeugen vorbringen sollten, widrigenfalls man in contumaciam gegen sie fortfahren würde. *Egmont* hatte auf zwei und achtzig Punkte mit den befriedigendsten Gründen geantwortet; auch der Graf von *Hoorn* beantwortete seine Anklage Punkt für Punkt. Klagschrift und Rechtfertigung sind noch vorhanden; jedes unbefangene Tribunal würde sie auf eine solche Verteidigung freigesprochen haben. Der Fiskal drang auf ihre Zeugnisse, und Herzog *Alba* ließ wiederholte Dekrete an sie ergehen, damit zu eilen. Sie zögerten von einer Woche zur andern, indem sie ihre Protestationen gegen die Unrechtmäßigkeit des Gerichts erneuerten. Endlich setzte ihnen der Herzog noch einen Termin von neun Tagen, ihre Zeugnisse vorzubringen; nachdem sie auch diese hatten verstreichen lassen, wurden sie für überwiesen und aller Vertheidigung verlustig erklärt.

Während daß dieser Proceß betrieben wurde, verhielten sich die Verwandten und Freunde der beiden Grafen nicht müßig. *Egmonts* Gemahlin, eine geborne Herzogin von *Bayern*, wandte sich mit Bittschriften an die deutschen Reichsfürsten, an den Kaiser, an den König von Spanien; so auch die Gräfin von *Hoorn*, die Mutter des Gefangenen, die mit den ersten fürstlichen Familien Deutschlands in Freundschaft oder Verwandtschaft stand. Alle protestierten laut gegen dieses gesetzwidrige Verfahren und wollten die deutsche Reichsfreiheit, worauf der Graf von *Hoorn*, als Reichsgraf, noch besondern Anspruch machte, die niederländische Freiheit und die Privilegien des Ordens vom goldenen Vließe dagegen geltend machen. Die Gräfin von *Egmont* brachte fast alle Höfe für ihren Gemahl in Bewegung; der König von Spanien und sein Statthalter wurden von Intercessionen belagert, die von einem zum andern gewiesen und von beiden verspottet wurden. Die Gräfin von *Hoorn* sammelte von allen Rittern des Vließes aus Spanien, Deutschland, Italien Certifikate zusammen, die Privilegien des Ordens dadurch zu erweisen. *Alba* wies sie zurück, indem er erklärte, daß sie in dem jetzigen Falle keine Kraft hätten. »Die Verbrechen, deren man die Grafen beschuldige, seien in Angelegenheiten der niederländischen Provinzen begangen, und er, der Herzog, von dem Könige über alle niederländischen Angelegenheiten zum alleinigen Richter gesetzt.«

Vier Monate hatte man dem Fiskal zu seiner Klagschrift eingeräumt, und fünfe wurden den beiden Grafen zu ihrer Vertheidigung gegeben. Aber anstatt Zeit und Mühe durch Herbeischaffung ihrer Zeugnisse, die ihnen wenig genützt haben würden, zu verlieren, verloren sie sie lieber durch Protestationen gegen ihre Richter, die ihnen noch weniger nützten. Durch jene hätten sie doch wahrscheinlich das letzte Urtheil *verzögert*, und in der Zeit, die sie dadurch gewannen, hätten die kräftigen Verwendungen ihrer Freunde vielleicht doch noch von Wirkung sein können; durch ihr hartnäckiges Beharren auf Verwerfung des Gerichts gaben sie dem Herzog die Gelegenheit an die Hand, den Proceß zu verkürzen. Nach Ablauf des letzten äußersten Termins, am 1sten Junius 1568, erklärte sie der Rath der Zwölfe für schuldig, und am 4ten dieses Monats folgte das letzte Urtheil gegen sie.

Die Hinrichtung von fünfundzwanzig edeln Niederländern, welche binnen drei Tagen auf dem Markte zu Brüssel enthauptet wurden, war das schreckliche Vorspiel von dem Schicksal, welches beide Grafen erwartete. *Johann Casembrot von Beckerzeel*, Sekretär bei dem Grafen von *Egmont*, war einer dieser Unglücklichen, welcher für seine Treue gegen seinen Herrn, die er auch auf der Folter standhaft behauptete, und für seinen Eifer im Dienste des Königs, den er gegen die Bilderstürmer bewiesen, diesen Lohn erhielt. Die Uebrigen waren entweder bei dem geusischen Aufstande mit den Waffen in der Hand gefangen oder wegen ihres ehemaligen Antheils an der Bittschrift des Adels als Hochverräther eingezogen und verurtheilt worden.

Der Herzog hatte Ursache, mit Vollstreckung der Sentenz zu eilen. Graf *Ludwig von Nassau* hatte dem Grafen von *Aremberg* bei dem Kloster Heiligerlee in Gröningen ein Treffen geliefert und das Glück gehabt, ihn zu überwinden. Gleich nach dem Siege war er vor Gröningen gerückt, welches er belagert hielt. Das Glück seiner Waffen hatte den Muth seines Anhangs erhoben, und der Prinz von *Orani-*

en, sein Bruder, war mit einem Heere nahe, ihn zu unterstützen. Alles dies machte die Gegenwart des Herzogs in diesen entlegenen Provinzen nothwendig; aber ehe das Schicksal zweier so wichtiger Gefangenen entschieden war, durfte er es nicht wagen, Brüssel zu verlassen. Die ganze Nation war ihnen mit einer enthusiastischen Ergebenheit zugethan, die durch ihr unglückliches Schicksal nicht wenig vermehrt ward. Auch der streng katholische Theil gönnte dem Herzoge den Triumph nicht, zwei so wichtige Männer zu unterdrücken. Ein einziger Vortheil, den die Waffen der Rebellen über ihn davontrugen, oder auch nur das bloße erdichtete Gerücht davon in Brüssel war genug, eine Revolution in dieser Stadt zu bewirken, wodurch beide Grafen in Freiheit gesetzt wurden. Dazu kam, daß der Bittschriften und Intercessionen, die von Seiten der deutschen Reichsfürsten bei ihm sowohl, als bei dem König in Spanien einliefen, täglich mehr wurden, ja, daß Kaiser *Maximilian II.* selbst der Gräfin von *Egmont* versichern ließ: » *sie habe für das Leben ihres Gemahls nichts zu besorgen,*« welche wichtige Verwendungen den König endlich doch zum Vortheil der Gefangenen umstimmen konnten. Ja, der König konnte vielleicht, im Vertrauen auf die Schnelligkeit seines Statthalters, den Vorstellungen so vieler Fürsten zum Schein nachgeben und das Todesurtheil gegen die Gefangenen aufheben, weil er sich versichert hielt, daß diese Gnade zu spät kommen würde. Gründe genug, daß der Herzog mit der Vollstreckung der Sentenz nicht säumte, sobald sie gefällt war.

Gleich den andern Tag wurden beide Grafen unter einer Bedeckung von dreitausend Spaniern aus der Cidatelle von Gent nach Brüssel gebracht und im *Brodhause* auf dem großen Markte gefangengesetzt. Am andern Morgen wurde der Rath der Unruhen versammelt; der Herzog erschien, gegen seine Gewohnheit, selbst, und die beiden Urtheile, couvertiert und versiegelt, wurden von dem Sekretär *Pranz* erbrochen und öffentlich abgelesen. Beide Grafen waren der beleidigten Majestät schuldig erkannt, *weil sie die abscheuliche Verschwörung des Prinzen von Oranien begünstigt und befördert, die conföderierten Edelleute in Schutz genommen und in ihren Statthalterschaften und andern Bedienungen dem Könige und der Kirche schlecht gedient hätten.* Beide sollten öffentlich enthauptet, ihre Köpfe auf Spieße gesteckt und ohne ausdrücklichen Befehl des Herzogs nicht abgenommen werden. Alle ihre Güter, Lehen und Rechte waren dem königlichen Fiscus zugesprochen. Das Urtheil war von dem Herzog allein und dem Sekretär *Pranz* unterzeichnet, ohne daß man sich um die Beistimmung der übrigen Criminalräthe bemüht hätte.

In der Nacht zwischen dem 4. und 5. Junius brachte man ihnen die Sentenz ins Gefängniß, nachdem sie schon schlafen gegangen waren. Der Herzog hatte sie dem Bischof von Ypern, *Martin Rithov*, eingehändigt, den er ausdrücklich darum nach Brüssel kommen ließ, um die Gefangenen zum Tode zu bereiten. Als der Bischof diesen Auftrag erhielt, warf er sich dem Herzoge zu Füßen und flehte mit Thränen in den Augen um Gnade – um Aufschub wenigstens für die Gefangenen; worauf ihm mit harter zorniger Stimme geantwortet wurde, daß man ihn nicht von Ypern gerufen habe, um sich dem Urtheile zu widersetzen, sondern um es den unglücklichen Grafen durch seinen Zuspruch zu erleichtern.

Dem Grafen von *Egmont* zeigte er das Todesurteil zuerst vor. »Das ist fürwahr ein strenges Urtheil!« rief der Graf bleich und mit entsetzter Stimme. »So schwer glaubte ich Se. Majestät nicht beleidigt zu haben, um eine solche Behandlung zu verdienen. *Muß* es aber sein, so unterwerfe ich mich diesem Schicksale mit Ergebung. Möge dieser Tod meine Sünden tilgen und weder meiner Gattin noch meinen Kindern zum Nachtheile gereichen! Dieses wenigstens glaube ich für meine vergangenen Dienste erwarten zu können. Den Tod will ich mit gefaßter Seele erleiden, weil es Gott und dem König so gefällt.« – Er drang hierauf in den Bischof, ihm ernstlich und aufrichtig zu sagen, ob keine Gnade zu hoffen sei. Als ihm mit Nein geantwortet wurde, beichtete er und empfing das Sacrament von dem Priester, dem er die Messe mit sehr großer Andacht nachsprach. Er fragte ihn, welches Gebet wohl das beste und rührendste sein würde, um sich Gott in seiner letzten Stunde zu empfehlen. Da ihm dieser antwortete, daß kein eindringenderes Gebet sei, als das, welches *Christus*, der Herr, selbst gelehrt habe, das Vater Unser, so schickte er sich sogleich an, es herzusagen. Der Gedanke an seine Familie unterbrach ihn; er ließ sich Feder und Dinte geben und schrieb zwei Briefe, einen an seine Gemahlin, den andern an den König nach Spanien, welcher letztere also lautete.

Sire!

Diesen Morgen habe ich das Urtheil angehört, welches Ew. Majestät gefallen hat über mich aussprechen zu lassen. So weit ich auch immer davon entfernt gewesen bin, gegen die Person oder den Dienst Ew. Majestät, oder gegen die einzig wahre, alte und katholische Religion etwas zu unternehmen, so unterwerfe ich mich dennoch dem Schicksale mit Geduld, welches Gott gefallen hat über mich zu verhängen. Habe ich während der vergangenen Unruhen etwas zugelassen, gerathen oder gethan, was meinen Pflichten zu widerstreiten scheint, so ist es gewiß aus der besten Meinung geschehen und mir durch den Zwang der Umstände abgedrungen worden. Darum bitte ich Ew. Majestät, es mir zu vergeben und Rücksicht auf meine vergangenen Dienste mit meiner unglücklichen Gattin und meinen armen Kindern und Dienstleuten Erbarmen zu tragen. In dieser festen Hoffnung empfehle ich mich der unendlichen Barmherzigkeit Gottes.

Brüssel, den 5. Juni 1568, dem letzten Augenblick nahe.

Ew. Majestät
treuster Vasall und Diener
Lamoral, Graf von Egmont.

Diesen Brief empfahl er dem Bischof aufs dringendste; um sicherer zu gehen, schickte er noch eine eigenhändige Copie desselben an den Staatsrath *Viglius,* den billigsten Mann im Senate, und es ist nicht zu zweifeln, daß er dem König wirklich übergeben worden. Die Familie des Grafen erhielt nachher alle ihre Güter, Lehen und Rechte zurück, die, kraft des Urtheils, dem königlichen Fiscus heimgefallen waren.

Unterdessen hatte man auf dem Markte zu Brüssel vor dem Stadthause ein Schaffot aufgeschlagen, auf welchem zwei Stangen mit eisernen Spitzen befestiget wurden, alles mit schwarzem Tuche bedeckt. Zweiundzwanzig Fahnen spanischer Garnison umgaben das Gerüste, eine Vorsicht, die nicht überflüssig war. Zwischen zehn und eilf Uhr erschien die spanische Wache im Zimmer des Grafen; sie war mit Strängen versehen, ihm, der Gewohnheit nach, die Hände damit zu binden. Er verbat sich dieses und erklärte, daß er willig und bereit sei, zu sterben. Von seinem Wamms hatte er selbst den Kragen abgeschnitten, um dem Nachrichter sein Amt zu erleichtern. Er trug einen Nachtrock von rothem Damast, über diesem einen schwarzen spanischen Mantel mit goldenen Tressen verbrämt. So erschien er auf dem Gerüste. Don *Julian Romero*, Maitre de Camp, ein spanischer Hauptmann, mit Namen *Salinas*, und der Bischof von *Ypern* folgten ihm hinauf. Der Grand-Prevot des Hofes, einen rothen Stab in der Hand, saß zu Pferde am Fuß des Gerüstes; der Nachrichter war unter demselben verborgen.

Egmont hatte anfangs Lust bezeigt, von dem Schaffot eine Anrede an das Volk zu halten. Als ihm aber der Bischof vorstellte, daß er entweder nicht gehört werden, oder, wenn dies auch geschähe, bei der gegenwärtigen gefährlichen Stimmung des Volks leicht zu Gewaltthätigkeiten Anlaß geben könnte, die seine Freunde nur ins Verderben stürzen würden, so ließ er dieses Vorhaben fahren. Er ging einige Augenblicke lang mit edlem Anstand auf dem Gerüste auf und nieder und beklagte, daß es ihm nicht vergönnt sei, für seinen König und sein Vaterland einen rühmlichen Tod zu sterben. Bis auf den letzten Augenblick hatte er sich noch nicht recht überreden können, daß es dem Könige mit diesem strengen Verfahren Ernst sei und daß man es weiter als bis zum bloßen Schrecken der Execution treiben würde. Wie der entscheidende Augenblick herannahte, wo er das letzte Sacrament empfangen sollte, wie er harrend herumsah und noch immer nichts erfolgte, so wandte er sich an *Julian Romero* und fragte ihn noch einmal, ob keine Begnadigung für ihn zu hoffen sei. *Julian Romero* zog die Schultern, sah zur Erde und schwieg.

Da biß er die Zähne zusammen, warf seinen Mantel und Nachtrock nieder, kniete auf das Kissen und schickte sich zum letzten Gebet an. Der Bischof ließ ihn das Crucifix küssen und gab ihm die letzte Oelung, worauf ihm der Graf ein Zeichen gab, ihn zu verlassen. Er zog alsdann eine seidene Mütze über die Augen und erwartete den Streich. – Ueber den Leichnam und das fließende Blut wurde sogleich ein schwarzes Tuch geworfen.

Ganz Brüssel, das sich um das Schaffot drängte, fühlte den tödtlichen Streich mit. Laute Thränen unterbrachen die fürchterlichste Stille. Der Herzog, der der Hinrichtung aus einem Fenster zusah, wischte sich die Augen.

Bald darauf brachte man den Grafen von *Hoorn*. Dieser, von einer heftigern Gemüthsart als sein Freund und durch mehr Gründe zum

Hasse gegen den König gereizt, hatte das Urtheil mit weniger Gelassenheit empfangen, ob es gleich gegen ihn in einem geringern Grad unrecht war. Er hatte sich harte Aeußerungen gegen den König erlaubt, und mit Mühe hatte ihn der Bischof dahin vermocht, von seinen letzten Augenblicken einen bessern Gebrauch zu machen, als sie in Verwünschungen gegen seine Feinde zu verlieren. Endlich sammelte er sich doch und legte dem Bischof seine Beichte ab, die er ihm anfangs verweigern wollte.

Unter der nämlichen Begleitung, wie sein Freund, bestieg er das Gerüste. Im Vorübergehen begrüßte er Viele aus seiner Bekanntschaft; er war ungebunden, wie *Egmont*, in schwarzem Wamms und Mantel, eine mailändische Mütze von eben der Farbe auf dem Kopfe. Als er oben war, warf er die Augen auf den Leichnam, der unter dem Tuche lag, und fragte einen der Umstehenden, ob es der Körper seines Freundes sei. Da man ihm dies bejahet hatte, sagte er einige Worte spanisch, warf seinen Mantel von sich und kniete auf das Kissen. – Alles schrie laut auf, als er den tödtlichen Streich empfing.

Beide Köpfe wurden auf die Stangen gesteckt, die über dem Gerüste aufgepflanzt waren, wo sie bis nach drei Uhr Nachmittags blieben, alsdann herabgenommen und mit den beiden Körpern in bleiernen Särgen beigesetzt wurden.

Die Gegenwart so vieler Auflaurer und Henker, als das Schaffot umgaben, konnte die Bürger von Brüssel nicht abhalten, ihre Schnupftücher in das herabströmende Blut zu tauchen und diese theure Reliquie mit nach Hause zu nehmen.

II. Belagerung von Antwerpen durch den Prinzen von Parma in den Jahren 1584 und 1585.[276]

Es ist ein anziehendes Schauspiel, den menschlichen Erfindungsgeist mit einem mächtigen Elemente im Kampfe zu erblicken und Schwierigkeiten, welche gemeinen Fähigkeiten unübersteiglich sind, durch Klugheit, Entschlossenheit und einen standhaften Willen besiegt zu sehen. Weniger anziehend, aber desto belehrender ist das Schauspiel des Gegentheils, wo der Mangel jener Eigenschaften alle Anstrengungen des Genies vereitelt, alle Gunst der Zufälle fruchtlos macht und, weil er ihn nicht zu benutzen weiß, einen schon entschiedenen Erfolg vernichtet. Beispiele von beidem liefert uns die berühmte Blocade der Stadt Antwerpen durch die Spanier beim Ablauf des sechzehnten Jahrhunderts, welche dieser blühenden Handelsstadt ihren Wohlstand unwiederbringlich raubte, dem Feldherrn hingegen, der sie unternahm und ausführte, einen unsterblichen Namen erwarb.

Zwölf Jahre schon dauerte der Krieg, durch welchen die nördlichen Provinzen Belgiens anfangs bloß ihre Glaubensfreiheit und ständischen Privilegien gegen die Eingriffe des spanischen Statthalters, zuletzt aber die Unabhängigkeit ihres Staats von der spanischen Krone zu behaupten strebten. Nie völlig Sieger, aber auch nie ganz besiegt, ermüdeten sie die spanische Tapferkeit durch langwierige Kriegsoperationen auf einem ungünstigen Boden und erschöpften den Herrn beider Indien, indem sie selbst *Bettler* hießen und es zum Theil wirklich waren. Zwar hatte sich der *Gentische Bund* wieder aufgelöst, der die sämmtlichen, sowohl katholischen als protestantischen Niederlande in einen gemeinschaftlichen und, wenn er hätte Bestand haben können, unüberwindlichen Körper verband; aber anstatt dieser unsichern und unnatürlichen Verbindung waren die nördlichen Provinzen im Jahre 1579 in eine desto engere *Union* zu *Utrecht* getreten, von der sich eine längere Dauer erwarten ließ, da sie durch ein gleiches Staats- und ReligionsInteresse geknüpft und zusammengehalten wurde. Was die neue Republik durch diese Trennung von den katholischen Provinzen an

---

[276] Dieser Aufsatz wurde zuerst in den Horen, Jahrgang 1795, St. 4 und 5 gedruckt.

Umfang verloren, das hatte sie an Innigkeit der Verbindung, an Einheit der Unternehmungen, an Energie der Ausführung gewonnen, und ein Glück war es für sie, bei Zeiten zu verlieren, was mit Aufwendung aller Kräfte doch niemals hätte behauptet werden können.

Der größte Theil der wallonischen Provinzen war, bald freiwillig, bald durch die Waffen bezwungen, im Jahr 1584 unter die Herrschaft der Spanier zurückgekehrt; nur in den nördlichen Gegenden hatten sie noch immer nicht festen Fuß fassen können. Selbst ein beträchtlicher Theil von Brabant und Flandern widerstand noch hartnäckig den Waffen des Herzogs *Alexander* von *Parma*, der die innere Regierung der Provinzen und das Obercommando der Armee mit eben so viel Kraft als Klugheit verwaltete und durch eine Reihe von Siegen den spanischen Namen aufs neue in Ansehen gebracht hatte. Die eigentümliche Organisation des Landes, welche den Zusammenhang der Städte unter einander und mit der See durch so viele Flüsse und Canäle begünstigt, erschwerte jede Eroberung, und der Besitz eines Platzes konnte nur durch den Besitz eines andern errungen werden. Solange diese Communication nicht gehemmt war, konnten Holland und Seeland mit leichter Mühe ihre Bundsverwandten schützen und zu Wasser sowohl als zu Lande mit allen Bedürfnissen reichlich versorgen, daß alle Tapferkeit nichts half und die Truppen des Königs durch langwierige Belagerungen vergeblich aufgerieben wurden.

Unter allen Städten Brabants war Antwerpen die wichtigste, sowohl durch ihren Reichthum, ihre Volksmenge und ihre Macht, als durch ihre Lage an dem Ausfluß der Schelde. Diese große und menschenreiche Stadt, die in diesem Zeitraum über achtzigtausend Einwohner zählte, war eine der thätigsten Teilnehmerinnen an dem niederländischen Staatenbunde und hatte sich im Laufe dieses Kriegs durch einen unbändigen Freiheitssinn vor allen Städten Belgiens ausgezeichnet. Da sie alle drei christlichen Kirchen in ihrem Schooße hegte und dieser uneingeschränkten Religionsfreiheit einen großen Theil ihres Wohlstandes verdankte, so hatte sie auch bei weitem am meisten von der spanischen Herrschaft zu befürchten, welche die Religionsfreiheit aufzuheben und durch die Schrecken des Inquisitionsgerichts alle protestantischen Kaufleute von ihren Märkten zu verscheuchen drohte. Die Brutalität spanischer Besatzungen kannte sie überdies schon aus einer schrecklichen Erfahrung, und es war leicht vorherzusehen, daß sie sich dieses unerträglichen Joches, wenn sie es einmal sich hatte auflegen lassen, im ganzen Laufe des Kriegs nicht mehr entledigen würde.

So große Ursachen aber die Stadt Antwerpen hatte, die Spanier aus ihren Mauern entfernt zu halten, so wichtige Gründe hatte der spanische Feldherr, sich derselben, um welchen Preis es auch sei, zu bemächtigen. An dem Besitz dieser Stadt hing gewissermaßen der Besitz des ganzen brabantischen Landes, welches sich größtenteils durch diesen Canal mit Getreide aus Seeland versorgte, und durch Einnahme derselben versicherte man sich zugleich die Herrschaft der Schelde. Dem brabantischen Bunde, der in dieser Stadt seine Versammlungen hielt, wurde mit derselben seine wichtigste Stütze entzogen, der gefährliche Einfluß ihres Beispiels, ihrer Ratschläge, ihres Geldes auf die ganze Partei gehemmt und in den Schätzen ihrer Bewohner den Kriegsbedürfnissen des Königs eine reiche Hilfsquelle aufgethan. Der Fall derselben mußte früher oder später den Fall des ganzen Brabants nach sich ziehen, und das Uebergewicht der Macht in diesen Gegenden entscheidend auf die Seite des Königs neigen. Durch die Stärke dieser Gründe bewogen, zog der Herzog von *Parma* im Julius 1584 seine Macht zusammen und rückte von *Dornick*, wo er stand, in ihre Nachbarschaft heran, in der Absicht, sie zu belagern.[277]

Aber sowohl die Lage als die Befestigung dieser Stadt schienen jedem Angriffe Trotz zu bieten. Von der brabantischen Seite mit unersteiglichen Werken und wasserreichen Gräben umschlossen, von der flandrischen durch den breiten und reißenden Strom der Schelde gedeckt, konnte sie mit stürmender Hand nicht bezwungen werden; und eine Stadt von diesem Umfange einzuschließen, schien eine dreimal größere Landmacht, als der Herzog beisammen hatte, und noch überdies eine Flotte zu erfordern, die ihm gänzlich fehlte. Nicht genug, daß ihr der Strom, von Gent aus, alle Bedürfnisse im Ueberfluß zuführte, so öffnete ihr der nämliche Strom noch einen leichten Zusammenhang mit dem angrenzenden Seeland. Denn da sich die Fluth der Nordsee bis weit hinein in die Schelde erstreckt und den Lauf derselben periodisch umkehrt, so genießt Antwerpen

---

[277] Thuan. Hist. Tom. II. 527. Grot. Hist. de rebus Belgicis 84.

den ganz eigentümlichen Vortheil, daß ihr der nämliche Fluß zu verschiedenen Zeiten in zwei entgegengesetzten Richtungen zuströmt. Dazu kam, daß die umliegenden Städte Brüssel, Mecheln, Gent, Dendermonde und andere dazumal noch alle in den Händen des Bundes waren und auch von der Landseite die Zufuhr erleichtern konnten. Es bedurfte also zwei verschiedener Heere an beiden Ufern des Stroms, um die Stadt zu Lande zu blokieren und ihr den Zusammenhang mit Flandern und Brabant abzuschneiden; es bedurfte zugleich einer hinlänglichen Anzahl von Schiffen, um die Schelde sperren und alle Versuche, die von Seeland aus zum Entsatz derselben unfehlbar gemacht werden würden, vereiteln zu können. Aber die Armee des Herzogs war durch den Krieg, den er noch in andern Distrikten zu führen hatte, und durch die vielen Besatzungen, die er in den Städten und Festungen hatte zurücklassen müssen, bis auf zehntausend Mann Fußvolk und siebenhundert Pferde geschmolzen, eine viel zu geringe Macht, um zu einer Unternehmung von diesem Umfange hinzureichen. Noch dazu fehlte es diesen Truppen an dem Notwendigsten, und das Ausbleiben des Soldes hatte sie längst schon zu einem geheimen Murren gereizt, welches stündlich in eine offenbare Meuterei auszubrechen drohte. Wenn man sich endlich trotz aller dieser Hindernisse an die Belagerung wagte, so hatte man alles von den feindlichen Festungen zu befürchten, die man im Rücken ließ, und denen es ein Leichtes sein mußte, durch lebhafte Ausfälle eine so sehr vertheilte Armee zu beunruhigen und durch Abschneidung der Zufuhr in Mangel zu versetzen.[278]

Alle diese Gründe machte der Kriegsrath geltend, dem der Herzog von *Parma* sein Vorhaben jetzt eröffnete. So groß auch das Vertrauen war, das man in sich selbst und in die erprobte Fähigkeit eines solchen Heerführers setzte, so machten doch die erfahrensten Generale kein Geheimniß daraus, wie sehr sie an einem glücklichen Ausschlag verzweifelten. Nur zwei ausgenommen, welche die Kühnheit ihres Muths über jede Bedenklichkeit hinwegsetzte, *Capizucchi* und *Mondragon*, widerriefen alle ein so mißliches Wagestück, wobei man Gefahr lief, die Frucht aller vorigen Siege und allen erworbenen Kriegsruhm zu verscherzen.

---

[278] Strada de Bello Belgico. Dec. II. L. VI.

Aber Einwürfe, welche er sich selbst schon gemacht und auch schon beantwortet hatte, konnten den Herzog von *Parma* in seinem Vorsatz nicht wankend machen. Nicht aus Unwissenheit der damit verknüpften Gefahren, noch aus leichtsinniger Ueberschätzung seiner Kräfte hatte er den kühnen Anschlag gefaßt. Jener genialische Instinkt, der den großen Menschen auf Bahnen, die der kleine entweder nicht betritt, oder nicht endigt, mit glücklicher Sicherheit leitet, erhob ihn über alle Zweifel, die eine kalte, aber eingeschränkte Klugheit ihm entgegenstellte, und ohne seine Generale überzeugen zu können, erkannte er die Wahrheit seiner Berechnung in einem dunkeln, aber darum nicht weniger sichern Gefühl. Eine Reihe glücklicher Erfolge hatte seine Zuversicht erhoben, und der Blick auf seine Armee, die an Mannszucht, Uebung und Tapferkeit in dem damaligen Europa nicht ihres Gleichen hatte und von einer Auswahl der trefflichsten Officiere commandirt wurde, erlaubte ihm keinen Augenblick, der Furcht Raum zu geben. Denen, welche ihm die geringe Anzahl seiner Truppen entgegensetzten, gab er zur Antwort, daß an einer noch so langen Pike doch nur die Spitze tödte, und daß es bei militärischen Unternehmungen mehr auf die Kraft ankomme, welche bewege, als auf die Masse, welche zu bewegen sei. Er kannte zwar den Mißmuth seiner Truppen, aber er kannte auch ihren Gehorsam; und dann hoffte er ihren Privatbeschwerden am besten dadurch zu begegnen, daß er sie durch eine wichtige Unternehmung beschäftigte, durch den Glanz derselben ihre Ruhmbegierde, und durch den hohen Preis, den die Eroberung einer so begüterten Stadt versprach, ihre Habsucht erregte.[279]

In dem Plane, den er nun zur Belagerung entwarf, suchte er allen jenen mannigfaltigen Hindernissen mit Nachdruck zu begegnen. Die einzige Macht, durch welche man hoffen konnte die Stadt zu bezwingen, war der *Hunger;* und diesen furchtbaren Feind gegen sie aufzuregen, mußten alle Zugänge zu Wasser und zu Land verschlossen werden. Um ihr fürs erste jeden Zufluß von Seeland aus, wenn auch nicht ganz abzuschneiden, doch zu erschweren, wollte man sich aller der Basteien bemächtigen, welche die Antwerper an beiden Ufern der Schelde zur Beschützung der Schifffahrt angelegt hatten, und, wo es anging, neue Schanzen aufwerfen, von denen

---

[279] Strada loc. cit. 553.

aus die ganze Länge des Stroms beherrscht werden könnte. Damit aber die Stadt nicht unterdessen von dem innern Lande die Bedürfnisse ziehen möchte, die man ihr von der Seeseite abzuschneiden suchte, so sollten alle umliegenden Städte Brabants und Flanderns in den Plan der Belagerung mit verwickelt und der Fall Antwerpens auf den Fall aller dieser Plätze gegründet werden. Ein kühner und, wenn man die eingeschränkte Macht des Herzogs bedenkt, beinahe ausschweifender Entwurf, den aber das Genie seines Urhebers rechtfertigte und das Glück mit einem glänzenden Ausgang krönte.[280]

Weil aber Zeit erfordert wurde, einen Plan von diesem Umfang in Erfüllung zu bringen, so begnügte man sich einstweilen, an den Kanälen und Flüssen, welche Antwerpen mit Dendermonde, Gent, Mecheln, Brüssel und andern Plätzen in Verbindung setzen, zahlreiche Basteien anzulegen und dadurch die Zufuhr zu erschweren. Zugleich wurden in der Nähe dieser Städte und gleichsam an den Thoren derselben spanische Besatzungen einquartiert, welche das platte Land verwüsteten und durch ihre Streifereien die Gegenden umher unsicher machten. So lagen um Gent allein gegen dreitausend Mann herum und nach Verhältnis um die übrigen. Auf diese Art und vermittelst der geheimen Verständnisse, die er mit den katholisch gesinnten Einwohnern derselben unterhielt, hoffte der Herzog, ohne sich selbst zu schwächen, diese Städte nach und nach zu erschöpfen und durch die Drangsale eines kleinen, aber unaufhörlichen Krieges, auch ohne eine förmliche Belagerung, endlich zur Übergabe zu bringen.[281]

Unterdessen wurde die Hauptmacht gegen Antwerpen selbst gerichtet, welches der Herzog nunmehr mit seinen Truppen gänzlich umzingeln ließ. Er selbst nahm seine Stellung zu Bevern in Flandern, wenige Meilen von Antwerpen, wo er ein verschanztes Lager bezog. Das flandrische Ufer der Schelde wurde dem Markgrafen von *Rysburg*, General der Reiterei, das brabantische dem Grafen *Peter Ernst von Mansfeld* übergeben, zu welchem noch ein anderer spanischer Anführer, *Mondragon*, stieß. Die beiden Letztern passierten die Schelde glücklich auf Pontons, ohne daß das Antwerpische

---

[280] Strada Dec. II. L. VI.

[281] Meteren. Niederländische Historien XII. 467 f.

Admiralschiff, welches ihnen entgegen geschickt wurde, es verhindern konnte, kamen hinter Antwerpen herum und nahmen bei Stabroek, im Lande Bergen, ihren Posten. Einzelne detaschierte Corps verteilten sich längs der ganzen brabantischen Seite, um theils die Dämme zu besetzen, theils die Pässe zu Lande zu versperren.

Einige Meilen unterhalb Antwerpen wird die Schelde durch zwei starke Forts vertheidigt, wovon das eine zu Liefkenshoek, auf der Insel Doel in Flandern, das andere zu Lillo, gerade gegenüber auf dem brabantischen Ufer liegt. Das letzte hatte *Mondragon* selbst ehemals auf Befehl des Herzogs von *Alba* erbauen müssen, als dieser noch in Antwerpen den Meister spielte, und eben darum wurde ihm jetzt auch der Angriff desselben von dem Herzog von *Parma* anvertraut. Von dem Besitz dieser beiden Forts schien der ganze Erfolg der Belagerung abzuhängen, weil alle Schiffe, die von Seeland nach Antwerpen segeln, unter den Kanonen derselben vorbeiziehen müssen. Beide Forts hatten die Antwerper auch kurz vorher befestigt, und mit dem erstern waren sie noch nicht ganz zu Stande, als der Markgraf von *Rysburg* es angriff. Die Geschwindigkeit, mit der man zu Werke ging, überraschte die Feinde, ehe sie zur Gegenwehr hinlänglich bereitet waren, und ein Sturm, den man auf Lieskenshoek wagte, brachte diese Festung in spanische Hände. Dieser Verlust traf die Verbundenen an demselben unglücklichen Tage, wo der Prinz von *Oranien* zu Delft durch Mörderhände fiel. Auch die übrigen Schanzen, welche auf der Insel Doel angelegt waren, wurden theils freiwillig von ihren Verteidigern verlassen, theils durch Ueberfall weggenommen, so daß in kurzem das ganze flandrische Ufer von Feinden gereinigt war. Aber das Fort zu Lillo auf dem brabantischen Ufer leistete einen desto lebhaftern Widerstand, weil man den Antwerpern Zeit gelassen hatte, es zu befestigen und mit einer tapfern Besatzung zu versehen. Wüthende Ausfälle der Belagerten unter der Anführung *Odets von Teligny* vernichteten, von den Kanonen der Festung unterstützt, alle Werke der Spanier, und eine Ueberschwemmung, welche man durch Eröffnung der Schleußen bewirkte, verjagte sie endlich nach einer drei Wochen langen Belagerung und mit einem Verluste von fast zweitausend Todten von dem Platze. Sie zogen sich nun in ihr festes Lager bei Stabroek und begnügten sich, von den Dämmen Besitz zu nehmen, welche das niedrige Land von Bergen durchschneiden und der eindringenden Oster-Schelde eine Brustwehr entgegensetzen.[282]

Der fehlgeschlagene Versuch auf das Fort Lillo veränderte die Maßregeln des Herzogs von *Parma*. Da es auf diesem Wege nicht gelingen wollte, die Schifffahrt auf der Schelde zu hindern, wovon doch der ganze Erfolg der Belagerung abhing, so beschloß er, den Strom durch eine Brücke gänzlich zu sperren. Der Gedanke war kühn, und Viele waren, die ihn für abenteuerlich hielten. Sowohl die Breite des Stroms, welche in diesen Gegenden über zwölfhundert Schritte beträgt, als die reißende Gewalt desselben, die durch die Fluth des nahen Meeres noch verstärkt wird, schienen jeden Versuch dieser Art unausführbar zu machen; dazu kam der Mangel an Bauholz, an Schiffen, an Werkleuten, und dann die gefährliche Stellung zwischen der antwerpischen und seeländischen Flotte, denen es ein Leichtes sein mußte, in Verbindung mit einem stürmischen Element eine so langwierige Arbeit zu stören. Aber der Herzog von *Parma* kannte seine Kräfte, und seinen entschlossenen Muth konnte nur das Unmögliche bezwingen. Nachdem er sowohl die Breite als die Tiefe des Stroms hatte ausmessen lassen und mit zweien seiner geschicktesten Ingenieurs, *Barocci* und *Plato*, darüber zu Rath gegangen war, fiel der Schluß dahin aus, die Brücke zwischen Calloo in Flandern und Ordam in Brabant zu erbauen. Man erwählte diese Stelle deßwegen, weil der Strom hier die wenigste Breite hat und sich etwas zur Rechten krümmt, welches die Schiffe aufhält und sie nöthigt, den Wind zu verändern. Zu Bedeckung der Brücke wurden an beiden Enden derselben starke Basteien aufgeführt, wovon die eine auf dem flandrischen Ufer das Fort St. Maria, die andre auf dem brabantischen dem König zu Ehren das Fort St. Philipp genannt wurde.[283]

Indem man im spanischen Lager zu Ausführung dieses Vorhabens die lebhaftesten Anstalten machte und die ganze Aufmerksamkeit des Feindes dahin gerichtet war, that der Herzog einen unerwarteten Angriff auf Dendermonde, eine sehr feste Stadt zwischen Gent und Antwerpen, wo sich die Dender mit der Schelde

---

[282] Meteren. Niederl. Historien. XII. 477. 478. Strada loc. cit. Thuan. Hist. Tom. II. 527.

[283] Strada Dec. II. Lib. VI. 557.

vereinigt. So lange dieser bedeutende Platz noch in feindlichen Händen war, konnten die Städte Gent und Antwerpen einander gegenseitig unterstützen und durch ihre leichte Communication alle Bemühungen der Belagerer vereiteln. Die Eroberung derselben gab dem Herzoge freie Hand gegen beide Städte und konnte für das ganze Glück seiner Unternehmung entscheidend werden. Die Schnelligkeit, mit der er sie überfiel, ließ den Belagerten keine Zeit, ihre Schleußen zu eröffnen und das Land umher unter Wasser zu setzen. Die Haupt-Bastei der Stadt vor dem Brüsseler Thore wurde sogleich heftig beschossen, aber das Feuer der Belagerten richtete unter den Spaniern eine große Niederlage an. Anstatt dadurch abgeschreckt zu werden, wurden sie nur desto hitziger, und der Hohn der Besatzung, welche die Bildsäule eines Heiligen vor ihren Augen verstümmelte und unter den schnödesten Mißhandlungen von der Brustwehr herabstürzte, setzte sie vollends in Wuth. Sie drangen mit Ungestüm darauf, gegen die Bastei geführt zu werden, ehe noch hinlänglich Bresche geschossen war, und der Herzog, um dieses erste Feuer zu benutzen, erlaubte den Sturm. Nach einem zweistündigen mörderischen Gefecht war die Brustwehr erstiegen, und was der erste Grimm der Spanier nicht aufopferte, warf sich in die Stadt. Diese war nun zwar dem feindlichen Feuer stärker ausgesetzt, welches von dem eroberten Walle auf sie gerichtet wurde; aber ihre starken Mauern und der breite wasserreiche Graben, der sie rings umgab, ließen wohl einen langen Widerstand befürchten. Der unternehmende Geist des Herzogs von *Parma* besiegte in kurzem auch diese Schwierigkeit. Indem Tag und Nacht das Bombardement fortgesetzt wurde, mußten die Truppen ohne Unterlaß arbeiten, die Dender abzuleiten, von welcher der Stadtgraben sein Wasser erhielt; und Verzweiflung ergriff die Belagerten, als sie das Wasser ihres Grabens, diese einzige noch übrige Schutzwehr der Stadt, allmählich verschwinden sahen. Sie eilten, sich zu ergeben, und empfingen im August 1584 spanische Besatzung. In einem Zeitraum von nicht mehr als eilf Tagen war diese Unternehmung ausgeführt, zu welcher nach dem Urtheil der Sachverständigen eben so viele Wochen erforderlich geschienen.[284]

---

[284] Strada loc. cit. Meteren XII. Buch 479. Thuan. II. 529.

Die Stadt Gent, nunmehr von Antwerpen und von der See abgeschnitten, von den Truppen des Königs, die in ihrer Nähe campir-
ten, immer stärker und stärker bedrängt und ohne alle Hoffnung
eines nahen Entsatzes, gab jetzt ihre Rettung auf und sah den Hunger nebst seinem ganzen Gefolge mit schrecklichen Schritten sich
nähern. Sie schickte daher Abgeordnete in das spanische Lager zu
Bevern, um sich dem König auf die nämlichen Bedingungen zu
unterwerfen, die ihr der Herzog einige Zeit vorher vergeblich angeboten hatte. Man erklärte den Abgeordneten, daß die Zeit der Verträge vorbei sei, und daß nur eine unbedingte Unterwerfung den
erzürnten Monarchen besänftigen könne. Ja, man ließ sie sogar befürchten, daß man dieselbe Demütigung von ihnen verlangen würde, zu welcher ihre rebellischen Vorfahren unter *Karln dem Fünften*
sich hatten verstehen müssen, nämlich halb nackt und mit einem
Strick um den Hals um Gnade zu flehen. Trostlos reisten die Abgeordneten zurück, aber schon am dritten Tage erschien eine neue
Gesandtschaft, welche endlich, auf die Fürsprache eines Freundes
von dem Herzog von *Parma*, der in Gentischer Gefangenschaft war,
noch unter erträglichen Bedingungen den Frieden zu Stande brachte. Die Stadt mußte eine Geldbuße von zweimalhunderttausend
Gulden erlegen, die verjagten Papisten zurückrufen und ihre protestantischen Bewohner vertreiben; doch wurde den Letztern eine
Frist von zwei Jahren vergönnt, um ihre Sachen in Ordnung zu
bringen. Alle Einwohner, bis auf sechs, die man zur Strafe auszeichnete, aber nachher doch noch begnadigte, erhielten Verzeihung, und der Garnison, die aus zweitausend Mann bestand, wurde
ein ehrenvoller Abzug bewilligt. Dieser Vergleich kam im September desselben Jahres im Hauptquartier zu Bevern zu Stande, und
unmittelbar darauf rückten dreitausend Mann spanischer Truppen
zur Besatzung ein.[285]

Mehr durch die Furcht seines Namens und durch den Schrecken
des Hungers, als durch seine gewaffnete Macht, hatte der Herzog
von *Parma* diese Stadt bezwungen, die größte und festeste in den
Niederlanden, die an Umfang der inneren Stadt Paris nichts nach-
gibt, siebenunddreißigtausend Häuser zählt und aus zwanzig In-

---

[285] Meteren XII. Buch 479. 480. Strada loc. cit. 562. 563.. A. G. d. v. N. XXI. Buch.
470.

seln besteht, die durch acht und neunzig steinerne Brücken verbunden werden. Glänzende Privilegien, welche diese Stadt im Laufe mehrerer Jahrhunderte von ihren Beherrschern zu erringen gewußt hatte, nährten in ihren Bürgern den Geist der Unabhängigkeit, der nicht selten in Trotz und Frechheit ausartete und mit den Maximen der österreichisch-spanischen Regierung in einen sehr natürlichen Streit gerieth. Eben dieser muthige Freiheitssinn verschaffte auch der Reformation ein schnelles und ausgebreitetes Glück in dieser Stadt, und beide Triebfedern verbunden führten alle jene stürmischen Auftritte herbei, durch welche sich dieselbe im Laufe des niederländischen Krieges zu ihrem Unglück auszeichnete. Außer den Geldsummen, die der Herzog von *Parma* jetzt von der Stadt erhob, fand er in ihren Mauern noch einen reichen Vorrath von Geschütz, von Wagen, Schiffen und allerlei Baugeräthe, nebst der erforderlichen Menge von Werkleuten und Matrosen, wodurch er in seiner Unternehmung gegen Antwerpen nicht wenig gefördert wurde.[286]

Noch ehe Gent an den König überging, waren die Städte Vilvorden und Herentals in die Hände der Spanier gefallen, auch die Blockhäuser unweit dem Flecken Willebroek von ihnen besetzt worden, wodurch Antwerpen von Brüssel und Mecheln abgeschnitten wurde. Der Verlust aller dieser Plätze, der in so kurzer Zeit erfolgte, entriß den Antwerpern jede Hoffnung eines Succurses aus Brabant und Flandern und schränkte alle ihre Aussichten auf den Beistand ein, der aus Seeland erwartet wurde, und welchen zu verhindern der Herzog von *Parma* nunmehr die ernstlichsten Anstalten machte.[287]

Die Bürger Antwerpens hatten den ersten Bewegungen des Feindes gegen ihre Stadt mit der stolzen Sicherheit zugesehen, welche der Anblick ihres unbezwingbaren Stroms ihnen einflößte. Diese Zuversicht wurde auch gewissermaßen durch das Urtheil des Prinzen von *Oranien* gerechtfertigt, der auf die erste Nachricht von dieser Belagerung zu verstehen gab, daß die spanische Macht an den Mauern Antwerpens sich zu Grunde richten werde. Um jedoch nichts zu versäumen, was zu Erhaltung dieser Stadt dienen konnte,

---

[286] Meteren. Am angeführten Orte.

[287] A. G. d. v. N. 470. Meteren 470. Thuan. II. 529.

berief er, kurze Zeit vor seiner Ermordung, den Bürgermeister von Antwerpen, *Philipp Marnix von St. Aldegonde*, seinen vertrauten Freund, zu sich nach Delft, wo er mit demselben wegen Verteidigung Antwerpens Abrede nahm. Sein Rath ging dahin, den großen Damm zwischen Sanvliet und Lillo, der Blaauwgarendyk genannt, unverzüglich schleifen zu lassen, um die Wasser der Oster-Schelde, sobald es noth thäte, über das niedrige Land von Bergen ausgießen und den seeländischen Schiffen, wenn etwa die Schelde gesperrt würde, durch die überschwemmten Felder einen Weg zu der Stadt eröffnen zu können. *Aldegonde* hatte auch wirklich nach seiner Zurückkunft den Magistrat und den größten Theil der Bürger bewogen, in diesen Vorschlag zu willigen, als die Zunft der Fleischer dagegen aufstand und sich beschwerte, daß ihr dadurch die Nahrung entzogen würde, denn das Feld, welches man unter Wasser setzen wollte, war ein großer Strich Weideland, auf welchem jährlich gegen zwölftausend Ochsen gemästet wurden. Die Zunft der Fleischer behielt die Oberhand und wußte die Ausführung jenes heilsamen Vorschlags so lange zu verzögern, bis der Feind die Dämme mit sammt dem Weideland in Besitz genommen hatte.[288]

Auf den Antrieb des Bürgermeisters *St. Aldegonde*, der, selbst ein Mitglied der Staaten Brabants, bei denselben in großem Ansehen stand, hatte man noch vor Ankunft der Spanier die Festungswerke an beiden Ufern der Schelde in bessern Stand gesetzt und um die Stadt herum viele neue Schanzen errichtet. Man hatte bei Saftingen die Dämme durchstochen und die Wasser der Wester-Schelde beinahe über das ganze Land Waes ausgegossen. In der angrenzenden Markgrafschaft Bergen wurden von dem Grafen von *Hohenlohe* Truppen geworben, und ein Regiment Schottländer unter der Anführung des Obersten *Morgan* stand bereits im Solde der Republik, während daß man neue Subsidien aus England und Frankreich erwartete. Vor allem aber wurden die Staaten von Holland und Seeland zu der schleunigsten Hilfsleistung aufgefordert. Nachdem aber die Feinde an beiden Ufern des Stroms festen Fuß gefaßt hatten und durch das Feuer aus ihren Schanzen die Schifffahrt gefährlich machten, nachdem im Brabantischen ein Platz nach dem andern in ihre Hände fiel und ihre Reiterei alle Zugänge von der Landseite

---

[288] A. G. d. v. N. III. 469. Grot. 88.

sperrte, so stiegen endlich bei den Einwohnern Antwerpens ernstliche Besorgnisse wegen der Zukunft auf. Die Stadt zählte damals fünfundachtzigtausend Seelen, und nach den angestellten Berechnungen wurden zum Unterhalt derselben jährlich dreimalhunderttausend Viertel oder Centner Getreide erfordert. Einen solchen Vorrath aufzuschütten, fehlte es beim Anfange der Belagerung keineswegs weder an Lieferungen noch an Geld; denn trotz des feindlichen Geschützes wußten sich die seeländischen Proviantschiffe mit eintretender Meeresfluth Bahn zu der Stadt zu machen. Es kam also bloß darauf an, zu verhindern, daß nicht einzelne von den reichern Bürgern diese Vorräthe aufkauften und dann bei eintretendem Mangel sich zu Meistern des Preises machten. Ein gewisser *Gianibelli* aus Mantua, der sich in der Stadt niedergelassen und ihr in der Folge dieser Belagerung sehr erhebliche Dienste leistete, that zu diesem Ende den Vorschlag, eine Auflage auf den hundertsten Pfennig zu machen und eine Gesellschaft rechtlicher Männer zu errichten, welche für dieses Geld Getreide einkaufen und wöchentlich liefern sollte. Die Reichen sollten einstweilen dieses Geld vorschießen und dafür die eingekauften Vorräthe gleichsam als zu einem Pfande in ihren Magazinen anfbewahren, auch an dem Gewinn ihren Antheil erhalten. Aber dieser Vorschlag wollte den reichern Einwohnern nicht gefallen, welche einmal beschlossen hatten, von der allgemeinen Bedrängniß Vortheil zu ziehen. Vielmehr hielten sie dafür, daß man einem Jeden befehlen solle, sich für sich selbst auf zwei Jahre lang mit dem nöthigen Proviant zu versehen; ein Vorschlag, wobei sie sehr gut für sich, aber sehr schlecht für die ärmeren Einwohner sorgten, die sich nicht einmal auf so viele Monate vorsehen konnten. Sie erreichten dadurch zwar die Absicht, diese Letztern entweder ganz aus der Stadt zu jagen, oder von sich abhängig zu machen; als sie sich aber nachher besannen, daß in der Zeit der Noth ihr Eigenthum nicht respektiert werden dürfte, so fanden sie rathsam, sich mit dem Einkauf nicht zu beeilen.[289]

Der Magistrat der Stadt, um ein Uebel zu verhüten, das nur Einzelne gedrückt haben würde, erwählte dafür ein anderes, welches dem Ganzen gefährlich wurde. Seeländische Unternehmer hatten eine ansehnliche Flotte mit Proviant befrachtet, welche sich glück-

---

[289] A. G. d. v. N. III. 472.

lich durch die Kanonen der Feinde schlug und in Antwerpen landete. Die Hoffnung eines höheren Gewinns hatte die Kaufleute zu dieser gewagten Spekulation ermuntert; in dieser Erwartung aber fanden sie sich getäuscht, als sie ankamen, indem der Magistrat von Antwerpen um eben diese Zeit ein Edikt ergehen ließ, wodurch der Preis aller Lebensmittel beträchtlich herabgesetzt wurde. Um zugleich zu verhindern, daß Einzelne nicht die ganze Ladung aufkaufen und, um sie nachher desto theurer loszuschlagen, in ihren Magazinen aufschütten möchten, so verordnete er, daß alles aus freier Hand von den Schiffen verkauft werden sollte. Die Unternehmer, durch diese Vorkehrungen um den ganzen Gewinn ihrer Fahrt betrogen, spannten hurtig die Segel auf und verließen Antwerpen mit dem größten Theil ihrer Ladung, welche hingereicht haben würde, die Stadt mehrere Monate lang zu ernähren.[290]

Diese Vernachlässigung der nächsten und natürlichsten Rettungsmittel wird nur dadurch begreiflich, daß man eine völlige Sperrung der Schelde damals noch für völlig unmöglich hielt und also den äußersten Fall im Ernst gar nicht fürchtete. Als daher die Nachricht einlief, daß der Herzog die Absicht habe, eine Brücke über die Schelde zu schlagen, so verspottete man in Antwerpen allgemein diesen chimärischen Einfall. Man stellte zwischen der Republik und dem Strome eine stolze Vergleichung an und meinte, daß der eine so wenig als die andere das spanische Joch auf sich leiden würde. Ein Strom, der zweitausend vierhundert Fuß breit und, wenn er auch nur sein eigenes Wasser hat, über sechzig Fuß tief ist, der aber, wenn ihn die Meeresfluth hebt, noch um zwölf Fuß zu steigen pflegt – ein solcher Strom, hieß es, sollte sich durch ein elendes Pfahlwerk beherrschen lassen? Wo würde man Baumstämme hernehmen, hoch genug, um bis auf den Grund zu reichen und über die Fläche emporzuragen? Und ein Werk dieser Art sollte im Winter zu Stande kommen, wo die Fluth ganze Inseln und Gebirge von Eis, gegen welche kaum steinerne Mauern halten, an das schwache Gebälk treiben und es wie Glas zersplittern wird? Oder gedächte der Herzog, eine Brücke von Schiffen zu erbauen, woher wollte er diese nehmen und auf welchem Wege sie in seine Verschanzungen bringen? Nothwendig müßten sie Antwerpen vorbei-

[290] Grotius 92. Reidan. Belg. Annal. 69.

passieren, wo eine Flotte bereit stehe, sie entweder aufzufangen oder in Grund zu bohren.«[291]

Aber indem man ihm in der Stadt die Ungereimtheit seiner Unternehmung bewies, hatte der Herzog von *Parma* sie vollendet. Sobald die Basteien St. Maria und St. Philipp errichtet waren, welche die Arbeiter und den Bau durch ihr Geschütz decken konnten, so wurde von beiden entgegenstehenden Ufern aus ein Gerüste in den Strom hineingebaut, wozu man die Maste von den größten Schiffen gebrauchte. Durch die kunstreiche Anordnung des Gebälkes wußte man dem Ganzen eine solche Haltung zu geben, daß es, wie nachher der Erfolg bewies, dem gewaltsamen Andrange des Eises zu widerstehen vermochte. Dieses Gebälke, welches fest und sicher auf dem Grunde des Wassers ruhte und noch in ziemlicher Höhe daraus hervorragte, war mit Planken bedeckt, welche eine bequeme Straße formierten. Sie war so breit, daß acht Mann nebeneinander darauf Platz hatten, und ein Geländer, das zu beiden Seiten hinweglief, schützte vor dem Musketenfeuer der feindlichen Schiffe. Diese *Estacade*, wie man sie nannte, lief von beiden entgegenstehenden Ufern so weit in den Strom hinein, als es die zunehmende Tiefe und Gewalt des Wassers verstattete. Sie verengte den Strom um einhundert Fuß; weil aber der mittlere und eigentliche Strom sie durchaus nicht duldete, so blieb noch immer zwischen beiden Estacaden ein Raum von mehr als sechshundert Schritten offen, durch welchen eine ganze Proviantflotte bequem hindurchsegeln konnte. Diesen Zwischenraum gedachte der Herzog vermittelst einer Schiffbrücke auszufüllen, wozu die Fahrzeuge von Dünkirchen sollten hergeschafft werden. Aber außerdem, daß dort Mangel daran war, so hielt es schwer, solche ohne großen Verlust an Antwerpen vorbeizubringen. Er mußte sich also einstweilen damit begnügen, den Fluß um die Hälfte verengt und den Durchzug der feindlichen Schiffe um so viel schwieriger gemacht zu haben. Denn da, wo sich die Estacaden in der Mitte des Stromes endigten, erweiterten sie sich beide in ein länglichtes Viereck, welches stark mit Kanonen besetzt war und mitten im Wasser zu einer Art Festung diente. Von da aus wurde auf alle Fahrzeuge, die durch diesen Paß sich hindurchwagten, ein fürchterliches Feuer unterhalten, welches jedoch

---

[291] Strada 560.

nicht verhinderte, daß nicht ganze Flotten und einzelne Schiffe diese gefährliche Straße glücklich vorüberzogen.[292]

---

[292] Strada 560. sq. Thuan. 530. Meteren XII. Buch.

Unterdessen ergab sich Gent, und diese unerwartet schnelle Eroberung riß den Herzog auf einmal aus seiner Verlegenheit. Er fand in dieser Stadt alles Nöthige bereit, um seine Schiffbrücke zu vollenden, und die Schwierigkeit war bloß, es sicher herbeizuschaffen. Dazu eröffneten ihm die Feinde selbst den natürlichsten Weg. Durch Eröffnung der Dämme bei Saftingen war ein großer Theil von dem Land Waes bis zu dem Flecken Borcht unter Wasser gesetzt worden, so daß es gar nicht schwer hielt, die Felder mit flachen Fahrzeugen zu befahren. Der Herzog ließ also seine Schiffe von Gent auslaufen und beorderte sie, nachdem sie Dendermonde und Rupelmonde passiert, den linken Damm der Schelde zu durchstechen, Antwerpen zur Rechten liegen zu lassen und gegen Borcht zu in das überschwemmte Feld hinein zu segeln. Zur Versicherung dieser Fahrt wurde bei dem Flecken Borcht eine Bastei errichtet, welche die Feinde im Zaum halten könnte. Alles gelang nach Wunsch, obgleich nicht ohne einen lebhaften Kampf mit der feindlichen Flottille, welche vorausgeschickt worden war, diesen Zug zu stören. Nachdem man noch einige Dämme unterwegs durchstochen, erreichte man die spanischen Quartiere bei Calloo und lief glücklich wieder in die Schelde. Das Frohlocken der Armee war um so größer, nachdem man erst die große Gefahr vernommen, der die Schiffe nur eben entgangen waren. Denn kaum hatten sie sich der feindlichen Schiffe entlediget, so war schon eine Verstärkung der letztern von Antwerpen unterwegs, welche der tapfere Vertheidiger von Lillo, *Odet von Teligny*, anführte. Als dieser die Arbeit gethan und die Feinde entwischt sah, so bemächtigte er sich des Dammes, an dem jene durchgebrochen waren, und warf eine Bastei an der Stelle auf, um den Gentischen Schiffen, die etwa noch nachkommen möchten, den Paß zu verlegen.[293]

Dadurch gerieth der Herzog von *Parma* aufs neue ins Gedränge. Noch hatte er bei weitem nicht Schiffe genug, weder für seine Brücke, noch zur Verteidigung derselben, und der Weg, auf welchem die vorigen herbeigeschafft worden, war durch das Fort des *Teligny* gesperrt. Indem er nun die Gegend in der Absicht recognoscierte, einen neuen Weg für seine Flotten ausfindig zu machen, stellte sich ihm ein Gedanke dar, der nicht bloß seine gegenwärtige Verlegen-

---

[293] Meteren 481. Strada 564.

heit endigte, sondern der ganzen Unternehmung auf einmal einen lebhaften Schwung gab. Nicht weit von dem Dorfe Stecken im Lande Waes, von welchem Orte man noch etwa fünftausend Schritte bis zum Anfang der Ueberschwemmungen hatte, fließt die Moer, ein kleines Wasser, vorbei, das bei Gent in die Schelde fällt. Von diesem Flusse nun ließ er einen Kanal bis an die Gegend führen, wo die Ueberschwemmung den Anfang nahm, und weil die Wasser nicht überall hoch genug standen, so wurde der Kanal zwischen Bevern und Verrebroek bis nach Calloo fortgeführt, wo die Schelde ihn aufnahm. Fünfhundert Schanzgräber arbeiteten ohne Unterlaß an diesem Werke, und um die Verdrossenheit der Soldaten zu ermuntern, legte der Herzog selbst mit Hand an. Er erneuerte auf diese Art das Beispiel zweier berühmten Römer, *Drusus* und *Corbulo*, welche durch ähnliche Werke den Rhein mit der Südersee und die Maas mit dem Rhein verbanden.

Dieser Kanal, den die Armee seinem Urheber zu Ehren den *Kanal von Parma* nannte, erstreckte sich vierzehntausend Schritte lang und hatte eine verhältnißmäßige Tiefe und Breite, um sehr beträchtliche Schiffe zu tragen. Er verschaffte den Schiffen aus Gent nicht nur einen sichern, sondern auch einen merklich kürzern Weg zu den spanischen Quartieren, weil sie nun nicht mehr nöthig hatten, den weitläufigen Krümmungen der Schelde zu folgen, sondern bei Gent unmittelbar in die Moer traten und von da aus bei Stecken durch den Kanal und durch das überschwemmte Land bis nach Calloo gelangten. Da in der Stadt Gent die Erzeugnisse von ganz Flandern zusammenflossen, so setzte dieser Kanal das spanische Lager mit der ganzen Provinz in Zusammenhang. Von allen Orten und Enden strömte der Ueberfluß herbei, daß man im ganzen Laufe der Belagerung keinen Mangel mehr kannte. Aber der wichtigste Vortheil, den der Herzog aus diesem Werke zog, war ein hinreichender Vorrath an flachen Schiffen, wodurch er in den Stand gesetzt wurde, den Bau seiner Brücke zu vollenden.[294]

Unter diesen Anstalten war der Winter herbeigekommen, der, weil die Schelde mit Eis ging, in dem Bau der Brücke einen ziemlich langen Stillstand verursachte. Mit Unruhe hatte der Herzog dieser Jahreszeit entgegengesehen, die seinem angefangenen Werk höchst

---

[294] Strada 565.

verderblich werden, den Feinden aber bei einem ernsthaften Angriff auf dasselbe desto günstiger sein konnte. Aber die Kunst seiner Baumeister entriß ihn der einen Gefahr, und die Inconsequenz der Feinde befreite ihn von der andern. Zwar geschah es mehrmals, daß mit eintretender Meeresfluth starke Eisschollen sich in den Staketen verfingen und mit heftiger Gewalt das Gebälke erschütterten, aber es stand, und der Anlauf des wilden Elements machte bloß seine Festigkeit sichtbar.

Unterdessen wurde in Antwerpen mit fruchtlosen Deliberationen eine kostbare Zeit verschwendet und über dem Kampf der Parteien das allgemeine Beste vernachlässigt. Die Regierung dieser Stadt war in allzu viele Hände vertheilt und der stürmischen Menge ein viel zu großer Antheil daran gegeben, als daß man mit Ruhe überlegen, mit Einsicht wählen und mit Festigkeit ausführen konnte. Außer dem eigentlichen Magistrat, in welchem der Bürgermeister bloß eine einzelne Stimme hatte, waren in der Stadt noch eine Menge Korporationen vorhanden, denen die äußere und innere Sicherheit, die Proviantierung, die Befestigung der Stadt, das Schiffswesen, der Commerz u. dgl. oblag, und welche bei keiner wichtigen Verhandlung übergangen sein wollten. Durch diese Menge von Sprechern, die, so oft es ihnen beliebte, in die Rathsversammlung stürmten und, was sie durch Gründe nicht vermochten, durch ihr Geschrei und ihre starke Anzahl durchzusetzen wußten, bekam das Volk einen gefährlichen Einfluß in die öffentlichen Berathschlagungen, und der natürliche Widerstreit so entgegengesetzter Interessen hielt die Ausführung jeder heilsamen Maßregel zurück. Ein so schwankendes und kraftloses Regiment konnte sich bei einem trotzigen Schiffsvolk und bei einer sich wichtig dünkenden Soldateska nicht in Achtung setzen; daher die Befehle des Staats auch nur schlechte Befolgung fanden und durch die Nachlässigkeit, wo nicht gar offenbare Meuterei der Truppen und des Schiffsvolks mehr als einmal der entscheidende Augenblick verloren ging.[295]

Die wenige Uebereinstimmung in der Wahl der Mittel, durch welche man dem Feind widerstehen wollte, würde indessen bei weitem nicht so viel geschadet haben, wenn man nur in dem Zwecke selbst vollkommen einig gewesen wäre. Aber eben darüber

---

[295] Meteren 484. Thuan. II. 529. Grot. 88.

waren die begüterten Bürger und der große Haufe in zwei entgegengesetzte Parteien getheilt, indem die erstern nicht ohne Ursachen von der Extremität alles fürchteten und daher sehr geneigt waren, mit dem Herzog von *Parma* in Unterhandlungen zu treten. Diese Gesinnungen verbargen sie nicht länger, als das Fort Liefkenshoek in feindliche Hände gefallen war und man nun im Ernste anfing, für die Schifffahrt auf der Schelde zu fürchten. Einige derselben zogen ganz und gar fort und überließen die Stadt, mit der sie das Gute genossen, aber das Schlimme nicht theilen mochten, ihrem Schicksal. Sechzig bis siebenzig der Zurückbleibenden aus dieser Klasse übergaben dem Rath eine Bittschrift, worin sie den Wunsch äußerten, daß man mit dem König traktieren möchte. Sobald aber das Volk davon Nachricht erhielt, so gerieth es in eine wüthende Bewegung, daß man es kaum durch Einsperrung der Supplikanten und eine denselben aufgelegte Geldstrafe besänftigen konnte. Es ruhte auch nicht eher, als bis ein Edikt zu Stande kam, welches auf jeden heimlichen oder öffentlichen Versuch zum Frieden die Todesstrafe setzte.[296]

Dem Herzog von *Parma*, der in Antwerpen nicht weniger, als in den übrigen Städten Brabants und Flanderns, geheime Verständnisse unterhielt und durch seine Kundschafter gut bedient wurde, entging keine dieser Bewegungen, und er versäumte nicht, Vortheil davon zu ziehen. Obgleich er in seinen Anstalten weit genug vorwärts gerückt war, um die Stadt zu beängstigen, so waren doch noch sehr viele Schritte zu thun, um sich wirklich von derselben Meister zu machen, und ein einziger unglücklicher Augenblick konnte das Werk vieler Monate vernichten. Ohne also in seinen kriegerischen Vorkehrungen etwas nachzulassen, machte er noch einen ernstlichen Versuch, ob er sich der Stadt nicht durch Güte bemächtigen könnte. Er erließ zu dem Ende im November dieses Jahrs an den großen Rath von Antwerpen ein Schreiben, worin alle Kunstgriffe aufgeboten waren, die Bürger entweder zur Uebergabe der Stadt zu vermögen, oder doch die Trennung unter denselben zu vermehren. Er betrachtete sie in diesem Brief als *Verführte* und wälzte die ganze Schuld ihres Abfalls und ihrer bisherigen Widersetzlichkeit auf den ränkevollen Geist des Prinzen von *Oranien*, von

---

[296] Meteren 485.

welchem die Strafgerechtigkeit des Himmels sie seit kurzem befreiet habe. Jetzt, meinte er, stehe es in ihrer Macht, aus ihrer langen Verblendung zu erwachen und zu einem König, der zur Versöhnung geneigt sei, zurückzukehren. Dazu, fuhr er fort, biete er sich selbst mit Freuden als Mittler an, da er nie aufgehört habe, ein Land zu lieben, worin er geboren sei und den fröhlichsten Theil seiner Jugend zugebracht habe. Er munterte sie daher auf, ihm Bevollmächtigte zu senden, mit denen er über den Frieden traktiren könne, ließ sie die billigsten Bedingungen hoffen, wenn sie sich bei Zeiten unterwürfen, aber auch die härtesten fürchten, wenn sie es aufs Aeußerste kommen ließen.

Dieses Schreiben, in welchem man mit Vergnügen die Sprache nicht wiederfindet, welche ein Herzog von *Alba* zehen Jahre vorher in ähnlichen Fällen zu führen pflegte, beantwortete die Stadt in einem anständigen und bescheidenen Tone, und indem sie dem persönlichen Charakter des Herzogs volle Gerechtigkeit widerfahren ließ und seiner wohlwollenden Gesinnungen gegen sie mit Dankbarkeit erwähnte, beklagte sie die Härte der Zeitumstände, welche ihm nicht erlaubten, seinem Charakter und seiner Neigung gemäß gegen sie zu verfahren. In *seine* Hände, erklärte sie, würde sie mit Freuden ihr Schicksal legen, wenn er unumschränkter Herr seiner Handlungen wäre, und nicht einem fremden Willen dienen müßte, den seine eigene Billigkeit unmöglich gut heißen könne. Nur zu bekannt sei der unveränderliche Rathschluß des Königs von Spanien und das Gelübde, das derselbe dem Papst gethan habe; von dieser Seite sei alle ihre Hoffnung verloren. Sie vertheidigte dabei mit edler Wärme das Gedächtniß des Prinzen von *Oranien*, ihres Wohlthäters und Retters, indem sie die wahren Ursachen aufzählte, welche diesen traurigen Krieg herbeigeführt und die Provinzen von der spanischen Krone abtrünnig gemacht hätten. Zugleich verhehlte sie nicht, daß sie eben jetzt Hoffnung habe, an dem Könige von Frankreich einen neuen und einen gütigern Herrn zu finden und auch schon dieser Ursache wegen keinen Vergleich mit dem spanischen Monarchen eingehen könne, ohne sich des strafbarsten Leichtsinns und der Undankbarkeit schuldig zu machen.[297]

---

[297] Thuan. II. 530. 531. Meteren 485. 486.

Die vereinigten Provinzen nämlich, durch eine Reihe von Unglücksfällen kleinmüthig gemacht, hatten endlich den Entschluß gefaßt, unter die Oberhoheit Frankreichs zu treten und durch Aufopferung ihrer Unabhängigkeit ihre Existenz und ihre alten Privilegien zu retten. Mit diesem Auftrage war vor nicht langer Zeit eine Gesandtschaft nach Paris abgegangen, und die Aussicht auf diesen mächtigen Beistand war es vorzüglich, was den Muth der Antwerper stärkte. *Heinrich der Dritte*, König von Frankreich, war für seine Person auch nicht ungeneigt, dieses Anerbieten sich zu Nutze zu machen; aber die Unruhen, welche ihm die Intriguen der Spanier in seinem eigenen Königreich zu erregen wußten, nöthigten ihn wider seinen Willen. davon abzustehen. Die Niederländer wandten sich nunmehr mit ihrem Gesuch an die Königin *Elisabeth von England*, die ihnen auch wirklich, aber nur zu spät für Antwerpens Rettung, einen thätigen Beistand leistete. Während daß man in dieser Stadt den Erfolg dieser Unterhandlungen abwartete und nach einer fremden Hilfe in die Ferne blickte, hatte man die natürlichsten und nächsten Mittel zu seiner Rettung versäumt und den ganzen Winter verloren, den der Feind desto besser zu benutzen verstand.[298]

Zwar hatte es der Bürgermeister von Antwerpen, *St. Aldegonde*, nicht an wiederholten Aufforderungen fehlen lassen, die seeländische Flotte zu einem Angriff auf die feindlichen Werke zu vermögen, während daß man von Antwerpen aus diese Expedition unterstützen würde. Die langen und öfters stürmischen Nächte konnten diese Versuche begünstigen, und wenn zugleich die Besatzung zu Lillo einen Ausfall wagte, so würde es dem Feinde kaum möglich gewesen sein, diesem dreifachen Anfall zu widerstehen. Aber unglücklicherweise waren zwischen dem Anführer jener Flotte, *Wilhelm von Blois von Treslong*, und der Admiralität von Seeland Irrungen entstanden, welche Ursache waren, daß die Ausrüstung der Flotte auf eine ganz unbegreifliche Weise verzögert wurde. Um solche zu beschleunigen, entschloß sich endlich *Teligny*, selbst nach Middelburg zu gehen, wo die Staaten von Seeland versammelt waren; aber weil der Feind alle Pässe besetzt hatte, so kostete ihn dieser Versuch seine Freiheit, und mit ihm verlor die Republik ihren tapfersten Verteidiger. Indessen fehlte es nicht an unternehmenden

---

[298] Meteren 488 u. folg. A. G. d. v. N. III. 476–491. Grot. 89.

Schiffern, welche unter Vergünstigung der Nacht und mit eintretender Fluth, trotz des feindlichen Feuers, durch die damals noch offene Brücke sich schlugen, Proviant in die Stadt warfen und mit der Ebbe wieder zurückkehrten. Weil aber doch mehrere solcher Fahrzeuge dem Feind in die Hände fielen, so verordnete der Rath, daß inskünftige die Schiffe nie unter einer bestimmten Anzahl sich hinauswagen sollten, welches die Folge hatte, daß alles unterblieb, weil die erforderte Anzahl niemals voll werden wollte. Auch geschahen von Antwerpen aus einige nicht ganz unglückliche Versuche auf die Schiffe der Spanier; einige der letztern wurden erobert, andere versenkt, und es kam bloß darauf an, dergleichen Versuche im Großen fortzusetzen. Aber so eifrig auch *St. Aldegonde* dieses betrieb, so fand sich doch kein Schiffer, der ein Fahrzeug besteigen wollte.[299]

Unter diesen Zögerungen verstrich der Winter, und kaum bemerkte man, daß das Eis sich verlor, so wurde von den Belagerern der Bau der Schiffbrücke nun mit allem Ernst vorgenommen. Zwischen beiden Staketen blieb noch ein Raum von mehr als sechshundert Schritten auszufüllen, welches auf folgende Art bewerkstelligt wurde. Man nahm zweiunddreißig *Playten* (platte Fahrzeuge), jede sechsundsechzig Fuß lang und zwanzig breit, und diese fügte man am Vorder- und Hintertheile mit starken Kabeltauen und eisernen Ketten an einander, doch so, daß sie noch gegen zwanzig Fuß von einander abstanden und dem Strom einen freien Durchzug verstatteten. Jede Playte hing auch außerdem an zwei Ankertauen, sowohl aufwärts als unterwärts des Stroms, welche aber, je nachdem das Wasser mit der Fluth stieg, oder mit der Ebbe sank, nachgelassen und angezogen werden konnten. Ueber die Schiffe hinweg wurden große Mastbäume gelegt, welche von einem zum andern reichten und mit Planken überdeckt, eine ordentliche Straße bildeten, auch wie die Staketen mit einem Geländer eingefaßt waren. Diese Schiffbrücke, davon beide Staketen nur eine Fortsetzung ausmachten, hatte, mit diesen zusammengenommen, eine Länge von zweitausend vierhundert Schritten. Dabei war diese furchtbare Maschine so künstlich organisirt und so reichlich mit Werkzeugen des Todes ausgerüstet, daß sie gleich einem lebendigen Wesen sich selbst ver-

---

[299] Strada 564. Metern 484. Reidan. Annal. 69.

theidigen, auf das Commandowort Flammen speien und auf alles, was ihr nahe kam, Verderben ausschütten konnte. Außer den beiden Forts, St. Maria und St. Philipp, welche die Brücke an beiden Ufern begrenzten, und außer den zwei hölzernen Basteien auf der Brücke selbst, welche mit Soldaten angefüllt und in allen vier Ecken mit Kanonen besetzt waren, enthielt jedes der zweiunddreißig Schiffe noch dreißig Bewaffnete nebst vier Matrosen zu seiner Bedeckung und zeigte dem Feind, er mochte nun von Seeland herauf oder von Antwerpen herunter schiffen, die Mündung einer Kanone. Man zählte in allem siebenundneunzig Kanonen, die sowohl über der Brücke als unter derselben vertheilt waren, und mehr als fünfzehnhundert Mann, die theils die Basteien, theils die Schiffe besetzten und, wenn es noth that, ein furchtbares Musketenfeuer auf den Feind unterhalten konnten.

Aber dadurch allein glaubte der Herzog sein Werk noch nicht gegen alle Zufälle sicher gestellt zu haben. Es war zu erwarten, daß der Feind nichts unversucht lassen würde, den mittlern und schwächsten Theil der Brücke durch die Gewalt seiner Maschinen zu sprengen; diesem vorzubeugen, warf er längs der Schiffbrücke und in einiger Entfernung von derselben noch eine besondere Schutzwehr auf, welche die Gewalt brechen sollte, die auf die Brücke selbst möchte ausgeübt werden. Dieses Werk bestand aus dreiunddreißig Barken von beträchtlicher Größe, welche in Einer Reihe quer über den Strom hingelagert und je drei und drei mit Mastbäumen an einander befestigt waren, so daß sie eilf verschiedene Gruppen bildeten. Jede derselben streckte, gleich einem Glied Pikenierer, in horizontaler Richtung vierzehn lange hölzerne Stangen aus, die dem herannahenden Feind eine eiserne Spitze entgegenkehrten. Diese Barken waren bloß mit Ballast angefüllt und hingen jede an einem doppelten, aber schlaffen Ankertau, um dem anschwellenden Strome nachgeben zu können, daher sie auch in beständiger Bewegung waren und davon die Namen *Schwimmer* bekamen. Die ganze Schiffbrücke und noch ein Theil der Staketen wurden von diesen Schwimmern gedeckt, welche sowohl oberhalb als unterhalb der Brücke angebracht waren. Zu allen diesen Vertheidigungsanstalten kam noch eine Anzahl von vierzig Kriegsschiffen, welche an beiden Ufern hielten und dem ganzen Werk zur Bedeckung dienten.[300]

Dieses bewundernswürdige Werk war im März des Jahres 1585, als dem siebenten Monat der Belagerung, fertig, und der Tag, an dem es vollendet wurde, war ein Jubelfest für die Truppen. Durch ein wildes Freudenschießen wurde der große Vorfall der belagerten Stadt verkündigt, und die Armee, als wollte sie sich ihres Triumphs recht sinnlich versichern, breitete sich längs dem ganzen Gerüste aus, um den stolzen Strom, dem man das Joch aufgelegt hatte, friedfertig und gehorsam unter sich hinwegfließen zu sehen. Alle ausgestandenen unendlichen Mühseligkeiten waren bei diesem Anblick vergessen, und keiner, dessen Hand nur irgend dabei geschäftig gewesen, war so verächtlich und so klein, daß er sich nicht einen Theil der Ehre zueignete, die dem großen Urheber lohnte. Nichts aber gleicht der Bestürzung, welche die Bürger von Antwerpen ergriff, als ihnen die Nachricht gebracht wurde, daß die Schelde nun wirklich geschlossen und alle Zufuhr aus Seeland abgeschnitten sei. Und zu Vermehrung ihres Schreckens mußten sie zu derselben Zeit noch den Verlust der Stadt Brüssel erfahren, welche endlich durch Hunger genöthigt worden, sich zu ergeben. Ein Versuch, den der Graf von *Hohenlohe* in eben diesen Tagen auf Herzogenbusch gewagt, um entweder diese Stadt wegzunehmen, oder doch dem Feind eine Diversion zu machen, war gleichfalls verunglückt, und so verlor das bedrängte Antwerpen zu gleicher Zeit alle Hoffnung einer Zufuhr von der See und zu Lande.[301]

Durch einige Flüchtlinge, welche sich durch die spanischen Vorposten hindurch in die Stadt geworfen, wurden diese unglücklichen Zeitungen darin ausgebreitet, und ein Kundschafter, den der Bürgermeister ausgeschickt hatte, um die feindlichen Werke zu recognosciren, vergrößerte durch seine Aussagen noch die allgemeine Bestürzung. Er war ertappt und vor den Herzog von *Parma* gebracht worden, welcher Befehl gab, ihn überall herumzuführen und besonders die Einrichtung der Brücke aufs genauste besichtigen zu lassen. Nachdem dies geschehen war und er wieder vor den Feld-

---

[300] Strada De. II. L. VI. 566. 567. Meteren 482. Thuan. III. L. LXXXIII. 45. Allgemeine Geschichte der vereinigten Niederlande III. Bd. 497.

[301] Strada 567–571. Meteren 492. 494. Thuan. III. 44. 45.

herrn gebracht wurde, schickte ihn dieser mit den Worten zurück: »Gehe,« rief er, »und hinterbringe Denen, die dich herschickten, was du gesehen hast. Melde ihnen aber dabei, daß es mein fester Entschluß sei, mich entweder unter den Trümmern dieser Brücke zu begraben, oder durch diese Brücke in eure Stadt einzuziehen.«[302]

Aber die Gewißheit der Gefahr belebte nun auch auf einmal den Eifer der Verbundenen, und es lag nicht an ihren Anstalten, wenn die erste Hälfte jenes Gelübdes nicht in Erfüllung ging. Längst schon hatte der Herzog mit Unruhe den Bewegungen zugesehen, welche zum Entsatze der Stadt in Seeland gemacht wurden. Es war ihm nicht verborgen, daß er den gefährlichsten Schlag von dorther zu fürchten habe, und daß gegen die vereinigte Macht der seeländischen und antwerpischen Flotten, wenn sie zu gleicher Zeit und im rechten Moment auf ihn losdringen sollten, mit allen seinen Werken nicht viel würde auszurichten sein. Eine Zeit lang hatten ihm die Zögerungen des seeländischen Admirals, die er auf alle Art zu unterhalten bemüht war, Sicherheit verschafft; jetzt aber beschleunigte die dringende Noth auf einmal die Rüstung, und ohne länger auf den Admiral zu warten, schickten die Staaten zu Middelburg den Grafen *Justin von Nassau* mit so viel Schiffen, als sie aufbringen konnten, den Belagerten zu Hilfe. Diese Flotte legte sich vor das Fort Liefkenshoek, welches der Feind in Besitz hatte, und beschoß dasselbe, von einigen Schiffen aus dem gegenüberliegenden Fort Lillo unterstützt, mit so glücklichem Erfolge, daß die Wälle in kurzem zu Grunde gerichtet und mit stürmender Hand erstiegen wurden. Die darin zur Besatzung liegenden Wallonen zeigten die Festigkeit nicht, welche man von Soldaten des Herzogs von *Parma* erwartete; sie überließen dem Feinde schimpflich die Festung, der sich in kurzem der ganzen Insel Doel mit allen darauf liegenden Schanzen bemeisterte. Der Verlust dieser Plätze, die jedoch bald wieder gewonnen waren, ging dem Herzog von *Parma* so nahe, daß er die Befehlshaber vor das Kriegsgericht zog und den schuldigsten darunter enthaupten ließ. Indessen eröffnete diese wichtige Eroberung den Seeländern einen freien Paß bis zur Brücke, und nunmehr war der Zeitpunkt vorhanden, nach genommener Abrede mit den Antwerpern gegen jenes Werk einen entscheidenden Streich auszu-

---

[302] Strada 568.

führen. Man kam überein, daß, während man von Antwerpen aus durch schon bereitgehaltene Maschinen die Schiffbrücke sprengte, die seeländische Flotte mit einem hinlänglichen Vorrath von Proviant in der Nähe sein sollte, um sogleich durch die gemachte Oeffnung hindurch nach der Stadt zu segeln.[303]

Denn ehe noch der Herzog von *Parma* mit seiner Brücke zu Stande war, arbeitete schon in den Mauern Antwerpens ein Ingenieur an ihrer Zerstörung. *Friedrich Gianibelli* hieß dieser Mann, den das Schicksal bestimmt hatte, der *Archimed* dieser Stadt zu werden und eine gleiche Geschicklichkeit mit gleich verlorenem Erfolg zu deren Verteidigung zu verschwenden. Er war aus Mantua gebürtig und hatte sich ehedem in Madrid gezeigt, um, wie Einige wollen, dem König *Philipp* seine Dienste in dem niederländischen Krieg anzubieten. Aber vom langen Warten ermüdet, verließ der beleidigte Künstler den Hof, des Vorsatzes, den Monarchen Spaniens auf eine empfindliche Art mit einem Verdienste bekannt zu machen, das er so wenig zu schätzen gewußt hatte. Er suchte die Dienste der Königin *Elisabeth von England*, der erklärten Feindin von Spanien, welche ihn, nachdem sie einige Proben von seiner Kunst gesehen, nach Antwerpen schickte. In dieser Stadt ließ er sich wohnhaft nieder und widmete derselben in der gegenwärtigen Extremität seine ganze Wissenschaft und den feurigsten Eifer.[304]

Sobald dieser Künstler in Erfahrung gebracht hatte, daß es mit der Brücke ernstlich gemeint sei und das Werk der Vollendung sich nahe, so bat er sich von dem Magistrate drei große Schiffe von hundert und fünfzig bis fünfhundert Tonnen aus, in welchen er Minen anzulegen gedachte. Außer diesen verlangte er noch sechzig Playten, welche, mit Kabeln und Ketten aneinander gebunden und mit hervorragenden Haken versehen, mit eintretender Ebbe in Bewegung gesetzt werden und, um die Wirkung der Minenschiffe zu vollenden, in keilförmiger Richtung gegen die Brücke Sturm laufen sollten. Aber er hatte sich mit seinem Gesuch an Leute gewendet, die gänzlich unfähig waren, einen außerordentlichen Gedanken zu fassen, und selbst da, wo es die Rettung des Vaterlandes galt, ihren Krämersinn nicht zu verleugnen wußten. Man fand seinen Vor-

---

[303] Strada 573. 574. Meteren 495.

[304] Meteren 495. Strada 574.

schlag allzu kostbar, und nur mit Mühe erhielt er endlich, daß ihm zwei kleinere Schiffe von siebenzig bis achtzig Tonnen, nebst einer Anzahl Playten bewilligt wurden.

Mit diesen zwei Schiffen, davon er das eine *das Glück*, das andere *die Hoffnung* nannte, verfuhr er auf folgende Art. Er ließ auf dem Boden derselben einen hohlen Kasten von Quadersteinen mauern, der fünf Schuh breit, vierthalb hoch und vierzig lang war. Diesen Kasten füllte er mit sechzig Centnern des feinsten Schießpulvers von seiner eigenen Erfindung und bedeckte denselben mit großen Grab- und Mühlsteinen, so schwer das Fahrzeug sie tragen konnte. Darüber führte er noch ein Dach von ähnlichen Steinen auf, welches spitz zulief und sechs Schuh hoch über den Schiffsrand emporragte. Das Dach selbst wurde mit eisernen Ketten und Haken, mit metallenen und marmornen Kugeln, mit Nägeln, Messern und andern verderblichen Werkzeugen vollgestopft; auch der übrige Raum des Schiffs, den der Kasten nicht einnahm, wurde mit Steinen ausgefüllt und das Ganze mit Brettern überzogen. In dem Kasten selbst waren mehrere kleine Oeffnungen für die Lunten gelassen, welche die Mine anzünden sollten. Zum Ueberfluß war noch ein Uhrwerk darin angebracht, welches nach Ablauf der bestimmten Zeit Funken schlagen und, wenn auch die Lunten verunglückten, das Schiff in Brand stecken konnte. Um dem Feinde die Meinung beizubringen, als ob es mit diesen Maschinen bloß darauf abgesehen sei, die Brücke anzuzünden, wurde auf dem Gipfel derselben ein Feuerwerk von Schwefel und Pech unterhalten, welches eine ganze Stunde lang fortbrennen konnte. Ja, um die Aufmerksamkeit desselben noch mehr von dem eigentlichen Sitze der Gefahr abzulenken, rüstete er noch zweiunddreißig *Schuyten* (kleine platte Fahrzeuge) aus, auf denen bloß Feuerwerke brannten und welche keine andere Bestimmung hatten, als dem Feinde ein Gaukelwerk vorzumachen. Diese Brander sollten in vier verschiedenen Transporten, von einer halben Stunde zur andern, nach der Brücke hinunterlaufen und die Feinde zwei ganzer Stunden lang unaufhörlich in Athem erhalten, so daß sie endlich, vom Schießen erschöpft und durch vergebliches Warten ermüdet, in ihrer Aufmerksamkeit nachließen, wenn die rechten Vulkane kämen. Voran ließ er zum Ueberfluß noch einige Schiffe laufen, in welchen Pulver verborgen war, um das fließende Werk vor der Brücke zu sprengen und den Hauptschiffen Bahn zu machen. Zugleich hoffte er durch dieses Vorpostengefecht den Feinden zu thun zu geben, sie heranzulocken und der ganzen tödtenden Wirkung des Vulkans anzusetzen.[305]

Die Nacht zwischen dem 4ten und 5ten April war zur Ausführung dieses großen Unternehmens bestimmt. Ein dunkles Gerücht davon hatte sich auch schon in dem spanischen Lager verbreitet, besonders da man von Antwerpen aus mehrere Taucher entdeckt hatte, welche die Ankertaue an den Schiffen hatten zerhauen wollen. Man war sich daher auf einen ernstlichen Angriff gefaßt; nur irrte man sich in der eigentlichen Beschaffenheit desselben und rechnete mehr darauf, mit Menschen als mit Elementen zu kämpfen. Der Herzog ließ zu diesem Ende die Wachen längs dem ganzen Ufer verdoppeln und zog den besten Theil seiner Truppen in die Nähe der Brücke, wo er selbst gegenwärtig war; um so näher der Gefahr, je sorgfältiger er derselben zu entfliehen suchte. Kaum war es dunkel geworden, so sah man von der Stadt her drei brennende Fahrzeuge daherschwimmen, dann noch drei andere, und gleich darauf eben so viele. Man ruft durch das spanische Lager ins Gewehr, und die ganze Länge der Brücke füllt sich mit Bewaffneten an. Indessen vermehrten sich die Feuerschiffe und zogen, theils paarweise, theils zu dreien, in einer gewissen Ordnung den Strom herab, weil sie am Anfang noch durch Schiffer gelenkt wurden. Der Admiral der antwerpischen Flotte, *Jacob Jacobson*, hatte es, man wußte nicht, ob aus Nachlässigkeit oder Vorsatz, darin versehen, daß er die vier Schiffhaufen allzu geschwind hintereinander ablaufen und ihnen auch die zwei großen Minenschiffe viel zu schnell folgen ließ, wodurch die ganze Ordnung gestört wurde.

Unterdessen rückte der Zug immer näher, und die Dunkelheit der Nacht erhöhte noch den außerordentlichen Anblick. So weit das Auge dem Strom folgen konnte, war alles Feuer, und die Brander warfen so starke Flammen aus, als ob sie selbst in Feuer aufgingen. Weithin leuchtete die Wasserfläche; die Dämme und Basteien längs dem Ufer, die Fahnen, Waffen und Rüstungen der Soldaten, welche sowohl hier als auf der Brücke in Parade standen, glänzten im Widerschein. Mit einem gemischten Gefühl von Grauen und Vergnügen betrachtete der Soldat das seltsame Schauspiel, das eher einer

---

[305] Thuan. III. 46. Strada 574. 575. Meteren 596.

Fête als einem feindlichen Apparate glich, aber gerade wegen dieses sonderbaren Contrastes der äußern Erscheinung mit der innern Bestimmung die Gemüther mit einem wunderbaren Schauer erfüllte. Als diese brennende Flotte der Brücke bis auf zweitausend Schritte nahe gekommen, zündeten ihre Führer die Lunten an, trieben die zwei Minenschiffe in die eigentliche Mitte des Stroms und überließen die übrigen dem Spiele der Wellen, indem sie selbst sich auf schon bereit gehaltenen Kähnen hurtig davon machten.[306]

Jetzt verwirrte sich der Zug, und die führerlosen Schiffe langten einzeln und zerstreut bei den schwimmenden Werken an, wo sie entweder hängenblieben, oder seitwärts an das Ufer prallten. Die vordern Pulverschiffe, welche bestimmt gewesen waren, das schwimmende Werk zu entzünden, warf die Gewalt eines Sturmwindes, der sich in diesem Augenblick erhob, an das flandrische Ufer; selbst der eine von den beiden Brandern, welcher *das Glück* hieß, gerieth unterwegs auf den Grund, ehe er noch die Brücke erreichte, und tödtete, indem er zersprang, etliche spanische Soldaten, die in einer nahgelegenen Schanze arbeiteten. Wenig fehlte, daß der andere und größere Brander, *die Hoffnung* genannt, nicht ein ähnliches Schicksal gehabt hätte. Der Strom warf ihn an das schwimmende Werk auf der flandrischen Seite, wo er hängen blieb; und hätte er in diesem Augenblick sich entzündet, so war der beste Theil seiner Wirkung verloren. Von den Flammen getäuscht, welche diese Maschine, gleich den übrigen Fahrzeugen, von sich warf, hielt man sie bloß für einen gewöhnlichen Brander, der die Schiffbrücke anzuzünden bestimmt sei. Und wie man nun gar eins der Feuerschiffe nach dem andern ohne alle weitere Wirkung erlöschen sah, so verlor sich endlich die Furcht, und man fing an, über die Anstalten des Feindes zu spotten, die sich so prahlerisch angekündigt hatten und nun ein so lächerliches Ende nahmen. Einige der Verwegensten warfen sich sogar in den Strom, um den Brander in der Nähe zu besehen und ihn auszulöschen, als derselbe vermittelst seiner Schwere sich durchriß, das schwimmende Werk, das ihn aufgehalten, zersprengte und mit einer Gewalt, welche alles fürchten ließ, auf die Schiffbrücke losdrang. Auf einmal kommt alles in Bewegung, und der Herzog ruft den Matrosen zu, die Maschine mit

---

[306] Strada 576.

Stangen aufzuhalten und die Flammen zu löschen, ehe sie das Gebälk ergriffen.

Er befand sich in diesem bedenklichen Augenblick an dem äußersten Ende des linken Gerüstes, wo dasselbe eine Bastei im Wasser formierte und in die Schiffbrücke überging. Ihm zur Seite standen der Markgraf von *Rysburg*, General der Reiterei und Gouverneur der Provinz Artois, der sonst den Staaten gedient hatte, aber aus einem Verteidiger der Republik ihr schlimmster Feind geworden war; der Freiherr von *Billy*, Gouverneur von Friesland und Chef der deutschen Regimenter; die Generale *Cajetan* und *Guasto*, nebst mehrern der vornehmsten Officiere; alle ihrer besondern Gefahr vergessend und bloß mit Abwendung des allgemeinen Unglücks beschäftigt. Da nahte sich dem Herzog von *Parma* ein spanischer Fähndrich und beschwor ihn, sich von einem Orte hinwegzubegeben, wo seinem Leben augenscheinlich Gefahr drohe. Er wiederholte diese Bitte noch dringender, als der Herzog nicht darauf merken wollte, und flehte ihn zuletzt fußfällig, in diesem einzigen Stücke von seinem Diener Rath anzunehmen. Indem er dies sagte, hatte den Herzog am Rock ergriffen, als wollte er ihn mit Gewalt von der Stelle ziehen, und dieser, mehr von der Kühnheit dieses Mannes überrascht als durch seine Gründe überredet, zog sich endlich von *Cajetan* und *Guasto* begleitet, nach dem Ufer zurück. Kaum hatte er Zeit gehabt, das Fort St. Maria am äußersten Ende der Brücke zu erreichen, so geschah hinter ihm ein Knall, nicht anders, als börste die Erde und stürze das Gewölbe des Himmels ein. Wie todt fiel der Herzog nieder, die ganze Armee mit ihm, und es dauerte mehrere Minuten, bis man wieder zur Besinnung erwachte.

Aber welch ein Anblick, als man jetzt wieder zu sich selber kam! Von dem Schlage des entzündeten Vulkans war die Schelde bis in ihre untersten Tiefen gespalten und mit mauerhoher Fluth über den Damm, der sie umgab, hinausgetrieben worden, so daß alle Festungswerke am Ufer mehrere Schuh hoch im Wasser standen. Drei Meilen im Umkreis schütterte die Erde. Beinahe das ganze linke Gerüste, an welchem das Brandschiff sich angehängt hatte, war nebst einem Theil der Schiffbrücke auseinander gesprengt, zerschmettert und mit allem, was sich darauf befand, mit allen Mastbäumen, Kanonen und Menschen in die Luft geführt worden. Selbst die ungeheuren Steinmassen, welche die Mine bedeckten, hatte die

Gewalt des Vulkans in die benachbarten Felder geschleudert, so daß man nachher mehrere davon, tausend Schritte weit von der Brücke, aus dem Boden herausgrub. Sechs Schiffe waren verbrannt, mehrere in Stücken gegangen. Aber schrecklicher als alles dies war die Niederlage, welche das mörderische Werkzeug unter den Menschen anrichtete. Fünfhundert, nach andern Berichten sogar achthundert Menschen wurden das Opfer seiner Wuth, diejenigen nicht einmal gerechnet, welche mit verstümmelten oder sonst beschädigten Gliedern davon kamen; und die entgegengesetzteren Todesarten vereinigten sich in diesem entsetzlichen Augenblick. Einige wurden durch den Blitz des Vulkans, Andere durch das kochende Gewässer des Stroms verbrannt, noch Andere erstickte der giftige Schwefeldampf; Jene wurden in den Fluthen, Diese unter dem Hagel der geschleuderten Steine begraben, Viele von den Messern und Haken zerfleischt, oder von den Kugeln zermalmt, welche aus dem Bauch der Maschine sprangen. Einige, die man ohne alle sichtbare Verletzung entseelt fand, mußte schon die bloße Lufterschütterung getödtet haben. Der Anblick, der sich unmittelbar nach Entzündung der Mine darbot, war fürchterlich. Einige staken zwischen dem Pfahlwerk der Brücke, Andere arbeiteten sich unter Steinmassen hervor, noch Andere waren in den Schiffseilen hängen geblieben; von allen Orten und Enden her erhub sich ein herzzerschneidendes Geschrei nach Hilfe, welches aber, weil Jeder genug mit sich selbst zu thun hatte, nur durch ein ohnmächtiges Wimmern beantwortet wurde.

Von den Ueberlebenden sahen sich viele durch ein wunderähnliches Schicksal gerettet. Einen Offizier, mit Namen *Tucci*, hob der Windwirbel wie eine Feder in die Luft, hielt ihn eine Zeitlang schwebend in der Höhe, ließ ihn dann gemach in den Strom herabsinken, wo er sich durch Schwimmen rettete. Einen andern ergriff die Gewalt des Schusses auf dem flandrischen Ufer und setzte ihn auf dem brabantischen ab, wo er mit einer leichten Quetschung an der Schulter wieder aufstand, und es war ihm, wie er nachher aussagte, auf dieser schnellen Luftreise nicht anders zu Muthe, als ob er aus einer Kanone geschossen würde. Der Herzog von *Parma* selbst war dem Tode nie so nahe gewesen als in diesem Augenblick, denn nur der Unterschied einer halben Minute entschied über sein Leben. Kaum hatte er den Fuß in das Fort St. Maria gesetzt, so hob es ihn auf, wie ein Sturmwind, und ein Balken, der ihn am Haupt und an der Schulter traf, riß ihn sinnlos zur Erde. Eine Zeitlang glaubte man ihn auch wirklich todt, weil sich Viele erinnerten, ihn wenige Minuten vor dem tödtlichen Schlage noch auf der Brücke gesehen zu haben. Endlich fand man ihn, die Hand an dem Degen, zwischen seinen Begleitern, *Cajetan* und *Guasto*, sich aufrichtend; eine Zeitung, die dem ganzen Heere das Leben wieder gab. Aber umsonst würde man versuchen, seinen Gemüthszustand zu beschreiben, als er nun die Verwüstung übersah, die ein einziger Augenblick in dem Werk so vieler Monate angerichtet hatte. Zerrissen war die Brücke, auf der seine ganze Hoffnung beruhte, aufgerieben ein großer Theil seines Heeres, ein anderer verstümmelt und für viele Tage unbrauchbar gemacht; mehrere seiner besten Offiziere getödtet, und als ob es zu diesem öffentlichen Unglück noch nicht genug wäre, so mußte er noch die schmerzliche Nachricht hören, daß der Markgraf von *Rysburg*, den er unter allen seinen Officieren vorzüglich werth hielt, nirgends auszufinden sei. Und doch stand das Allerschlimmste noch bevor, denn jeden Augenblick mußte man von Antwerpen und Lillo aus die feindlichen Flotten erwarten, welche bei dieser schrecklichen Verfassung des Heers durchaus keinen Widerstand würden gefunden haben. Die Brücke war auseinander gesprengt, und nichts hinderte die seeländischen Schiffe, mit vollen Segeln hindurchzuziehen; dabei war die Verwirrung der Truppen in diesen ersten Augenblicken so groß und allgemein, daß es unmöglich gewesen wäre, Befehle auszutheilen und zu befolgen, da viele Corps ihre Befehlshaber, viele Befehlshaber ihre Corps vermißten und selbst der Posten, wo man gestanden, in dem allgemeinen Ruin kaum mehr zu erkennen war. Dazu kam, daß alle Schanzen am Ufer im Wasser standen, daß mehrere Kanonen versenkt, daß die Lunten feucht, daß die Pulvervorräthe vom Wasser zu Grunde gerichtet waren. Welch ein Moment für die Feinde, wenn sie es verstanden hätten, ihn zu benutzen![307]

Kaum wird man es dem Geschichtschreiber glauben, daß dieser über alle Erwartung gelungene Erfolg bloß darum für Antwerpen verloren ging, weil – man nichts davon wußte. Zwar schickte *St. Aldegonde*, sobald man den Knall des Vulkans in der Stadt vernommen hatte, mehrere Galeeren gegen die Brücke aus, mit dem Befehl, Feuerkugeln und brennende Pfeile steigen zu lassen, sobald sie glücklich hindurchpassiert sein würden, und dann mit dieser Nachricht geradenwegs nach Lillo weiter zu segeln, um die seeländische Hilfsflotte unverzüglich in Bewegung zu bringen. Zugleich wurde der Admiral von Antwerpen beordert, auf jenes gegebene Zeichen sogleich mit den Schiffen aufzubrechen und in der ersten Verwirrung den Feind anzugreifen. Aber obgleich den auf Kundschaft ausgesandten Schiffern eine ansehnliche Belohnung versprochen worden, so wagten sie sich doch nicht in die Nähe des Feindes, sondern kehrten unverrichteter Sache zurück, mit der Botschaft, daß die Schiffbrücke unversehrt und das Feuerschiff ohne Wirkung geblieben sei. Auch noch am folgenden Tage wurden keine bessern Anstalten gemacht, den wahren Zustand der Brücke in Erfahrung zu bringen; und da man die Flotte bei Lillo, des günstigsten Windes ungeachtet, gar keine Bewegung machen sah, so bestärkte man sich in der Vermuthung, daß die Brander nichts ausgerichtet hätten. Niemand fiel es ein, daß eben diese Unthätigkeit der Bundsgenossen, welche die Antwerper irre führte, auch die Seeländer bei Lillo zurückhalten könnte, wie es sich auch in der That verhielt. Einer so ungeheuren Inconsequenz konnte sich nur eine Regierung schuldig machen, die ohne alles Ansehen und alle Selbständigkeit Rath bei der Menge holt, über welche sie herrschen sollte. Je unthätiger man sich indessen gegen den Feind verhielt, desto heftiger ließ man seine Wuth gegen *Gianibelli* aus, den der rasende Pöbel in Stücken

---

[307] Strada 577 sq. Meteren 497. Thuan. III. 47. Allg. Geschichte der vereinigten Niederl. III. 497.

reißen wollte. Zwei Tage schwebte dieser Künstler in der augenscheinlichsten Lebensgefahr, bis endlich am dritten Morgen ein Bote von Lillo, der unter der Brücke hindurch geschwommen, von der wirklichen Zerstörung der Brücke, zugleich aber auch von der völligen Wiederherstellung derselben bestimmten Bericht abstattete.[308]

Diese schleunige Ausbesserung der Brücke war ein wahres Wunderwerk des Herzogs von *Parma*. Kaum hatte sich dieser von dem Schlage erholt, der alle seine Entwürfe darnieder zu stürzen schien, so wußte er mit einer bewundernswürdigen Gegenwart des Geistes allen schlimmen Folgen desselben zuvorzukommen. Das Ausbleiben der feindlichen Flotte in diesem entscheidenden Augenblick belebte aufs neue seine Hoffnung. Noch schien der schlimme Zustand seiner Brücke den Feinden ein Geheimniß zu sein, und war es gleich nicht möglich, das Werk vieler Monate in wenigen Stunden wieder herzustellen so war schon Vieles gewonnen, wenn mau auch nur den Schein davon zu erhalten wußte. Alles mußte daher Hand ans Werk legen, die Trümmer wegzuschaffen, die umgestürzten Balken wieder aufzurichten, die zerbrochenen zu ersetzen, die Lücken mit Schiffen auszufüllen. Der Herzog selbst entzog sich der Arbeit nicht, und seinem Beispiel folgten alle Offiziere. Der gemeine Mann, durch diese Popularität angefeuert, that sein Aeußerstes; die ganze Nacht durch wurde die Arbeit fortgesetzt unter dem beständigen Lärm der Trompeten und Trommeln, welche längs der ganzen Brücke verteilt waren, um das Geräusch der Werkleute zu übertönen. Mit Anbruch des Tages waren von der Verwüstung der Nacht wenige Spuren mehr zu sehen, und obgleich die Brücke nur dem Schein nach wieder hergestellt war, so täuschte doch dieser Anblick die Kundschafter, und der Angriff unterblieb. Mittlerweile gewann der Herzog Frist, die Ausbesserung gründlich zu machen, ja, sogar in der Struktur der Brücke einige wesentliche Veränderungen anzubringen. Um sie vor künftigen Unfällen ähnlicher Art zu verwahren, wurde ein Theil der Schiffbrücke beweglich gemacht, so daß derselbe im Nothfall weggenommen und den Brandern der Durchzug geöffnet werden konnte. Den Verlust, welchen er an Mannschaft erlitten, ersetzte der Herzog durch Garnisonen aus den benachbarten Plätzen und durch ein deutsches Regiment, das ihm

---

[308] Meteren 496.

gerade zu rechter Zeit aus Geldern zugeführt wurde. Er besetzte die Stellen der gebliebenen Offiziere, wobei der spanische Fähndrich, der ihm das Leben gerettet, nicht vergessen wurde.[309]

Die Antwerper, nachdem sie den glücklichen Erfolg ihres Minenschiffes in Erfahrung gebracht, huldigten nun dem Erfinder desselben eben so leidenschaftlich, als sie ihn kurz vorher gemißhandelt hatten, und forderten sein Genie zu neuen Versuchen auf. *Gianibelli* erhielt nun wirklich eine Anzahl von Playten, wie er sie anfangs, aber vergeblich, verlangt hatte, und diese rüstete er auf eine solche Art aus, daß sie mit unwiderstehlicher Gewalt an die Brücke schlugen und solche auch wirklich zum zweitenmal auseinander sprengten. Diesmal aber war der Wind der seeländischen Flotte entgegen, daß sie nicht auslaufen konnte, und so erhielt der Herzog zum zweiten Mal die nöthige Frist, den Schaden auszubessern. Der *Archimed* von Antwerpen ließ sich durch alle diese Fehlschläge keineswegs irre machen. Er rüstete aufs neue zwei große Fahrzeuge aus, welche mit eisernen Haken und ähnlichen Instrumenten bewaffnet waren, um die Brücke mit Gewalt zu durchrennen. Aber wie es nunmehr dazu kam, solche auslaufen zu lassen, fand sich Niemand, der sie besteigen wollte. Der Künstler mußte also darauf denken, seinen Maschinen von selbst eine solche Richtung zu geben, daß sie auch ohne Steuermann die Mitte des Wassers hielten und nicht, wie die vorigen, von dem Winde dem Ufer zugetrieben würden. Einer von seinen Arbeitern, ein Deutscher, verfiel hier auf eine sonderbare Erfindung, wenn man sie anders dem *Strada*[310] nacherzählen darf. Er brachte ein Segel *unter* dem Schiffe an, welches eben so von dem Wasser, wie die gewöhnlichen Segel von dem Winde, angeschwellt werden und auf diese Art das Schiff mit der ganzen Gewalt des Stroms forttreiben könnte. Der Erfolg lehrte auch, daß er richtig gerechnet hatte, denn dieses Schiff mit verkehrten Segeln folgte nicht nur in strenger Richtung der eigentlichen Mitte des Stroms, sondern rannte auch mit solcher Heftigkeit gegen die Brücke, daß es dem Feinde nicht Zeit ließ, diese zu eröffnen, und sie wirklich auseinander sprengte. Aber alle diese Erfolge halfen der Stadt zu nichts, weil sie auf Gerathewohl unternommen und

---

[309] Strada 581 sq.

[310] Dec. II. L. VI. 586.

durch keine hinlängliche Macht unterstützt wurden. Von einem neuen Minenschiff, welches *Gianibelli* nach Art des ersten, das so gut operiert hatte, zubereitete und mit viertausend Pfund Schießpulver anfüllte, wurde gar kein Gebrauch gemacht, weil es den Antwerpern nunmehr einfiel, auf einem andern Wege ihre Rettung zu suchen.[311]

Abgeschreckt durch so viele mißlungene Versuche, die Schifffahrt auf dem Strome mit Gewalt wieder frei zu machen, dachte man endlich darauf, den Strom ganz und gar zu entbehren. Man erinnerte sich an das Beispiel der Stadt Leyden, welche, zehn Jahre vorher von den Spaniern belagert, in einer zur rechten Zeit bewirkten Ueberschwemmung der Felder ihre Rettung gefunden hatte, und dieses Beispiel beschloß man nachzuahmen. Zwischen Lillo und Stabroek, im Lande Bergen, streckt sich eine große etwas abhängige Ebene bis nach Antwerpen hin, welche nur durch zahlreiche Dämme und Gegendämme gegen die eindringenden Wasser der Osterschelde geschützt wird. Es kostete weiter nichts, als diese Dämme zu schleifen, so war die ganze Ebene Meer und konnte mit flachen Schiffen bis fast unter die Mauern von Antwerpen befahren werden. Glückte dieser Versuch, so mochte der Herzog von *Parma* immerhin die Schelde vermittelst seiner Schiffbrücke hüten; man hatte sich einen neuen Strom aus dem Stegreif geschaffen, der im Nothfall die nämlichen Dienste leistete. Eben dies war es auch, was der Prinz von *Oranien* gleich beim Anfange der Belagerung angerathen und *St. Aldegonde* ernstlich zu befördern gesucht hatte, aber ohne Erfolg, weil einige Bürger nicht zu bewegen gewesen waren, ihr Feld aufzuopfern. Zu diesem letzten Rettungsmittel kam man in der jetzigen Bedrängniß zurück, aber die Umstände hatten sich unterdessen gar sehr geändert.

Jene Ebene nämlich durchschneidet ein breiter und hoher Damm, der von dem anliegenden Schlosse Cowenstein den Namen führt und sich von dem Dorfe Stabroek in Bergen, drei Meilen lang, bis an die Schelde erstreckt, mit deren großem Damm er sich unweit Ordam vereinigt. Ueber diesen Damm hinweg konnten auch bei noch so hoher Fluth keine Schiffe fahren, und vergebens leitete man das Meer in die Felder, so lange ein solcher Damm im Wege stand,

---

[311] Meteren 497.

der die seeländischen Fahrzeuge hinderte, in die Ebene vor Antwerpen herabzusteigen. Das Schicksal der Stadt beruhte also darauf, daß dieser Cowensteinische Damm geschleift oder durchstochen wurde; aber eben weil der Herzog von *Parma* dieses voraussah, so hatte er gleich bei Eröffnung der Blocade von demselben Besitz genommen und keine Anstalten gespart, ihn bis aufs Aeußerste zu behaupten. Bei dem Dorfe Stabroek stand der Graf von *Mansfeld* mit dem größern Theil der Armee gelagert und unterhielt durch eben diesen Cowensteinischen Damm die Communication mit der Brücke, dem Hauptquartier und den spanischen Magazinen zu Calloo. So bildete die Armee von Stabroek in Brabant bis nach Bevern in Flandern eine zusammenhängende Linie, welche von der Schelde zwar durchschnitten, aber nicht unterbrochen wurde und ohne eine blutige Schlacht nicht zerrissen werden konnte. Auf dem Damm selbst waren in gehöriger Entfernung von einander fünf verschiedene Batterieen errichtet, und die tapfersten Offiziere der Armee führten darüber das Kommando. Ja, weil der Herzog von *Parma* nicht zweifeln konnte, daß nunmehr die ganze Wuth des Kriegs sich hieher ziehen würde, so überließ er dem Grafen von *Mansfeld* die Bewachung der Brücke und entschloß sich, in eigener Person diesen wichtigen Posten zu vertheidigen. Jetzt also erblickte man einen ganz neuen Krieg und auf einem ganz andern Schauplatz.[312]

Die Niederländer hatten an mehreren Stellen, oberhalb und unterhalb Lillo, den Damm durchstochen, welcher dem brabantischen Ufer der Schelde folgt, und wo sich kurz zuvor grüne Fluren zeigten, da erschien jetzt ein neues Element, da sah man Fahrzeuge wimmeln und Mastbäume ragen. Eine seeländische Flotte, von dem Grafen *Hohenlohe* angeführt, schiffte in die überschwemmten Felder und machte wiederholte Bewegungen gegen den Cowensteinischen Damm, jedoch ohne ihn im Ernst anzugreifen; während daß eine andere in der Schelde sich zeigte und bald dieses, bald jenes Ufer mit einer Landung, bald die Schiffbrücke mit einem Sturme bedrohte. Mehrere Tage trieb man dieses Spiel mit dem Feinde, der, ungewiß, wo er den Angriff zu erwarten habe, durch anhaltende Wachsamkeit erschöpft und durch so oft getäuschte Furcht allmählich

---

[312] Strada 582. Thuan. III. 48.

sicher werden sollte. Die Antwerper hatten dem Grafen *Hohenlohe* versprochen, den Angriff auf den Damm von der Stadt aus mit einer Flottille zu unterstützen; drei Feuerzeichen von dem Hauptthurm sollten die Losung sein, daß diese sich auf dem Wege befinde. Als nun in einer finstern Nacht die erwarteten Feuersäulen wirklich über Antwerpen aufstiegen, so ließ Graf *Hohenlohe* sogleich fünfhundert seiner Truppen zwischen zwei feindlichen Redouten den Damm erklettern, welche die spanischen Wachen theils schlafend überfielen, theils, wo sie sich zur Wehr setzten, niedermachten. In kurzem hatte man auf dem Damm festen Fuß gefaßt und war schon im Begriff, die übrige Mannschaft, zweitausend an der Zahl, nachzubringen, als die Spanier in den nächsten Redouten in Bewegung kamen und, von dem schmalen Terrain begünstigt, auf den dichtgedrängten Feind einen verzweifelten Angriff thaten. Und da nun zugleich das Geschütz anfing, von den nächsten Batterien auf die anrückende Flotte zu spielen, und die Landung der übrigen Truppen unmöglich machte, von der Stadt aus aber kein Beistand sich sehen ließ, so wurden die Seeländer nach einem kurzen Gefecht überwältigt und von dem schon eroberten Damm wieder heruntergestürzt. Die siegenden Spanier jagten ihnen mitten durch das Wasser bis zu den Schiffen nach, versenkten mehrere von diesen und zwangen die übrigen, mit einem großen Verlust sich zurückzuziehen. Graf *Hohenlohe* wälzte die Schuld dieser Niederlage aus die Einwohner von Antwerpen, die durch ein falsches Signal ihn betrogen hatten, und gewiß lag es nur an der schlechten Uebereinstimmung ihrer beiderseitigen Operationen, daß dieser Versuch kein besseres Ende nahm.[313]

Endlich aber beschloß man, einen planmäßigen Angriff mit vereinigten Kräften auf den Feind zu thun und durch einen Hauptsturm sowohl auf den Damm als auf die Brücke die Belagerung zu endigen. Der sechzehnte Mai 1585 war zu Ausführung dieses Zuschlags bestimmt, und von beiden Theilen wurde das Aeußerste aufgewendet, diesen Tag entscheidend zu machen. Die Holländer und Seeländer brachten in Vereinigung mit den Antwerpern über zweihundert Schiffe zusammen, welche zu bemannen sie ihre Städte und Citadellen von Truppen entblößten, und mit dieser Macht woll-

---

[313] Strada 583. Meteren 498.

ten sie von zwei entgegengesetzten Seiten den Cowensteinischen Damm bestürmen. Zu gleicher Zeit sollte die Scheldbrücke durch neue Maschinen von *Gianibellis* Erfindung angegriffen und dadurch der Herzog von Parma verhindert werden, den Damm zu entsetzen.[314]

Alexander, von der ihm drohenden Gefahr unterrichtet, sparte auf seiner Seite nichts, derselben nachdrücklich zu begegnen. Er hatte, gleich nach Eroberung des Dammes, an fünf verschiedenen Orten Redouten darauf erbauen lassen und das Kommando darüber den erfahrensten Officieren der Armee übergeben. Die erste derselben, welche die Kreuz-Schanze hieß, wurde an der Stelle errichtet, wo der Cowensteinische Damm in den großen Wall der Schelde sich einsenkt und mit diesem die Figur eines Kreuzes bildet; über diese wurde der Spanier *Mondragon* zum Befehlshaber gesetzt. Tausend Schritte von derselben wurde in der Nähe des Schlosses Cowenstein die St. Jakobs-Schanze aufgeführt und dem Kommando des *Camillo von Monte* übergeben. Auf diese folgte in gleicher Entfernung die St. Georgs-Schanze, und tausend Schritte von dieser die Pfahl-Schanze unter *Gamboas* Befehlen, welche von dem Pfahlwerk, auf dem sie ruhte, den Namen führte; am äußersten Ende des Dammes, unweit Stabroek, lag eine fünfte Bastei, worin der Graf von *Mansfeld* nebst einem Italiener, *Capizucchi,* den Befehl führte. Alle diese Forts ließ der Herzog jetzt mit frischer Artillerie und Mannschaft verstärken und noch überdies an beiden Seiten des Dammes und längs der ganzen Richtung desselben Pfähle einschlagen, sowohl um den Wall dadurch desto fester, als den Schanzgräbern, die ihn durchstechen würden, die Arbeit schwerer zu machen.[315]

Früh Morgens, am sechzehnten Mai, setzte sich die feindliche Macht in Bewegung. Gleich mit Abbruch der Dämmerung kamen von Lillo aus durch das überschwemmte Land vier brennende Schiffe daher geschwommen, wodurch die spanischen Schildwachen auf dem Damm, welche sich jener furchtbaren Vulkane erinnerten, so sehr in Furcht gesetzt wurden, daß sie sich eilfertig nach den nächsten Schanzen zurückzogen. Gerade dies war es, was der Feind beabsichtigt hatte. In diesen Schiffen, welche bloß wie Brand-

---

[314] Strada 584. Meteren 498.

[315] Strada 582. 584.

er aussahen, aber es nicht wirklich waren, lagen Soldaten versteckt, die nun plötzlich ans Land sprangen und den Damm an der nicht verteidigten Stelle, zwischen der St. Georgs- und der Pfahl-Schanze, glücklich erstiegen. Unmittelbar darauf zeigte sich die ganze seeländische Flotte mit zahlreichen Kriegsschiffen, Proviantschiffen und einer Menge kleinerer Fahrzeuge, welche mit großen Säcken Erde, Wolle, Faschinen, Schanzkörben und dergleichen beladen waren, um sogleich, wo es noth that, Brustwehren auswerfen zu können. Die Kriegsschiffe waren mit einer starken Artillerie und einer zahlreichen tapfern Mannschaft besetzt, und ein ganzes Heer von Schanzgräbern begleitete sie, um den Damm, sobald man im Besitz davon sein würde, zu durchgraben.[316]

Kaum hatten die Seeländer auf der einen Seite angefangen, den Damm zu ersteigen, so rückte die Antwerpische Flotte von Osterweel herbei und bestürmte ihn von der andern. Eilfertig führte man zwischen den zwei nächsten feindlichen Redouten eine hohe Brustwehr auf, welche die Feinde von einander abschneiden und die Schanzgräber decken sollte. Diese, mehrere Hundert an der Zahl, fielen nun von beiden Seiten mit ihren Spaten den Damm an und wühlten in demselben mit solcher Emsigkeit, daß man Hoffnung hatte, beide Meere in kurzem mit einander verbunden zu sehen. Aber unterdessen hatten auch die Spanier Zeit gehabt, von den zwei nächsten Redouten herbeizueilen und einen mutigen Angriff zu thun, während daß das Geschütz von der Georgs-Schanze unausgesetzt auf die feindliche Flotte spielte. Eine schreckliche Schlacht entbrannte jetzt in der Gegend, wo man den Deich durchstach und die Brustwehr thürmte. Die Seeländer hatten um die Schanzgräber herum einen dichten Cordon gezogen, damit der Feind ihre Arbeit nicht stören sollte; und in diesem kriegerischen Lärm, mitten unter dem feindlichen Kugelregen, oft bis an die Brust im Wasser, zwischen Todten und Sterbenden, setzten die Schanzgräber ihre Arbeit fort unter dem beständigen Treiben der Kaufleute, welche mit Ungeduld darauf warteten, den Damm geöffnet und ihre Schiffe in Sicherheit zu sehen. Die Wichtigkeit des Erfolges, der gewissermaßen ganz von ihrem Spaten abhing, schien selbst diese gemeinen Taglöhner mit einem heroischen Muth zu beseelen. Ein-

---

[316] Strada 587 sq. Meteren 498. Thuan. III. 48.

zig nur auf das Geschäft ihrer Hände gerichtet, sahen sie, hörten sie den Tod nicht, der sie rings umgab, und fielen gleich die vordersten Reihen, so drangen sogleich die hintersten herbei. Die eingeschlagenen Pfähle hielten sie sehr bei der Arbeit auf, noch mehr aber die Angriffe der Spanier, welche sich mit verzweifeltem Muth durch die feindlichen Haufen schlugen, die Schanzgräber in ihren Löchern durchbohrten und mit den todten Körpern die Breschen wieder ausfüllten, welche die Lebenden gegraben hatten. Endlich aber, als ihre meisten Officiere theils todt, theils verwundet waren, die Anzahl der Feinde unaufhörlich sich mehrte und immer frische Schanzgräber an die Stelle der gebliebenen traten, so entfiel diesen tapfern Truppen der Muth, und sie hielten für rathsam, sich nach ihren Schanzen zurückzuziehen. Jetzt also sahen sich die Seeländer und Antwerper von dem ganzen Theile des Dammes Meister, der von dem Fort St. Georg bis zu der Pfahl-Schanze sich erstreckt. Da es ihnen aber viel zu lang anstand, die völlige Durchbrechung des Dammes abzuwarten, so luden sie in der Geschwindigkeit ein seeländisches Lastschiff aus und brachten die Ladung desselben über den Damm herüber auf ein Antwerpisches, welches Graf *Hohenlohe* nun im Triumph nach Antwerpen brachte. Dieser Anblick erfüllte die geängstigte Stadt auf einmal mit den frohesten Hoffnungen, und als wäre der Sieg schon erfochten, überließ man sich einer tobenden Fröhlichkeit. Man läutete alle Glocken, man brannte alle Kanonen ab, und die außer sich gesetzten Einwohner rannten ungeduldig nach dem Osterweeler Thore, um die Proviantschiffe, welche unterwegs sein sollten, in Empfang zu nehmen.[317]

In der That war das Glück den Belagerten noch nie so günstig gewesen, als in diesem Augenblick. Die Feinde hatten sich muthlos und erschöpft in ihre Schanzen geworfen, und weit entfernt, den Siegern den eroberten Posten streitig machen zu können, sahen sie sich viel mehr selbst in ihren Zufluchtsörtern belagert. Einige Compagnien Schottländer, unter der Anführung ihres tapfern Obersten *Balfour*, griffen die St. Georgs-Schanze an, welche *Camillo von Monte*, der aus St. Jakob herbeieilte, nicht ohne großen Verlust an Mannschaft entsetzte. In einem viel schlimmern Zustande befand sich die Pfahlschanze, welche von den Schiffen aus heftig beschossen wurde

---

[317] Strada 589. Meteren 498.

und alle Augenblicke in Trümmern zu gehen drohte. *Gamboa,* der sie kommandierte, lag verwundet darin, und unglücklicherweise fehlte es an Artillerie, die feindlichen Schiffe in der Entfernung zu halten. Dazu kam noch, daß der Wall, den die Seeländer zwischen dieser und der Georgs-Schanze aufgethürmt hatten, allen Beistand von der Schelde her abschnitt. Hätte man also diese Entkräftung und Unthätigkeit der Feinde dazu benutzt, in Durchstechung des Dammes mit Eifer und Beharrlichkeit fortzufahren, so ist kein Zweifel, daß man sich einen Durchgang geöffnet und dadurch wahrscheinlich die ganze Belagerung geendigt haben würde. Aber auch hier zeigte sich der Mangel an Folge, welchen man den Antwerpern im ganzen Laufe dieser Begebenheit zur Last legen muß. Der Eifer, mit dem man die Arbeit angefangen, erkaltete in demselben Maß, als das Glück ihn begleitete. Bald fand man es viel zu langweilig und mühsam, den Deich zu durchgraben; man hielt für besser, die großen Lastschiffe in kleinere auszuladen, welche man sodann mit steigender Fluth nach der Stadt schaffen wollte. *St. Aldegonde* und *Hohenlohe,* anstatt durch ihre persönliche Gegenwart den Fleiß der Arbeiter anzufeuern, verließen gerade im entscheidenden Moment den Schauplatz der Handlung, um mit einem Getreideschiff nach der Stadt zu fahren und dort die Lobsprüche über ihre Weisheit und Tapferkeit in Empfang zu nehmen.[318]

Während daß auf dem Damme von beiden Theilen mit der hartnäckigsten Hitze gefochten wurde, hatte man die Scheldbrücke von Antwerpen aus mit neuen Maschinen bestürmt, um die Aufmerksamkeit des Herzogs auf dieser Seite zu beschäftigen. Aber der Schall des Geschützes vom Damm her entdeckte demselben bald, was dort vorgehen mochte, und er eilte, sobald er die Brücke befreit sah, in eigener Person den Deich zu entsetzen. Von zweihundert spanischen Pikenieren begleitet, flog er an den Ort des Angriffs und erschien noch gerade zu rechter Zeit auf dem Kampfplatze, um die völlige Niederlage der Seinigen zu verhindern. Eiligst warf er einige Kanonen, die er mitgebracht hatte, in die zwei nächsten Redouten und ließ von da aus nachdrücklich auf die feindlichen Schiffe feuern. Er selbst stellte sich an die Spitze seiner Soldaten, und in der einen Hand den Degen, den Schild in der andern, führte er sie ge-

---

[318] Meteren 498.

gen den Feind. Das Gerücht seiner Ankunft, welches sich schnell von einem Ende des Dammes bis zum andern verbreitete, erfrischte den gesunkenen Muth seiner Truppen, und mit neuer Heftigkeit entzündete sich der Streit, den das Local des Schlachtfeldes noch mörderischer machte. Auf dem schmalen Rücken des Dammes, der an manchen Stellen nicht über neun Schritte breit war, fochten gegen fünftausend Streiter; auf einem so engen Raume drängte sich die Kraft beider Theile zusammen, beruhte der ganze Erfolg der Belagerung. Den Antwerpern galt es die letzte Vormauer ihrer Stadt, den Spaniern das ganze Glück ihres Unternehmens; beide Parteien fochten mit einem Muth, den nur Verzweiflung einflößen konnte. Von beiden äußersten Enden des Dammes wälzte sich der Kriegsstrom der Mitte zu, wo die Seeländer und Antwerper den Meister spielten und ihre ganze Stärke versammelt war. Von Stabroek her drangen die Italiener und Spanier heran, welche an diesem Tag ein edler Wettstreit der Tapferkeit erhitzte; von der Schelde her die Wallonen und Spanier, den Feldherrn an ihrer Spitze. Indem jene die Pfahl-Schanze zu befreien suchten, welche der Feind zu Wasser und zu Lande heftig bedrängte, drangen diese mit alles niederwerfendem Ungestüm auf die Brustwehr los, welche der Feind zwischen St. Georg und der Pfahl-Schanze aufgethürmt hatte. Hier stritt der Kern der niederländischen Mannschaft hinter einem wohlbefestigten Wall, und das Geschütz beider Flotten deckte diesen wichtigen Posten. Schon machte der Herzog Anstalt, mit seiner kleinen Schaar diesen furchtbaren Wall anzugreifen, als ihm Nachricht gebracht wurde, daß die Italiener und Spanier, unter *Capizucchi* und *Aquila*, mit stürmender Hand in die Pfahlschanze eingedrungen, davon Meister geworden und jetzt gleichfalls gegen die feindliche Brustwehr im Anzuge seien. Vor dieser letzten Verschanzung sammelte sich also nun die ganze Kraft beider Heere, und von beiden Seiten geschah das Aeußerste, sowohl diese Bastei zu erobern, als sie zu vertheidigen. Die Niederländer sprangen aus ihren Schiffen ans Land, um nicht bloß müßige Zuschauer dieses Kampfes zu bleiben. *Alexander* stürmte die Brustwehr von der einen Seite, Graf *Mansfeld* von der andern; fünf Angriffe geschahen, und fünfmal wurden sie zurückgeschlagen. Die Niederländer übertrafen in diesem entscheidenden Augenblick sich selbst; nie im ganzen Laufe des Krieges hatten sie mit dieser Standhaftigkeit gefochten. Besonders aber waren es die Schotten und Engländer, welche durch ihre tapfere Gegenwehr die Versuche des Feindes vereitelten. Weil da, wo die Schotten fochten, Niemand mehr angreifen wollte, so warf sich der Herzog selbst, einen Wurfspieß in der Hand, bis an die Brust ins Wasser, um den Seinigen den Weg zu zeigen. Endlich, nach einem langwierigen Gefechte, gelang es den Mansfeldischen, mit Hilfe ihrer Hellebarden und Piken, eine Bresche in die Brustwehr zu machen und, indem sich der Eine auf die Schultern des Andern schwang, die Höhe des Walls zu ersteigen. *Barthelemy Toralva*, ein spanischer Hauptmann, war der Erste, der sich oben sehen ließ, und fast zu gleicher Zeit mit demselben zeigte sich der Italiener *Capizucchi* auf dem Rande der Brustwehr; und so wurde denn, gleich rühmlich für beide Nationen, der Wettkampf der Tapferkeit entschieden. Es verdient bemerkt zu werden, wie der Herzog von *Parma*, den man zum Schiedsrichter dieses Wettstreits gemacht hatte, das zarte Ehrgefühl seiner Krieger zu behandeln pflegte. Den Italiener *Capizucchi* umarmte er vor den Augen der Truppen und gestand laut, daß er vorzüglich der Tapferkeit dieses Officiers die Eroberung der Brustwehr zu danken habe. Den spanischen Hauptmann *Toralva*, der stark verwundet war, ließ er in sein eignes Quartier zu Stabroek bringen, auf seinem eignen Bette verbinden und mit demselben Rocke bekleiden, den er selbst den Tag vor dem Treffen getragen hatte.[319]

Nach Einnahme der Brustwehr blieb der Sieg nicht lange mehr zweifelhaft. Die holländischen und seeländischen Truppen, welche aus ihren Schiffen gesprungen waren, um mit dem Feind in der Nähe zu kämpfen, verloren auf einmal den Muth, als sie um sich blickten und die Schiffe, welche ihre letzte Zuflucht ausmachten, vom Ufer abstoßen sahen.

Denn die Fluth fing an, sich zu verlaufen, und die Führer der Flotte, aus Furcht, mit ihren schweren Fahrzeugen auf dem Strande zu bleiben und bei einem unglücklichen Ausgange des Treffens dem Feind zur Beute zu werden, zogen sich von dem Damme zurück und suchten das hohe Meer zu gewinnen. Kaum bemerkte dies *Alexander*, so zeigte er seinen Truppen die fliehenden Schiffe und munterte sie auf, mit einem Feinde zu enden, der sich selbst aufgegeben habe. Die holländischen Hilfstruppen waren die ersten, wel-

---

[319] Strada 593.

che wankten, und bald folgten die Seeländer ihrem Beispiel. Sie warfen sich eiligst den Damm herab, um durch Waten oder Schwimmen die Schiffe zu erreichen; aber weil ihre Flucht viel zu ungestüm geschah, so hinderten sie einander selbst und stürzten haufenweise unter dem Schwert des nachsetzenden Siegers. Selbst an den Schiffen fanden Viele noch ihr Grab, weil Jeder dem Andern zuvorzukommen suchte, und mehrere Fahrzeuge unter der Last Derer, die sich hineinwarfen, untersanken. Die Antwerper, die für ihre Freiheit, ihren Herd, ihren Glauben kämpften, waren auch die Letzten, die sich zurückzogen, aber eben dieser Umstand verschlimmerte ihr Geschick. Manche ihrer Schiffe wurden von der Ebbe übereilt und saßen fest auf dem Strande, so daß sie von den feindlichen Kanonen erreicht und mit sammt ihrer Mannschaft zu Grunde gerichtet wurden. Den andern Fahrzeugen, welche vorausgelaufen waren, suchten die flüchtigen Haufen durch Schwimmen nachzukommen; aber die Wuth und Verwegenheit der Spanier ging so weit, daß sie, das Schwert zwischen den Zähnen, den Fliehenden nachschwammen und manche noch mitten aus den Schiffen herausholten. Der Sieg der königlichen Truppen war vollständig, aber blutig; denn von den Spaniern waren gegen achthundert, von den Niederländern (die Ertrunkenen nicht gerechnet) etliche Tausend auf dem Platz geblieben, und auf beiden Seiten wurden viele von dem vornehmsten Adel vermißt. Mehr als dreißig Schiffe fielen mit einer großen Ladung von Proviant, die für Antwerpen bestimmt gewesen war, mit hundert und fünfzig Kanonen und anderm Kriegsgeräthe in die Hände des Siegers. Der Damm, dessen Besitz so theuer behauptet wurde, war an dreizehn verschiedenen Orten durchstochen, und die Leichname Derer, welche ihn in diesen Zustand versetzt hatten, wurden jetzt dazu gebraucht, jene Oeffnungen wieder zuzustopfen. Den folgenden Tag fiel den Königlichen noch ein Fahrzeug von ungeheurer Größe und seltsamer Bauart in die Hände, welches eine schwimmende Festung vorstellte und gegen den Cowensteinischen Damm hatte gebraucht werden sollen. Die Antwerper hatten es mit unsäglichem Aufwande zu der nämlichen Zeit erbaut, wo man den Ingenieur *Gianibelli*, der großen Kosten wegen, mit seinen heilsamen Vorschlägen abwies, und diesem lächerlichen Monstrum den stolzen Namen » *Ende des Kriegs*« beigelegt, den es nachher mit der weit passendern Benennung » *Verlornes Geld*« vertauschte. Als man dieses Schiff in See brachte, fand sich's,

wie jeder Vernünftige vorhergesagt hatte, daß es seiner unbehilfli-
chen Größe wegen schlechterdings nicht zu lenken sei und kaum
von der höchsten Fluth konnte aufgehoben werden. Mit großer
Mühe schleppte es sich bis nach Ordam fort, wo es, von der Fluth
verlassen, am Strande sitzen blieb und den Feinden zur Beute wurde.[320]

Die Unternehmung auf den Cowensteinischen Damm war der
letzte Versuch, den man zu Antwerpens Rettung wagte. Von dieser
Zeit an sank den Belagerten der Muth, und der Magistrat der Stadt
bemühte sich vergebens, das gemeine Volk, welches den Druck der
Gegenwart empfand, mit entfernten Hoffnungen zu vertrösten. Bis
jetzt hatte man das Brod noch in einem leidlichen Preise erhalten,
obgleich die Beschaffenheit immer schlechter wurde; nach und nach
aber schwand der Getreidevorrath so sehr, daß eine Hungersnoth
nahe bevorstand. Doch hoffte man die Stadt wenigstens noch so
lange hinzuhalten, bis man das Getreide zwischen der Stadt und
den äußersten Schanzen, welches in vollen Halmen stand, würde
einernten können; aber ehe es dazu kam, hatte der Feind auch die
letzten Werke vor der Stadt eingenommen und die ganze Ernte sich
selbst zugeeignet. Endlich fiel auch noch die benachbarte und
bundsverwandte Stadt Mecheln in des Feindes Gewalt, und mit ihr
verschwand die letzte Hoffnung, Zufuhr aus Brabant zu erhalten.
Da man also keine Möglichkeit mehr sah, den Proviant zu vermehren, so blieb nichts anders übrig, als die Verzehrer zu vermindern.
Alles unnütze Volk, alle Fremden, ja selbst die Weiber und Kinder
sollten aus der Stadt hinweggeschafft werden; aber dieser Vorschlag
stritt allzusehr mit der Menschlichkeit, als daß er hätte durchgehen
sollen. Ein anderer Vorschlag, die katholischen Einwohner zu verja-
gen, erbitterte diese so sehr, daß es beinahe zu einem Aufruhr gekommen wäre. Und so sah sich denn *St. Aldegonde* genöthigt, der
stürmischen Ungeduld des Volks nachzugeben und am siebenzehn-
ten August 1585 mit dem Herzog von Parma wegen Uebergabe der
Stadt zu traktieren.[321]

---

[320] Thuan. III. 49. Meteren 485. Strada 597 sq.

[321] Meteren 500. Strada 600 sq. Thuan. III. 50. Allg. Geschichte der verein.
Niederl. III. 499.

Über tredition

Eigenes Buch veröffentlichen

tredition wurde 2006 in Hamburg gegründet und hat seither mehrere tausend Buchtitel veröffentlicht. Autoren veröffentlichen in wenigen leichten Schritten gedruckte Bücher, e-Books und audio-Books. tredition hat das Ziel, die beste und fairste Veröffentlichungsmöglichkeit für Autoren zu bieten.

tredition wurde mit der Erkenntnis gegründet, dass nur etwa jedes 200. bei Verlagen eingereichte Manuskript veröffentlicht wird. Dabei hat jedes Buch seinen Markt, also seine Leser. tredition sorgt dafür, dass für jedes Buch die Leserschaft auch erreicht wird.

Im einzigartigen Literatur-Netzwerk von tredition bieten zahlreiche Literatur-Partner (das sind Lektoren, Übersetzer, Hörbuchsprecher und Illustratoren) ihre Dienstleistung an, um Manuskripte zu verbessern oder die Vielfalt zu erhöhen. Autoren vereinbaren direkt mit den Literatur-Partnern die Konditionen ihrer Zusammenarbeit und partizipieren gemeinsam am Erfolg des Buches.

Das gesamte Verlagsprogramm von tredition ist bei allen stationären Buchhandlungen und Online-Buchhändlern wie z. B. Amazon erhältlich. e-Books stehen bei den führenden Online-Portalen (z. B. iBookstore von Apple oder Kindle von Amazon) zum Verkauf.

Einfach leicht ein Buch veröffentlichen: **www.tredition.de**

Eigene Buchreihe oder eigenen Verlag gründen

Seit 2009 bietet tredition sein Verlagskonzept auch als sogenanntes "White-Label" an. Das bedeutet, dass andere Unternehmen, Institutionen und Personen risikofrei und unkompliziert selbst zum Herausgeber von Büchern und Buchreihen unter eigener Marke werden können. tredition übernimmt dabei das komplette Herstellungs- und Distributionsrisiko.

Zahlreiche Zeitschriften-, Zeitungs- und Buchverlage, Universitäten, Forschungseinrichtungen u.v.m. nutzen diese Dienstleistung von tredition, um unter eigener Marke ohne Risiko Bücher zu verlegen.

Alle Informationen im Internet: **www.tredition.de/fuer-verlage**

tredition wurde mit mehreren Innovationspreisen ausgezeichnet, u. a. mit dem Webfuture Award und dem Innovationspreis der Buch Digitale.

tredition ist Mitglied im Börsenverein des Deutschen Buchhandels.

Dieses Werk elektronisch lesen

Dieses Werk ist Teil der Gutenberg-DE Edition DVD. Diese enthält das komplette Archiv des Projekt Gutenberg-DE. Die DVD ist im Internet erhältlich auf **http://gutenbergshop.abc.de**